数据驱动的
个性化营销理论与方法

姜元春 钱 洋 袁 昆 刘业政 著

科学出版社
北京

内 容 简 介

本书围绕数据驱动的个性化营销理论与方法开展研究，分析了个性化营销的正负价值与数智驱动的营销变革，给出了个性化营销的方法基础与研究框架；在此基础上，从面向消费者个体的推荐、面向消费者群体的推荐、融合社交互动信息的社会化推荐以及考虑个性化需求演化的动态推荐等维度，研究个性化产品推荐方法；从多渠道促销优化、营销影响力最大化等维度研究个性化渠道策略和个性化促销策略；对个性化营销的安全性进行探讨，构建个性化营销的攻击检测方法与鲁棒优化方法。通过本书的研究工作，以期丰富个性化营销的理论方法体系，为企业制定有效的个性化营销策略提供理论依据。

本书可供电子商务、市场营销、计算机科学等领域的研究人员和管理人员阅读和参考，对于相关专业的研究生和高年级本科生也是一部有价值的参考书。

图书在版编目(CIP)数据

数据驱动的个性化营销理论与方法 / 姜元春等著. —北京：科学出版社，2025.6

ISBN 978-7-03-074874-4

Ⅰ. ①数… Ⅱ. ①姜… Ⅲ. ①网络营销－数据处理－研究 Ⅳ. ①F713.365.2

中国国家版本馆 CIP 数据核字（2023）第 025999 号

责任编辑：郝 悦 / 责任校对：贾娜娜
责任印制：张 伟 / 封面设计：有道设计

科学出版社 出版

北京东黄城根北街 16 号
邮政编码：100717
http://www.sciencep.com

涿州市般润文化传播有限公司印刷
科学出版社发行 各地新华书店经销

*

2025 年 6 月第 一 版 开本：720 × 1000 1/16
2025 年 6 月第一次印刷 印张：17 1/2
字数：353 000
定价：188.00 元
（如有印装质量问题，我社负责调换）

前　　言

互联网环境下，更强的自主意识和丰富的产品选择使得消费者需求的差异化越来越明显。以消费者个体的独特需求为出发点设计精准的个性化营销策略是电子商务理论研究的重要方向，也是电子商务实践创新的重要内容。

互联网、大数据与人工智能等信息技术的快速发展为个性化营销研究带来了新的机遇。网络应用的极大丰富和线上线下的深度融合为企业聆听消费者声音提供了丰富的渠道选择。文本、图像、音频、视频、社交网络等多模态数据为分析消费者个性化需求提供了丰富的信息，也为企业开展个性化营销实践提供了多样化选择。深度学习的快速发展为个性化营销研究与实践提供了新的工具，基于深度学习的个性化推荐模型在个性化产品推荐和个性化价格优化等方面均体现出普遍优于其他模型的性能。

个性化营销在提升企业运营效率的同时，也产生了诸如信息茧房、大数据杀熟、性别歧视等诸多问题。这些问题深刻影响着正常的传播秩序、市场秩序和社会秩序，给维护意识形态安全、社会公平公正和网民合法权益带来挑战。个性化营销算法的负面效应引发了消费者对公平性的不满，也得到了国家监管部门的重视，相继出台了《互联网信息服务推荐算法管理规定》《新一代人工智能治理原则——发展负责任的人工智能》《信息安全技术 机器学习算法安全评估规范》等一系列政策文件和技术标准，规范了个性化营销算法的应用。

本书作者及团队围绕个性化营销理论与方法开展了近二十年的研究，针对个性化需求建模、个性化产品推荐、个性化价格和促销策略优化、个性化营销攻击检测与鲁棒优化等问题构建了一系列理论模型，并将相关模型应用于企业营销实践，取得了良好的效果。本书便是作者团队近年来研究成果的阶段性总结。

本书共分九章。第 1 章为绪论，总结个性化营销的正负效应与价值，介绍数智驱动的营销变革，给出本书组织结构。第 2 章为融合多模态数据的个性化推荐方法，融合点击购买、产品描述、产品图像等多模态数据构建个性化推荐模型。第 3 章为面向个体与群体交互的群推荐方法，包括基于双向张量分解的群推荐方法以及基于群偏好与用户偏好协同演化的动态群推荐方法等。第 4 章为融合社交互动信息的社会化推荐方法，构建基于社会化理论与社交互动信息的推荐方法，包括基于社会化关系多元性的个性化推荐方法和基于社会化关系强度的个性化推荐方法等。第 5 章为考虑个性化需求演化的动态推荐方法，考虑消费者偏好的动态演化，构建基于演员-评论家（actor-critic）框架的动态推荐方法和融合知识图谱的深度强化学习动态推荐方法。第 6 章为多渠道多策略协同的个性化促销方法，融合个性化渠道策略和促销策略，构建多渠道多阶段的个性化促销方法，探讨个性化促销对企业收益的影响。第 7 章为基于影响力最大化的社会化促销方法，构建社交网络中影响力节点的检测方法和影响领域的识别方法，设计给定营销预算情况下社会化促销种子节点的高效选择方法。第 8 章为个性化营销的对抗攻击与鲁棒优化方法，分析个性化营销方法存在的安全性问题，给出个性化营销安全性分析方法，构建个性化营销方法的鲁棒优化策略。第 9 章为研究总结与展望，对本书研究进行总结，给出个性化营销研究的后续方向。

本书由安徽省哲学社会科学重点实验室——网络空间行为与管理实验室成员姜元春、钱洋、袁昆、刘业政等合作完成。姜元春、刘业政负责全书的提纲制定、编撰统筹并形成最终书稿，各章撰写分工如下：第 1、8、9 章由姜元春撰写；第 2、6、7 章由钱洋撰写；第 3、4、5 章由袁昆、刘业政撰写。在成稿之际，作者感谢实验室全体教师和同学多年来的辛勤付出，本书在分析、综述相关研究问题时引用了大量国内外研究成果，在此向相关专家学者表示衷心感谢。本书研究是在国家自然科学专项基金项目"数据要素权益保护与可信流通使用的理论方法与技术"（72342011）、国家自然科学基金重大研究计划重点项目"沉浸式交互购物环境下的个性化营销决策理论"（91846201）、国家自然科学基金面上项目"个性化推荐系统的多媒体攻击检测与鲁棒优化方法研究"（72171071）、国家自然科学基金青年项目"库存约束下基于替代品网络的个性化推荐优化方法研究"（72101072）与"在线社交媒体信息的社会化感知与推荐研究"（72101076）等项目的资助下完成的，感谢国家自然科学基金委员会对研究工作的支持。

本书涉及管理科学、信息科学、行为学、市场学等众多领域的知识，加上作者水平有限，书中难免存在疏漏或不足之处，恳请读者批评指正。

作 者

2024 年 11 月

- 5.2 基于演员-评论家框架的动态推荐方法 ·········· 134
- 5.3 融合知识图谱的深度强化学习动态推荐方法 ·········· 143
- 5.4 考虑个性化需求演化的动态推荐实验 ·········· 151
- 参考文献 ·········· 163

第6章 多渠道多策略协同的个性化促销方法 ·········· 166
- 6.1 国内外研究综述 ·········· 166
- 6.2 多渠道零售商单阶段促销模型 ·········· 168
- 6.3 多渠道零售商多阶段促销模型 ·········· 174
- 6.4 产品价格与配送费用协同优化模型 ·········· 178
- 6.5 多渠道多策略协同的个性化促销实验 ·········· 185
- 参考文献 ·········· 201

第7章 基于影响力最大化的社会化促销方法 ·········· 205
- 7.1 国内外研究综述 ·········· 205
- 7.2 用户个体影响力的识别方法 ·········· 207
- 7.3 用户群组影响力的识别方法 ·········· 214
- 7.4 影响力种子集合的识别方法 ·········· 219
- 7.5 基于影响力最大化的社会化促销实验 ·········· 225
- 参考文献 ·········· 240

第8章 个性化营销的对抗攻击与鲁棒优化方法 ·········· 243
- 8.1 国内外研究综述 ·········· 243
- 8.2 基于物品重要性最大化的对抗攻击方法 ·········· 247
- 8.3 基于社区划分的对抗攻击优化策略 ·········· 253
- 8.4 基于特征鲁棒加强的对抗防御优化策略 ·········· 257
- 8.5 实验结果及分析 ·········· 259
- 参考文献 ·········· 267

第9章 研究总结与展望 ·········· 271
- 9.1 研究总结 ·········· 271
- 9.2 研究展望 ·········· 272
- 参考文献 ·········· 273

目　　录

第1章　绪论 ··· 1
1.1　个性化营销的正负效应 ··· 1
1.2　数据驱动的个性化营销变革 ··· 4
1.3　个性化营销的智能方法基础 ··· 6
1.4　个性化营销的研究框架 ··· 23
1.5　本书的组织安排 ··· 26
参考文献 ··· 27

第2章　融合多模态数据的个性化推荐方法 ··· 32
2.1　国内外研究综述 ··· 32
2.2　基于图嵌入模型的隐式反馈推荐方法 ··· 34
2.3　融合文本数据的个性化推荐方法 ··· 40
2.4　融合图像数据的个性化推荐方法 ··· 46
2.5　融合多模态数据的个性化推荐实验 ··· 52
参考文献 ··· 62

第3章　面向个体与群体交互的群推荐方法 ··· 65
3.1　国内外研究综述 ··· 65
3.2　基于双向张量分解的群推荐方法 ··· 67
3.3　基于群偏好与用户偏好协同演化的群推荐方法 ··· 74
3.4　基于群内和群间协同的动态群推荐方法 ··· 82
3.5　面向个体与群体交互的群推荐实验 ··· 93
参考文献 ··· 106

第4章　融合社交互动信息的社会化推荐方法 ··· 109
4.1　国内外研究综述 ··· 109
4.2　基于社会化关系多元性的个性化推荐方法 ··· 111
4.3　基于社会化关系强度的个性化推荐方法 ··· 116
4.4　融合社交互动信息的社会化推荐实验 ··· 121
参考文献 ··· 128

第5章　考虑个性化需求演化的动态推荐方法 ··· 132
5.1　国内外研究综述 ··· 132

第 1 章 绪　　论

电子商务环境下，消费者需求的差异性越来越显著，丰富的产品选择使得消费者的行为越来越求新和多变。在这种情况下，分析消费者的主观偏好，适应消费者的差异化需求，掌握消费者购买行为的变化规律，成为企业关注的核心问题，个性化营销策略的设计与应用成为解决该问题的有效手段。利用个性化营销，企业一方面对消费者的在线行为进行分析，设计满足消费者个性化需求的产品和服务；另一方面以较低的成本实施个性化的促销策略和价格策略，引导消费者的购买行为。个性化营销已经成为电子商务环境下企业创新服务内容、提高核心竞争力的重要方向。

本章介绍个性化营销的正面价值、负面效应、营销变革、方法基础和研究框架等内容。具体组织如下：1.1 节分析个性化营销的正负效应；1.2 节介绍数据驱动的个性化营销变革；1.3 节给出大数据环境下个性化营销的智能方法基础；1.4 节介绍个性化营销的研究框架；1.5 节对本书内容的组织安排进行概括介绍。

1.1　个性化营销的正负效应

随着营销理论由 4P［产品(product)、价格(price)、促销(promotion)、渠道(place)］、4C［顾客（customer）、成本（cost）、沟通（communication）、便利（convenience）］到 4R［关联（relevance）、反应（reaction）、关系（relationship）、报酬（reward）］的发展，消费者的中心地位得到了越来越显著的体现。以消费者为中心进行营销策略的规划与设计是企业营销活动成功的关键。个性化营销理论是新经济环境下营销理论的进一步发展，是商品市场不断细分的必然要求。

个性化营销强调企业直接面向消费者，将营销目标细分到"个体"顾客，并按照顾客的独特需求制定个性化营销策略。由于更加充分地体现了"顾客至上"的现代营销理念，在最大限度满足消费者个性化需求的同时，提升了企业的核心竞争力，提高了企业的盈利能力，个性化营销策略在企业营销实践中受到了越来越多的重视。

在京东、亚马逊、天猫、淘宝等电子商务平台，个性化营销的应用随处可见。基于个性化产品推荐产生的"千人千面"已经成为平台首页和登录页面的基本配置。当我们点击某一产品时，京东平台以"人气单品""新书热卖"等形式开展个性化产品推荐，亚马逊平台则以"浏览了该产品的消费者还购买了"等形式开展个性化推荐。当我们把商品加入购物车，平台会以"购买了该商品的用户还购买了""您可能还需要"

等形式开展产品推荐。个性化价格和促销策略也是电子商务环境下个性化营销的主要形式。借助基于购买习惯、身份认证等信息的个性化价格策略和个性化促销策略，电子商务平台可以实现差异化动态定价，并对优惠券的发放进行动态优化。

个性化营销在内容电商平台和在线社交网络中也得到了广泛应用，如图 1-1 所示。抖音、快手、今日头条等内容电商平台借助个性化内容的生成和个性化内容的推送，极大提高了新闻和视频内容与用户兴趣的匹配程度，也提高了推送广告的点击率。微博、豆瓣等平台借助个性化好友推荐和群组推荐，帮助用户找到兴趣相似的好友，形成各种各样的兴趣群组，增加了用户黏性。

图 1-1　个性化营销应用

对用户而言，个性化营销可以缓解信息过载，增加剩余价值。电子商务环境下，商品和信息的极大丰富在为用户带来空前选择余地的同时，也带来了信息过载问题。虽然电子商务网站或内容电商平台中存在用户需要的产品或信息，但容易被过载信息所淹没。个性化产品推荐可以在一定程度上缓解信息过载的影响，帮助用户找到符合需求的商品，或将合适的商品推荐给合适的用户。借助个性化定价和个性化促销策略，用户可以通过优惠的价格购买到所需商品，从而产生更多的剩余价值。

对企业而言，个性化营销为企业实施差异化营销策略、获得独特的竞争优势提供了新的途径。一方面，个性化营销有助于企业以合适的价格在合适的渠道为消费者提供合适的产品和服务，是一种易于差异化、不易被模仿的竞争策略；另一方面，个性化营销有助于企业更好地理解每个消费者的差异化需求，将传统的推式营销策略升级为电子商务环境下的拉式营销策略，以消费者需求为起点，优化企业产品的设计与生产,从而更好地满足市场需求。

对整个社会而言,个性化营销是社会资源优化配置的重要手段,有助于提高整体社会福利。借助互联网平台和个性化推荐技术,个性化营销可以更好地整合供给侧资源,识别需求侧要求,在供需之间实现高效精准匹配,提高整个社会的资源匹配效率。电商平台中所售商品和消费者需求的匹配,共享经济中闲置资源与市场需求的匹配都是优化社会资源配置的典型应用。此外,借助个性化定价所带来的竞争效应,消费者可以通过更低的价格购买所需商品和服务,从而提高社会总福利和消费者福利。

个性化营销在产生上述价值的同时,也存在诸如信息茧房问题、大数据杀熟问题、算法歧视问题、推荐系统安全性问题等诸多负效应。

(1)信息茧房问题。信息茧房是指人们关注的信息领域会习惯性地被自己的兴趣所引导,从而将自己的生活桎梏于像蚕茧一般的"茧房"中的现象。个性化营销在一定程度上加剧了信息茧房效应。在电商平台,个性化产品推荐基于消费者的购买历史做出推荐决策,消费者及其好友浏览与购买历史类似的产品会得到更大的推荐可能性,不利于多样性商品的展示。在内容平台,推荐系统倾向于推荐与用户历史阅读主题类似的内容,从而将用户局限在狭窄的信息空间。

(2)大数据杀熟问题。大数据杀熟是指对于同样的商品或服务,老用户或对企业忠诚度高的用户需要支付的价格比新用户要高的现象。网购平台、在线旅游、网约车类移动客户端或网站是大数据杀熟的重灾区,消费者被"杀熟"的事件屡有报道。大数据杀熟严重侵害消费者的权益,也不利于电子商务和平台经济的持续健康发展。

(3)算法歧视问题。算法歧视是指人工智能算法对不同群体系统的、可重复的、区别性的不公正对待。例如,在人脸识别中,不同肤色人群的识别准确率存在显著差异;在个性化招聘广告中,男性收到高薪岗位的概率远超女性。算法歧视是对互联网环境下公平体系和信任体系的严重破坏,对电子商务和平台经济具有极大伤害。

(4)推荐系统安全性问题。在取得广泛应用的同时,个性化推荐系统的安全性,尤其是面对攻击时的脆弱性问题越来越突出。针对推荐系统的攻击通常由恶意用户(如恶意商家或其设计的恶意算法等)发起,通过注入虚假消费记录、篡改自有产品信息等方式,实现提高自有产品或降低竞争产品推荐排序等目的。针对推荐系统的攻击为不良信息传播和劣质商品展示提供了通道,存在降低消费者对推荐系统的信任甚至使个性化推荐系统瘫痪的风险。

正是因为个性化营销存在显著的正负效应,从2022年3月1日起正式实施的《互联网信息服务算法推荐管理规定》强调"提供算法推荐服务,应当遵守法律法规,尊重社会公德和伦理,遵守商业道德和职业道德,遵循公正公平、公开透明、科学合理和诚实信用的原则"。因此，个性化营销研究在优化营销算法和模型，提高营销效果的同时，需要构建有效的策略和方法以规避个性化营销的负效应。构建高效安全的个性化营销策略和方法，推动平台经济的健康有序发展，有待开展更加深入的研究。

1.2 数据驱动的个性化营销变革

随着互联网、传感器，以及各种数字化终端设备的普及，一个万物互联的世界正在成形。同时，随着数据呈现出爆炸式的指数级增长，数字化已经成为构建现代社会的基础力量，并推动着我们走向一个深度变革的时代。数字化同样也引发了个性化营销理论与方法的变革。在数字化背景下，个性化营销的应用场景异常丰富，多源海量异构数据为个性化营销提供了更为坚实的数据基础，以深度学习为代表的人工智能方法极大地推动了个性化营销理论与方法的创新。数智驱动的个性化营销研究面临如下趋势（图1-2）。

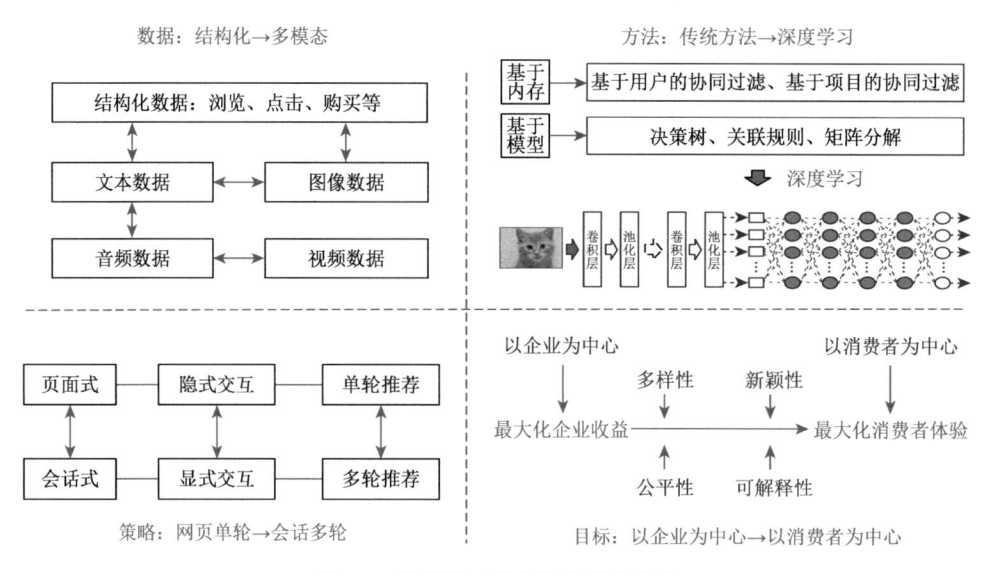

图1-2 数智驱动的个性化营销变革

（1）应用广泛化。随着各种数字化场景的开发，个性化营销应用的场景已经由电子商务平台拓展到广泛的场景。例如，在今日头条推荐新闻，在抖音、快手推荐视频，在豆瓣、微博推荐好友。现实线下的融合发展使得个性化营销的应用不再局限于在线网站。各种智能终端的普及为个性化营销的线下应用提供了越来越广泛的场景。例如，线下智能服务机器人可以与消费者进行对话，通过对话理解消费者需求，进而推荐产品或发放优惠券[1,2]。随着元宇宙等高阶数字空间的普及，个性化营销的应用场景必将得到极大丰富。

（2）数据异构化。在电子商务环境下，个性化营销的基础数据源是用户点击流和购买历史等信息。在数字化背景下，企业收集数据的能力得到极大增强。用户在电子商务网站上看了什么、买了什么，在在线评论中说了什么，在搜索引擎中搜索了什么，在社交网络中与谁是好友，用户处于什么位置、是何情绪以及人格特质等信息中均蕴含着丰富的个性化需求信息。这些信息为个性化营销提供了海量、多源、异构的数据依据[3,4]。如何充分利用和融合不同数据源，提高营销效果是个性化营销一直以来的重点研究方向。

（3）方法深度化。以个性化推荐决策为例，基于内容的推荐、协同过滤推荐等是个性化推荐的基础方法[5,6]。随着个性化研究的深入，决策树、关联规则、矩阵分解（matrix factorization，MF）等模型被用来预测消费者需求，进行个性化产品推荐。由于深度学习方法的强大效果，基于深度学习的推荐模型近年来得到了广泛研究[3,4]。与其他方法相比，深度学习方法易于融合多模态数据，往往具有更有效的推荐结果。此外，强化学习等策略在动态推荐和动态定价等方面也得到了越来越多的应用[7,8]。构建基于深度学习的个性化营销算法是目前个性化营销领域的热点研究方向。

（4）策略多元化。传统的个性化营销基于页面式的隐式交互开展单轮营销。用户偏好点击或购买过的产品、用户历史购买产品的价格反映其保留价格和支付意愿等假设是个性化营销的基础。随着智能机器人和人工智能技术的应用，个性化营销的隐式反馈逐渐转变为显性反馈。用户的偏好可以通过语言、动作、表情等方式，在与机器人和人工智能算法的显性交互中进行充分表达[9,10]。在显性交互的多轮营销中如何提高个性化营销的效果是近年来的新兴研究话题，值得深入研究。

（5）决策算法化。互联网平台是由平台、用户、服务商等数以千万级、亿级的节点连接在一起的数字平台。平台的复杂性使得仅靠人类智慧进行决策已经无法满足运行需求，各类智能推荐系统、智能营销系统、智能调度系统等应运而生[11-13]，形成了人机交互的复杂巨系统。这种情况下，大量的营销决策由算法独立做出。例如，在内容平台上的算法新闻、电商平台上的算法定价等。决策算法化在提高个性化营销决策效率的同时，也产生了类似大数据杀熟、算法歧视、算法安全等诸多问题[14]。如何对算法行为进行有效管控是未来值得深入探讨的方向。

（6）目标多样化。个性化营销决策往往以企业收益最大化为目标，推荐可以为企业带来最大收益的产品或制定最有利于企业的价格[15]。这种以企业为中心的个性化营销容易忽视消费者权益，产生诸多负面效应。以消费者为中心的个性化营销强调消费者体验的最大化，通过多样性和新颖性推荐为消费者提供更多选择[16,17]，打破信息茧房束缚。通过公平性和可解释性等策略，克服算法歧视、大数据杀熟等问题[18]。通过实施以消费者为中心的个性化营销策略，实现企业和消费者的双赢。

1.3 个性化营销的智能方法基础

方法创新一直是个性化营销研究的重要内容。协同过滤、决策树、关联规则等方法在个性化推荐研究中得到了大量应用[19]，运筹优化、演化计算等方法也被广泛用来进行个性化推荐与定价的联合优化[20, 21]。在数据驱动的个性化营销理论与方法研究中，矩阵分解、主题建模、深度学习和强化学习等是目前研究的主流方法，下面对相关方法做简要介绍。

1.3.1 矩阵分解方法

由于具有良好的推荐准确性，矩阵分解模型在个性化需求分析和产品推荐中得到了广泛的研究和应用[22]。矩阵分解模型的基本思想是将用户-产品评分矩阵分解成两个低维的隐特征矩阵——用户隐特征矩阵和产品隐特征矩阵，基于用户隐特征向量和产品隐特征向量的内积计算用户对产品的评分。在矩阵分解模型的基础上，研究者提出了联合矩阵分解、概率矩阵分解（probabilistic matrix factorization，PMF）等诸多改进方法。其中，概率矩阵分解是对评分信息进行建模的一个流行框架[23]。与传统矩阵分解方法相比，概率矩阵分解框架的显著优势是学习低秩特征矩阵只需要很低的计算成本，因而可以扩展到大规模数据集中。概率矩阵分解的图模型如图 1-3 所示，具体方法介绍如下。

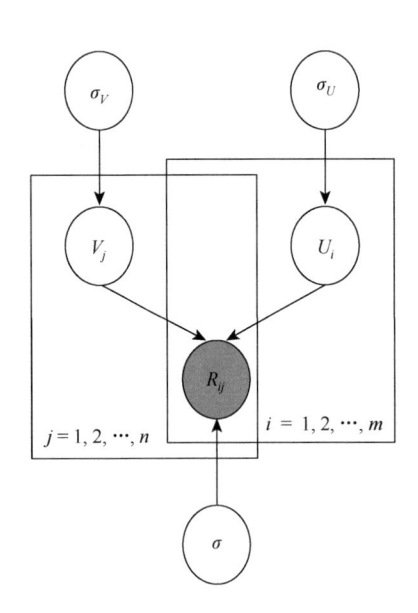

图 1-3 概率矩阵分解模型

假设有一个由 m 个用户和 n 个产品构成的评分矩阵 R，其中 r_{ij} 属于[0, 1]区间，表示产品 v_j 对于用户 u_i 的效用。由于大多数推荐系统使用$[1, r_{max}]$区间中的评分来表征用户对产品的评价，我们利用正则化函数 $f(x) = (x-1)/(r_{max}-1)$ 将评分映射至区间[0,1]中。令 $U \in R^{K \times m}$ 和 $V \in R^{K \times n}$ 表示 K 维用户和产品特征矩阵，列向量 U_i 和 V_j 表示用户和产品隐特征向量。可观测评分的条件概率分布定义为

$$p(R|U,V,\sigma_R^2) = \prod_{i=1}^{m}\prod_{j=1}^{n}[N(r_{ij}|g(U_i^{\mathrm{T}}V_j),\sigma_R^2)]^{I_{ij}^R} \tag{1-1}$$

其中，$N(x|\mu,\sigma^2)$ 表示均值为 μ，方差为 σ^2 的高斯分布的概率密度分布函数；I_{ij}^R 表示一个指示函数，当用户 u_i 给产品 v_j 有过评分时值为 1，否则为 0；$g(x)$ 表示一个 Sigmoid 函数 $g(x)=1/(1+\mathrm{e}^{-x})$，其作用是使得 $U_i^{\mathrm{T}}V_j$ 的值在[0,1]区间之内。此外，我们给用户和产品的隐特征向量指定均值为 0 的球形高斯分布：

$$p(U|\sigma_U^2) = \prod_{i=1}^{m}N(U_i|0,\sigma_U^2 I)$$
$$p(V|\sigma_V^2) = \prod_{j=1}^{n}N(V_j|0,\sigma_V^2 I) \tag{1-2}$$

因此，可以通过贝叶斯推理得到用户和产品隐特征矩阵的后验分布：

$$\begin{aligned}p(U,V|R,\sigma_R^2,\sigma_U^2,\sigma_V^2) &\propto p(R|U,V,\sigma_R^2)p(U|\sigma_U^2)p(V|\sigma_V^2)\\ &= \prod_{i=1}^{m}\prod_{j=1}^{n}[N(r_{ij}|g(U_i^{\mathrm{T}}V_j),\sigma_R^2)]^{I_{ij}^R} \times \prod_{i=1}^{m}N(U_i|0,\sigma_U^2 I) \times \prod_{j=1}^{n}N(V_j|0,\sigma_V^2 I)\end{aligned} \tag{1-3}$$

通过对上式取对数，则

$$\begin{aligned}&\ln p\left(U,V|R,\sigma_U^2,\sigma_V^2,\sigma^2\right)\\ &= -\frac{1}{2\sigma^2}\sum_{i=1}^{m}\sum_{j=1}^{n}I_{ij}\left(R_{ij}-U_i^{\mathrm{T}}V_j\right)^2 - \frac{1}{2\sigma_U^2}\sum_{i=1}^{m}U_i^{\mathrm{T}}U_i\\ &\quad -\frac{1}{2}\left(\left(\sum_{i=1}^{m}\sum_{j=1}^{n}I_{ij}\right)\ln\sigma^2 + ND\ln\sigma_U^2 + MD\ln\sigma_V^2\right)\\ &\quad -\frac{1}{2\sigma_V^2}\sum_{j=1}^{m}V_j^{\mathrm{T}}V_j + C\end{aligned} \tag{1-4}$$

其中，D 表示隐特征向量的维度；C 表示常数。

最大化式（1-3）的后验概率等价于最小化以下目标函数：

$$E = \frac{1}{2}\sum_{i=1}^{m}\sum_{j=1}^{n}I_{ij}\left(R_{ij}-U_i^{\mathrm{T}}V_j\right)^2 + \frac{\lambda_U}{2}\sum_{i=1}^{m}\|U_i\|_F^2 + \frac{\lambda_V}{2}\sum_{j=1}^{n}\|V_j\|_F^2 \tag{1-5}$$

其中，$\lambda_U = \sigma^2/\sigma_U^2$；$\lambda_V = \sigma^2/\sigma_V^2$；$F$ 表示弗罗贝尼乌斯（Frobenius）范数。

通过梯度下降方法求解模型参数可以得到用户隐特征矩阵 U 和产品隐特征矩阵 V，进而预测出用户对产品的偏好评分，并根据偏好评分值的大小排序，最后选择将前 top-N 的产品推荐给用户。

1.3.2 主题建模方法

由 Blei 等于 2003 年提出的潜在狄利克雷分布(latent Dirichlet allocation，LDA)

模型[24]是个性化需求分析的重要方法，为面向用户产品交互数据、评论文本等用户行为数据的需求建模提供了有效工具。LDA 模型最早用于文档主题建模，其核心理念是利用语料中词的共现关系，将每篇文档映射到低维的主题空间，进而抽取整个语料中的潜在语义结构。LDA 是主题建模领域应用最广泛的模型，基于该模型的思想，研究者提出了 author-topic model（作者主题模型）[25]、twitter-LDA[26]等一系列扩展主题模型。在个性化营销研究中，由于用户的很多需求都是通过在线评论、客服留言、论坛互动等文本形式进行表达，因此，主题模型在用户个性化需求分析中得到了越来越多的应用。

1. LDA 模型

LDA 模型认为文档集中的每篇文档都是由若干主题混合形成，而每一个主题都对应一个特殊的在词汇表上的概率分布。图 1-4 给出了 LDA 的模型图。如图 1-4 所示，D 表示文档集中文档的总数，N_d 表示文档 d 包含的单词总数，w_{dn} 表示文档 d 中第 n 个位置上的单词，该单词来源于规模为 V 的词汇表，K 表示预定义的主题数目。LDA 模型生成文档包含三个过程，即主题-单词（topic-word）的生成、文档-主题（document-topic）生成以及每个单词的生成。具体来说，①针对每个主题 k，生成一个 V 维的主题-单词分布 ϕ_k，其采样自参数为 β 的狄利克雷分布；②针对每篇文档 d，生成一个 K 维的文档-主题分布 θ_d，其采样自参数为 α 的狄利克雷分布；③针对文档中的每个单词 w_{dn}，先从文档 d 对应的主题分布 θ_d 中采样单词的主题索引 z_{dn}，接着从该主题索引对应的主题-单词分布 $\phi_{z_{dn}}$ 中采样生成该单词。图 1-5 展示了 LDA 模型的具体生成过程。

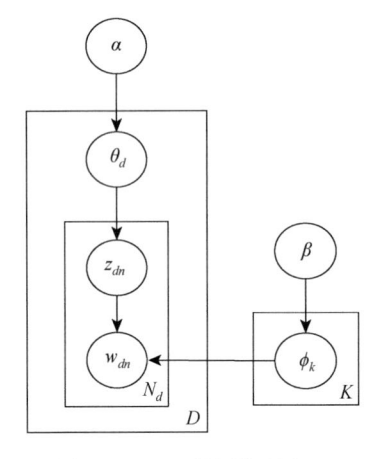

图 1-4　LDA 的图模型表示

图 1-5　LDA 模型的生成过程

1. 针对每个主题 $k \in [1, K]$
 　i. 采样主题-单词分布 $\phi_k \sim \text{Dirichlet}(\beta)$
2. 针对每篇文档 $d \in [1, D]$
 　i. 采样文档-主题分布 $\theta_d \sim \text{Dirichlet}(\alpha)$
 　ii. 针对每个单词 $n \in [1, N_d]$
 　　a) 生成主题索引 $z_{dn} \sim \text{Multinomial}(\theta_d)$
 　　b) 生成单词 $w_{dn} \sim \text{Multinomial}(\phi_{z_{dn}})$

在 LDA 模型中，可观测数据为文档集，需要估计的参数包括每篇文档的主题

分布 $\{\theta_d\}_{d=1}^{D}$ 和每个主题对应的单词分布 $\{\phi_k\}_{k=1}^{K}$。因为 LDA 模型参数的后验概率分布无法直接推理得到，所以很难获得这两个参数的精确解。在实际求解过程中，主要使用的是近似推理的方法。常用的近似推理方法可以分为两类[27, 28]：基于马尔可夫链的蒙特卡罗（Markov chain Monte Carlo，MCMC）采样方法和基于变分贝叶斯（variational Bayesian，VB）推断的方法。其中，VB 推断方法主要的优势在于计算速度快、易于扩展到大规模数据使用，但求解的精度相对 MCMC 采样方法较低；MCMC 方法的迭代收敛速度较慢，但求解的精确度更高[27]。崩塌式吉布斯采样和崩塌式变分贝叶斯推断的详细过程介绍如下。

2. 崩塌式吉布斯采样

崩塌式吉布斯采样是一种经典的启发式算法，基本原理是利用某一变量在数据和其他所有变量已知的情况下的条件概率，对该变量进行迭代采样，即每次只迭代一个变量，循环一次更新所有变量，直至后验概率分布达到平稳状态[29]。Griffiths 和 Steyvers[30]首次将该方法应用于推断主题模型参数，其推断的目标是确定每篇文档中每个单词所属的主题索引，详细步骤是在整个语料已知和固定其他所有单词的主题索引的条件下，采样当前单词 w_{dn} 对应的主题索引 z_{dn}。使用崩塌式吉布斯采样需要推理的条件概率为

$$p(z_{dn}|Z_{-(dn)},\mathcal{W}) \tag{1-6}$$

其中，$Z_{-(dn)}$ 表示去除当前单词 w_{dn} 后，其他所有单词对应的主题索引；$\mathcal{W}$ 表示整个语料数据。基于贝叶斯准则，可以将式（1-6）进一步转化为

$$p(z_{dn}=k|Z_{-(dn)},\mathcal{W}) \propto p(z_{dn}=k|Z_{-(dn)})p(w_{dn}=v|z_{dn}=k,Z_{-(dn)},\mathcal{W}_{-(dn)}) \tag{1-7}$$

其中，$\mathcal{W}_{-(dn)}$ 表示去除当前单词 w_{dn} 的其他所有单词；$p(z_{dn}=k|Z_{-(dn)})$ 和 $p(w_{dn}=v|z_{dn}=k,Z_{-(dn)},\mathcal{W}_{-(dn)})$ 可以分别看成先验概率和似然概率。利用狄利克雷分布和多项式分布共轭的性质，通过积分 θ_d 可以计算 $p(z_{dn}=k|Z_{-(dn)})$：

$$\begin{aligned} p(z_{dn}=k|Z_{-(dn)}) &= \int p(z_{dn}=k|\theta_d)p(\theta_d|Z_{-(dn)})\mathrm{d}\theta_d \\ &= \int \theta_{dk}\mathrm{Dirichlet}(\alpha+\vec{n}_d^{-(dn)})\mathrm{d}\theta_d = \frac{n_{dk}^{-(dn)}+\alpha}{n_d^{(*)}+K\alpha-1} \end{aligned} \tag{1-8}$$

其中，$\vec{n}_d^{-(dn)} = \{n_{dk}^{-(dn)}\}_{k=1}^{K}$，$n_{dk}^{-(dn)}$ 表示去除当前单词 w_{dn} 后文档 d 中第 k 个主题生成的单词个数；$n_d^{(*)}$ 表示文档 d 中包含的单词总数。相似地，利用狄利克雷分布和多项式分布共轭的性质，通过积分 ϕ_k 可以计算式（1-7）中的 $p(w_{dn}=v|z_{dn}=k,Z_{-(dn)},\mathcal{W}_{-(dn)})$：

$$p\left(w_{dn}=v\mid z_{dn}=k, Z_{-(dn)}, \mathcal{W}_{-(dn)}\right)$$
$$=\int p\left(w_{dn}=v\mid z_{dn}=k,\phi_k\right)p\left(\phi_k\mid Z_{-(dn)},\mathcal{W}_{-(dn)}\right)\mathrm{d}\phi_k \propto \int \phi_{kv}\mathrm{Dirichlet}\left(\beta+\vec{n}_k^{-(dn)}\right)\mathrm{d}\phi_k$$
$$=\frac{n_{kv}^{-(dn)}+\beta}{\sum_{t=1}^{V}n_{kt}^{-(dn)}+\beta}$$

（1-9）

其中，$\vec{n}_k^{-(dn)}=\left\{n_{kt}^{-(dn)}\right\}_{v=1}^{V}$，$n_{kv}^{-(dn)}$ 表示去除当前单词 w_{dn} 后，主题 k 生成的单词 v 的数量。联合式（1-8）和式（1-9），可以得到最终的采样公式：

$$p\left(z_{dn}\mid Z_{-(dn)},\mathcal{W}\right) \propto \frac{n_{dk}^{-(dn)}+\alpha}{n_d^{(*)}+K\alpha-1} \times \frac{n_{kv}^{-(dn)}+\beta}{\sum_{t=1}^{V}n_{kt}^{-(dn)}+\beta} \quad (1\text{-}10)$$

3. 崩塌式变分贝叶斯推断

崩塌式变分贝叶斯（collapsed variational Bayesian，CVB）推断是由 Teh 等[31] 2007 年在求解 LDA 模型时提出的，该模型结合了标准变分推断收敛速度快以及崩塌式吉布斯采样精度高的特点。相比于标准的变分推断算法，CVB 推断方法利用了分布之间的共轭性质，进一步积分掉了隐变量 θ 和 ϕ。在 CVB 推断中，只假设隐变量 z 之间是相互独立的，因此变分后验概率分布可以近似为

$$\hat{q}(Z,\theta,\phi) = \hat{q}(\theta,\phi\mid Z)\hat{q}(Z) = \hat{q}(\theta,\phi\mid Z)\prod_{d=1}^{D}\prod_{n=1}^{N_d}\hat{q}(z_{dn}\mid\hat{\gamma}_{dn}) \quad (1\text{-}11)$$

其中，$\hat{q}(z_{dn}\mid\hat{\gamma}_{dn})$ 表示参数为 $\hat{\gamma}_{dn}$ 的多项式分布；$\hat{\gamma}_{dn}$ 表示变分参数。基于变分推理的思想，变分自由能（variational free energy）或负的证据下界可以表示为

$$\hat{\mathcal{F}}\left(\hat{q}(\theta,\phi\mid Z)\hat{q}(Z)\right)$$
$$= \mathbb{E}_{\hat{q}(Z)\hat{q}(\theta,\phi\mid Z)}\left[-\log p(\mathcal{W},Z,\theta,\phi\mid\alpha,\beta) + \mathbb{E}_{\hat{q}}\left(\hat{q}(\theta,\phi\mid Z)\hat{q}(Z)\right)\right] \quad (1\text{-}12)$$
$$= \mathbb{E}_{\hat{q}(Z)}\left[\mathbb{E}_{\hat{q}(\theta,\phi\mid Z)}\left[-\log p(\mathcal{W},Z,\theta,\phi\mid\alpha,\beta)\right] + \mathbb{E}_{\hat{q}}\left(\hat{q}(\theta,\phi\mid Z)\right)\right] + \mathbb{E}_{\hat{q}}\left(\hat{q}(Z)\right)$$

将式（1-12）中的 $\hat{q}(\theta,\phi\mid Z)$ 用真实分布替代：

$$\hat{q}(\theta,\phi\mid Z) = p(\theta,\phi\mid Z,\mathcal{W},\alpha,\beta) \quad (1\text{-}13)$$

为此，可以将变分自由能简化为

$$\hat{\mathcal{F}}\left((Z)\right) \triangleq \min_{\hat{q}(\theta,\phi\mid Z)}\left(\hat{\mathcal{F}}\left(\hat{q}(\theta,\phi\mid Z)\hat{q}(Z)\right)\right) = \mathbb{E}_{\hat{q}(Z)}\left[-\log p(\mathcal{W},Z\mid\alpha,\beta)\right] + \mathbb{E}_{\hat{q}}\left(\hat{q}(Z)\right)$$

（1-14）

式（1-14）为需要优化的目标分布，最小化该目标分布，可以得到变分参数 $\hat{\gamma}_{dnk}$ 的迭代更新公式：

$$\hat{\gamma}_{dnk} = \hat{q}(z_{dn}=k) = \frac{\exp\left(\mathbb{E}_{\hat{q}(Z_{-(dn)})}\left[\log p\left(\mathcal{W}, Z_{-(dn)}, z_{dn}=k \mid \alpha, \beta\right)\right]\right)}{\sum_{k'=1}^{K}\exp\left(\mathbb{E}_{\hat{q}(Z_{-(dn)})}\left[\log p\left(\mathcal{W}, Z_{-(dn)}, z_{dn}=k' \mid \alpha, \beta\right)\right]\right)} \quad (1\text{-}15)$$

精确地计算式（1-15）往往会带来很大的计算复杂度，为此，Schölkopf 等[31]使用二阶泰勒级数展开对期望计算进行近似。Asuncion 等[32]为进一步简化计算，使用零阶泰勒级数展开对期望计算进行近似，同时将该方法命名为 CVB0；基于大量的实验，他们证明 CVB0 的计算效率和精确度都比 CVB 推断方法和 VB 推断方法更好，其迭代更新公式为

$$\hat{\gamma}_{dnk} \propto \frac{\hat{n}_{kv}^{-(dn)}+\beta}{\sum_{t=1}^{V}\left(\hat{n}_{kv}^{-(dn)}+\beta\right)}\left(\hat{n}_{dk}^{-(dn)}+\alpha\right) \quad (1\text{-}16)$$

1.3.3 深度学习方法

方法深度化是个性化营销领域方法应用与创新的主流方向。深度学习方法在个性化需求预测、产品推荐、价格决策等方面均得到了广泛应用，取得了比经典方法更好的效果。本节主要介绍卷积神经网络（convolutional neural network，CNN）、词嵌入模型、图神经网络和注意力机制等深度学习的典型方法。

1. 卷积神经网络

卷积神经网络的出现要追溯到 20 世纪 90 年代的 LeNet 模型[33]。卷积神经网络的出现受到了人类生物学上感受野概念的启发。在人类视觉系统中，由视网膜得到的视觉信息传输到视觉系统中时，每个视觉神经元感知的视觉区域不同，这些视觉区域即神经元的感受野。在利用全连接神经网络处理图像时，巨大的参数使神经网络训练效率低，也容易出现过拟合，而卷积神经网络受感受野的启发，利用不同的卷积核获取不同的图像特征，具备局部连接和权值共享的特点。这些结构设计，一方面是因为图像数据的局部不变性，即对图像数据进行旋转、平移、缩放等操作后并不影响其图像的语义信息；另一方面是这些设计能够使神经网络的参数量级巨大减少，从而能轻松训练。深度学习的复兴得益于卷积神经网络在图像识别任务上的成功[34]。

卷积神经网络由卷积层（convolution layer）、池化层（pooling layer）和全连接层等组成，其中卷积层和池化层是卷积神经网络的典型标志，也是卷积神经网络取得成功的重要依靠。卷积层通过在图像特征上滑动卷积核，得到了一组新的

特征映射，卷积过程如图 1-6（a）所示，其中每个深色方块表示一个卷积核，组成卷积核的每个元素对应一个权重系数。卷积核有规律地滑动扫过输入特征，在感受野内对输入特征做矩阵乘法，圆圈表示不同卷积核得到的特征映射（feature mapping）。卷积过程拥有两个重要的特征，即局部连接和权重共享。如图 1-6 所示，每个卷积核只与图像的局部特征进行计算，这样大大减少了参数量，更加方便计算；每个卷积核在滑动过程中的计算权重是相同的，即权重共享。局部连接和权重共享机制保证了不同的卷积核能够从图像中捕获不同的特征映射，而且不受特征在图像中位置的影响。

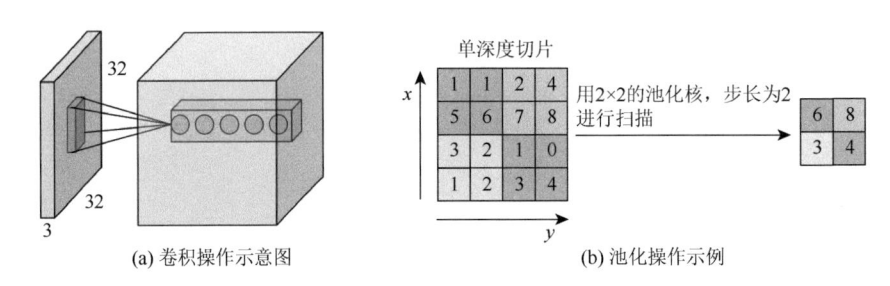

(a) 卷积操作示意图   (b) 池化操作示例

图 1-6　卷积神经网络

尽管卷积核的设计已经显著减少了网络中神经元连接的数量，但特征映射组中的神经元数量并没有显著减少。为了进一步降低参数，卷积神经网络中卷积层的后面通常会有池化层。池化操作即对输入进行空间上的下采样（downsampling）。池化操作通常包括最大池化、平均池化和加权池化等。图 1-6 即为最大池化的一个示例，最大池化只取每个区域的最大值作为输出。池化操作不仅减少神经元数量，还使得网络对一些小的局部形态改变保持不变性，并拥有更大的感受野。

得益于卷积神经网络的巨大成功，基于卷积和池化操作，研究者改进出诸多用于图像分类的卷积神经网络结构[35-37]。与此同时，卷积神经网络也应用到了语义分割、文本分类和推荐系统等领域[38-40]。

2. 词嵌入模型

嵌入（embedding）一词的概念来源于自然语言处理的研究领域，是为了解决在文本中单词表示的问题。表示一个单词，是自然语言处理的基础，在以往的研究中，对于单词的表示采用独热编码（one-hot encoding），即假设存在 N 个单词，则每个单词表示为一个 N 维的向量，如果一个单词出现，则对应维度为 1，否则为 0。在表示一段文本时，将其视为所有单词的集合，这种表示即词袋（bag-of-words）模型。由于词袋模型将每个单词都视为独立的且并不考虑单词出现的前后顺序，因此，词袋模型并不能准确地表示文本信息以及单词之间的语义特征。例如,"苹果"一词在表示水果时,与"香蕉""梨"等具有相似性,而在表示苹果公司这一品牌时,其对于"手机""计算机"同样具有一定的相似性。因此,在 2001 年,Hinton[41]就提出了分布式表示(distributed representations)的概念,通过语料学习,将每个单词映射为一个低维稠密的实数向量表示,这样可以通过计算不同单词之间表示向量的距离而获得单词之间的语义相似度。

基于分布式假设,Mikolov 等[42]提出了著名的 Word2vec 模型,该模型利用大量的文本语料资源,无监督训练得到有效的词嵌入表示向量。最终得到的单词表示向量可以计算出单词之间的语义关系,因此成为自然语言处理的标准配置。Word2vec 中包含两种训练模型:连续词袋(continuous bag-of-words,CBOW)模型和跳字(skip-gram)模型,两种模型都是由输入层、映射层和输出层组成的浅层神经网络,其结构如图 1-7 所示。

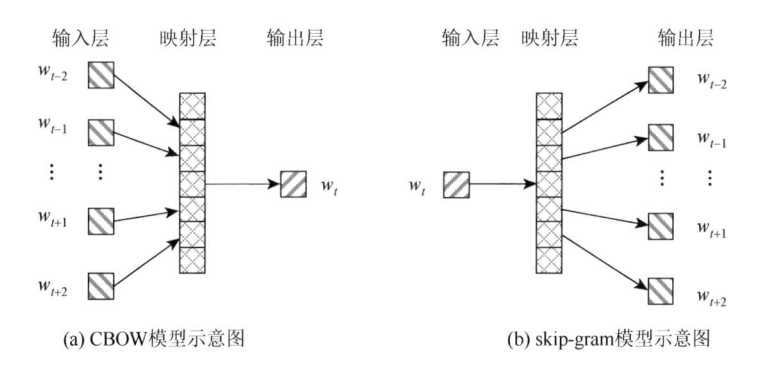

(a) CBOW模型示意图　　(b) skip-gram模型示意图

图 1-7　单词嵌入 Word2vec 模型示意图

CBOW 模型假设基于中心词在文本序列前后的背景词来生成该中心词。在 CBOW 模型中,每个词被表示为两个 d 维向量来计算单词间的共现条件概率。假设某单词在词典中索引为 i,当它作为中心词时的词向量表示为 $u_i \in \mathbb{R}^d$,作为背景词时的词向量表示为 $v_i \in \mathbb{R}^d$。给定目标中心词 w_t 的上下文背景词集合 $c_t = \{w_{t-n}, \cdots, w_{t-1}, w_{t+1}, \cdots, w_{t+n}\}$ 的情况下,预测单词 w_t 的出现条件概率,其数学公式表示为

$$P(w_t | c_t) = \frac{\exp\left(\frac{1}{2n} u_t^\mathrm{T} (v_{t-n} + \cdots + v_{t+n})\right)}{\sum_{i \in V} \exp\left(\frac{1}{2n} u_i^\mathrm{T} (v_{t-n} + \cdots + v_{t+n})\right)} \tag{1-17}$$

其中,c_t 表示取目标中心词前后各 n 个词作为背景词集合;V 表示所有词典索引集合。令 $\bar{v}_t = (v_{t-n} + \cdots + v_{t+n}) / 2n$,那么上式可简写成

$$P(w_t | c_t) = \frac{\exp(u_t^T \bar{v}_t)}{\sum_{i \in V} \exp(u_i^T \bar{v}_t)} \quad (1\text{-}18)$$

给定一个长度为 T 的文本序列进行训练时，其目标函数为

$$\mathcal{L}_\theta = -\frac{1}{T} \sum_{t=1}^{T} \log p(w_t | c_t) \quad (1\text{-}19)$$

skip-gram 模型与之相反，假设基于某个词生成它在文本序列周围的词，那么给定目标中心词 w_t 来预测其上下文窗口内任一单词 w_{t+j} 出现的条件概率记为

$$P(w_{t+j} | w_t) = \frac{\exp(u_t^T v_{t+j})}{\sum_{i \in V} \exp(u_t^T v_i)} \quad (1\text{-}20)$$

假设给定中心词的前提下背景词生成过程相互独立，当背景窗口大小为 n 时，对于一个长度为 T 的文本序列训练时的目标函数为

$$\mathcal{L}_\theta = -\frac{1}{T} \sum_{t=1}^{T} \sum_{-n \leq j \leq n, j \neq 0} \log P(w_{t+j} | w_t) \quad (1\text{-}21)$$

由于 Word2vec 学习到的单词嵌入向量具备一定的语义特征，可以直接计算单词之间的相似度。因此，该思想同样影响到了个性化推荐领域，微软研究团队将该思路应用到了基于物品的协同过滤中，提出了 Item2vec[43]模型，利用产品之间的共现关系，学习得到产品的嵌入表示，从而计算不同产品之间的相似度。

3. 图神经网络

深度学习已经在异构数据上取得了显著的效果，如图像、文本和音频等，然而这些数据都是欧氏空间数据，具有平移不变性等特征。与之相对应，现实世界中存在着大量的非欧氏空间数据，如图结构数据。不同于图像、文本类数据，图结构数据中不仅包含了大量节点之间的关联关系，还包括每个节点的属性信息，更重要的是节点局部特征并不存在平移不变性，这就给图结构数据的建模带来了严峻的挑战[44]。然而图结构数据在现实世界中普遍存在，如社交网络、交通网络和分子结构等，因此，近年来针对图结构数据的图神经网络模型得到了广泛的研究，研究者提出了诸多模型来应对这一挑战[45]。

针对图结构数据，研究者提出了 GCN[46]（graph convolutional network，图卷积神经网络）、GraphSAGE[47]（graph sample and aggregate，图采样与聚合）和 GAT[48]（graph attention network，图注意力网络）等诸多端到端的深度学习模型。为了对诸多图神经网络进行总结和比较，Gilmer 等[49]从图结构中节点之间消息的传递、聚合和更新的角度总结了当下主流图神经网络模型设计思路，提出了 MPNN（message passing neural networks，消息传递神经网络）模型。MPNN 模型是图神

经网络的一般性通用框架,认为图结构数据中节点的表示通过消息函数和更新函数进行多轮消息传播聚合后得到,其核心过程如下:

$$m_i^{k+1} = \sum_{j \in N(i)} M^{(k)}\left(h_i^{(k)}, h_j^k, e_{ij}\right)$$
$$h_i^{(k+1)} = U^{(k)}\left(h_i^{(k)}, m_i^{(k+1)}\right)$$
（1-22）

式（1-22）中上方公式代表信息传递阶段,其中 k 表示第 k 轮信息传播,M 表示消息传递函数,i, j 表示图结构中的节点,$N(i)$ 表示节点 i 的邻居,$h_i^{(k)}$ 表示节点 i 在第 k 轮学习到的特征表示；式（1-22）中下方公式表示更新阶段,其中 U 表示特征更新函数。

根据 MPNN 的视角,GCN 模型消息和传递函数分别表示如下:

$$M(h_i^{(k)}, h_j^{(k)}) = \tilde{L}_{\text{sym}}[i,j] W^{(k)} \tilde{h}_j^{(k)}$$
$$U(m_i^{(k+1)}) = \sigma(m_i^{(k+1)})$$
（1-23）

GraphSAGE 模型的消息和传递函数如下:

$$\sum M(h_i^{(k)}) = \text{Agg}[\tilde{h}_j^{(k)}, j \in N(i)]$$
$$U(h_i^{(k)}, m_i^{(k+1)}) = \sigma(W^{(k)}[m_i^{(k+1)} \parallel h_i^{(k)}])$$
（1-24）

而 GAT 将注意力机制应用到节点特征的学习中,模型认为不同的节点对于目标节点的影响力不同,因此采用注意力机制自适应学习不同节点的权重,而后聚合邻居节点的特征:

$$h_i = \sigma\left(\sum_{j \in N(i)} \alpha_{ij} W h_j\right)$$
（1-25）

其中,α_{ij} 表示节点 j 对于节点 i 的权重,其学习过程如式（1-26）所示:

$$\alpha_{ij} = \frac{\exp\left(\text{Leakly ReLU}\left(a[W h_i \parallel W h_j]\right)\right)}{\sum_{k \in N(i)} \exp\left(\text{Leakly ReLU}\left(a[W h_i \parallel W h_k]\right)\right)}$$
（1-26）

图结构数据广泛存在的场景决定了图神经网络模型能够应用到不同的业务问题中。针对不同的目的,大致可分为节点级任务和图级别任务:节点级任务包括节点分类,如社交网络中用户画像等,还有节点之间链接预测问题；图级别任务包括社区发现、药物网络分析等问题。由于个性化推荐中存在着大量的图结构数据,因此,将图神经网络应用到个性化推荐也是近些年来的研究热点。图神经网络在推荐中可分为两类,一类是将用户和产品的交互视为二部图进行挖掘[50, 51],另一类是利用图神经网络建模用户的社交好友关系[52, 53],从而更好地预测用户对产品的偏好。

4. 注意力机制

注意力是人在处理信息时对于不同刺激的关注度分配[54]，是人类在认识和观察现实世界时不可或缺的能力。在接受外界的刺激时，无论是听觉、视觉还是触觉，人类总能根据不同的场景处理不同的信息。例如，著名的鸡尾酒会效应[55]：尽管在鸡尾酒会中的各种声音混合嘈杂，但每个人还是能够识别出朋友的对话，而忽略其他声音。这种情境的发生是因为人类的注意力集中于某个特定的听觉刺激上，同时过滤掉其他刺激。同样的事情也发生在视觉中，在特定任务中，人类总是能从图像中找出最相关的信息而忽略其他内容，这种情境可以通过眼动仪的实验发现。同样，人类在阅读时，也是关注于重点的单词和文本内容。因此，有人提出人的感官记忆会潜意识地解析所有刺激，并通过显著性分类来识别离散的信息片段[56]。这种神经注意力同样会随着环境、任务等的改变而发生变化。

深度学习领域的研究者将这种注意力机制应用到了机器学习领域来分配不同数据和不同任务的权重，注意力机制通过对不同任务的不同输入自动学习权重，从而抽取了更加重要的信息，提高了模型的效率和可解释性。例如，谷歌团队利用融合注意力机制的循环神经网络进行图像的分类[57]，更多地，注意力模型被利用于自然语言处理领域[58]，特别是机器翻译[59]工作上，取得了显著的效果。

注意力机制通过计算输入信息和任务相关性的概率分布，来给不同的信息分配权重，突出特殊部分信息对输出的影响。假设给定输入数据 $X = \{x_1, x_2, \cdots, x_N\}$ 和与任务相关的查询变量 q，通过函数 f 计算输入与查询变量的相关性。在此情况下，注意力机制计算得到的权重概率为

$$\alpha_n = \text{Softmax}(f(x_n, q)) \\ = \frac{\exp(f(x_n, q))}{\sum_{j=1}^{N} \exp(f(x_j, q))} \quad (1\text{-}27)$$

其中，α_n 表示第 n 个输入信息的权重。由上式可知，所有输入的权重和为 1，这就保证了不同信息的不同权重大小。同时函数 f 可以有多种形式，如点积模型、加性模型等：

$$\begin{aligned} \text{加性模型：} \quad & f(x,q) = v^T \tanh(Wx + Uq) \\ \text{点积模型：} \quad & f(x,q) = x^T q \\ \text{缩放点击模型：} \quad & f(x,q) = \frac{x^T q}{\sqrt{D}} \end{aligned} \quad (1\text{-}28)$$

其中，W, U 表示模型参数；D 表示输入数据的维度。不同的模型存在不同的优缺

点，在设计时需考虑不同的任务。同时，在计算得到不同输入的权重时，通过加权对信息进行汇总：

$$\text{att}(X,q) = \sum_{n=1}^{N} \alpha_n x_n \tag{1-29}$$

基于注意力机制的模型在自然语言处理领域大放异彩，在文本分类、自然语言推断以及命名实体识别、问答等多项任务上取得了突破[60]。由于注意力机制能够自动学习权重，因此，推荐系统领域的研究广泛应用该机制预测用户兴趣分布[61]，并产生可解释的预测结果[62]。注意力机制的加入，不仅提高了推荐结果的准确性，而且借助权重系数的分析，可以让研究者进一步理解用户的行为模型和产品不同特征的影响，缓解了神经网络用于个性化推荐时缺乏解释性的问题。

1.3.4 强化学习方法

强化学习的概念最早起源于心理学中的行为主义理论。基于该理论，生物通过和外界环境进行交互受到环境带来的刺激从而产生反应，在"刺激-反应"的循环迭代过程中不断学习强化，学习的实质就是通过强化来加强刺激和反应之间的联系。区别于传统的监督学习，强化学习是一种在不断试错中学习策略的方法，根据采取动作得到的反馈信号判断动作的好坏，加强对好的动作的执行，减少对不好动作的执行，从而逐渐学习出从环境到动作的映射或最优策略[63, 64]。强化学习的基本概念有智能体、环境、动作、反馈、策略等，强化学习中的智能体能够自主地在环境中进行探索行动，在不同的状态中，通过和环境交互得到的反馈来不断调整其本身的一系列行动策略，最终目标是达到一段时间内最大的奖励值[64]。由于可以基于环境变化对营销策略进行动态优化，强化学习近年来在个性化推荐、个性化定价等领域得到了越来越多的应用，成为大数据环境下个性化营销的基础方法。强化学习方法的详细介绍如下。

1. 马尔可夫决策过程

马尔可夫决策过程（Markov decision process，MDP）是强化学习中的主要理论建模模型[64]。马尔可夫决策过程考虑了动作的影响因素，具有无后效性，即下一个状态与当前状态的信息和动作都有关联，但是与之前的状态和动作无关。一个标准的马尔可夫决策过程可以用一个包含了状态空间、动作空间、奖励函数、状态转移函数和折扣因子的五元组$<S, A, R, T, \gamma>$进行表示。

状态空间 S：表示智能体所处的环境状态集合。

动作空间 A：表示智能体在每个状态上能够采取的所有动作集合。

奖励函数 $R: S \times A \times S \to \mathbb{R}$ 表示奖励函数（reward function），其中 $R(s, a, s')$ 表

示的是智能体在状态 s 下选择了动作 a，转移到下一个状态 s' 后从环境中获得的奖励值。

状态转移函数 $T: S \times A \times S \to [0,1]$ 表示在环境里的状态转移函数，其中 $T(s, a, s')$ 表示智能体在状态 s 下选择了动作 a，转移到下一个状态 s' 的概率值。

折扣因子 γ：折扣因子 $\gamma \in [0,1]$ 表示在考虑未来的奖励回报时的当前的贴现因子，γ 是用来平衡当前的即时奖励和未来奖励的调节参数。当 $\gamma = 0$ 时，表示推荐智能体只考虑当前的即时奖励，不考虑未来的奖励回报。当 $\gamma = 1$ 时，表示推荐智能体将未来的奖励都完全考虑在当前的行动中。γ 体现了强化学习方法中的探索和利用平衡的思想。

在马尔可夫决策过程中，智能体和环境之间的交互如图 1-8 所示。在时刻 t 智能体感受当前的状态 s_t，然后从动作空间里选择动作 a_t，此时环境根据一定的状态转移概率过渡到另一个状态 s_{t+1}，同时给智能体一个即时的反馈信号 r_t。在这个过程中智能体不断地根据环境的状态变化和获得的奖励反馈信号逐步调整策略。

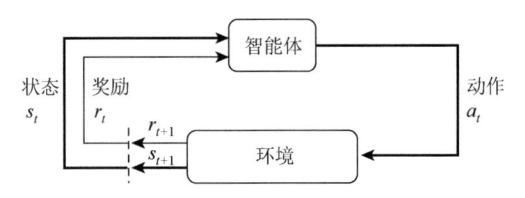

图 1-8 智能体与环境交互图

在 t 时刻，折扣累计未来的奖励和记为 G_t，形式如下：

$$G_t = r_t + \gamma r_{t+1} + \gamma^2 r_{t+2} + \cdots = \sum_{i=t}^{\infty} \gamma^{i-t} r_t \quad (1\text{-}30)$$

其中，γ 表示折扣因子，范围为 $[0,1]$。γ 能够考虑未来奖励的程度，同时也能够帮助算法更好地收敛。

算法的总目标是学习一种可以在 t 轮内最大化累计奖励收益的策略 $\pi: S \to I$，最优策略表示如下：

$$\pi^* = \mathrm{argmax}_\pi \mathbb{E}_\pi \left\{ \sum_{k=0}^{\infty} Y^k r_{t+k} \mid s_t = s \right\}, \quad \forall s \in S, \ \forall t \geqslant 0 \quad (1\text{-}31)$$

其中，$\pi: S \times A \to [0,1]$ 表示智能体的一个策略，即状态-动作的概率分布；$\mathbb{E}_\pi$ 表示策略 π 的数学期望；$s_t \in S$ 表示智能体在 t 时刻的状态表征；$\gamma \in [0,1)$ 表示控制长期回报递减累计的折扣因子；k 表示未来进行的 k 轮交互；r_{t+k} 表示智能体在第 $t+k$ 轮之后和环境交互获得的奖励回报。

在强化学习中，可以通过状态-价值函数或者状态-动作价值函数来进行最优策略 π^* 的学习。这两种价值函数的表达公式如下所示：

$$V^*(s) = \max_{\pi} \mathbb{E}_{\pi}\left\{\sum_{k=0}^{\infty} Y^k r_{t+k} \mid s_t = s\right\}, \quad \forall s \in S, \ \forall t \geq 0 \quad (1\text{-}32)$$

$$Q^*(s,a) = \max_{\pi} \mathbb{E}_{\pi}\left\{\sum_{k=0}^{\infty} Y^k r_{t+k} \mid s_t = s, a_t = a\right\}, \quad \forall s \in S, \ \forall a \in A, \ \forall t \geq 0 \quad (1\text{-}33)$$

然而，在很多实际问题中，大规模动作和状态空间导致需要存储的数据远超计算机的硬件存储空间上限，也就是强化学习中常说到的"维度灾难"的问题，传统的经典强化学习方法不再适用于这类问题。通过值函数近似（value function approximation）的方式可以将状态-价值函数或者状态-动作价值函数进行参数化，达到泛化目的。其中，将深度学习中的神经网络作为价值估计器的方法成了目前研究火热的深度强化学习领域。

2. 深度强化学习

深度强化学习方法是强化学习和深度学习两种方法的有机组合。强化学习的学习机制非常适合一些需要不断与环境进行交互的场景和领域。深度学习由于其具有强大的捕获非线性和高阶特征的能力，可以将强化学习中复杂的状态空间和状态到动作的函数进行抽象拟合，适用于需要进行连续决策的模型。与深度学习的融合使得强化学习的表达能力和学习能力大幅度提升。AlphaGo[65,66]和AlphaZero[67]的巨大成功激发了深度强化学习技术的研究热潮。近年来，深度强化学习在智能机器人[68]、自然语言处理[69]、自动驾驶[70]等领域也得到了深入研究。

在深度强化学习中，强化学习的作用是用来把握策略的学习方向，深度学习则通过使用神经网络用来拟合输入输出的关系。强化学习可分为基于价值、基于策略梯度和演员-评论家方法。在基于价值的方法中，智能体通过学习一个价值函数来进行策略的学习；基于策略梯度方法直接优化策略函数，使智能体能够学习到最优的策略；演员-评论家方法则结合了上述两类方法的特点。下面来依次介绍本书涉及的技术方法。

1）基于价值的方法

基于价值的方法通过对价值函数进行近似，利用一个参数为 w 的动作价值函数 $\hat{q}$，输入状态 s 和动作 a，得到的近似动作价值为

$$\hat{q}(s,a,w) \approx q_{\pi}(s,a) \quad (1\text{-}34)$$

在深度强化学习中，最著名的基于价值的方法就是在 2013 年由 DeepMind 团队提出的 DQN[71]（deep Q-network，深度 Q 网络）。DQN 的核心思想和 Q-learning 的表格式十分相近，通过使用神经网络来搭建价值网络 $Q(\cdot)$ 作为价值估计器，用

来拟合当前状态 s_t 和当前动作 a_t 得到的奖励值 r_t，通过考虑未来一段时间所有的动作带来的奖励值进行优化学习。DQN 的 loss 定义如下：

$$L(w) = \mathbb{E}\left[\left(r + \gamma \max_{a'} Q(s', a', w) - Q(s, a, w)\right)^2\right] \quad (1\text{-}35)$$

其中，s', a' 表示下个状态和动作；r 表示当前奖励值；γ 表示折扣因子；w 表示网络的参数。

DeepMind 团队对 DQN 方法的成功应用为后续的一系列强化学习算法的开发和学习进行了良好的技术铺垫，其中的两种经典训练技巧——双网络机制和经验回放技术有效地解决了传统强化学习方法的弊端。DQN 的两种架构如图 1-9 所示。

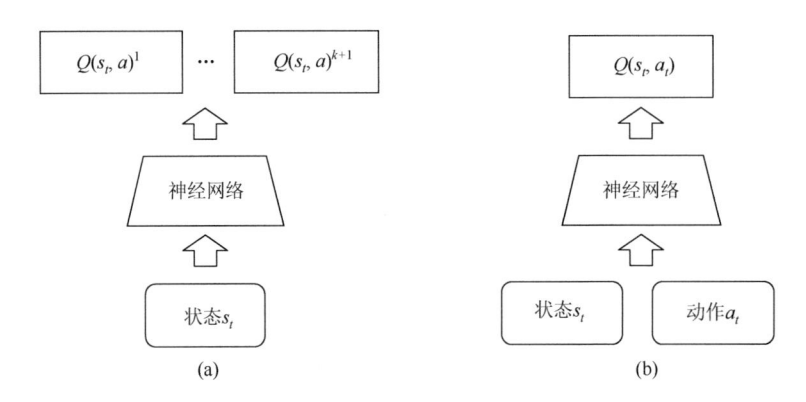

图 1-9　DQN 的两种架构图

（1）双网络（double network）机制：双网络机制是 DQN 中常用的操作。通过引入两个相同的网络结构，分别设置为目标网络和更新网络，能够有效地解决以往 Q-learning 方法里对值估计过于乐观的缺陷。

（2）经验回放（experience replay）技术：经验回放技术是一种利用 DQN 训练数据的有效操作，由于在实际的智能体和环境交互过程中，数据之间通常存在着依赖关系，不符合深度学习训练中样本保持独立性的假设要求。为了能够有效地利用深度学习方法进行学习训练，解决数据之间相互依赖的问题，将智能体在和环境每一步交互过程中观测到的状态、动作、奖励和下一个状态按照元组的形式储存到经验回放池中，通过这样的方式能够打破训练数据之间的关联性，进而能够有效地利用随机梯度下降的方式来更新深度学习神经网络中的参数。

基于 DQN，研究者又提出了改进的 DQN 方法，如 Double DQN[72]、Dueling DQN[73]等。

如图 1-9 所示，经典的 DQN 网络框架一般有图中所示的（a）(b) 两种形式。图 1-9（a）中的结构是通过输入状态空间经过神经网络最后输出一组动作的 Q 值。这样的架构适用于较小的动作空间场景，如参考文献[71]中的游戏场景，但难以处理推荐动作空间较大的问题。在图 1-9（b）中的 DQN 架构中，输入数据为状态和对应动作，输出当前动作的 Q 值。通过这个结构框架可以处理较大的动作空间问题，但是考虑到时间复杂度的问题，使用这种架构处理动态推荐问题仍然存在较大的难度。

2）基于策略梯度的方法

不同于基于价值的方法中根据价值函数学习最优策略的间接学习方式，策略学习方法可以不考虑值的估计直接对策略进行近似学习。例如，Reinforce 算法中的策略梯度 PG 算法，通过在智能体和环境交互的过程中判断动作对奖励回报的影响，如果某个动作使得奖励回报增大，则增加该动作出现的概率；反之亦然。

假设策略 π 可以由一个包含了参数 θ 的函数来表示，即

$$\pi_\theta(s,a) = P(a|s,\theta) \approx \pi(a|s) \tag{1-36}$$

使用 V_π 表示策略 π 下的状态分布概率，通过优化所有状态 S 的期望可以得到策略梯度的优化目标函数为

$$J(\theta) = \mathbb{E}_S\left[V_\pi(S)\right] \tag{1-37}$$

通过目标函数对 θ 求导，之后可以使用梯度上升法进行优化求得最优策略。略过烦琐的推导过程，根据策略梯度定理，可以得到目标函数求梯度后的公式为

$$\begin{aligned}
\nabla_\theta J(\theta) &\propto \sum_{s \in S} v_{\pi_\theta}(s) \sum_{a \in A} Q^{\pi_\theta}(s,a) \nabla_\theta \pi_\theta(a|s) \\
&= \sum_{s \in S} v_{\pi_\theta}(s) \sum_{a \in A} \pi_\theta(a|s) Q^{\pi_\theta}(s,a) \frac{\nabla_\theta \pi_\theta(a|s)}{\pi_\theta(a|s)} \\
&= \mathbb{E}_{\pi_\theta}\left[Q^{\pi_\theta}(s,a) \nabla_\theta \log \pi_\theta(a|s)\right]
\end{aligned} \tag{1-38}$$

上述的梯度公式可被用来进行策略的更新。式（1-38）需要根据策略 π_θ 采样得到的数据进行梯度的计算。式（1-38）可以写成更加一般化的形式：

$$g = \mathbb{E}_{\pi_\theta}\left[\sum_{t=0}^{\infty} \psi_t \nabla_\theta \pi_\theta(a_t|s_t)\right] \tag{1-39}$$

其中，ψ_t 可以通过多种形式来表示，如 $\sum_{t'=0}^{\infty} \gamma^{t'} r_{t'}$ 表示轨迹总奖励回报，$\gamma^{t'}$ 表示由远期不确定导致的收益折扣；$\sum_{t'=t}^{\infty} \gamma^{t'-t} r_{t'}$ 表示执行了动作 a_t 之后的奖励回报。基于策略的学习方法里著名的 Reinforce 算法就是采用的这种回报方式。

3）演员-评论家方法

基于价值估计的方法容易产生乐观估计导致估计不准确的问题，造成的偏差较大；而基于策略梯度的方法虽然可以通过蒙特卡罗采样的方法进行策略梯度的估计，然而造成的方差过大，实际的效果都不够理想。演员-评论家算法结合了以上两种方法的优势，成为当前许多高效的强化学习算法的通用算法框架。这种方法的本质仍然属于策略梯度的算法，通过学习价值函数来学习更好的参数。

演员-评论家方法主要分为两个部分，一个是演员网络，也被称作策略网络或动作网络，另一个是评论家网络，也被称作价值网络或更新网络。演员网络要做的事情是和环境交互收集数据，利用评论家网络的价值函数进行策略梯度学习更好的策略。评论家网络通过收集演员网络与环境的互动数据以学习价值函数，并利用该价值函数对演员网络的好坏进行评价，指引演员网络进行参数的更新。具体的方法框架如图 1-10 所示。

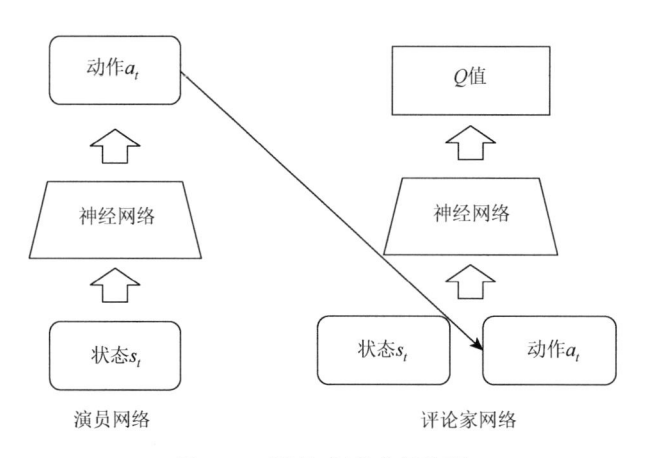

图 1-10　演员-评论家架构图

演员-评论家方法的一般性框架如图 1-10 所示。在演员网络中输入状态信息，演员网络通过状态-价值函数判断当前价值分数最高的动作。然后在评论家网络中将这个状态信息和演员网络产生的动作一起输入，学习出一个动作的 Q 值再来判断该动作是否适合在当前状态下进行推荐。通过图 1-10 可以发现，演员-评论家框架的评论家网络和 DQN 的网络结构基本相似。根据评论家网络可以有效地对演员网络进行参数更新，优化推荐的策略。这种网络结构的设计能够更好地适应动态推荐场景下的大规模动作空间，同时减轻了计算的压力，降低时间复杂度。

在演员网络的参数采用策略梯度的方式进行更新。评论家网络表示为 V_w，其中 w 为网络参数，使用时序差分的方式可以定义单步的价值函数的损失函数如下：

$$L(w) = \frac{1}{2}(r + \gamma V_w(s_{t+1}) - V_w(s_t)) \tag{1-40}$$

将式（1-40）中的 $r + \gamma V_w(s_{t+1})$ 视为时序差分的目标，价值函数的梯度可以表示如下：

$$\nabla_w L(w) = -(r + \gamma V_w(s_{t+1}) - V_w(s_t))\nabla_w V_w(s_t) \tag{1-41}$$

演员-评论家算法在执行中每一步的计算公式为

$$\delta_t = r_t + \gamma V_w(s_{t+1}) - V_w(s) \tag{1-42}$$

评论家网络和演员网络的参数更新公式为

$$w = w + \alpha_w \sum_t \delta_t \nabla_w V_w(s) \tag{1-43}$$

$$\theta = w + \alpha_\theta \sum_t \delta_t \nabla_\theta \log \pi_\theta(a|s) \tag{1-44}$$

研究者将 DQN 的训练中使用到的经验回放技术和双网络机制应用到演员-评论家算法中，实现了很好的模型训练提升效果和更好的收敛性。

1.4 个性化营销的研究框架

个性化营销把消费者个性的释放、个性需求的满足以及消费者在产品研发和销售中的作用提到空前核心的地位。通过个性化营销策略的设计与实施，企业与消费者建立一种新型的关系：企业不再局限于向尽可能多的消费者销售大众化的商品，而是根据消费者个体进行营销策略设计，迎合个性化的需求和偏好。大量理论研究和应用实践证明，个性化营销策略对企业提高消费者满意度和忠诚度、提升利润和核心竞争力有着积极的作用。

围绕产品、促销、定价和渠道等方面进行策略设计是目前个性化营销的主要研究思路[74-76]。基于个性化的产品策略，企业捕捉消费者多变的个性化需求，不仅可以丰富产品的品种、功能和式样，由消费者找出最符合其需求的产品，还可以进行"一对一"的产品设计，提升个性化生产的能力。基于个性化的促销策略，企业根据消费者个体的偏好设计不同的促销形式，在促销中突出消费者关注的企业特征和产品特征，介绍产品满足消费者个性化需求的能力。企业也可以追踪每一位顾客的购买行为，分别与之进行沟通，将个性化的促销信息传递给每一位特定顾客。基于个性化的价格策略，企业不再采用传统的单一定价策略，而是设计有效的动态价格策略：根据消费者不同的购买历史、消费意愿和支付能力等，收取差异化的价格；设计个性化的拍卖策略引导消费者的购买决策，获取更大的利润。基于个性化的渠道策略，企业采取更加扁平化的渠道，直接面向消费者，以更快、更方便的方式为消费者提供个性化的服务，满足个性化的需求。通过个性化的渠道策略，企业还可以更真切地聆听消费者的声音，建立互动化的渠道关系。

电子商务环境下，网络的实时性、无限可达性以及信息过载等特征使得电子商务环境下的个性化营销策略在研究内容和研究方法等方面与传统环境有着很大差异。电子商务环境下个性化营销的研究框架如图 1-11 所示。

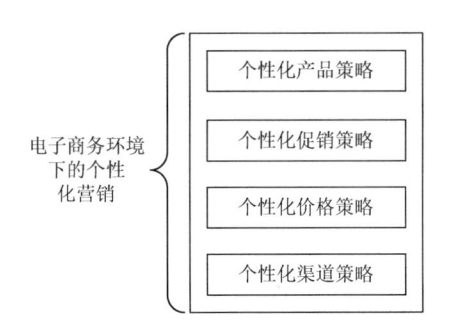

图 1-11 电子商务环境下的个性化营销

1. 个性化产品策略

电子商务环境下，随着商品种类不断增加，消费者需要花费大量的时间才能找到自己需要的商品，这造成了"信息过载"问题：消费者在购买过程中需要浏览大量与其需求无关的信息。信息过载问题使得网络消费者难以从企业庞大的产品目录中找到符合需求的产品，对消费者的满意度和忠诚度产生负面影响。因此，在电子商务环境下，企业不仅需要关注个性化产品的设计，更要关注如何帮助消费者从大量的产品中找到符合需求的产品。为了实现上述目的，企业根据购买记录设计符合消费者偏好的产品分类策略和产品推荐策略，为消费者查找产品提供方便；设计个性化的产品展示策略，利用文本、图片、视频等不同形式进行产品展示；提供个性化的产品服务策略，通过售后服务提高消费者满意度和忠诚度。电子商务环境下个性化产品策略的研究框架如图 1-12 所示。

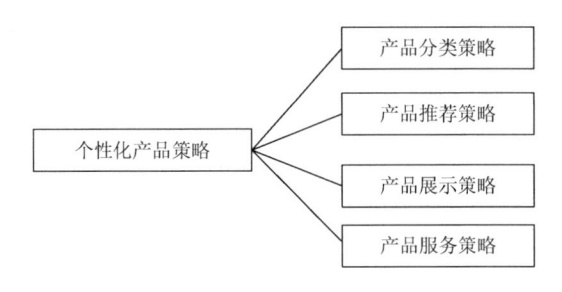

图 1-12 个性化产品策略

2. 个性化促销策略

随着信息技术的快速发展，利用网络进行产品宣传与促销已经成为企业促销活动的重要选择。与传统环境倚重人员推广和电视广告不同，电子商务企业可以有效地利用网络传递产品和服务信息，激发消费者的购买欲望和购买行为。销售促进、网络广告、站点推广和关系营销是电子商务环境下企业进行促销的主要策略，而个性化对提高上述策略的效果具有积极的作用。例如，基于消费者的需求和偏好，企业可以在旗帜广告、电子邮件广告、公告栏广告等网络广告中选择消费者最容易接受的形式进行促销宣传；利用消费者的在线社会性网络设计个性化的关系营销策略；在价格折扣、有奖销售、积分促销等销售促进策略中选择最适合的方式诱导消费者的购买行为。电子商务环境下个性化促销策略的研究框架如图1-13所示。

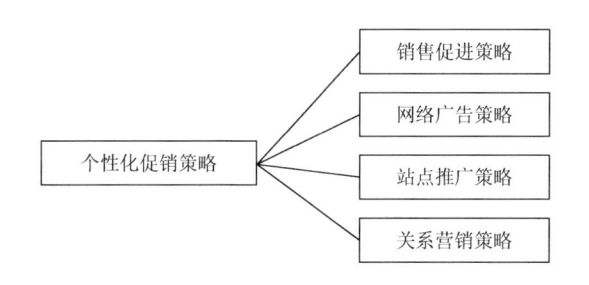

图1-13 个性化促销策略

3. 个性化价格策略

价格策略是企业吸引消费者、建立竞争优势、增加利润的有效手段，在企业营销实践中得到了广泛应用。电子商务环境为企业设计个性化的价格策略提供了有利的条件：企业可以方便地获取竞争对手的价格、分析消费者的购买决策，进而提供实时、动态的个性化价格。基于消费者的历史购买记录，企业可以分析消费者的购买意愿，对相同的产品收取不同的价格；通过跟踪消费者的购买过程，企业可以制订更优的交叉销售计划，并对交叉销售的产品制定个性化的价格；基于消费者的支付意愿，企业可以组织产品的在线拍卖活动，通过拍卖获取最大的销售利润；企业也可以参与消费者定价活动（name-your-price），根据消费者的需求和支付能力，组织产品生产和服务活动。此外，企业可以更加灵活地采取更新销售价格、分发电子优惠券、提供定量折扣等价格策略，影响消费者的购买决策过程。电子商务环境下个性化价格策略的研究框架如图1-14所示。

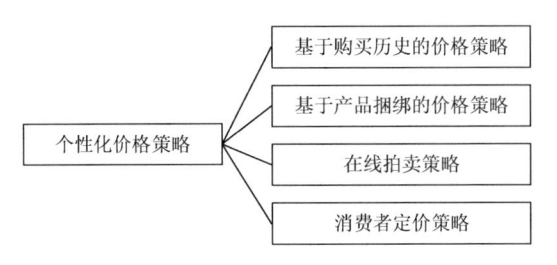

```
                    ┌─ 基于购买历史的价格策略
                    ├─ 基于产品捆绑的价格策略
        个性化价格策略 ┤
                    ├─ 在线拍卖策略
                    └─ 消费者定价策略
```

图 1-14　个性化价格策略

4. 个性化渠道策略

信息技术的发展使得企业的营销渠道实现了极大细分，也为企业营销提供了丰富的渠道选择。企业可以在搜索引擎、门户网站、社交网络等线上渠道开展营销活动，根据消费者的不同偏好进行个性化的渠道选择和融合。企业可以借助多样化的线下渠道信息媒介触达消费者，为消费者提供个性化的线下产品和服务，在线下渠道实施个性化营销策略。企业也可以对线下和线上渠道进行融合，通过融合渠道开展个性化营销，与消费者进行全渠道沟通互动。个性化渠道策略的研究框架如图 1-15 所示。

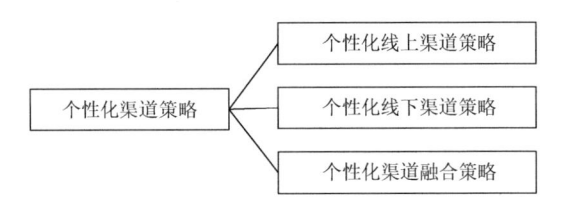

```
                    ┌─ 个性化线上渠道策略
        个性化渠道策略 ┤─ 个性化线下渠道策略
                    └─ 个性化渠道融合策略
```

图 1-15　个性化渠道策略

1.5　本书的组织安排

本书以数据驱动的个性化营销理论与方法为主题组织研究内容。在个性化营销研究框架的基础上，本书首先从面向消费者个体的推荐、面向消费者群体的推荐、融合社交互动信息的社会化推荐以及考虑消费者偏好演化的动态推荐等维度，研究个性化产品推荐方法。其次，从多渠道促销优化、营销影响力最大化等维度研究个性化渠道策略和个性化促销策略。最后，对个性化营销的安全性进行探讨，构建个性化营销的攻击检测方法与鲁棒优化方法。本书具体安排如表 1-1 所示。

表1-1 本书章节安排

章节逻辑	章节题目	内容概要
开篇	第1章 绪论	总结个性化营销的正负效应与价值，介绍数智驱动的营销变革，给出个性化营销的方法基础，构建本书研究的章节结构
个体推荐	第2章 融合多模态数据的个性化推荐方法	融合点击购买、产品描述、产品图像等多模态数据的个性化推荐建模
群体推荐	第3章 面向个体与群体交互的群推荐方法	基于个体与群体交互的群推荐方法，包括基于双向张量分解的群推荐方法以及基于群偏好与用户偏好协同的动态群推荐方法等
社会化推荐	第4章 融合社交互动信息的社会化推荐方法	基于社会化理论与社交信息的推荐方法，包括基于社会化关系多元性的个性化推荐方法和考虑社会化关系强度的个性化推荐方法等
动态推荐	第5章 考虑个性化需求演化的动态推荐方法	考虑消费者偏好的动态演化，构建基于演员-评论家框架的动态推荐方法和融合知识图谱的深度强化动态推荐方法
多渠道促销	第6章 多渠道多策略协同的个性化促销方法	融合个性化渠道策略和促销策略，构建多渠道多阶段的个性化促销方法，探讨个性化促销对企业收益的影响
社会化促销	第7章 基于影响力最大化的社会化促销方法	构建社交网络中影响力节点的检测方法和影响领域的识别方法，设计给定营销预算情况下社会化促销种子节点的高效选择方法
个性化营销安全	第8章 个性化营销的对抗攻击与鲁棒优化方法	分析个性化营销方法存在的安全性问题，给出个性化营销安全性分析方法，构建个性化营销方法的鲁棒优化策略
结论	第9章 研究总结与展望	对本书研究进行总结，给出个性化营销研究的后续方向

参 考 文 献

[1] 黄震华, 林小龙, 孙圣力, 等. 会话场景下基于特征增强的图神经推荐方法. 计算机学报, 2022, 45(4): 766-780.

[2] 陈聪, 张伟, 王骏. 带有时间预测辅助任务的会话式序列推荐. 计算机学报, 2021, 44(9): 1841-1853.

[3] Sahni N S, Wheeler S C, Chintagunta P. Personalization in email marketing: the role of noninformative advertising content. Marketing Science, 2018, 37(2): 236-258.

[4] Johar M, Mookerjee V, Sarkar S. Selling vs. profiling: optimizing the offer set in web-based personalization. Information Systems Research, 2014, 25(2): 285-306.

[5] Balabanović M, Shoham Y. Fab: content-based, collaborative recommendation. Communications of the ACM,

1997, 40(3): 66-72.

[6] Sarwar B, Karypis G, Konstan J, et al. Item-based collaborative filtering recommendation algorithms. Hong Kong: The 10th International Conference on World Wide Web, 2001: 285-295.

[7] Bernstein F, Modaresi S, Sauré D. A dynamic clustering approach to data-driven assortment personalization. Management Science, 2019, 65(5): 1949-2443.

[8] Agrawal S, Avadhanula V, Goyal V, et al. MNL-bandit: a dynamic learning approach to assortment selection. Operations Research, 2019, 67(5): 1453-1485.

[9] Lei W Q, He X N, Miao Y S, et al. Estimation-action-reflection: towards deep interaction between conversational and recommender systems. Houston: The 13th International Conference on Web Search and Data Mining, Association for Computing Machinery, 2020.

[10] Lei W Q, Zhang G Y, He X N, et al. Interactive path reasoning on graph for conversational recommendation. The 26th ACM SIGKDD International Conference on Knowledge Discovery & Data Mining, Association for Computing Machinery, 2020.

[11] Smith S A, Agrawal N. Optimal markdown pricing and inventory allocation for retail chains with inventory dependent demand. Manufacturing & Service Operations Management, 2017, 19(2): 290-304.

[12] Chen X, Owen Z, Pixton C, et al. A statistical learning approach to personalization in revenue management. Management Science, 2022, 68(3): 1923-1937.

[13] Nambiar M, Simchi-Levi D, Wang H. Dynamic learning and pricing with model misspecification. Management Science, 2019, 65(11): 4980-5000.

[14] Ren K, Zheng T H, Qin Z, et al. Adversarial attacks and defenses in deep learning. Engineering, 2020, 6(3): 346-360.

[15] Jiang Y B, Guo H. Design of consumer review systems and product pricing. Information Systems Research, 2015, 26(4): 714-730.

[16] Kunaver M, Požrl T. Diversity in recommender systems-a survey. Knowledge-Based Systems, 2017, 123: 154-162.

[17] Yu T, Guo J P, Li W H, et al. Recommendation with diversity: an adaptive trust-aware model. Decision Support Systems, 2019, 123: 113073.

[18] Wu L, Chen L, Hong R C, et al. A hierarchical attention model for social contextual image recommendation. IEEE Transactions on Knowledge and Data Engineering, 2020, 32(10): 1854-1867.

[19] Jiang Y C, Shang J, Liu Y Z. Maximizing customer satisfaction through an online recommendation system: a novel associative classification model. Decision Support Systems, 2010, 48(3): 470-479.

[20] Jiang Y C, Liu Y Z, Shang J, et al. Optimizing online recurring promotions for dual-channel retailers: segmented markets with multiple objectives. European Journal of Operational Research, 2018, 267(2): 612-627.

[21] Jiang Y C, Shang J, Liu Y Z, et al. Redesigning promotion strategy for e-commerce competitiveness through pricing and recommendation. International Journal of Production Economics, 2015, 167: 257-270.

[22] Koren Y, Bell R, Volinsky C. Matrix factorization techniques for recommender systems. Computer, 2009, 42(8): 30-37.

[23] Salakhutdinov R R, Mnih A. Probabilistic matrix factorization. Vancouver: The 20th International Conference on Neural Information Processing Systems, 2007.

[24] Blei D M, Ng A Y, Jordan M I. Latent Dirichlet allocation. The Journal of Machine Learning Research, 2003, 3: 993-1022.

[25] Steyvers M, Smyth P, Rosen-Zvi M, et al. Probabilistic author-topic models for information discovery. Seattle: The

Tenth ACM SIGKDD International Conference on Knowledge Discovery and Data Mining, 2004.

[26] Zhao W X, Jiang J, Weng J S, et al. Comparing twitter and traditional media using topic models. Berlin: European Conference on Information Retrieval, 2011.

[27] Blei D M, Kucukelbir A, McAuliffe J D. Variational inference: a review for statisticians. Journal of the American Statistical Association, 2017, 112(518): 859-877.

[28] Andrieu C, de Freitas N, Doucet A, et al. An introduction to MCMC for machine learning. Machine Learning, 2003, 50: 5-43.

[29] Gelfand A E. Gibbs sampling. Journal of the American Statistical Association, 2000, 95(452): 1300-1304.

[30] Griffiths T L, Steyvers M. Finding scientific topics. The National academy of Sciences, 2004, 101(suppl 1): 5228-5235.

[31] Schölkopf B, Platt J, Hofmann T. A collapsed variational Bayesian inference algorithm for latent Dirichlet allocation//Schölkopf B, Platt J, Hofmann T. Advances in neural information processing systems. Cambridge: MIT Press, 2007: 1353-1360.

[32] Asuncion A, Welling M, Smyth P, et al. On smoothing and inference for topic models. Montreal: The Twenty-Fifth Conference on Uncertainty in Artificial Intelligence, 2012.

[33] LeCun Y, Bottou L, Bengio Y, et al. Gradient-based learning applied to document recognition. Proceedings of the IEEE, 1998, 86(11): 2278-2324.

[34] Krizhevsky A, Sutskever I, Hinton G E. ImageNet classification with deep convolutional neural networks. Lake Tahoe: The 25th International Conference on Neural Information Processing Systems, 2012.

[35] Huang G, Liu Z, van Der Maaten L, et al. Densely connected convolutional networks. Honolulu: 2017 IEEE Conference on Computer Vision and Pattern Recognition, 2017.

[36] Chen L C, Papandreou G, Kokkinos I, et al. DeepLab: semantic image segmentation with deep convolutional nets, atrous convolution, and fully connected CRFs. IEEE Transactions on Pattern Analysis and Machine Intelligence, 2018, 40(4): 834-848.

[37] Sabour S, Frosst N, Hinton G E. Dynamic routing between capsules. Long Beach California: The 31st International Conference on Neural Information Processing Systems, 2017.

[38] Kim D, Park C, Oh J, et al. Deep hybrid recommender systems via exploiting document context and statistics of items. Information Sciences, 2017, 417: 72-87.

[39] Kim Y. Convolutional neural networks for sentence classification. Stroudsburg: The 2014 Conference on Empirical Methods in Natural Language Processing , 2014.

[40] Badrinarayanan V, Kendall A, Cipolla R. SegNet: a deep convolutional encoder-decoder architecture for image segmentation. IEEE Transactions on Pattern Analysis and Machine Intelligence, 2017, 39(12): 2481-2495.

[41] Hinton G E. Learning distributed representations of concepts using linear relational embedding. IEEE Transactions on Knowledge and Data Engineering, 2001, 13(2): 232-244.

[42] Mikolov T, Sutskever I, Chen K, et al. Distributed representations of words and phrases and their compositionality. Lake Tahone: The 26th International Conference on Neural Information Processing Systems, 2013.

[43] Barkan O, Koenigstein N. ITEM2VEC: neural item embedding for collaborative filtering. Vietri sul Mare: 2016 IEEE 26th International Workshop on Machine Learning for Signal Processing, 2016.

[44] 徐冰冰, 岑科廷, 黄俊杰, 等. 图卷积神经网络综述. 计算机学报, 2020, 43(5): 755-780.

[45] Wu Z H, Pan S R, Chen F W, et al. A comprehensive survey on graph neural networks. IEEE Transactions on Neural Networks and Learning Systems, 2021, 32(1): 4-24.

[46] Kipf T N, Welling M. Semi-supervised classification with graph convolutional networks. https://arxiv.org/abs/1609.02907.pdf[2023-11-24].

[47] Hamilton W L, Ying R, Leskovec J. Inductive representation learning on large graphs. Long Beach: The 31st International Conference on Neural Information Processing Systems, 2017.

[48] Veličković P, Cucurull G, Casanova A, et al. Graph attention networks. https://arxiv.org/abs/1710.10903.pdf[2023-11-24].

[49] Gilmer J, Schoenholz S S, Riley P F, et al. Neural message passing for quantum chemistry. Sydney: The 34th International Conference on Machine Learning, 2017.

[50] van den Berg R, Kipf T N, Welling M. Graph convolutional matrix completion. https://arxiv.org/abs/1706.02263.pdf[2023-11-24].

[51] Wang X, He X N, Wang M, et al. Neural graph collaborative filtering. Paris: The 42nd International ACM SIGIR Conference on Research and Development in Information Retrieval, 2019.

[52] Wu L, Sun P, Fu Y J, et al. A neural influence diffusion model for social recommendation. Paris: The 42nd International ACM SIGIR Conference on Research and Development in Information Retrieval, 2019.

[53] Wu Q T, Zhang H R, Gao X F, et al. Dual graph attention networks for deep latent representation of multifaceted social effects in recommender systems. San Francisco: The World Wide Web Conference, 2019.

[54] Engel J F, Blackwell R D, Miniard P W. Consumer Behavior. New York: Dryden Press, 1986.

[55] Bronkhorst A W. The cocktail party phenomenon: a review of research on speech intelligibility in multiple-talker conditions. Acustica, 2000, 86(1): 117-128.

[56] Narayan R, Best V, Ozmeral E, et al. Cortical interference effects in the cocktail party problem. Nature Neuroscience, 2007, 10(12): 1601-1607.

[57] Mnih V, Heess N, Graves A. Recurrent models of visual attention//Ghahramani Z, Welling M, Cortes C. The 27th International Conference on Neural Information Processing Systems-Volume 2. Cambridge: MIT Press, 2014: 2204-2212.

[58] Yin W P, Schütze H, Xiang B, et al. ABCNN: attention-based convolutional neural network for modeling sentence pairs. Transactions of the Association for Computational Linguistics, 2016, 4: 259-272.

[59] Vaswani A, Shazeer N, Parmar N, et al. Attention is all you need. Long Beach: The 31st International Conference on Neural Information Processing Systems, 2017.

[60] Devlin J, Chang M W, Lee K, et al. BERT: Pre-training of deep bidirectional transformers for language understanding. Minneapolis: The 2019 Conference of the North American Chapter of the Association for Computational Linguistics: Human Language Technologies, 2019.

[61] Zhou G R, Zhu X Q, Song C R, et al. Deep interest network for click-through rate prediction. London: The 24th ACM SIGKDD International Conference on Knowledge Discovery & Data Mining, 2018.

[62] Xiao J, Ye H, He X N, et al. Attentional factorization machines: learning the weight of feature interactions via attention networks. Melbourne: The 26th International Joint Conference on Artificial Intelligence, 2017.

[63] 高阳, 陈世福, 陆鑫. 强化学习研究综述. 自动化学报, 2004, 30(1): 86-100.

[64] Sutton R S, Barto A G. Reinforcement Learning: An introduction. Cambridge: MIT Press, 2018.

[65] Silver D, Huang A, Maddison C J, et al. Mastering the game of go with deep neural networks and tree search. Nature, 2016, 529(7587): 484-489.

[66] Silver D, Schrittwieser J, Simonyan K, et al. Mastering the game of go without human knowledge. Nature, 2017, 550(7676): 354-359.

[67] Silver D, Huber T, Schrittwieser J, et al. Mastering chess and shogi by self-play with a general reinforcement learning algorithm. https://arxiv.org/abs/1712.01815.pdf[2017-12-05].

[68] Merel J, Tassa Y, Tb D, et al. Learning human behaviors from motion capture by adversarial imitation. https://arxiv.org/abs/1707.02201.pdf[2017-07-07].

[69] Lewis M, Yarats D, Dauphin Y N, et al. Deal or No deal? End-to-end learning for negotiation dialogues. https://arxiv.org/abs/1706.05125.pdf[2017-06-16].

[70] Kendall A, Hawke J, Janz D, et al. Learning to drive in a day. Montreal: 2019 International Conference on Robotics and Automation, 2019.

[71] Mnih V, Kavukcuoglu K, Silver D, et al. Playing atari with deep reinforcement learning. https://arxiv.org/abs/1312.5602.pdf[2013-09-19].

[72] van Hasselt H, Guez A, Silver D. Deep reinforcement learning with double Q-learning. Phoenix Arizona: The AAAI Conference on Artificial Intelligence, 2016.

[73] Wang Z Y, Schaul T, Hessel M, et al. Dueling network architectures for deep reinforcement learning. New York: The 33rd International Conference on International Conference on Machine Learning, 2016.

[74] Elmachtoub A N, Gupta V, Hamilton M L. The value of personalized pricing. Management Science, 2021, 67(10): 6055-6070.

[75] Jullien B, Reisinger M, Rey P. Personalized pricing and distribution strategies. Management Science, 2023, 69(3): 1687-1702.

[76] Jagabathula S, Mitrofanov D, Vulcano G. Personalized retail promotions through a directed acyclic graph-based representation of customer preferences. Operations Research, 2022, 70(2): 641-665.

第 2 章 融合多模态数据的个性化推荐方法

互联网应用的极大丰富使得反映消费者个性化需求的信息散布在网络空间的各个领域，电商平台中的点击购买历史、搜索引擎中的搜索记录、在线评论中的产品评价、社交平台中的交互行为、产品展示的图像和文本描述等均蕴含着消费者的个性化需求信息。从数据结构看，这些信息呈现结构化与非结构化融合的多模态特征。从多模态数据中挖掘消费者的个性化偏好，构建精准的个性化推荐方法，对丰富个性化营销方法体系具有理论价值，对指导企业营销实践具有实践意义。

本章基于隐式反馈数据、非结构化文本和图像等数据构建融合多模态数据的个性化推荐方法。内容组织如下：2.1 节从基于隐式反馈数据的个性化推荐方法、基于文本数据的个性化推荐方法、基于图像数据的个性化推荐方法三个方面对现有基于多模态数据的个性化推荐方法进行综述；2.2～2.4 节提出三种多模态数据融合的个性化推荐方法，包括基于图嵌入模型的隐式反馈推荐方法、融合文本数据的个性化推荐方法和融合图像数据的个性化推荐方法；2.5 节对本章提出的方法进行实验验证。

2.1 国内外研究综述

在基于隐式反馈的推荐方面，利用基于内容的过滤、协同过滤以及基于模型的推荐等策略[1, 2]，个性化推荐可以基于用户的点击、浏览等隐式反馈数据对其兴趣、偏好进行有效预测。矩阵分解模型作为经典的隐因子模型，在评分预测等显式反馈问题中得到了广泛研究和应用。研究表明，通过调整模型目标函数和优化算法、合理考虑未观察到的用户-产品数据，矩阵分解模型也可适用于隐式反馈情境[3, 4]。贝叶斯个性化排序（Bayesian personalized ranking，BPR）算法是一种重要的隐式反馈推荐算法[5]。BPR 算法认为，相较于未交互过的产品，用户对交互过的产品具有更大的兴趣[5, 6]。基于该假设，BPR 算法通过对兴趣偏好进行贝叶斯分析得到的最大后验概率对产品进行排序，进而产生推荐结果。基于深度学习的隐式反馈推荐系统近年来得到了广泛研究[7, 8]，AutoRec 模型[9]是其中的典型代表。与协同过滤类似，AutoRec 模型可以分为基于用户的 U-AutoRec（user based AutoRec）和基于产品的 I-AutoRec（item based AutoRec）[10-12]。基于图神经网络[13, 14]的推荐系统将用户和产品的隐式关系以图的形式进行表达，通过建模用户和产品关系的高阶连通性得出可靠的推荐结果[15, 16]。

在融合文本数据的推荐方面，以产品介绍和产品标签等为代表的描述性文本信息通常蕴含着产品的属性和特性。通过这些信息，用户可以识别产品的相关功能，进而估计产品是否满足他们的特定需求[17]。因此，融合这些文本信息有助于推荐系统细粒度刻画用户需求，进而做出有效推荐。主题模型[18]是一种用于从文本中寻找抽象主题的概率生成模型，已广泛应用于信息检索和自然语言处理中。LSA（latent semantic analysis，潜在语义分析）、PLSA（probabilistic latent semantic analysis，概率潜在语义分析）、LDA 和 DPMM（Dirichlet process mixture model，狄利克雷过程混合模型）等主题模型在非结构化文本的建模和分析方面取得了巨大成功[19, 20]。在基于文本数据的消费者行为研究方面，相关研究聚焦于探讨电影名称对于观众观影意愿的影响[21]，基于主题模型研究网民关注点的变化[22]，结合用户评论利用混合成员模型解释消费者偏好的异质性[23]，基于深度学习与文本挖掘技术分析产品创新方向[24]等问题。

在融合图像数据的推荐方面，研究者将图像转换成亮度、饱和度等低维度向量，或通过图像内容识别等方法将图像转换为文本描述，在此基础上，研究图像信息对于品牌形象的影响[25]，融入位置数据和图像信息的消费者兴趣点推荐[26]以及人脸特征等图像信息对广告效果的影响[27]等问题。另一种研究思路是利用表征学习方法将图像转换成高维度向量，基于图像表征改进传统推荐方法，解决基于图像表征学习的高影响力图片识别[28]、融合视觉信息的推荐系统冷启动缓解[29]、基于图像信息识别替代品和互补品实现服装搭配推荐[30]等问题。例如，VBPR（visual Bayesian personalized ranking，视觉贝叶斯个性化排序）模型[29]借助图像表征对 BPRMF（BPR matrix factorization，BPR 矩阵分解）模型进行扩展，将预训练模型获得的图像高维特征转换为低维"视觉评价"特征，并将低维视觉特征融入 BPRMF 模型，以识别用户对图像特征的偏好。Sherlock 模型[31]对 VBPR进行改进和升级，通过在产品的分层类别中映射原始产品视觉特征来学习其他产品的视觉向量。借助分层嵌入架构，该模型可以同时解决高层次和低层次的视觉特征。He 和 McAuley[32]融合了产品图像的时尚性视觉因素和用户对产品时尚性的偏好对 VBPR 模型进行改进，有效提升了服装类产品的个性化推荐效果。CKE（collaborative knowledge embedding，协同知识嵌入）模型[33]利用堆叠卷积自动编码器提取产品图像的表征，通过与矩阵分解模型进行联合优化以实现高质量的推荐效果。McAuley 等[30]提出了基于图像的推荐系统 IRec，该系统利用产品的图像特征来区分替代产品和互补产品。

在多模态数据的融合方面，融合点击、购买、文本、图像等多模态数据进行需求预测和产品推荐也是近年来个性化推荐领域的主要趋势。研究者综合利用产品描述、展示图像、在线评论等数据对消费者和产品进行表征[34, 35]，进而构建基于矩阵分解、深度学习等方法的个性化推荐模型[36, 37]。

2.2 基于图嵌入模型的隐式反馈推荐方法

本节基于消费者与产品的历史交互记录构建个性化推荐模型，借助图模型良好的表征能力，构建基于Node2vec的隐式推荐框架，并设计模型的求解算法。

2.2.1 问题定义

假设存在用户群体 U、产品集 I 以及用户与产品的交互矩阵 $R \in \mathbb{R}^{M \times N}$。用户 $u \in U$ 对产品 $i \in I$ 的偏好 $r_{ui} \in R$ 表示如下：

$$r_{ui} = \begin{cases} 1, & \text{用户 } u \text{ 喜欢产品 } i \\ 0, & \text{其他} \end{cases} \quad (2\text{-}1)$$

如式（2-1）所示，模型将用户对产品的偏好视为二分类问题，其目标是预测用户是否喜欢相关产品，喜欢为1，不喜欢则为0。本节所用到的其他数学符号和其代表的含义如表2-1所示。

表 2-1　本节涉及的数学符号及其对应解释描述

符号	描述
u	用户
i	产品
U	用户集合
I	产品集合
$R \in \mathbb{R}^{M \times N}$	群体集合
M	用户数量
N	产品数量
r_{ui}	用户对产品的真实偏好
$\hat{r}_{ui}$	模型预测的用户偏好
G^U	用户关系网络
G^I	产品关系网络
A^U	用户关系网络邻接矩阵

续表

符号	描述
A^I	产品关系网络邻接矩阵
L	神经网络隐藏层的数量
K	隐特征向量维度
$P_u \in \mathbb{R}^{M \times K}$	用户隐特征向量
$Q_i \in \mathbb{R}^{M \times K}$	产品隐特征向量

2.2.2 基于 Node2vec 的隐式推荐框架

图 2-1 展示了基于 Node2vec 的隐式推荐框架的整体结构和流程。图 2-1 中实线框内是模型的训练部分，虚线框内表示模型的测试部分。如图 2-1 所示，该推荐框架包括三个步骤：①用户关系网络和产品关系网络的构建；②基于 Node2vec 模型的用户特征和产品特征建模；③基于深层神经网络（deep neural networks，DNN）对用户和产品隐特征表示进行建模以学习用户对产品的偏好。在测试过程中，直接利用训练过程学习得到的用户和产品隐特征表示，通过深层神经网络预测用户对产品的偏好。下面对建模过程进行详细介绍。

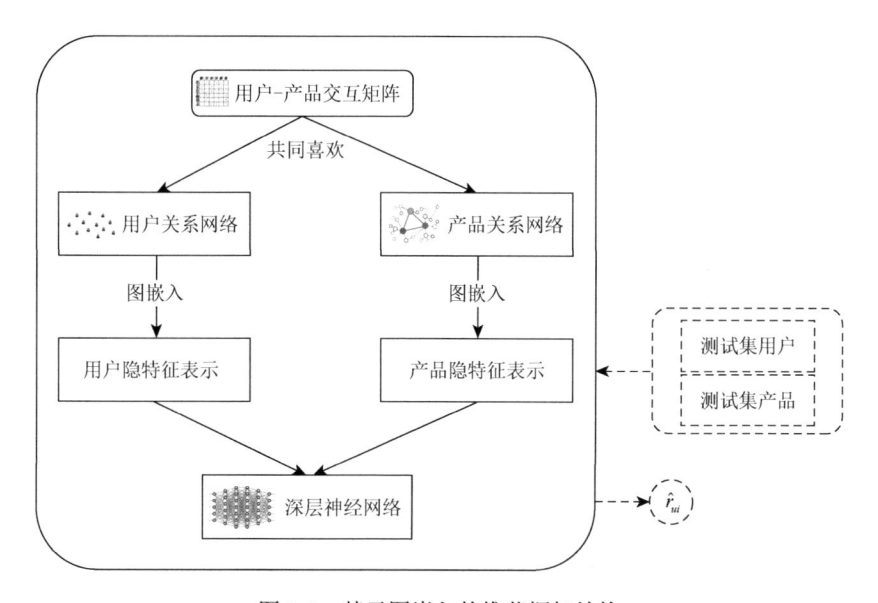

图 2-1 基于图嵌入的推荐框架结构

1. 用户（产品）网络构建

为了构建更加准确的用户（产品）关系，分析用户历史行为的内在协作关系为用户（产品）建模带来的影响，本节通过"共同喜欢"构建用户关系网络和产品关系网络。具体来说，喜欢同一产品的用户在网络中相互连接，同一用户喜欢的不同产品在网络中相互连接。具体建模时，用户关系网络 $G^U = (V^U, E^U)$，其中 $V^U = U$ 是全体用户的集合，E^U 是用户关系网络中的边，当两个用户喜欢同一件产品时，存在 $e_{uj}^U = (u, j) \in E^U$。用户关系网络的邻接矩阵 $A^U \in R^{M \times M}$，其定义为

$$A_{uj}^U = \begin{cases} 1, & \exists i \in I,\ r_{ui} = r_{ji} = 1 \\ 0, & 其他 \end{cases} \quad (2\text{-}2)$$

同样，在构建产品关系网络 $G^I = (V^I, E^I)$ 时，$V^I = I$ 表示全部产品的集合，E^I 表示产品关系网络中的边，即同一用户喜欢的不同产品，存在 $e_{ix}^I = (i, x) \in E^i$。产品关系网络的邻接矩阵 $A^I \in R^{N \times N}$，其定义为

$$A_{ix}^I = \begin{cases} 1, & \exists u \in U,\ r_{ui} = r_{ux} = 1 \\ 0, & 其他 \end{cases} \quad (2\text{-}3)$$

2. 基于 Node2vec 的图嵌入学习

对于网络中节点的特征进行建模是一项重要和基础的工作，在以往的研究中往往需要用人工设计特征，这需要专业的领域知识，并且耗费大量的时间精力。Word2vec 方法[38, 39]在自然语言处理中取得的成功使得该方法成为特征学习的重要选择。以 Word2vec 方法为基础，Node2vec 模型的提出是为了学习网络中节点的连续特征表示，通过利用网络连接模式的多样性，Node2vec 模型可以学习得到节点到特征的低维空间映射，该映射能够最大程度地保留节点的网络邻域特征。具体地，令 $G = (V, E)$ 为给定网络，$f: V \to \mathbb{R}^d$ 是从节点到低维特征表示的映射函数。d 表示特征的维度，越大的维度通常能够包含越多的信息，但同时会带来过拟合的问题。f 是具有 $|V| \times d$ 个参数的矩阵。对于每个目标节点 $v \in V$，定义 $N_s(v) \in V$ 为通过采样策略 s 生成的关于 v 的网络邻域。

Node2vec 将 Word2vec 中的 skip-gram 体系结构扩展到网络（图）数据，其优化目标是最大化基于节点 v 预测邻域节点 $N_s(v) \in V$ 的对数概率：

$$\max_f \sum_{v \in V} \log \Pr\left(N_S(v) \mid f(v)\right) \quad (2\text{-}4)$$

基于条件独立性和特征空间对称性两个假设，Node2vec 将式（2-4）进行分解：

$$\Pr(N_S(v)|f(v)) = \prod_{n_i \in N_S(v)} \Pr(n_i|f(v))$$
$$\Pr(n_i|f(v)) = \frac{\exp(f(n_i)f(v))}{\sum_{x \in V} \exp(f(x)f(v))} \quad (2\text{-}5)$$

最终，Node2vec 模型的目标函数为

$$\max_f \sum_{v \in V} \left[-\log Z_v + \sum_{n_i \in N_S(v)} f(n_i)f(v) \right]$$
$$Z_v = \sum_{x \in V} \exp(f(v)f(x)) \quad (2\text{-}6)$$

Word2vec 模型中 skip-gram 架构的设计是为了学习自然语言处理中单词的低维特征表示，由于文本数据的本质，在建模时通过滑动窗口可以使用目标单词附近的单词作为目标单词的邻域。但是，一方面网络结构数据并不具备这样的性质，另一方面网络中节点的所有邻居节点以及节点的局部结构特征都会影响节点的表示。广度优先和深度优先是经典的网络数据邻域采样策略。广度优先策略主要利用目标节点直接相关的节点，而深度优先策略则着力于发现与目标节点距离更远的连接节点。这两种策略反映了节点的两类不同的性质：同质性和结构性。同质性能够反映相邻的节点具有相似的性质，可以通过连接关系建模远距离节点间的关系；而结构性则反映了节点在网络中所扮演的角色，即具有相似局部结构的节点之间存在结构上的相似性。

构建网络中节点的表示需要综合考虑同质性和结构性。为了实现这一目标，Node2vec 在邻域节点采样时，设计了一种基于随机游走的采样策略。形式上，给定源节点 u，令 c_i 表示随机游走过程中第 i 个节点，$c_0 = u$。当随机游走的步长为 1 时，邻域节点由以下分布产生：

$$P(c_i = x | c_{i-1} = v) = \begin{cases} \dfrac{\pi_{vx}}{Z}, & (v,x) \in E \\ 0, & \text{其他} \end{cases} \quad (2\text{-}7)$$

其中，π_{vx} 表示从目标节点 v 到节点 x 的转移概率；Z 表示归一化常数。

为了同时融合节点的同质性和结构性，Node2vec 中的随机游走过程平衡了广度优先和深度优先策略。在建模过程中，定义两个参数 p 和 q 以指导随机游走过

程，参数 p 为返回参数（return parameter），参数 q 为出入参数（in-out parameter）。如图 2-2 所示，节点 t 为源节点，节点 v 为当前节点，在当前节点 v 考虑随机游走到下一步的节点时，利用 p 和 q 来建模不同节点的转移概率 π_{vx}，该概率可由式（2-8）得到。

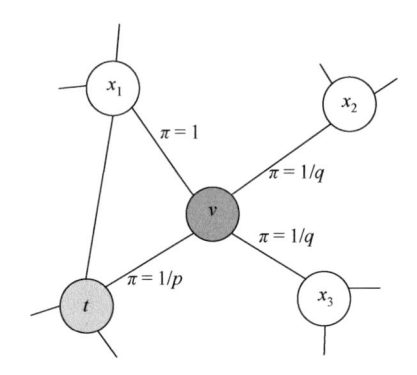

图 2-2　Node2vec 中随机游走过程

$$\pi_{pq}(t,x) = \begin{cases} \dfrac{1}{p}, & d_{tx} = 0 \\ 1, & d_{tx} = 1 \\ \dfrac{1}{q}, & d_{tx} = 2 \end{cases} \quad （2-8）$$

其中，$d_{tx} = \{0,1,2\}$ 表示从节点 t 到节点 x 的最短距离。从式（2-8）可以看出，返回参数 p 控制了随机游走过程中节点返回源节点的概率。p 值越大，随机游走过程对之前节点的采样概率越低；反之，p 值越小，随机游走过程回溯到源节点的概率越高，这类似广度优先策略，更加偏向于建模节点的结构性。而参数 q 则指导随机游走程序采样距离源节点更远的节点。q 值越小，随机游走遍历远距离的节点概率越大，更偏向于深度优先策略，更加有利于建模节点的同质性。利用参数 p 和 q，Node2vec 模型可以采样不同结构的邻域节点作为目标节点的邻居，从而利用 skip-gram 架构学习网络中每个节点的表示。

3. 深层神经网络

基于 Node2vec 的建模，我们可以分别得到用户和产品的隐特征表示。由于二者存在于不同的特征空间，因此无法直接进行计算。为了建模用户和产品表示的关系，本节利用深层神经网络来建模用户和产品特征表示的交互作用，以预测用户对产品的偏好。深层神经网络的模型如图 2-3 所示。

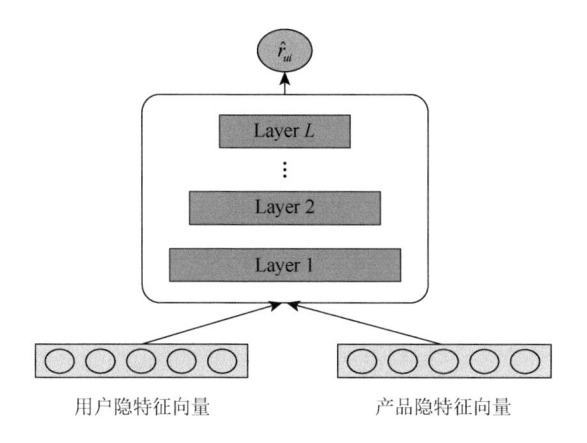

图 2-3　深层神经网络结构图

Layer 即层

图 2-3 中底层部分为从第二步中学习得到的用户和产品隐特征向量，中间部分为深层神经网络，上层部分为深层神经网络预测用户对产品的偏好。深层神经网络建模如式（2-9）所示：

$$\begin{aligned}
e_0 &= \text{Concatenate}(P_u, Q_i) \\
e_1 &= \sigma(W_1 e_0 + b_1) \\
e_2 &= \sigma(W_2 e_1 + b_2) \\
&\vdots \\
\hat{r}_{ui} &= \sigma(W_L e_{L-1} + b_L)
\end{aligned} \quad (2\text{-}9)$$

其中，L 表示神经网络中隐层的数量；W_L 和 b_L 分别表示神经网络中第 L 层的权重矩阵和偏差向量。深层神经网络的输入是用户和产品隐特征向量的拼接 e_0，$\hat{r}_{ui}$ 是深层神经网络的输出，表示用户 u 对产品 i 的偏好。实验中选择 Sigmoid 函数作为每一层的激活函数。σ 函数将预测结果映射在 0 和 1 之间，计算公式如下：

$$\sigma(x) = \frac{1}{1+e^{-x}} \quad (2\text{-}10)$$

2.2.3　模型求解

在对深层神经网络的参数进行学习时，由于隐式反馈情境缺乏用户的负样本，本节通过对用户未交互的产品随机采样作为用户的负例，即 $r_{ui}=0$。此时，推荐任务可以转换为用户是否喜欢产品的二分类问题。本节使用交叉熵损失作为神经网络的目标函数：

$$\min_{\Theta} \mathcal{L} = \sum_{u=1}^{M} \left(\sum_{(u,i) \in \mathbb{R}_u^+} \log(\hat{r}_{ui}) + \sum_{(u,j) \in \mathbb{R}_u^-} \log(1 - \hat{r}_{ui}) \right) + \lambda \|\Theta\|^2 \qquad (2\text{-}11)$$

其中，$\mathcal{L}$ 表示深层神经网络的整体损失；M 表示用户数量；$\mathbb{R}_u^+$ 表示用户 u 的正样本；$\mathbb{R}_u^-$ 表示用户 u 的负样本。为了防止模型过拟合，本节对模型中的参数使用 L2 正则化。模型的参数 Θ 包括神经网络中每层权重矩阵和偏差向量。最后，在模型的实际训练中，使用小批次 Adam[40]优化方法更新学习模型的参数。深层神经网络的学习算法如算法 2-1 所示。

算法 2-1　深层神经网络的学习算法

输入：用户产品交互矩阵 R，用户隐特征矩阵 P，产品隐特征矩阵 Q，批次大小 b，最大迭代次数 Z
输出：神经网络的参数 Θ

使用高斯分布初始化模型参数 Θ
当迭代次数 < Z 时：
　获得训练集数据 $\mathcal{D}$
　对 $\mathcal{D}/b$ 个小批次：
　　计算正样本预测值 $\hat{r}_{ui}$
　　计算负样本预测值 $\hat{r}_{ui}$
　　计算损失函数值
　　根据损失函数总和，计算每个参数的梯度，根据 Adam 算法更新参数 Θ
　结束循环
结束迭代
返回 Θ 的参数值

2.3　融合文本数据的个性化推荐方法

本节在用户点击购买记录的基础上，考虑相关产品或服务的描述文本，构建个性化推荐模型，提出了基于 HDP（hierarchical Dirichlet process，分层狄利克雷过程）模型和个性化 PageRank 算法的两阶段推荐框架。

2.3.1　问题定义

产品的属性可以由结构化数据（如评分）和非结构化数据（如文本、标签）进行描述。与结构化数据不同，非结构化的数据通常暗含着产品的功能、配置、服务等，如图 2-4 所示。从非结构化的文本信息中，用户可以识别产品的功能并判断产品是否满足其特定需求。集成这些非结构化文本信息有助于算法深入理解产品功能。具有相似描述性文本和标签的产品被识别为相关产品，从而可以根据用户搜索向他们推荐相关产品。

图 2-4　产品的非结构化文本信息

2.3.2　两阶段推荐模型

基于 HDP 模型和个性化 PageRank 算法，图 2-5 给出了两阶段推荐模型的流程框架图。如图 2-5 所示，先对产品的描述性文本数据进行预处理，在第一阶段提出 HDP 模型，利用描述性文本对产品进行聚类。将聚类结果传输到第二阶段，提出个性化 PageRank 算法，在同一类产品中，基于产品标签构建产品-标签二部图，对目标产品所在的类别中的产品进行排序。下面对提出的两阶段产品推荐模型进行详细描述。

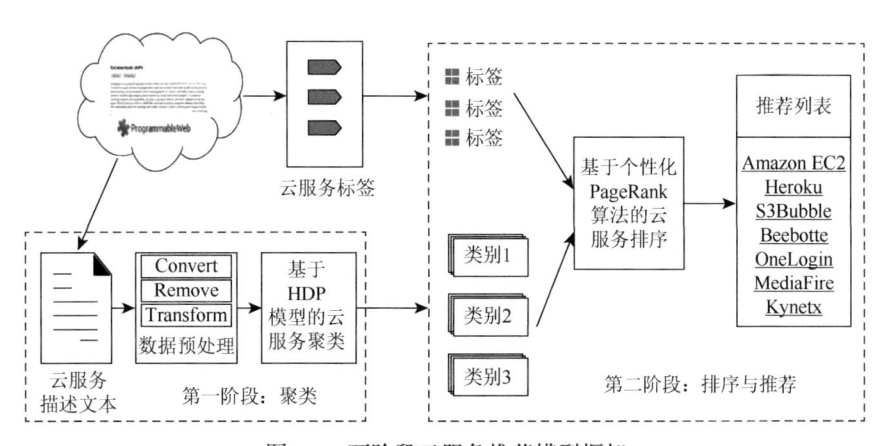

图 2-5　两阶段云服务推荐模型框架

1. 基于HDP模型的产品聚类

HDP模型是一种常用的贝叶斯非参数模型，它假设在多个产品的描述性文本之间共享无限多个主题。描述性文本可以看作由多个主题混合组成，文本中的每一个单词对应特定的主题，属于同一主题的单词在一个类中，各描述文本之间的主题存在重叠。

HDP模型的有向图表示如图2-6所示，有向图等价于以下产品描述性文本生成过程：

（a）抽取每个产品描述性文本的主题分布G_j：

$$\text{对于所有的产品：} G_0 \sim \text{DP}(\gamma, H)$$
$$\text{对于第} j \text{个产品：} G_j \sim \text{DP}(\alpha_0, G_0) \quad (2\text{-}12)$$

（b）生成第j个产品的描述性文本：

$$\theta_{ji} | G_j \sim G_j$$
$$x_{ji} | \theta_{ji} \sim F(\theta_{ji}) \quad (2\text{-}13)$$

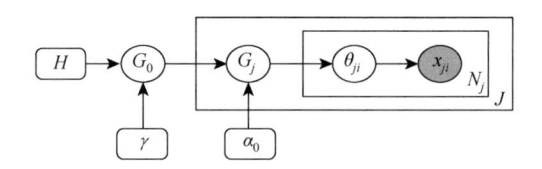

其中，γ表示整个描述性文本语料库的集中度参数；α_0表示描述性文本的集中度参数，γ和α_0可以根据描述性文本的统计分布由模型自动计算，无须手动设置。H服从狄利克雷分布，是主题的基分布，全局主题分布G_0服从于参数为H和γ的狄利克雷过程（Dirichlet process, DP），每个描述性的文本主题分布G_j服从于参数为α_0和G_0的狄利克雷过程。在图2-6中，x_{ji}表示描述性文本j中观察到的第i个单词，θ_{ji}表示单词x_{ji}所分配到的主题，$(\theta_{ji})_{i=1}^{N_j}$表示随机变量的序列，独立同分布于$G_j$。$F(\theta_{ji})$为给定参数$\theta_{ji}$下观测词$x_{ji}$的分布，$F(\theta_{ji})$采用多项式分布，以便与狄利克雷分布形成共轭分布，以简化HDP求解过程。

图2-6 HDP模型的有向图表示

2. 基于个性化PageRank算法的产品排序与推荐

第一阶段提出的HDP模型将产品细分为多个类别。尽管这一过程可以针对特定需求过滤掉不相关的产品，但是每个类别中仍然存在大量产品，这会对产品推荐产生负面影响。为了从产品类别中选择合适的产品并针对特定需求做出准确的推荐，本节提出一种基于产品标签信息的个性化PageRank算法以对同一类别中的产品进行排名。个性化PageRank算法的框架如图2-7所示。

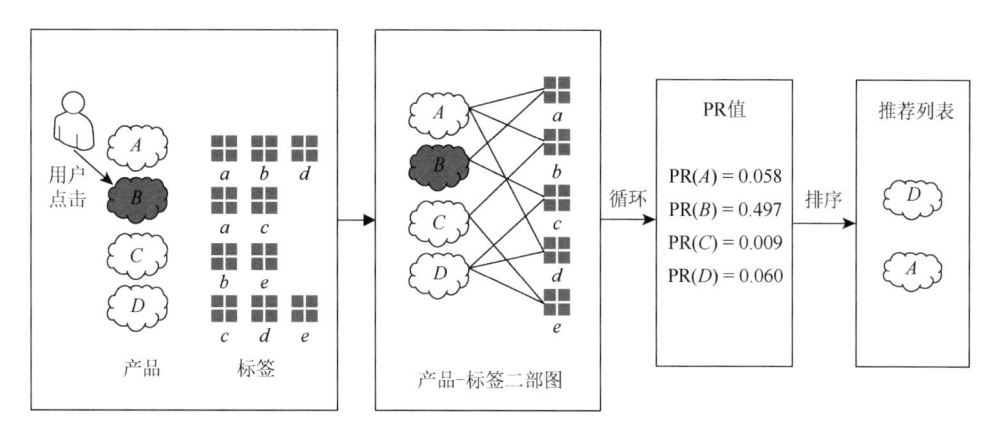

图 2-7 个性化 PageRank 算法框架

如图 2-7 所示，算法基于标签信息构建用于产品推荐的二部图。二部图的节点分为两个不相交且独立的集合：产品集和标签集。如果产品拥有标签，则在产品节点和标签节点之间连接一条边，边的权重默认为 1；产品没有标签，就没有连接关系。针对构建的二部图，本节设计了一种个性化 PageRank 算法，以对每个类别中的产品进行排名，并为每个目标产品生成推荐列表。个性化 PageRank 算法[41]是 PageRank 算法[42]的一个变体，是一种对图中的节点进行排名的策略。PageRank 算法在页面图形上采用随机游走策略来识别重要节点。用户以 $1-\varepsilon$ 的概率选择当前的页面 i，以 ε 的概率选择其他的页面。一旦用户决定访问其他页面，将以相等的概率（按照均匀分布）随机选择当前页面中包含的超链接。在算法中，每个页面被随机访问的概率为

$$\mathrm{PR}(i) = \frac{1-\varepsilon}{N} + \varepsilon \sum_{j \in \mathrm{in}(i)} \frac{\mathrm{PR}(j)}{|\mathrm{out}(j)|} \tag{2-14}$$

其中，$\mathrm{PR}(i)$ 表示节点 i 被访问的概率；N 表示所有节点的数量；$\mathrm{in}(i)$ 表示所有指向节点 i 的节点集合；$\mathrm{out}(j)$ 表示节点 j 指向的所有节点的集合。在式（2-14）中，节点 i 被访问的概率由两部分组成。第一部分是节点 i 被用户点击作为起点后继续停留在当前页面上的概率，第二部分是在点击其他页面后跳回到页面 i 的概率。

PageRank 算法假设每个节点都与所有其他节点相关，计算的是每个节点在全局中的重要性。由于需要计算每个产品与用户点击产品的相关性，PageRank 算法的这种全局重要性策略在本节推荐建模中并不适用。为了通过个性化 PageRank 算法去算出每个产品节点的访问概率，提出了式（2-15）计算随机访问概率：

$$\mathrm{PR}(i) = (1-\varepsilon)r_i + \varepsilon \sum_{j \in \mathrm{in}(i)} \frac{\mathrm{PR}(j)}{|\mathrm{out}(j)|} \tag{2-15}$$

式（2-15）用$(1-\varepsilon)r_i$替代$(1-\varepsilon)$，以计算产品节点i被用户单击作为起点后继续停留在当前节点上的概率。如果节点i是目标产品，则指示变量r_i等于1，否则为0。

2.3.3 模型求解

两阶段推荐模型的求解可以分为第一阶段 HDP 混合模型的吉布斯采样过程和第二阶段个性化 PageRank 算法求解两个部分。

第一阶段：基于中餐馆连锁过程（Chinese restaurant franchise，CRF）的后验采样算法。假设F的概率密度函数是$f(\cdot)$，H的概率密度函数是$h(\cdot)$。令观测数据单词的指示变量$z_{ji}=k$。根据贝叶斯公式，在给定除了单词x_{ji}以外其他单词的主题k后，观测数据属于主题k的条件分布计算如下：

$$f_k^{-x_{ji}}(x_{ji}) = \frac{\int f(x_{ji}|\varphi_k) \prod_{j'i' \neq ji, z_{j'i'}=k} f(x_{j'i'}|\varphi_k) h(\varphi_k) \mathrm{d}\varphi_k}{\int \prod_{j'i' \neq ji, z_{j'i'}=k} f(x_{j'i'}|\varphi_k) h(\varphi_k) \mathrm{d}\varphi_k} \quad (2\text{-}16)$$

其中，$-x_{ji}$表示除了x_{ji}以外所有属于主题k的数据项（单词）；分子表示观测值x_{ji}分配主题后的概率之和；分母表示观测值x_{ji}不属于主题φ_k的概率之和。在本节中，后验概率使用 CRF 采样方法计算，这是对产品描述性文本进行聚类的一种间接方法，数据聚类实现如下。

（1）为每个单词分配一张桌子。如式（2-17）所示，如果桌子t已存在，则利用式（2-16）计算后验概率；如果桌子t是新的桌子，则利用式（2-18）计算观测数据的条件分布$p(x_{ji})$。

$$p(t_{ji}=t|T^{-ji},K) \propto \begin{cases} n_{jt.}^{-ji} f_{k_{jt}}^{-x_{ji}}(x_{ji}), & t\text{已经存在} \\ \alpha_0 p(x_{ji}|T^{-ji},t_{ji}=t^{\mathrm{new}},K), & t=t^{\mathrm{new}} \end{cases} \quad (2\text{-}17)$$

$$p(x_{ji}|T^{-ji},t_{ji}=t^{\mathrm{new}},K) = \sum_{k=1}^{K} \frac{m_k}{m+\gamma} f_k^{x_{ji}}(x_{ji}) + \frac{\gamma}{m+\gamma} f_{k^{\mathrm{new}}}^{x_{ji}}(x_{ji}) \quad (2\text{-}18)$$

式（2-18）表示当单词选择新桌子时观察到的数据的条件分布，其中，等式右侧的第一项表达式为新桌子选择已存在主题的概率之和；等式右侧第二项表达式表示新桌子选择新主题的概率。

（2）为每张桌子分配主题。桌子t属于主题k的概率计算方式如下：

$$p(k_{jt}=k\mid K^{-jt},T) \propto \begin{cases} m_k^{-jt} f_k^{-x_{jt}}(x_{jt}), & k\text{已经存在} \\ \gamma f_{k^{\text{new}}}^{-x_{jt}}(x_{jt}), & k = k^{\text{new}} \end{cases} \quad (2\text{-}19)$$

根据以上 CRF 采样方法，可以获取所有产品的描述性文本语料库的主题分布及每个产品的描述性文本的主题分布，并以此为基础对产品进行聚类。

第二阶段：个性化 PageRank 算法的求解。以用户点击的产品为目标节点（源节点）开始随机游走，每次到达一个节点之后有两种选择，即按 $1-\varepsilon$ 的概率停止游走并从目标节点重新开始游走，或按 ε 的概率继续往下游走。向下游走的节点从当前所在节点指向的节点集合中按照同样的概率随机选择。每个节点被访问到的概率相对于目标节点是个固定值，这个概率是产品排序的依据，概率越大，表示与目标节点越相关。个性化 PageRank 算法通过多次递归计算和更新后，每一个节点的概率将会收敛至一个稳定状态。从计算和内存资源使用的角度来看，个性化 PageRank 算法是一种非常高效的排序方法。

用于产品推荐的个性化 PageRank 算法求解的伪代码如算法 2-2 所示。模型的输入是构建的二部图 G、游走概率 ε、目标产品节点 root、最大迭代次数 maxstep。模型的输出为每个节点相对于目标节点的排名分数（概率值）（PR value）。首先，初始化所有节点的 PR 值，其中目标产品所对应的 PR 值设置为 1，其他节点的 PR 值设置成 0。当迭代次数小于最大迭代次数时，设置所有节点的临时值为 0。在二部图中，遍历节点 j 和节点 j 的出度节点集合 out_j。在出度节点集合 out_j 中，遍历与节点 j 相连接的节点 i，根据式（2-15）计算节点 i 与其他所有节点的相关度。两层循环遍历计算所有节点的相关度，更新节点的临时值。由于每次随机游走都从目标节点出发，所以目标节点的相关度加上 $1-\varepsilon$。当循环达到最大次数或收敛的时候，输出各个节点的相关分数。

算法 2-2　产品推荐的个性化 PageRank 算法伪代码

输入：二部图 G，游走概率 ε，目标产品节点 root，最大迭代次数 maxstep
输出：PR 值

```
初始化根节点 PR(root)=1 以及其他节点 PR= 0
当 k<maxstep 时：
    设置所有节点的临时值为 0
    从网络 G 中获取 j 和 j 所有出边集合 outⱼ
       从 outⱼ 获取节点 i 的连接节点 j
          计算相关型分数：temp[i]+= ε×PR[j]/(len(outⱼ))
    temp[root]+=(1-ε)
    PR=temp
返回 PR
```

根据提出的个性化 PageRank 算法的结果，本节将得到的 PR 值视为产品的排序得分，并向用户推荐目标产品所在的同一类别中排序靠前的产品。

2.4 融合图像数据的个性化推荐方法

本节在用户点击购买的基础上,考虑点击产品或服务的展示图像,构建融合产品图像特征的深层注意力推荐模型。

2.4.1 问题定义

电子商务环境下,产品图像成为消费者了解产品的重要方式。各种互联网平台均借助产品图像进行产品展示。例如,电子商务平台上的商品和商品外观图、社交网站上的信息和配图、视频网站上电影及其海报。这些图像都反映了产品的信息和独有的特征。假设互联网平台中存在用户 $u \in U$、产品 $i \in I$ 以及每件产品对应的图像。从对应的图像中,我们可以得到产品的图像内容特征 $F^c \in \mathbb{R}^{K_1}$ 和图像美学特征 $F^a \in \mathbb{R}^{K_2}$,这些特征可以通过不同预训练模型直接得到。基于上述特征,本节提出融合产品图像美学特征的深层注意力推荐模型(deep aesthetic attention recommendation,DAAR),计算用户对不同产品的偏好,从而为用户生成推荐列表。模型所用数学符号及其含义如表 2-2 所示。

表 2-2 DAAR 模型中用到的数学符号及其对应解释描述

符号	描述
u	用户
i	产品
U	用户集合
I	产品集合
M	用户数量
N	产品数量
y_{ui}	用户对产品的真实偏好
$\hat{y}_{ui}$	模型预测的用户对产品的偏好
K	隐因子向量维度
D	神经网络隐藏层的层数
L	推荐列表长度
$P_u \in \mathbb{R}^K$	用户 u 的嵌入(隐因子)向量
$Q_i \in \mathbb{R}^K$	产品 i 的嵌入(隐因子)向量

续表

符号	描述
$F_i^c \in \mathbb{R}^{K_1}$	产品 i 对应的图像内容特征向量
$F_i^a \in \mathbb{R}^{K_2}$	产品 i 对应的图像美学特征向量
$F_i^o \in \mathbb{R}^{K}$	产品 i 对应的图像所有者的嵌入向量

2.4.2 融合美学特征的深层注意力推荐模型

图 2-8 展示了 DAAR 模型的整体框架。

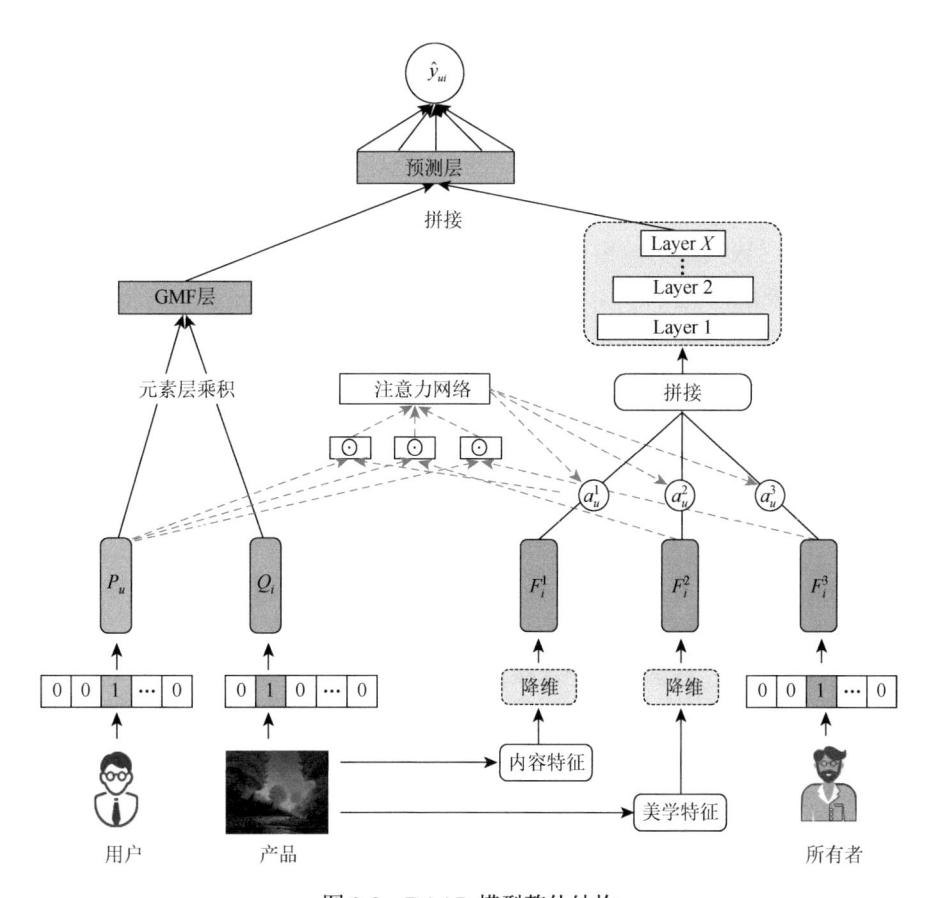

图 2-8 DAAR 模型整体结构

从图 2-8 可以看出，DAAR 模型是一种混合推荐模型。在图 2-8 的左侧，DAAR 模型使用隐因子模型从用户与产品的历史交互中建模用户对产品的偏好。在模型的右侧，深度注意力模型用于了解用户对不同特征的感知权重以及不同特征之间的交互作用。值得注意的是，在 DAAR 模型中，左侧和右侧是一个整体而非相互独立。用户和产品的隐因子向量参数和深层神经网络的参数在模型训练中一起更新，并且在模型学习过程中相互影响。DAAR 模型从下到上分为三个部分。①输入层：通过嵌入层将用户、产品和所有者映射到低维向量，进而提取产品图像的内容特征和美学特征。②深度注意力模块：使用注意力机制建模用户对不同特征的关注程度。然后，使用深层神经网络学习特征之间的高阶非线性交互作用。③预测层：结合隐因子模型和主要特征预测用户对产品的偏好得分。下面对三个部分进行详细介绍。

1. 输入层

用户嵌入向量：如图 2-8 的左下角所示，为了获得用户的嵌入向量，本节对用户 ID 进行一次独热编码，然后输入到 DAAR 模型的用户嵌入层。嵌入层本质上是一个矩阵 $\mathbb{R}^{M \times K}$，其中 K 是向量的维数，M 是用户的总数量，将高维稀疏矢量的输入映射到低维密集矢量，其参数可在模型学习中训练得到。当输入是用户的一维矢量时，嵌入层的输出是相应用户的低维向量表示。在此基础上，可以将用户 u 的向量表示为 $P_u \in \mathbb{R}^K$。

产品嵌入向量：类似于用户嵌入向量，本节将产品的独热编码输入到产品嵌入层中，以获得产品的低维密集矢量。最后，本节将产品 i 的向量表示为 $Q_i \in \mathbb{R}^K$。

产品图像内容特征：在互联网平台尤其是电子商务网站中，产品图片的图像内容对用户决策至关重要。因此，内容特征对于产品推荐也非常重要。

受先前工作的启发[43, 44]，本节利用 VGGNet 模型[45]提取产品图像的内容特征。VGGNet 是用于图像分类和特征提取的经典模型，其通过反复堆叠小的卷积核和最大池化层，成功构建了一个深层的卷积神经网络，在图像分类任务中取得了优异的效果。如图 2-9 所示，VGGNet 模型在 ImageNet 数据集上使用预先训练的权重提取视觉特征，并将第二个全连接层的输出作为每个产品图像的内容特征。本节为每个产品图片提取 4096 维的内容特征向量 $F_i^c \in \mathbb{R}^{K_1}$。为了使维度与用户的隐因子向量保持一致，我们通过利用矩阵乘法对内容特征向量进行降维：$F_i^1 = W^c F_i^c$，其中 $W^c \in \mathbb{R}^{K \times K_1}$。最终获得了产品内容特征向量 $F_i^1 \in \mathbb{R}^{N \times K}$。

产品图像美学特征：消费者在浏览产品图片时，不仅会注意产品图片中的内容，而且会受到产品图片质量（美学特征）的影响，越好看的图片带给消费者的愉悦度越高。自 2014 年以来，研究人员已开始使用深度学习方法来研究图像美学的分类和评分。在图像美学任务中，研究者采用了多种卷积神经网络进行美学得

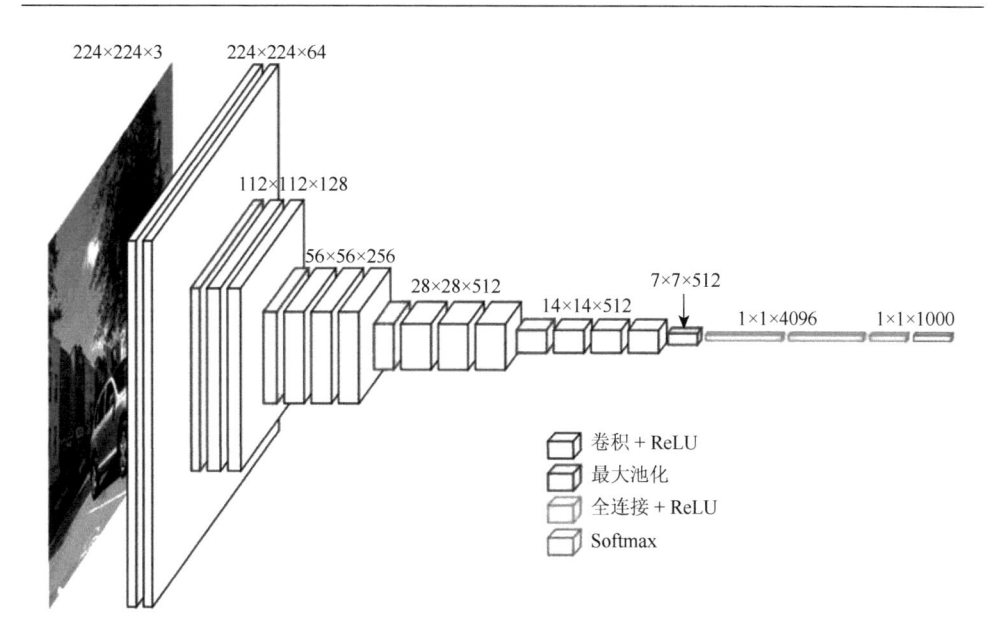

图 2-9 产品图像内容特征提取示意图

分预测。受这些研究的启发，本节利用谷歌开源的 NIMA（neural image assessment，神经图像评估）模型[46]提取产品图像的美学特征。具体地，本节使用在 AVA 数据集上训练的 MobileNet 模型的权重为图像生成 1024 维的美学特征向量。美学特征的提取过程与图 2-10 类似，即以预训练的 MobileNet 模型输出层前最后一层的结果作为抽取的图像美学特征。与内容特征一样，本节利用矩阵乘法对美学特征向量进行降维：$F_i^2 = W^a F_i^a$，其中 $W^a \in \mathbb{R}^{K \times K_2}$。最终获得了产品内容特征向量 $F_i^2 \in \mathbb{R}^{N \times K}$。

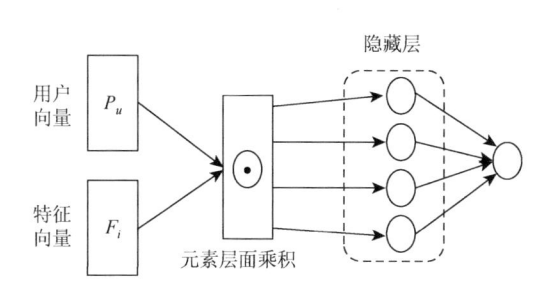

图 2-10 注意力网络示意图

产品图像所有者的嵌入向量：在电子商务环境中，产品本身的品牌或图像的作者本身对消费者有很大的影响。为了对图片所有者进行建模，首先对其进行独热编码，然后通过嵌入层获得每个所有者的低维密集矢量。最后，将产品图像所有者的嵌入向量作为 $F_i^3 \in \mathbb{R}^{N \times K}$。

2. 深度注意力模块

注意力权重计算：不同的消费者对产品图像的关注点存在差异，如在艺术品市场上，有些买家只关注关于马的绘画作品，而有些买家可能只追求艺术品的美学价值，还有一些买家可能是某位画家的粉丝。为了对不同用户的不同特征偏好进行建模，利用深度学习中的注意力机制来学习用户的特征偏好权重。对于每个用户和产品，我们从嵌入层获得用户的嵌入向量和产品的图像内容特征、图像美学特征和图像所有者特征。用户对不同特征偏好权重的得分标准化如下：

$$a_u^l = \frac{\exp(f(P_u, F_i^l))}{\sum_{l=1}^{3} \exp(f(P_u, F_i^l))} \quad (2\text{-}20)$$

其中，$a_u^l (l=1,2,3)$ 表示用户 u 对不同特征的偏好权重，以区分不同特征对于用户购买决策的重要性。权重越大，对应特征在用户决策中的影响越大。f 表示一个函数，该函数的输入是用户的嵌入向量和不同特征的表示向量。f 函数的形式可以有多种，如向量的点积、向量元素积、浅层神经网络等。

本节采用多层感知器作为 f 来计算用户向量和不同特征向量的关系，如图 2-10 虚线框阴影部分所示。数学表示如下：

$$f(P_u, F_i^l) = h^\mathrm{T} \mathrm{ReLU}(W(P_u \odot F_i^l) + b) \quad (2\text{-}21)$$

其中，$\odot$ 表示两个向量之间的元素积；W 表示隐藏层的权重矩阵；b 表示隐藏层的偏差向量。$h^\mathrm{T} \in \mathbb{R}^{k'}$ 是输出层的权重。

深层神经网络：在上一步中获得了用户对不同特征的注意力权重之后，可以直接利用加权的特征来计算用户对产品的偏好，但是这样做的缺点是忽略了不同特征之间的交互作用。为了对不同特征之间的交互进行建模，DAAR 模型使用深层神经网络学习不同加权特征之间的交互作用。使用的深层神经网络如式（2-22）所示：

$$\begin{aligned} e_0 &= \mathrm{Concatenate}(a_u^1 P_u \odot F_i^1, a_u^2 P_u \odot F_i^2, a_u^3 P_u \odot F_i^3) \\ e_1 &= \mathrm{ReLU}(W_1 e_0 + b_1) \\ e_2 &= \mathrm{ReLU}(W_2 e_1 + b_2) \\ &\vdots \\ e_D &= \mathrm{ReLU}(W_D e_{D-1} + b_D) \end{aligned} \quad (2\text{-}22)$$

其中，D 表示神经网络中隐藏层的数量；W_1 和 b_1 分别表示神经网络中第一层的权重矩阵和偏差向量。神经网络的输入是不同权重特征的串联 e_0，e_L 表示神经网络的输出。本节选择 ReLU 作为神经网络每一层的激活函数。ReLU 函数可以加快神经网络的训练速度，并可以缓解深层神经网络的梯度消失问题，其数学形式如下：

$$\text{ReLU}(x) = \max(0, x) \tag{2-23}$$

3. 预测层

在预测层，基于用户的嵌入向量和产品的嵌入向量，DAAR 模型使用 GMF（generalized matrix factorization，广义矩阵分解）方法对用户和产品的历史交互数据进行建模。GMF 是神经网络领域矩阵分解模型[47]的扩展，通过用户嵌入向量和产品嵌入向量元素积的和进行预测。另外，DAAR 模型还建模了用户对产品图像不同特征的显式偏好。在预测层，DAAR 模型将这两部分结合起来，以预测用户对产品的偏好得分，最终计算公式如下：

$$\hat{y}_{ui} = \sigma(W(\text{Concatenate}(P_u \odot Q_i, e_L)) + b) \tag{2-24}$$

其中，$P_u \odot Q_i$ 表示用户嵌入向量和产品嵌入向量的元素积；W 和 b 表示预测层的权重矩阵和偏差向量。σ 函数将预测结果映射在 0 和 1 之间，其计算公式如下：

$$\sigma(x) = \frac{1}{1+e^{-x}} \tag{2-25}$$

2.4.3 模型求解

本节选择逐点方法来学习 DAAR 模型，该方法在基于深度学习的推荐模型中表现出良好的性能[12,47]。由于隐式反馈缺乏负样本，逐点方法将观察到的用户产品交互记录作为正样本（$y_{ui}=1$），通过对用户未交互的产品随机采样作为用户的负样本（$y_{uj}=0$），以训练模型参数使其拟合相应的目标值。本节将推荐任务转换为二分类任务，并通过交叉熵损失构造损失函数。DAAR 模型的优化的目标函数如下：

$$\min_{\Theta} \mathcal{L} = \sum_{u=1}^{M} \left(\sum_{(u,i)\in \mathbb{R}_u^+} \log(\hat{y}_{ui}) + \sum_{(u,j)\in \mathbb{R}_u^-} \log(1-\hat{y}_{ui}) \right) + \lambda \|\Theta\|^2 \tag{2-26}$$

其中，$\mathcal{L}$ 表示 DAAR 模型的整体损失；M 表示用户总数；$\mathbb{R}_u^+$ 表示用户 u 的正样本；$\mathbb{R}_u^-$ 表示用户 u 的负样本。为了防止模型的过拟合问题，本节对模型中的参数使用 L2 正则化，并使用超参数 λ 来控制正则化的强度。模型参数 Θ 包括神经网络的嵌入矩阵、权重矩阵和偏差向量等。最后，在模型的实际训练中使用小批次 Adam[40]优化方法更新学习模型的参数。DAAR 模型的学习算法如算法 2-3 所示。

算法 2-3　DAAR 模型的学习算法

输入：用户产品交互矩阵 R，产品图像的所有者 O_i，批次大小 b，最大迭代次数 Z
输出：用户嵌入（隐特征）矩阵 P，产品嵌入（隐特征）矩阵 Q，所有者嵌入（隐特征）F^O 以及神经网络的参数 Θ'

使用高斯分布初始化模型参数 $\Theta = \{P, Q, F^O, \Theta'\}$
当迭代次数 $< Z$ 时：
　获得训练集数据 $\mathcal{D}$，并且为每个用户随机选取相同数量的负样本
　对 $\mathcal{D}/b$ 个小批次：
　　计算正样本预测值 $\hat{y}_{ui}$
　　计算负样本预测值 $\hat{y}_{ui}$
　　计算损失函数值
　　根据损失函数总和，更新参数 $\Theta = \{P^U, P^I, P^C\}$
　结束循环
结束迭代
返回 $\Theta = \{P, Q, F^O, \Theta'\}$ 的参数值

2.5　融合多模态数据的个性化推荐实验

2.5.1　基于图嵌入模型的隐式反馈推荐方法实验

实验选择 Last.fm 和 CiteULike 两个标准数据集。Last.fm 数据集包含了近 2000 个用户的行为记录和其他信息，CiteULike 数据集包含了用户喜欢的文献和用户的小组关系以及文献的有关信息。在实验中，抽取 2016～2017 年的数据，两个数据集的统计信息如表 2-3 所示。

表 2-3　数据集统计信息

统计信息	Last.fm	CiteULike
用户数量	1 892	2 737
产品数量	17 632	10 489
用户-产品记录数量	92 834	40 257
数据稀疏度	99.72%	99.86%
平均每个用户喜欢的产品数	49.07	14.71
平均每个产品对应的用户数	5.27	3.84

由于所用数据集仅包含用户的正样本，因此，实验对每个用户按照 1∶1 的比例进行负采样，并将所有数据随机划分为训练集（80%）和测试集（20%）。当训

练集数据上损失函数不再下降时,计算测试集上的指标,并通过五次重复实验,报告在测试集上结果的平均值。实验将推荐系统视为二分类问题(喜欢为 1,不喜欢为 0),采取分类问题中的常用指标:Recall(召回率)和 AUC(area under the curve,曲线下面积)。召回率关注模型的准确性,AUC 关注模型预测正确的正例的能力高于负例的概率。两者均是得分越高,效果越好。

为了验证所提方法的有效性,选择 SVD(singular value decomposition,奇异值分解)、矩阵分解、NCF(neural collaborative filtering,神经协同过滤)和 NeuMF(neural matrix factorization,神经矩阵分解)等隐因子推荐模型为基准算法。在实验中,模型初始化方法统一选择平均数为 0、方差为 0.01 的正态分布,并且对模型中的参数使用 L2 正则化,正则化参数 λ 经过调优设置为 0.01。训练时每个小批次设置为 2048,使用 Adam 算法默认参数进行优化。

表 2-4 展示了相关方法在 Recall 和 AUC 两种指标上和两个不同数据集上的表现,"Imp"列为所提深层神经网络(DNN)模型相较于其他模型的改进程度。粗体数字表示最优实验结果。

表 2-4 不同推荐算法的效果比较

算法	Last.fm				CiteULike			
	Recall	Imp	AUC	Imp	Recall	Imp	AUC	Imp
SVD	0.7533	18.49%	0.7638	8.76%	0.6865	24.69%	0.6604	31.03%
MF	0.7871	13.40%	0.7858	5.71%	0.7186	19.11%	0.6825	26.78%
NCF	0.7587	17.64%	0.7419	11.96%	0.6361	34.55%	0.7306	18.44%
NeuMF	0.8158	9.42%	0.7951	4.47%	0.6716	27.44%	0.7470	15.85%
DNN	**0.8926**	—	**0.8307**	—	**0.8559**	—	**0.8653**	—

从表 2-4 的结果可以发现,本节提出的基于 Node2vec 学习得到特征向量并利用深层神经网络模型建模用户对产品偏好的方法在两个数据集上均具有最佳性能(最高的 Recall 和 AUC 得分)。相比于 Last.fm 数据集,深层神经网络模型在 CiteULike 数据集上取得更大提升。实验结果表明:①相较于其他四种隐因子模型,基于 Node2vec 学习得到的特征更具代表性;②基于 Node2vec 学习得到的用户和产品特征在稀疏数据集上的提升效果更加明显,这是因为传统的方法无法对稀疏用户或产品进行表征,而基于图数据的 Node2vec 模型能够通过随机游走的方法对稀疏用户或产品进行更为有效的建模。

由于隐因子模型将个性化推荐系统中的用户和产品分别用隐特征向量表示,因此,隐特征向量的维度是非常重要的超参数。基于 Last.fm 和 CiteULike

数据集，本节对相关模型在不同隐特征向量维度的表现进行了对比实验，结果如图 2-11 所示。

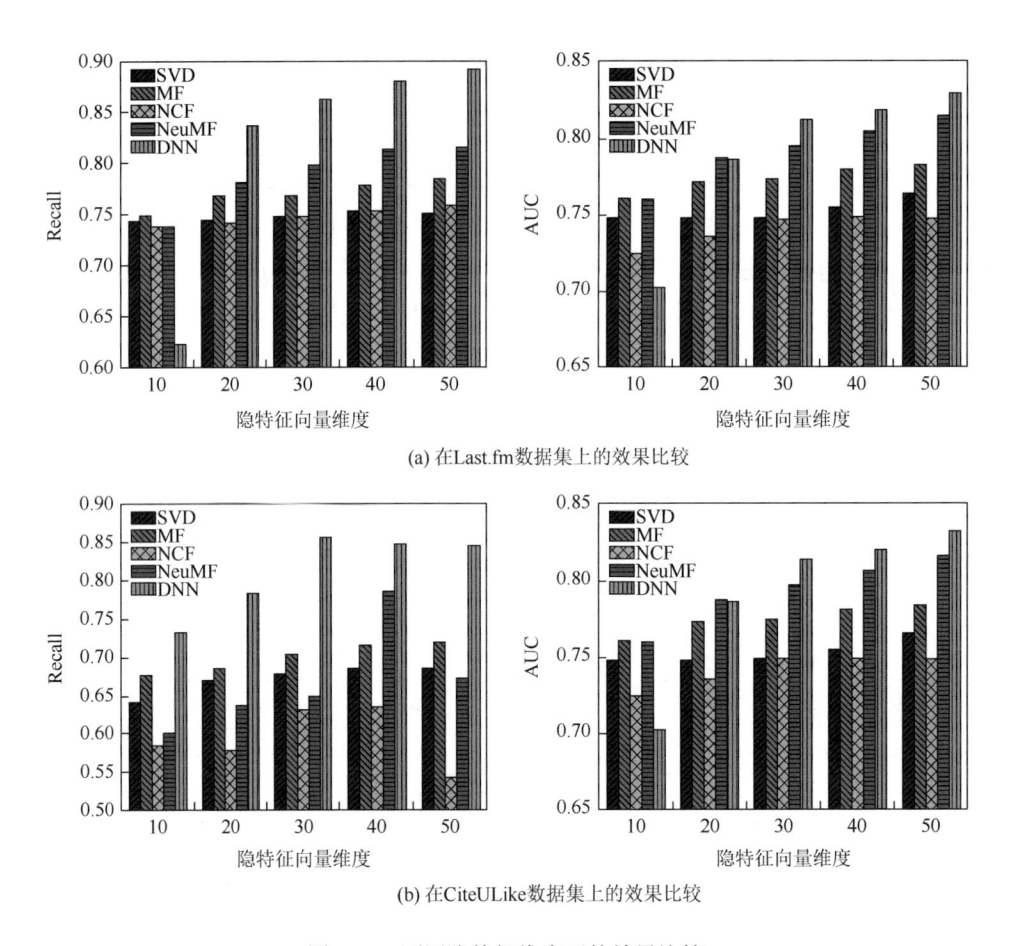

(a) 在Last.fm数据集上的效果比较

(b) 在CiteULike数据集上的效果比较

图 2-11　不同隐特征维度下的效果比较

从图 2-11 可以看出，无论是在 Last.fm 还是 CiteULike 数据集上，随着隐特征维度的增加，在两种不同指标上，大多数模型的效果均会变好。当隐特征维度较小时，即 $K=\{10,20\}$ 时，本章提出的方法效果并不比其他方法好。这说明用图嵌入方法建模用户关系和产品关系时，维度较小的向量并不能很好地满足用户和产品表征的需要。随着维度的增加，特征向量包含的信息越来越丰富，推荐效果随之提升。但是当维度过大时，则易出现过拟合问题。在图 2-11 中 CiteULike 数据集上，当 $K=30$ 时，深层神经网络模型的效果最佳，继续增加维度会导致效果变差。

2.5.2 融合文本数据的个性化推荐实验

实验数据来自 programmable.com 网站，该网站提供有关云服务产品的详细信息。利用爬虫技术获取相关数据，该数据集共包括 775 个云服务产品和 625 个不同的标签。每一个云服务都包含服务名称、描述性文本和标签等信息，且每个云服务都会与几个标签相对应，每个标签可以用于标记多个云服务，实验数据集共包含 2569 个标签。由于原始非结构化数据中存在大量噪声信息，在进行模型训练之前，开展如下数据预处理操作。

（1）将所有大写字母转换为小写并删除标点符号以及无意义的词，如停用词、低频率词、高频词和非拉丁字符。经过预处理操作后，每篇描述性文本数据平均包含 43 个单词。最大文本长度为 135，最小文本长度为 10。

（2）生成词频矩阵。将一篇描述性文本视为一个文档，所有云服务的描述性文本被视为文档集。为了方便数据分析，构造文档集词典，为每个单词分配唯一的编号，并计算文档集中每个单词的出现次数。文档集共包含 4717 个不同的词。

针对提出的两阶段模型，实验分为对产品进行聚类和排序两部分。在评估提出的 HDP 模型对产品的聚类效果时，本节选取 K-means（K 均值聚类算法）、LDA、DPMM、HDP 四种经典方法作为基准方法。K-means[48]是数据挖掘中最常用的一种聚类算法。为了将 K-means 应用于描述性文本集合，需要将这些文本表征为相互可比的向量。为了利用 K-means 对文档进行聚类，首先使用 TF-IDF（term frequency-inverse document frequency，词频-逆向文件频率）方法[49]将每个描述性文本转换为 TF-IDF 向量。给定类别的数量，LDA 方法可以将每个云服务分配给在其主题比例向量中占有最高比例的类别。LDA 涉及的参数设置为 $\alpha = 50/K$，$\beta = 0.1$，其中 K 是类别数量。实验将类别数量设置为 10、20 和 30 三组不同数值。DPMM[50]是一种非参贝叶斯方法，该方法无须预先指定类别数量即可实现数据的聚类与分析。根据参考文献[51]，在本节实验中设置初始化参数 K 为 1，β 为 0.01。参数 α_0 的初始值从伽玛分布 Gamma(1,1)中随机抽取，随后利用吉布斯采样进行后验推断优化该参数。对于 HDP 模型，初始化参数 K 为 1，参数 α_0 服从伽玛分布 Gamma(2,1)，参数 γ 服从伽玛分布 Gamma(20,1)，参数 K、α_0、γ 在后续的采样过程中进行不断优化。

实验使用相关性得分（coherence score）指标[52]对聚类效果进行评估。给定类别 k，相关性得分的定义如下：

$$C(k; V^{(k)}) = \sum_{m=2}^{M} \sum_{l=1}^{m-1} \frac{\log D(v_m^{(k)}, v_l^{(k)}) + 1}{D(v_l^{(k)})} \qquad (2-27)$$

其中，$V^{(k)} = (v_1^{(k)}, \cdots, v_m^{(k)}, \cdots, v_M^{(k)})$ 表示类别 k 中出现概率最大的 M 个单词集合；$D(v_l^{(k)})$ 表示描述性文本集中包括单词 l 的文本数（单词 l 的文档频率）；$D(v_m^{(k)}, v_l^{(k)})$ 表示描述性文本集中同时包括单词 l 与单词 m 的文本数（单词 l 和单词 m 的共现文档频率）。

推荐排序实验从收集到的 775 个云服务中随机选择 70 个云服务作为用户点击的目标服务。利用排序算法为这 70 个云服务推荐相关云服务，并将提出的模型与 TF-IDF+描述性文本、TF-IDF+描述性文本和标签、个性化 PageRank 算法三种方法进行比较。

本实验采用 AR（average rating，平均评分）、MAP（mean average precision，平均精度均值）以及 NDCG（normalized discounted cumulative gain，归一化折现累计增益）等指标度量不同排序方法的效果[4,45]，并基于推荐列表长度（1、5、10、15 和 20）进行指标计算。NDCG 的定义如下：

$$\text{NDCG}@L = Z_L \sum_{l=1}^{L} \frac{2^{r(l)}-1}{\log_2(l+1)} \quad (2\text{-}28)$$

其中，L 表示推荐列表的长度；$r(l)$ 表示推荐列表中第 l 个云服务的评分；Z_L 表示归一化常数，使得 NDCG@L 的范围为[0, 1]。对于给定的 L 值，NDCG 值越高表明推荐的结果排名越准确，反之亦然。

在云服务聚类实验中，按所提方法通过 1000 次吉布斯迭代采样得到 27 个云服务类别，表 2-5 给出了五个代表性云服务类别以及每个类别的十个代表性词。类别 1 由有关存储的云服务组成；类别 2 是用于自然语言处理的云服务组合，代表性词集中在文本挖掘、句子聚类以及基于机器学习的情感分析等方面；类别 3 表示与安全解决方案有关的云服务产品，它提供了易于使用的解决方案，使企业可以读取、创建、更新和删除包含云计算的实体；类别 4 是一组云服务，用户可以通过它们从云账户创建、搜索、分类和更新视频；类别 5 提供了平台服务工具，可以支持基础架构和基于数据中心的托管。

表 2-5 云服务产品的聚类结果

类别	代表性云服务	代表性词汇
类别 1	Amazon S3, Google Drive API, SugarSync, Rackspace Cloud Files, MEGA, 123Cloud ECP, Nephoscale, DigitalOcean, FilePicker	storage, metadata, integrate, files, application, interact, users, device, access, infrastructure
类别 2	GetSentiment, RxNLP Text Similarity, Bitext, AX Semantics NLG Cloud, Dialogflow Standard Webhooks, Dialogflow Standard gRPC, Dialogflow Standard, Google Firebase	document, word, sentence, text, language, cluster, analysis, match, similarity, json
类别 3	Microsoft Graph Security, AppearIQ, Backendless backend, Brightpearl, Containerify, Flite Advertising, Handpoint, Instart Logic	threat, safety, monitor, restriction, cyber, protection, interface, power, enhances, payments

类别	代表性云服务	代表性词汇
类别 4	Brightcove Ingest Profiles, Call2API, Brightcove, Circuit collaboration, Eagle Eye, Weemo, TelVue HyperCaster, StarLeaf	videos, telephony, messaging, voice, recognition, signals, transcode, audio, streaming, creation
类别 5	Appian, Beebotte, Bitcasa CloudFS, Brightcove, Cloudify REST, Cloudways, Corezoid, Emarsys marketing	platform, service, control, virtual, datacenter, hosting, programmatically, intergration, applications, developers

实验使用每个类中前 N 个单词对所提模型和基准方法的聚类效果进行评估。实验中 N 设置了 5 组值,分别为 5、10、15、20 和 25。对于每种模型,通过公式 $\frac{1}{K}\sum_{k=1}^{K}C_k$ 计算所有类的平均相关性得分。表 2-6 给出了平均相关得分,分数越高表示聚类效果越好,粗体数字表示最优实验结果。从表 2-6 可以看出,所提方法在实验中获得了最佳的聚类效果,表明所提出方法能够有效利用描述性文本中隐含的信息对云服务进行建模,提高聚类效果。

表 2-6 聚类的平均相关分数

分组	K-means ($K=10$)	K-means ($K=20$)	K-means ($K=30$)	LDA ($K=10$)	LDA ($K=20$)	LDA ($K=30$)	DPMM (26)	本节模型 (27)
top5	−6.28	−7.15	−13.45	−9.35	−8.26	−7.92	−8.13	**−6.26**
top10	−29.50	−30.19	−29.30	−42.31	−36.89	−32.95	−35.60	**−29.26**
top15	−81.65	−84.32	−72.49	−97.83	−84.99	−76.46	−83.99	**−71.58**
top20	−172.00	−164.27	−159.28	−175.21	−159.81	−151.96	−152.98	**−150.73**
top25	−271.95	−255.04	−250.80	−276.18	−264.24	−255.16	−251.88	**−250.55**

表 2-7～表 2-9 展示了四种推荐方法的 AR、MAP、NDCG 结果,其中粗体数字表示最优实验结果。如表 2-7～表 2-9 所示,本章提出的推荐方法与基准方法相比具有更好的性能。从结果中可以看出,使用描述性文本信息和标签信息的 TF-IDF 方法比只使用描述性文本信息的 TF-IDF 方法效果更好,这表明云服务标签可以为云服务推荐提供有用的信息。

表 2-7 不同方法的 AR 值

分组	TF-IDF+描述性文本	TF-IDF+描述性文本和标签	个性化 PageRank 算法	两阶段模型
top1	3.45	3.48	3.52	**3.65**
top5	3.15	3.16	3.39	**3.51**

分组	TF-IDF+描述性文本	TF-IDF+描述性文本和标签	个性化 PageRank 算法	两阶段模型
top10	2.97	3.01	3.25	**3.32**
top15	2.71	2.73	3.03	**3.17**
top20	2.49	2.52	2.95	**3.01**

表 2-8 不同方法的 MAP 值

分组	TF-IDF+描述性文本	TF-IDF+描述性文本和标签	个性化 PageRank 算法	两阶段模型
top1	0.72	0.74	0.80	**0.84**
top5	0.67	0.68	0.75	**0.81**
top10	0.63	0.64	0.71	**0.78**
top15	0.58	0.60	0.64	**0.72**
top20	0.54	0.55	0.57	**0.65**

表 2-9 不同方法的 NDCG@L 值

分组	TF-IDF+描述性文本	TF-IDF+描述性文本和标签	个性化 PageRank 算法	两阶段模型
top1	0.78	0.79	0.85	**0.89**
top5	0.73	0.75	0.80	**0.86**
top10	0.69	0.72	0.76	**0.82**
top15	0.64	0.66	0.69	**0.74**
top20	0.59	0.61	0.62	**0.71**

2.5.3 融合图像数据的个性化推荐实验

为了研究产品图像对于用户偏好的影响，本节使用网络数据采集技术获取 DeviantART 社区数据，并从传统艺术类别的绘画子类中提取艺术品数据和相关用户信息。最终用于实验的数据统计信息如表 2-10 所示。

表 2-10 数据集统计情况

统计信息	DeviantART
用户数量	17 851
产品数量	157 047
用户-产品记录数量	1 857 477

续表

统计信息	DeviantART
艺术家数量	3 690
数据稀疏度	99.34%

实验选择 Precision（准确率）、Recall、NDCG 和 MRR（mean reciprocal rank，平均倒数排序）四类指标对推荐效果进行评估。其中，Precision 和 Recall 指标的计算如下：

$$\text{Precision}@L = \frac{1}{M}\sum_{u \in U}\frac{|R(u) \cap T(u)|}{|L|} \tag{2-29}$$

$$\text{Recall}@L = \frac{1}{M}\sum_{u \in U}\frac{|R(u) \cap T(u)|}{|T(u)|} \tag{2-30}$$

其中，Precision@L 衡量的是长度为 L 的推荐列表包含用户喜欢的产品数量的比例；M 表示数据集中的用户数；L 表示推荐列表的长度；$R(u)$ 表示用户 u 的推荐列表；$T(u)$ 表示用户 u 测试集中的产品集合；$|R(u) \cap T(u)|$ 表示推荐且用户喜欢的产品数量。

除了推荐结果的准确性，推荐列表的排序也是衡量推荐系统表现的重要指标，测试集中用户交互的产品出现在推荐列表中的位置越靠前，表明推荐列表越合理。实验使用 NDCG@L 衡量推荐列表的有效性，计算公式如下：

$$\text{DCG}_u@L = \sum_{i \in T(u)}\frac{\text{rel}_i}{\log_2(i+1)}$$
$$\text{NDCG}@L = \frac{1}{M}\sum_{u \in U}\frac{\text{DCG}_u@L}{\text{IDCG}_u@L} \tag{2-31}$$

其中，rel_i 表示推荐产品的相关性，相关为 1，不相关为 0；$\text{DCG}_u@L$ 计算了用户 u 推荐列表中每件产品排序收益；$\text{IDCG}_u@L$ 表示最优排序列表的 $\text{DCG}_u@L$ 值。

除了 NDCG 外，实验还使用 MRR 评估推荐列表的排序效果。MRR 以用户喜欢的产品出现在推荐列表中的排序倒数为准确度，对所有产品的准确度取平均值，计算公式如下：

$$\text{MRR}@L = \frac{1}{M}\sum_{u=1}^{M}\frac{1}{\text{rank}_u} \tag{2-32}$$

其中，rank_u 表示推荐列表中第一个相关产品的排序。NDCG@L 和 MRR@L 取值越大表明推荐效果越好。

实验展示了不同推荐列表长度 $L=[10,20,30,40]$ 时的结果。所有的结果都是经过五次实验后最佳结果的平均值。为了验证本节所提出的考虑产品图像特征作用的隐因子推荐模型的有效性，采用以下七种基准算法进行比较。

（1）POP：基于流行度（popular）的方法。
（2）MF[53]。
（3）BPRMF[5]。
（4）NCF[47]。
（5）NeuMF[47]。
（6）VBPR[29]。
（7）ACF[54]：注意力协同过滤方法（attentive collaborative filtering）。

表 2-11 给出了在不同推荐列表长度下基准算法和 DAAR 模型在不同指标上的性能，粗体数字表示最优实验结果。可以看出，由于同时融合了图像内容特征和图像美学特征等信息，并且利用深层神经网络建模特征之间的高阶交互作用，DAAR 模型的效果不仅优于传统的推荐方法，也优于 VBPR 和 ACF 等模型。

表 2-11 DAAR 模型与其他推荐算法的结果对比

算法	P@10	P@20	P@30	P@40	R@10	R@20	R@30	R@40
POP	0.1962	0.1701	0.1532	0.1406	0.1138	0.1933	0.2564	0.3097
MF	0.5366	0.4291	0.3558	0.3034	0.3299	0.5028	0.6052	0.6722
BPRMF	0.5292	0.4241	0.3523	0.3008	0.3245	0.4962	0.5985	0.6661
NCF	0.4568	0.3566	0.2893	0.2480	0.2730	0.4066	0.4780	0.5379
NeuMF	0.5440	0.4342	0.3594	0.3059	0.3353	0.5095	0.6119	0.6784
VBPR	0.5489	0.4376	0.3617	0.3076	0.3389	0.5139	0.6163	0.6825
ACF	0.5637	0.4578	0.3688	0.3126	0.3497	0.5372	0.6297	0.6948
DAAR	**0.5859**	**0.5001**	**0.3794**	**0.3202**	**0.3658**	**0.5882**	**0.6497**	**0.7133**
算法	N@10	N@20	N@30	N@40	M@10	M@20	M@30	M@40
POP	0.2110	0.2210	0.2452	0.2679	0.4066	0.4136	0.4155	0.4165
MF	0.5765	0.5821	0.6130	0.6376	0.8124	0.8129	0.8130	0.8130
BPRMF	0.5680	0.5740	0.6051	0.6300	0.8036	0.8042	0.8043	0.8043
NCF	0.4886	0.4829	0.4999	0.5213	0.7248	0.7264	0.7267	0.7268
NeuMF	0.5851	0.5903	0.6209	0.6452	0.8213	0.8216	0.8218	0.8218
VBPR	0.5908	0.5957	0.6262	0.6502	0.8272	0.8276	0.8278	0.8279
ACF	0.5994	0.6119	0.6420	0.6654	0.8369	0.8374	0.8375	0.8375
DAAR	**0.6178**	**0.6362**	**0.6658**	**0.6882**	**0.8422**	**0.8428**	**0.8431**	**0.8432**

注：P 即 Precision，R 即 Recall，N 即 NDCG，M 即 MRR

为了验证注意力机制的作用，实验中设计了不同的注意力方案来验证其效果。方案一为无注意力模块，所有特征以相同的权重输入神经网络中；方案二中注意力网络的输入是用户向量和特征向量的拼接；方案三将用户向量和特征向量的元素积作为注意力网络的输入,通过输出计算权重。

从表2-12(粗体数字表示最优实验结果)可以看出:无论是哪种形式的注意力网络,其效果都要优于没有注意力网络时的效果,表明注意力机制能够有效识别用户的偏好权重,可以进行更好的特征交互建模,从而得到更优的推荐结果。

表 2-12 不同注意力机制的对比结果

方案	P@10	P@20	P@30	P@40	R@10	R@20	R@30	R@40
方案一	0.5642	0.4618	0.3692	0.3131	0.3504	0.5523	0.6318	0.7004
方案二	0.5794	0.4965	0.3765	0.3197	0.3607	0.5778	0.6453	0.7116
方案三	**0.5859**	**0.5001**	**0.3794**	**0.3202**	**0.3658**	**0.5882**	**0.6497**	**0.7133**
方案	N@10	N@20	N@30	N@40	M@10	M@20	M@30	M@40
方案一	0.5967	0.5276	0.6428	0.6689	0.8371	0.8376	0.8376	0.8376
方案二	0.6141	0.5431	0.6609	0.6857	0.8389	0.8391	0.8393	0.8394
方案三	**0.6178**	**0.5455**	**0.6658**	**0.6882**	**0.8422**	**0.8428**	**0.8431**	**0.8432**

DAAR模型融合图像内容特征、美学特征和所有者信息等三类特征进行建模。为了分析三类特征的作用,实验将三类特征进行两两组合,以观察缺失不同特征时推荐效果的变化,实验结果如表2-13所示,其中粗体数字表示最优实验结果。从表2-13可以看出,DAAR模型在三类特征综合使用时获得最佳推荐效果,表明三类特征的加入对提升个性化推荐的效果起到了正面作用,缺少其中任何一种特征都会导致最终推荐效果变差。图像内容特征和所有者信息特征的组合效果最差,这表明与其他特征相比,美学特征的缺失会导致推荐准确性显著下降,结论与产品图像在消费者购买决策中的重要作用相一致。

表 2-13 不同特征组合的对比结果

特征组合	P@10	P@20	P@30	P@40	R@10	R@20	R@30	R@40
内容+美学	0.5714	0.4895	0.3742	0.3153	0.3540	0.5707	0.6364	0.7009
内容+所有者	0.5688	0.4869	0.3698	0.3141	0.3523	0.5683	0.6341	0.6989
美学+所有者	0.5751	0.4915	0.3761	0.3168	0.3564	0.5741	0.6428	0.7080
所有特征	**0.5859**	**0.5001**	**0.3794**	**0.3202**	**0.3658**	**0.5882**	**0.6497**	**0.7133**
特征组合	N@10	N@20	N@30	N@40	M@10	M@20	M@30	M@40
内容+美学	0.6070	0.5365	0.6552	0.6781	0.8333	0.8336	0.8338	0.8339
内容+所有者	0.6049	0.5342	0.6473	0.6705	0.8344	0.8347	0.8349	0.8351
美学+所有者	0.6112	0.5394	0.6628	**0.6882**	0.8369	0.8382	0.8387	0.8389
所有特征	**0.6178**	**0.5455**	**0.6658**	**0.6882**	**0.8422**	**0.8428**	**0.8431**	**0.8432**

参 考 文 献

[1] Tsai C F, Hung C. Cluster ensembles in collaborative filtering recommendation. Applied Soft Computing, 2012, 12(4): 1417-1425.

[2] Goldberg D, Nichols D, Oki B M, et al. Using collaborative filtering to weave an information tapestry. Communications of the ACM, 1992, 35(2): 61-70.

[3] Hu Y, Koren Y, Volinsky C. Collaborative filtering for implicit feedback datasets. Pisa: 2008 Eighth IEEE International Conference on Data Mining, 2008.

[4] He X N, Tang J H, Du X Y, et al. Fast matrix factorization with nonuniform weights on missing data. IEEE Transactions on Neural Networks and Learning Systems, 2020, 31(8): 2791-2804.

[5] Rendle S, Freudenthaler C, Gantner Z, et al. BPR: Bayesian personalized ranking from implicit feedback. Montreal: The Twenty-Fifth Conference on Uncertainty in Artificial Intelligence, 2009.

[6] Rendle S, Freudenthale C. Improving pairwise learning for item recommendation from implicit feedback. New York: The 7th ACM International Conference on Web Search and Data Mining, 2014.

[7] LeCun Y, Bengio Y, Hinton G. Deep learning. Nature, 2015, 521(7553): 436-444.

[8] Zhang S, Yao L, Sun A X, et al. Deep learning based recommender system: a survey and new perspectives. ACM Computing Surveys, 2020, 52(1): 1-38.

[9] Sedhain S, Menon A K, Sanner S, et al. AutoRec: autoencoders meet collaborative filtering. Florence: The 24th International Conference on World Wide Web, 2015: 111-112.

[10] Wu Y, DuBois C, Zheng A X, et al. Collaborative denoising auto-encoders for top-N recommender systems. San Francisco: The Ninth ACM International Conference on Web Search and Data Mining, 2016.

[11] Liang D W, Krishnan R G, Hoffman M D, et al. Variational autoencoders for collaborative filtering. Republic and Canton of Geneva: The 2018 World Wide Web Conference, 2018.

[12] Xue F, He X N, Wang X, et al. Deep item-based collaborative filtering for top-N recommendation. ACM Transactions on Information Systems, 2019, 37(3): 1-25.

[13] Kipf T N, Welling M. Semi-supervised classification with graph convolutional networks. https://arxiv.org/abs/1609.02907.pdf[2016-09-09].

[14] Veličković P, Cucurull G, Casanova A, et al. Graph attention networks. https://arxiv.org/abs/1710.10903.pdf[2017-10-20].

[15] van den Berg R, Kipf T N, Welling M. Graph convolutional matrix completion. https://arxiv.org/abs/1706.02263.pdf[2017-07-07].

[16] Wang X, He X N, Wang M, et al. Neural graph collaborative filtering. Paris: The 42nd International ACM SIGIR Conference on Research and Development in Information Retrieval, 2019.

[17] Lin M, Cheung D W. An automatic approach for tagging Web services using machine learning techniques. Web Intelligence, 2016, 14(2): 99-118 .

[18] Blei D M, Ng A Y, Jordan M I. Latent Dirichlet allocation. The Journal of Machine Learning Research, 2001, 3: 993-1022 .

[19] Blei D M, Lafferty J D. A correlated topic model of Science. The Annals of Applied Statistics, 2007, 1(1): 17-35.

[20] Blei D M. Probabilistic topic models. San Diego: The 17th ACM SIGKDD International Conference Tutorials, 2011.

[21] 王海忠, 欧阳建颖, 陈宣臻. 续集电影的片名策略及其市场效应研究. 管理科学学报, 2019, 22(11): 19-32.

[22] 曹丽娜, 唐锡晋. 基于主题模型的 BBS 话题演化趋势分析. 管理科学学报, 2014, (11): 109-121.

[23] Dotson M R, Büschken J, Allenby G M. Explaining preference heterogeneity with mixed membership modeling. Marketing Science, 2020, 39(2): 407-426.

[24] 林杰, 苗润生. 专业社交媒体中的主题图谱构建方法研究:以汽车论坛为例. 情报学报, 2020, 39(1): 68-80.

[25] Liu L, Dzyabura D, Mizik N. Visual listening in: extracting brand image portrayed on social media. Marketing Science, 2020, 39(4): 669-686.

[26] Zhang K, Chen Y, Li C. Discovering the tourists' behaviors and perceptions in a tourism destination by analyzing photos' visual content with a computer deep learning model: the case of Beijing. Tourism Management, 2019, 75: 595-608.

[27] Xiao L, Ding M. Just the faces: exploring the effects of facial features in print advertising. Marketing Science, 2014, 33(3): 338-352.

[28] Gomez L, Patel Y, Rusiñol M, et al. Self-supervised learning of visual features through embedding images into text topic spaces. Honolulu: 2017 IEEE Conference on Computer Vision and Pattern Recognition, 2017.

[29] He R N, McAuley J. VBPR: visual Bayesian personalized ranking from implicit feedback. Palo Alto: The Thirtieth AAAI Conference on Artificial Intelligence, 2016.

[30] McAuley J, Targett C, Shi Q F, et al. Image-based recommendations on styles and substitutes. Santiago: The 38th International ACM SIGIR Conference on Research and Development in Information Retrieval, 2015.

[31] He R N, Lin C B, Wang J G, et al. Sherlock: sparse hierarchical embeddings for visually-aware one-class collaborative filtering//Brewka G.The Twenty-Fifth International Joint Conference on Artificial Intelligence. Menlo Park: AAAI Press, 2016: 3740-3746.

[32] He R N, McAuley J. Ups and downs: modeling the visual evolution of fashion trends with one-class collaborative filtering. Montreal: The 25th International Conference on World Wide Web, 2016.

[33] Zhang F Z, Yuan N J, Lian D F, et al. Collaborative knowledge base embedding for recommender systems. San Francisco: The 22nd ACM SIGKDD International Conference on Knowledge Discovery and Data Mining, 2016.

[34] Qian S S, Zhang T Z, Xu C S, et al. Multi-modal event topic model for social event analysis. IEEE Transactions on Multimedia, 2016, 18(2): 233-246.

[35] Cheng Z Y, Chang X J, Zhu L, et al. MMALFM: explainable recommendation by leveraging reviews and images. ACM Transactions on Information Systems, 2019, 37(2): 1-28.

[36] Zhang Y, Ai Q Y, Chen X, et al. Joint representation learning for top-N recommendation with heterogeneous information sources. Singapore: The 2017 ACM on Conference on Information and Knowledge Management, 2017.

[37] Guan Y, Wei Q, Chen G Q. Deep learning based personalized recommendation with multi-view information integration. Decision Support Systems, 2019, 118: 58-69.

[38] Mikolov T, Chen K, Corrado G, et al. Efficient estimation of word representations in vector space. https://arxiv.org/abs/1301.3781.pdf[2013-09-07].

[39] Mikolov T, Sutskever I, Chen K, et al. Distributed representations of words and phrases and their compositionality. Lake Tahoe: The 26th International Conference on Neural Information Processing Systems, 2013.

[40] Kingma D P, Ba J. Adam: a method for stochastic optimization. https://arxiv.org/abs/1412.6980.pdf[2014-10-22].

[41] Bahmani B, Chowdhury A, Goel A. Fast incremental and personalized pagerank. Proceedings of the VLDB Endowment, 2010, 4(3): 173-184.

[42] Page L, Brin S, Motwani R, et al. The pagerank citation ranking: bringing order to the web. Technical Report, Stanford Digital Libraries SIDL-WP-1999-0120.

[43] Niu W, Caverlee J, Lu H K. Neural personalized ranking for image recommendation. Marina: The Eleventh ACM International Conference on Web Search and Data Mining, 2018: 423-431.

[44] Wu L, Chen L, Hong R C, et al. A hierarchical attention model for social contextual image recommendation. IEEE Transactions on Knowledge and Data Engineering, 2020, 32(10): 1854-1867.

[45] Simonyan K, Zisserman A. Very deep convolutional networks for large-scale image recognition. https://arxiv.org/abs/1409.1556.pdf[2014-09-04].

[46] Talebi H, Milanfar P. NIMA: neural image assessment. IEEE Transactions on Image Processing, 2018, 27(8): 3998-4011.

[47] He X N, Liao L Z, Zhang H W, et al. Neural collaborative filtering. Perth: The 26th International Conference on World Wide Web, 2017.

[48] Hartigan J A, Wong M A. A K-means clustering algorithm. Journal of the Royal Statistical Society: Series C (Applied Statistics), 1979, 28(1): 100-108.

[49] Larson R R. Introduction to information retrieval. Journal of the American Society for Information Science and Technology, 2010, 61(4): 852-853.

[50] Neal R M. Markov chain sampling methods for Dirichlet process mixture models. Journal of Computational and Graphical Statistics, 2000, 9(2): 249-265.

[51] Escobar M D, West M J. Bayesian density estimation and inference using mixtures. Journal of the American Statistical Association, 1995, 90(430): 577-588.

[52] Mimno D, Wallach H M, Talley E, et al. Optimizing semantic coherence in topic models. Edinburgh: The 2011 Conference on Empirical Methods in Natural Language Processing, 2011.

[53] Koren Y, Bell R, Volinsky C. Matrix factorization techniques for recommender systems. Computer, 2009, 42(8): 30-37.

[54] Chen J, Zhang H W, He X N, et al. Attentive collaborative filtering: multimedia recommendation with item-and component-level attention. Shinjuku: The 40th International ACM SIGIR Conference on Research and Development in Information Retrieval, 2017.

第 3 章 面向个体与群体交互的群推荐方法

互联网环境下，用户往往并非独立存在。人们处于各种各样的群体，参与群体活动并受群体影响[1, 2]。例如，用户加入社区购物群，在他们影响下做出购买决策，抑或加入古典音乐群，与他人探讨音乐知识并收听他人推荐的乐曲。与面向消费者个体的推荐不同，面向群体的推荐不仅要考虑个体用户的兴趣偏好，还要考虑群体中不同用户偏好的相互影响。面向用户群体的个性化推荐是推荐领域的重要研究领域[3-7]。

基于个体兴趣、群体兴趣及其相互影响，本章对面向个体与群体交互的群推荐问题进行探讨。内容组织如下：3.1 节对群推荐的国内外研究状况进行综述，分析现有群推荐方法的研究进展与局限；3.2 节提出基于双向张量分解的群推荐方法，综合考虑用户自身兴趣以及群体对用户兴趣的影响构建群推荐模型；3.3 节设计基于群偏好和用户偏好协同演化的群推荐方法，对群体和个体的动态交互进行建模；3.4 节基于协同分解思想和张量表示框架提出了考虑群内和群间协同的动态群推荐方法；3.5 节对相关模型进行实验验证。

3.1 国内外研究综述

随着社交网络的发展，用户可以根据自己的兴趣加入虚拟群体，并与群内成员互动和参与群体活动。如何为群体提供个性化服务，促进群体发展，调动群成员的积极性，使得整体满意度最大化，成为亟待解决的难题。为此，群推荐系统应运而生并广泛应用到电影[8-10]、音乐[11]、电视节目[12]、网页/新闻[4]等服务领域。现有的群推荐方法主要通过对个体偏好的聚合产生对群体的推荐结果，分为偏好聚合和结果聚合两种策略。偏好聚合策略首先将群体中所有成员的偏好聚合成一个整体作为群体偏好，然后将群体看作一个用户，使用传统的个性化推荐算法为群体生成推荐列表[13]。结果聚合策略首先通过个性化推荐算法为群体中每个用户生成推荐列表，然后将这些个体的推荐结果合并作为群推荐结果[14, 15]。

围绕偏好聚合策略，研究者提出了一系列群推荐方法。Ortega 等[16]基于矩阵分解模型提出三种不同的聚合方法用以捕捉群体偏好，分别是：①先分解后聚合方法，即先分解每个群成员的产品评分矩阵，得到群成员隐偏好向量，然后将其聚合形成群体隐偏好向量；②先平均聚合评分再分解，即将所有群成员的产品评分平均聚合作为群体的产品评分，然后通过矩阵分解得到群体隐偏好向量；③先加权聚合评分再分解，即将所有群成员的产品评分加权聚合作为群体的产品评分，然后运用矩阵分解得到群体隐偏好向量。Feng 等[17]提出将概率主题模型和重启随机游走模型相结合进行群推荐。该方法首先基于主题模型建模用户偏好和产品特征，再与随机游走模型结合估计群体偏好，能够捕捉群体和群成员的隐形关系。Chowdhury 和 Cai[18]提出一种非参数贝叶斯的隐特征模型建模群体内部成员之间的相互作用，利用群成员之间的交互生成群推荐。梁昌勇等[19]基于群体内部成员的相互影响预测群成员对于产品的偏好，运用偏好聚合策略将聚集的成员偏好作为群体偏好。Yuan 等[20]采用概率主题模型建模群体决策的生成过程，基于学习得到的群决策过程为群体推荐产品。该方法融合用户行为信息和产品内容信息，并为用户设置个性化参数，能够实现精准的群推荐。上述群推荐方法都是基于群内部的成员交互关系学习偏好聚合过程中群成员偏好的权重。

由于群成员的社交连接关系会对群体偏好聚合产生影响，研究者提出了多种考虑社交关系的群推荐方法。Fang 等[21]基于群成员的群内和群外的社会关系学习群成员偏好的权重，进而调整偏好聚合过程生成群体偏好。Wang 等[22]根据群成员的属性信息和社会关系分别创建属性信任矩阵和社会信任矩阵，融合这两个矩阵得到混合信任矩阵，最后基于混合信任度量设置群成员权重生成群体偏好。王相仕[23]采用基于信任社交网络用户偏好分析的组推荐对传统的组推荐系统进行了进一步的改进。王刚等[24]根据群成员的关联关系构建成员关系矩阵，通过联合概率矩阵分解模型、修正个体的产品评分，最后聚合形成群体的产品评分。Wang 等[25]在群成员的社会网络中设置一个聚合了全部群成员属性的虚拟用户来修正个体的影响力权重，通过加权聚合群成员偏好形成群体偏好。

除了关注群推荐精度的提升，增加群推荐结果的多样性也是目前研究的主要方向之一。陈秀明和刘业政[26]提出了多粒度犹豫模糊语言群推荐模型以解决群成员偏好信息的多粒度问题，并基于偏好聚合策略生成群推荐结果。Toan 等[27]认为群体偏好应当是多样的、广泛的，在为群体生成推荐列表时，需要同时最大化群体满意度和最小化推荐产品的相似性。Kim 等[28]在偏好聚合之后通过一种双重过滤机制使得低于设置阈值的产品被剔除。为提高推荐结果的多样性，Renda 和 Straccia[29]首先使用了基于内容的和基于协同过滤的混合推荐方法为用户生成推荐列表，然后再采用偏好聚合策略生成群推荐结果。

近年来，随着深度学习技术的快速发展，研究者将深度学习方法和偏好聚合策略相结合，以便更好地解决群推荐问题。Jeong 和 Kim[30]提出了一种同时考虑内容信息和评分数据的混合模型，以缓解群体推荐中的数据稀疏问题。Cao 等[31]

提出了一种基于注意力网络的群推荐方法，通过注意力网络为群成员设置个性化权重，加权聚合得到群体偏好，模拟群决策形成的过程。Tran 等[32]考虑到群体成员的消费决策会受到其他群成员消费行为的影响，提出深层神经网络模型捕捉群体成员之间的相互作用。

虽然现有群推荐方法取得了丰富成果，但主要采用的是基于群成员到群体的偏好聚合策略，将群体偏好的形成过程建模为从群成员个体偏好聚合生成群体偏好的单向过程，忽视了群体兴趣与群成员个体兴趣的双向影响关系。群体内部和群体之间的协同作用对群体兴趣的影响尚未得到深入探索。

3.2 基于双向张量分解的群推荐方法

在群体环境中，群成员之间相互交互、相互影响，导致群体偏好与成员偏好的形成存在双向交互影响过程。例如，当和同一群体中的朋友讨论去看哪部电影时，最好选择是由群体讨论共同决定的，在这个过程中成员偏好会受到群体中其他成员偏好的影响。因此，本节做出以下两点假设。

（1）每个群成员对产品都有一个固有偏好，用户偏好也会受到所属群体中其他成员的影响。

（2）群体对于群成员偏好的影响具有差异性和个性化，群成员对产品的最终偏好是固有偏好和群体影响的综合。

基于上述假设，本节提出一种面向群体用户的双向张量分解推荐模型（bidirectional tensor factorization model for group recommendation，BTF-GR 模型），用以刻画群成员固有偏好和群体偏好之间的交互影响过程。该模型将用户对产品的反馈矩阵视为用户对于产品的固有偏好和用户所属群体影响共同作用的结果，综合考虑用户、群体和产品之间的交互作用，对用户偏好进行准确建模。

3.2.1 问题定义

令 G 是所有群体的集合，U 是所有用户的集合，I 是所有产品的集合。对于群体 $g \in G$，如果群体 g 中的用户 u 交互过产品 i，记为三元组 $<g,u,i>$。如此所有用户和产品的交互信息可表示为三元组集合 $D_S \subseteq G \times U \times I$，如图 3-1 所示。

群体用户推荐旨在面向给定群体 g 推荐一个可能感兴趣的产品列表。假设 $\hat{z}_{g,u,i}$ 表示群体 g 中的用户 u 对于产品 i 的偏好得分，本节采用结果聚合策略预测群体偏好，即该群体 g 对产品 i 的偏好得分是所有群成员偏好得分的聚合：

$$\hat{r}_{g,i} = \Delta\left(\hat{z}_{g,u,i}\right) \tag{3-1}$$

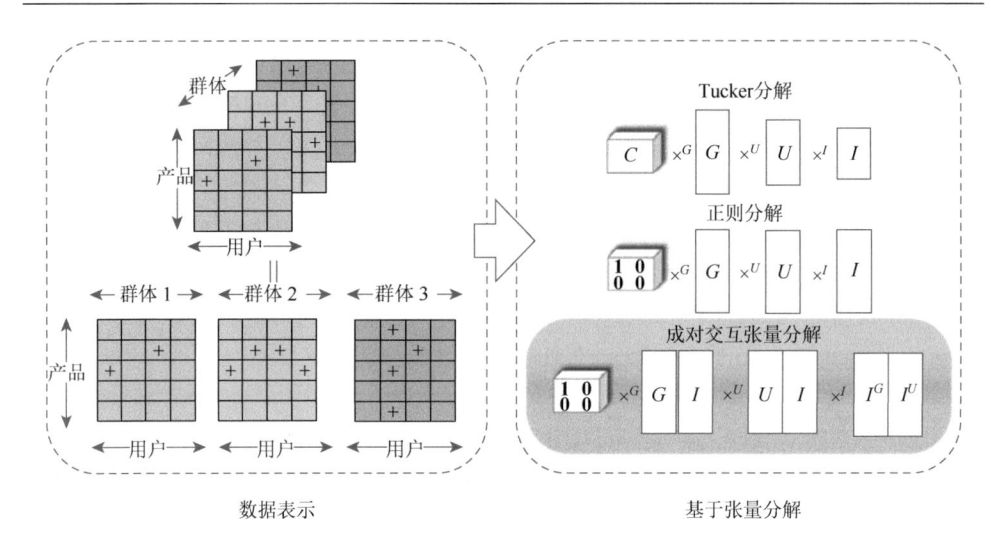

图 3-1 数据表示和基于张量分解的推荐模型示意图

其中，$\Delta(\cdot)$ 表示平均聚合函数；$\hat{z}_{g,u,i}$ 通过本节提出的双向张量分解模型估计得到（详细估计过程见 3.2.2 节）。那么选择群体 g 的前 N 个得分最高的产品生成最终推荐列表：

$$\text{Top}(g,N) = \text{argmax}\ \hat{r}_{g,i} \tag{3-2}$$

其中，N 表示被推荐产品的数量。

3.2.2 双向张量分解模型

在群推荐问题中，用户与产品、群体与产品存在偏好关系，用户和群体之间存在相互影响关系，最终的群偏好评分是三者协同作用的结果。为此，本节提出一个三维张量模型 $Z \in R^{G \times U \times I}$ 存储群推荐元数据，利用张量的三个维度分别描述用户、产品和群体三个对象，应用张量分解方法捕捉用户、群体、产品三者之间潜在交互关系，实现更加精准的群体用户推荐。

本节首先回顾张量分解的相关方法。Tucker 分解（Tucker decomposition，TD）、正则分解（canonical decomposition，CD）和成对交互张量分解（pairwise interaction tensor factorization，PITF）是张量分解研究中广泛使用的三种策略[33]。Tucker 分解是将目标张量 Z 分解成三个低秩因子矩阵 $g \in R^{G \times k_g}$、$u \in R^{U \times k_u}$、$i \in R^{I \times k_i}$ 和一个核张量 $c \in R^{k_g \times k_u \times k_i}$ 的积：

$$\hat{z}_{g,u,i}^{\text{TD}} = \sum_{l}^{k_g} \sum_{m}^{k_u} \sum_{n}^{k_i} c_{l,m,n} g_{g,l} u_{u,m} i_{i,n} \tag{3-3}$$

其中，$g_{g,l}$、$u_{u,m}$ 和 $i_{i,n}$ 分别表示待估计的群体、用户和产品的隐特征向量第 l、m、

n 位置的特征值；$c_{l,m,n}$ 表示核张量 C 对应位置的特征值；k_g、k_u 和 k_i 分别表示群体、用户和产品隐特征的维度。应用 Tucker 分解算法后得到重建的近似张量 $\hat{Z}$，其中元素 $\hat{z}_{g,u,i}$ 即为群体 g 中的用户 u 对产品 i 偏好评分。Tucker 分解算法时间复杂度是 $O(k^3)$，其中 $k = \min(k_g, k_u, k_i)$。因此当群体规模很大时，在群推荐中不适合使用 Tucker 分解策略。

为了对大规模群体进行产品推荐，拥有线性复杂度的正则分解策略可用于刻画用户、群体和产品间的交互作用：

$$\hat{z}_{g,u,i}^{\text{CD}} = \sum_k g_{g,k} u_{u,k} i_{i,k} \tag{3-4}$$

其中，$g_{g,k}$、$u_{u,k}$ 和 $i_{i,k}$ 分别表示群体、用户和产品的隐特征向量。由于正则分解策略不包含嵌套，时间复杂度为 $O(k)$。虽然更低的时间复杂度使得正则分解策略更适合应用于面向大规模群体用户的推荐场景，但它没有考虑用户、群体和产品这三个对象之间的两两交互作用。特别是在参数学习过程中，必须同时固定两个隐变量才能学习另外一个隐变量，这种参数迭代更新策略不能保证求解过程的收敛性，导致隐向量求解结果的不准确性。为了解决这个问题，本节为用户、群体和产品分别设计两种隐特征，进而对三个对象间两两交互作用进行单独分解建模：

$$\hat{z}_{g,u,i} = \sum_k u_{u,k}^I i_{i,k}^U + \sum_k g_{g,k}^I i_{i,k}^G + \sum_k u_{u,k}^G g_{g,k}^U \tag{3-5}$$

式（3-5）中的第一项表示用户和产品间的交互作用，第二项表示群体和产品之间的交互作用，第三项表示用户和群体间的交互作用。当为一个群体推荐产品时，用户和群体的直接交互对于用户是否选择产品不产生影响。因此，可以将用户和群体之间的交互 $\sum_k u_{u,k}^G g_{g,k}^U$ 移除，如此式（3-5）简化为张量分解中的成对交互策略（如图 3-1 右部分所示）。下面给出建模假设和双向交互建模过程。

假设 3-1：群体中的每个用户对产品都有固有偏好，同时用户对产品的偏好也会受到所属群体中其他用户的影响。

该假设将群成员对产品的偏好评分分解为群成员和产品之间的交互，加上群体和产品之间的交互。那么对于一个交互三元组 $<g, u, i>$，有

$$\hat{z}_{g,u,i} = \sum_k u_{u,k} i_{i,k}^U + \sum_k g_{g,k} i_{i,k}^G + b_i \tag{3-6}$$

其中，$u_{u,\cdot} \in U$ 表示用户 u 的隐特征向量；$g_{g,\cdot} \in G$ 表示群体 g 的隐特征向量；$i_{u,\cdot}^U \in I^U$ 表示与用户交互的产品 i 的隐特征向量；$i_{u,\cdot}^G \in I^G$ 表示与群体交互的产品 i 的隐特征向量；$b_i \in B$ 表示产品 i 的偏差项，在社交群体中越受欢迎的产品，其 b_i 值就越高。上述参数具有如下特性：$U \in R^{|U| \times k}, G \in R^{|G| \times k}, I^U \in R^{|I| \times k}, I^G \in R^{|I| \times k}, B \in R^{|I|}$。

式（3-6）表明用户 u 对产品 i 的偏好是由他自己的偏好和群体偏好共同决定

的。考虑到每个群成员受到群体的影响存在差异性，为此本节提出以下假设。

假设 3-2：群体对于群成员偏好的影响具有差异性和个性化，每个用户对产品的最终偏好是固有偏好和群体影响的综合。

基于该假设，群体 g 中的用户 u 对于产品 i 的偏好可以建模为

$$\hat{z}_{g,u,i} = w_u^U \sum_k u_{u,k} i_{i,k}^U + w_u^G \sum_k g_{g,k} i_{i,k}^G + b_i \tag{3-7}$$

其中，w_u^U 表示对于用户 u "用户-产品"交互作用的权重，反映用户的固有偏好；w_u^G 表示对于用户 u "群体-产品"交互作用的权重，反映群体对用户偏好的个性化影响，$w_u^U + w_u^G = 1$。w_u^U 和 w_u^G 表示群体对成员偏好产生影响的个性化权重，满足如下特性：$\Omega \in R^{|U| \times 2}$。如此，本节将群用户推荐问题转换为 BTF-GR 模型。

3.2.3 双向张量分解模型推断方法

在完成 BTF-GR 模型的构建后，下一步工作是如何基于群体-用户-产品交互数据学习模型参数 $\Theta = \{G, U, I^U, I^G, B, \Omega\}$。在群推荐场景中，群体或者用户同产品的交互行为通常以隐式反馈存在，而显式评分行为在实际推荐系统中较为少见。例如，群成员点击产品或者与朋友分享产品链接，这些隐式反馈行为均能反映用户对产品的偏好。对隐式反馈常见的表示方法是将有交互的产品（用户感兴趣）视为 1，而将用户未交互产品（用户不感兴趣）或者未观测到交互的产品（用户不知道）视为 0，构成用户-物品交互矩阵。传统推荐系统学习方法如加权正则分解，直接分解用户-物品交互矩阵，忽略用户对产品的偏好程度，导致对未观测交互产品的预测评分为 0。与传统参数学习方法相比，BPR 通过比较用户对交互和未交互产品差异化的偏好，更能捕捉用户对产品的偏好程度。在群推荐场景中，用户和群体交互过程产品应当比未交互或者未观测到交互的产品更贴近于用户和群体表征。那么对群体 g 中的用户 u 推荐产品的问题就可以表示为一个排序问题，也就是学习一个产品的排序列表 $\succ_{g,u} \subset I \times I$，使得相对于其他产品而言，用户更喜欢值为 1 的正反馈产品。因此，本节采用 BPR 学习 BTF-GR 模型的参数 Θ。

基于以上假设，本节定义 BTF-GR 模型的 BPR 目标函数的后验概率公式形式为

$$p(\Theta | \succ_{g,u}) \propto p(\succ_{g,u} | \Theta) p(\Theta) \tag{3-8}$$

其中，关系 $\succ_{g,u} \subset I \times I$ 表示针对一个给定的群体-用户对 <g, u> 的所有产品排序。假定群体中所有群成员用户与产品交互行为相互独立，每对产品 $p(i_a \succ_{g,u} i_b | \Theta)$ 的排序独立于其他产品对的排序 $p(i_c \succ_{g,u} i_d | \Theta)$。对于群体-用户对 <$g, u$>，有以下似然函数：

$$p\left(\succ_{g,u}|\Theta\right) = \prod_{\langle g,u,i_a,i_b\rangle} p(i_a \succ_{g,u} i_b|\Theta)^{\delta(i_a \succ_{g,u} i_b)}(1-p(i_a \succ_{g,u} i_b|\Theta))^{1-\delta(i_a \succ_{g,u} i_b)}$$
$$= \prod_{i_a \succ_{g,u} i_b} p(i_a \succ_{g,u} i_b|\Theta) \prod_{i_a \prec_{g,u} i_b} \left(1-p(i_a \succ_{g,u} i_b|\Theta)\right) \quad (3\text{-}9)$$

其中，$i_a \succ_{g,u} i_b$ 表示对于群体-用户对 $<g, u>$，产品 i_a 排在产品 i_b 前面；$\delta(x)$ 表示指示函数，当 x 为真时，$\delta(x)$ 等于 1，否则 $\delta(x)$ 等于 0。群体-用户对 $<g,u>$ 相比于 i_b 更偏好产品 i_a 的概率定义为

$$p\left(i_a \succ_{g,u} i_b|\Theta\right) : \sigma\left(\hat{z}_{g,u,i_a,i_b}(\Theta)\right) \quad (3\text{-}10)$$

其中，$\sigma(x)$ 表示的是 logistic 函数 $\sigma(x) = \dfrac{1}{1+\mathrm{e}^{-x}}$。$\hat{z}_{g,u,i_a,i_b}(\Theta)$ 缩写为 $\hat{z}_{g,u,i_a,i_b}$，表示用户 u 对 i_a 和 i_b 偏好评分的插值：

$$\hat{z}_{g,u,i_a,i_b} : \hat{z}_{g,u,i_a} - \hat{z}_{g,u,i_b} \quad (3\text{-}11)$$

其中，$\hat{z}_{g,u,i}$ 的定义已在式（3-7）中给出。由式（3-9）给出的似然函数可以进一步简化成如下形式：

$$\ln \prod_{i_a \succ_{g,u} i_b} \sigma\left(\hat{z}_{g,u,i_a,i_b}\right) + \ln \prod_{i_a \prec_{g,u} i_b} \left[1 - \sigma\left(\hat{z}_{g,u,i_a,i_b}\right)\right]$$
$$\approx \ln \prod_{i_a \succ_{g,u} i_b} \sigma\left(\hat{z}_{g,u,i_a,i_b}\right) + \ln \prod_{i_a \succ_{g,u} i_b} \left[1 - \sigma\left(-\hat{z}_{g,u,i_a,i_b}\right)\right]$$
$$= \ln \prod_{i_a \succ_{g,u} i_b} \sigma\left(\hat{z}_{g,u,i_a,i_b}\right) + \ln \prod_{i_a \succ_{g,u} i_b} \sigma\left(\hat{z}_{g,u,i_a,i_b}\right)$$
$$= 2\ln \prod_{i_a \succ_{g,u} i_b} \sigma\left(\hat{z}_{g,u,i_a,i_b}\right) = 2 \sum_{i_a \in I_{g,u}} \sum_{i_b \in I \setminus I_{g,u}} \ln \sigma\left(\hat{z}_{g,u,i_a,i_b}\right) \quad (3\text{-}12)$$

假设参数 Θ 均来源于均值为 0，协方差矩阵为 Σ_Θ 的高斯先验分布：

$$p(\Theta) \sim N(0, \Sigma_\Theta) \quad (3\text{-}13)$$

根据式（3-8）～式（3-10）、式（3-12）和式（3-13）可以得出参数 Θ 对数形式的后验分布为

$$\ln p(\Theta|\succ_{g,u}) \propto \ln\left(p(\succ_{g,u}|\Theta)p(\Theta)\right) = \sum_{i_a \in I_{g,u}} \sum_{i_b \in I \setminus I_{g,u}} \ln \sigma\left(\hat{z}_{g,u,i_a,i_b}\right) + \ln p(\Theta)$$
$$= \sum_{i_a \in I_{g,u}} \sum_{i_b \in I \setminus I_{g,u}} \ln \sigma\left(\hat{z}_{g,u,i_a,i_b}\right) - \lambda_\Theta \|\Theta\|^2 \quad (3\text{-}14)$$

其中，λ_Θ 表示模型的正则化参数。对群体、用户和产品隐特征向量最大化对数后验概率等价于最小化下列目标函数 f_Θ：

$$f_\Theta = \arg\min_{G,U,I} \sum_{g \in G} \sum_{u \in U} \sum_{i_a \in I_{g,u}} \sum_{i_b \in I \setminus I_{g,u}} \left(-\ln \sigma\left(\hat{z}_{g,u,i_a,i_b}\right) + \lambda_\Theta \|\Theta\|^2\right) \quad (3\text{-}15)$$

3.2.4 基于两阶段梯度下降的模型参数学习算法

本节设计一个两阶段迭代策略来学习模型参数 Θ，包括隐特征矩阵 $\hat{G}, \hat{U}, \hat{I}^G, \hat{I}^U$、偏差向量 $\hat{B}$ 和用户个性化权重矩阵 Ω。在第一阶段，固定用户个性化权重矩阵 Ω、学习隐变量矩阵 $\hat{G}, \hat{U}, \hat{I}^G, \hat{I}^U$ 和偏差向量 $\hat{B}$；在第二阶段，固定隐变量矩阵 $\hat{G}, \hat{U}, \hat{I}^G, \hat{I}^U$ 和偏差向量 $\hat{B}$，学习用户个性化权重矩阵 Ω。

第一阶段：固定 Ω，学习 $\hat{G}, \hat{U}, \hat{I}^G, \hat{I}^U, \hat{B}$。当个性化权重矩阵 Ω 固定时，模型使用随机梯度下降法（stochastic gradient descent，SGD）学习参数 $\hat{G}, \hat{U}, \hat{I}^G, \hat{I}^U, \hat{B}$。对于一个给定的四元组 $<g, u, i_a, i_b>$，BTF-GR 模型中对应参数的梯度如下：

$$\nabla \hat{G}_{g,\cdot} = \frac{\partial f_{g,u,i_a,i_b}}{\partial \hat{G}_{g,\cdot}} = -\Omega_u^G \sigma\left(-\hat{z}_{g,u,i_a,i_b}\right)\left(\hat{I}_{i_a,\cdot}^G - \hat{I}_{i_b,\cdot}^G\right) + \alpha_g \hat{G}_{g,\cdot}$$

$$\nabla \hat{U}_{u,\cdot} = \frac{\partial f_{g,u,i_a,i_b}}{\partial \hat{U}_{u,\cdot}} = -\Omega_u^U \sigma\left(-\hat{z}_{g,u,i_a,i_b}\right)\left(\hat{I}_{i_a,\cdot}^U - \hat{I}_{i_b,\cdot}^U\right) + \alpha_u \hat{U}_{u,\cdot}$$

$$\nabla \hat{I}_{i_a,\cdot}^G = \frac{\partial f_{g,u,i_a,i_b}}{\partial \hat{I}_{i_a,\cdot}^G} = -\Omega_u^G \sigma\left(-\hat{z}_{g,u,i_a,i_b}\right)\hat{G}_{g,\cdot} + \alpha_i^G \hat{I}_{i_a,\cdot}^G$$

$$\nabla \hat{I}_{i_b,\cdot}^G = \frac{\partial f_{g,u,i_a,i_b}}{\partial \hat{I}_{i_b,\cdot}^G} = -\Omega_u^G \sigma\left(-\hat{z}_{g,u,i_a,i_b}\right)\left(-\hat{G}_{g,\cdot}\right) + \alpha_i^G \hat{I}_{i_b,\cdot}^G$$

$$\nabla \hat{I}_{i_a,\cdot}^U = \frac{\partial f_{g,u,i_a,i_b}}{\partial \hat{I}_{i_a,\cdot}^U} = -\Omega_u^U \sigma\left(-\hat{z}_{g,u,i_a,i_b}\right)\hat{U}_{u,\cdot} + \alpha_i^U \hat{I}_{i_a,\cdot}^U \quad (3\text{-}16)$$

$$\nabla \hat{I}_{i_b,\cdot}^U = \frac{\partial f_{g,u,i_a,i_b}}{\partial \hat{I}_{i_b,\cdot}^U} = -\Omega_u^U \sigma\left(-\hat{z}_{g,u,i_a,i_b}\right)\left(-\hat{U}_{u,\cdot}\right) + \alpha_i^U \hat{I}_{i_b,\cdot}^U$$

$$\nabla \hat{B}_{i_a} = \frac{\partial f_{g,u,i_a,i_b}}{\partial \hat{B}_{i_a}} = -\sigma\left(-\hat{z}_{g,u,i_a,i_b}\right) + \beta_i \hat{B}_{i_a}$$

$$\nabla \hat{B}_{i_b} = \frac{\partial f_{g,u,i_a,i_b}}{\partial \hat{B}_{i_b}} = -\sigma\left(-\hat{z}_{g,u,i_a,i_b}\right)(-1) + \beta_i \hat{B}_{i_b}$$

定义 γ 为学习率，基于 SGD 有如下的参数更新规则：

$$\hat{G}_{g,\cdot} = \hat{G}_{g,\cdot} - \gamma \nabla \hat{G}_{g,\cdot}$$

$$\hat{U}_{u,\cdot} = \hat{U}_{u,\cdot} - \gamma \nabla \hat{U}_{u,\cdot}$$

$$\hat{I}_{i_a,\cdot}^G = \hat{I}_{i_a,\cdot}^G - \gamma \nabla \hat{I}_{i_a,\cdot}^G$$

$$\hat{I}_{i_b,\cdot}^G = \hat{I}_{i_b,\cdot}^G - \gamma \nabla \hat{I}_{i_b,\cdot}^G$$

$$\hat{I}_{i_a,\cdot}^U = \hat{I}_{i_a,\cdot}^U - \gamma \nabla \hat{I}_{i_a,\cdot}^U \quad (3\text{-}17)$$

$$\hat{I}^U_{i_b,\cdot} = \hat{I}^U_{i_b,\cdot} - \gamma \nabla \hat{I}^U_{i_b,\cdot}$$
$$\hat{B}_{i_a} = \hat{B}_{i_a} - \gamma \nabla \hat{B}_{i_a}$$
$$\hat{B}_{i_b} = \hat{B}_{i_b} - \gamma \nabla \hat{B}_{i_b}$$

第二阶段：固定 $\hat{G}, \hat{U}, \hat{I}^G, \hat{I}^U, \hat{B}$，学习 Ω。当 $\hat{G}, \hat{U}, \hat{I}^G, \hat{I}^U, \hat{B}$ 都固定时，涉及 $\hat{G}, \hat{U}, \hat{I}^G, \hat{I}^U, \hat{B}$ 的项都是常数，可以从公式中移除，于是得到 Ω 的梯度为

$$\nabla \Omega^U_u = \frac{\partial f_{g,u,i_a,i_b}}{\partial \Omega^U_u} = -\sigma\left(-\hat{z}_{g,u,i_a,i_b}\right)\sum_k \hat{U}_{u,\cdot}\left(\hat{I}^U_{i_a,\cdot} - \hat{I}^U_{i_b,\cdot}\right) + \alpha_\omega \Omega^U_u$$

$$\nabla \Omega^G_u = \frac{\partial f_{g,u,i_a,i_b}}{\partial \Omega^G_u} = -\sigma\left(-\hat{z}_{g,u,i_a,i_b}\right)\sum_k \hat{G}_{g,\cdot}\left(\hat{I}^G_{i_a,\cdot} - \hat{I}^G_{i_b,\cdot}\right) + \alpha_\omega \Omega^G_u$$

（3-18）

参数更新规则为

$$\Omega^U_u = \Omega^U_u - \gamma \nabla \Omega^U_u$$
$$\Omega^G_u = \Omega^G_u - \gamma \nabla \Omega^G_u$$

（3-19）

基于更新规则式（3-17）和式（3-19），本节提出的 BTF-GR 模型学习算法更新过程如算法 3-1 所示。一旦学习到参数集合 Θ，通过式（3-7）可以计算群体 g 中群成员用户 u 对产品 i 的偏好 $\hat{z}_{g,u,i}$。对于一个目标群，本节采用群成员推荐结果加权平均策略 $\frac{1}{|U(g)|}\sum_{u \in U(g)} \hat{z}_{g,u,i}$ 计算得到 $\hat{r}_{g,i}$。如此，推荐给群体的产品列表由所有 $\hat{r}_{g,i}$ 排序决定：

$$\text{Top}(g,N) = \left\{i_1,\cdots,i_N | \hat{r}_{g,i_1} > \cdots > \hat{r}_{g,i_N}\right\}$$

（3-20）

算法 3-1　BTF-GR 学习算法

输入：三元组集合 $\langle g, u, i \rangle$，正则化参数 $\alpha_g, \alpha_u, \alpha^G_i, \alpha^U_i, \beta_i, \alpha_\omega$

输出：Θ：隐特征矩阵 $\hat{G}, \hat{U}, \hat{I}^G, \hat{I}^U$；偏置项向量 $\hat{B}$；用户权重矩阵 Ω

初始化 $\hat{G}, \hat{U}, \hat{I}^G, \hat{I}^U, \hat{B}, \Omega$
while not convergence do
　for all $\langle g, u, i \rangle \in D_S$ do
　　随机抽取一个三元组 $\langle g, u, i_a \rangle \in D_S$
　　随机抽取一个项目 $i_b \in I \setminus I_{g,u}$
　　根据式（3-16）计算 $\hat{G}, \hat{U}, \hat{I}^G, \hat{I}^U, \hat{B}$ 的梯度
　　根据式（3-17）更新模型参数 $\hat{G}, \hat{U}, \hat{I}^G, \hat{I}^U, \hat{B}$
　end for
　for all $\langle g, u, i \rangle \in D_S$ do
　　随机抽取一个三元组 $\langle g, u, i_a \rangle \in D_S$
　　随机抽取一个项目 $i_b \in I \setminus I_{g,u}$
　　根据式（3-18）计算 Ω 的梯度
　　根据式（3-19）更新模型参数 Ω^U_u, Ω^G_u
　end for
end while
return $\hat{G}, \hat{U}, \hat{I}^G, \hat{I}^U, \hat{B}, \Omega$

3.3 基于群偏好与用户偏好协同演化的群推荐方法

群成员用户偏好和群偏好形成过程中表现出时序演化特征。考虑到用户偏好与群体偏好之间的相互作用，构建用户偏好时需要考虑所属群体的动态影响，构建群偏好时需要体现群成员的共同偏好。为此，本节首先总结不同场景下的群推荐策略并分析其不足，在此基础上，提出基于群偏好与用户偏好协同演化群推荐（collaborative evolving group recommendation，CEGR）方法。

3.3.1 问题定义

在群推荐情境下，假设有 N 个用户、M 个产品和 K 个群体，记录 T 时间跨度内群体和产品的交互信息、群体和用户的交互信息。本节中，群体和产品之间的交互表示群体是否消费该产品，群体和用户之间的交互表示用户是否加入群体。因此，本节定义群体消费行为张量 $C \in \mathbb{R}^{K \times M \times T}$，如果群体 p 在 t 时刻消费了产品 i，则 $C_{pi}^{t} > 0$，并且 C_{pi}^{t} 的值表示群体 p 中直至 $t-1$ 时刻未曾消费过产品 i 的群成员中在 t 时刻消费该产品的比例，代表了群体 p 在 t 时刻对产品 i 的偏好程度。如果群体 p 内没有成员在 t 时刻消费产品 i，则 $C_{pi}^{t} = 0$。此外，定义用户加群行为张量 $S \in \mathbb{R}^{K \times N \times T}$，如果用户 a 在 t 时刻加入了群体 p，那么 $S_{pa}^{t} = 1$，否则该值为 0。定义群偏好张量为 $G \in \mathbb{R}^{K \times T \times D}$，用户偏好张量为 $U \in \mathbb{R}^{N \times T \times D}$，产品特征矩阵 $V \in \mathbb{R}^{M \times D}$，$D$ 为特征向量的维度。

为了更加清晰地展示 C 和 S 的定义，图 3-2 展示了群体 p 在三个连续时刻的群体成员变化和消费行为变化。其中，群体内用户与产品之间的实线表示当前时刻用户新消费该产品，虚线表示用户在当前时刻之前已经消费过该产品。在 $t-1$ 时刻，用户 a_1 消费了产品 i_1，a_2 和 a_3 消费了产品 i_2，所以群体在 $t-1$ 时刻对 i_1 的偏好为 1/3，对 i_2 的偏好为 2/3，即 $C_{pi_1}^{t-1} = \frac{1}{3}$，$C_{pi_2}^{t-1} = \frac{2}{3}$。在 t 时刻，a_1、a_2 和 a_3 是群体 p 的原有成员，a_4 和 a_5 是新加入的成员，所以 $S_{pa_4}^{t} = 1$，$S_{pa_5}^{t} = 1$；同时，在 t 时刻，只有 a_4 消费了产品 i_2，a_2 和 a_3 在这之前已经消费了产品 i_2，排除掉 a_2 和 a_3，所以此时群体 p 对 i_2 的偏好为 1/3，即 $C_{pi_2}^{t} = \frac{1}{3}$。类似地，在 $t+1$ 时刻，群体内加入新成员 a_6 和 a_7，所以 $S_{pa_6}^{t+1} = 1$，$S_{pa_7}^{t+1} = 1$；a_1、a_5 和 a_6 消费了产品 i_2，所以此时群体 p 对 i_2 的偏好为 3/4，即 $C_{pi_2}^{t+1} = \frac{3}{4}$。

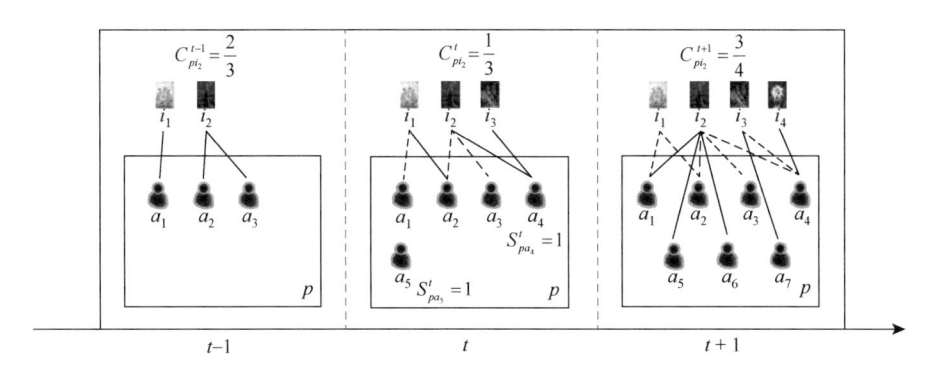

图 3-2 群体消费过程和群体成本变化过程示意图

本节旨在实现以下三个研究目标。

（1）基于用户的加群行为和群体的消费行为，构建群体和用户的动态交互模型，模拟群体和用户从 1 到 t 时刻的偏好变化。

（2）根据 t 时刻的群偏好和用户偏好，预测 $t+1$ 时刻用户的加群行为。

（3）根据 $t+1$ 时刻的用户加群行为，预测群体在 $t+1$ 时刻的群偏好，进而给群体推荐其在 $t+1$ 时刻感兴趣的产品。

现有研究中，对于群偏好演化建模的方法大多基于偏好的时间依赖假设，即任一 $t+1$ 时刻的偏好只取决于其前一时刻 t 的偏好[34]。为了更好地理解群偏好的演化及建模过程，首先考虑两种基本场景下的模型：①基于群偏好演化的群推荐模型，群体 t 时刻的偏好和群体 $t-1$ 时刻的偏好相关；②基于用户偏好聚集的群推荐模型，群体 t 时刻的偏好受到 t 时刻全体群成员偏好的影响。

3.3.2 基于群偏好演化的群推荐模型

考虑到群偏好的动态性以及对历史偏好的依赖性，提出一种基于群偏好演化的群推荐模型（group preference evolution based group recommendation，GPE_GR）。

在 t 时刻，群体 p 对产品 i 的消费偏好概率可以定义为

$$p(C|G,V) = \prod_{t=1}^{T}\prod_{p=1}^{K}\prod_{i=1}^{M}\mathcal{N}\left[C_{pi}^{t}\left|\langle G_{p}^{t},V_{i}\rangle,\sigma_{C}^{2}\right.\right]^{Y_{pi}^{t}} \quad (3\text{-}21)$$

其中，$\mathcal{N}(\mu,\sigma^2)$ 表示均值为 μ，方差为 σ^2 的正态分布；Y_{pi}^{t} 表示 0-1 指示函数，如果群体 p 在 t 时刻消费了产品 i，其值为 1，否则为 0。

根据传统的概率矩阵分解模型[35]，为了防止过拟合，假设产品特征向量服从均值为 0，方差为 $\sigma_{V}^{2}I$ 的高斯先验：

$$p\left(V|\sigma_V^2\right) = \prod_{i=1}^{M} \mathcal{N}\left(V_i|0,\sigma_V^2 I\right) \tag{3-22}$$

假设在 $t=1$ 时刻，群偏好服从均值为 0，方差为 $\sigma_{G1}^2 I$ 的高斯先验：

$$p\left(G_p^1\right) = \mathcal{N}\left(G_p^1|0,\sigma_{G1}^2 I\right) \tag{3-23}$$

考虑群体 t 时刻的偏好和群体 $t-1$ 时刻的偏好相关，假设 $t-1$ 时刻群偏好服从均值为 G_p^{t-1}，方差为 $\sigma_G^2 I$ 的高斯分布。那么在 $t=2,3,4,\cdots,T$ 时刻，群偏好张量可以定义为

$$p\left(G_p^t\right) = \mathcal{N}\left(G_p^t|G_p^{t-1},\sigma_G^2 I\right) \tag{3-24}$$

群偏好张量的概率分布为

$$p\left(G|\sigma_G^2,\sigma_{G1}^2\right) = \prod_{p=1}^{K}\left(\mathcal{N}\left(G_p^1,\sigma_{G1}^2 I\right)\prod_{t=2}^{T}\mathcal{N}\left(G_p^{t-1},\sigma_G^2 I\right)\right) \tag{3-25}$$

通过贝叶斯推断得出群体与产品偏好向量的后验概率：

$$p(G,V|C) \propto p(C|G,V) \times p(G) \times p(V) \tag{3-26}$$

3.3.3 基于用户偏好聚集的群推荐模型

考虑到群偏好变化受群成员偏好的影响，本节提出一种基于用户偏好聚集的群推荐模型（user preference aggregation based group recommendation，UPA_GR）。具体建模过程如下。

1. 消费行为模型

假设在 t 时刻群体 p 对产品 i 的消费偏好概率定义为

$$p(C|G,V) = \prod_{t=1}^{T}\prod_{p=1}^{K}\prod_{i=1}^{M}\mathcal{N}\left(C_{pi}^t|\langle G_p^t,V_i\rangle,\sigma_C^2\right)^{Y_{pi}^t} \tag{3-27}$$

在 $t=1$ 时，假设用户偏好服从均值为 0，方差为 $\sigma_{U1}^2 I$ 的高斯先验。考虑到 t 时刻的群体偏好受到 t 时刻群成员偏好的影响。基于群偏好聚集策略，假设群体的每个用户对群体具有等同影响力，$t=1$ 时刻的群偏好是 $t=1$ 时刻全部成员偏好的均值：

$$p\left(G_p^1\right) = N\left(G_p^1|0,\sigma_{G1}^2 I\right) \tag{3-28}$$

L_p^1 表示 $t=1$ 时刻群体 p 中成员的数量，$\sigma_{G1}^2 = \dfrac{\sigma_{U1}^2}{|L_p^1|}$。基于偏好的时间依赖假设，在 $t=2,3,4,\cdots,T$ 时刻的群偏好张量可以定义为

$$p(G_p^t) = N(G_p^t | \bar{G}_p^t, \sigma_G^2 I) \tag{3-29}$$

式（3-29）中的群偏好服从均值为 $\bar{G}_p^t$，方差为 $\sigma_G^2 I$ 的高斯分布，其中：

$$\bar{G}_p^t = \sum_{a \in L_p^t} F_{ap}^t U_a^t \tag{3-30}$$

其中，L_p^t 表示 t 时刻群体 p 中成员的数量；F_{ap}^t 表示在 t 时刻群体中用户 a 对于群体 p 的影响力函数，$F_{ab}^t = \dfrac{1}{|L_p^t|}$。

因此，群偏好张量的概率分布为

$$p(G | \sigma_G^2, \sigma_{G1}^2) = \prod_{p=1}^{K} \left(\mathcal{N}(G_p^1 | 0, \sigma_{G1}^2 I) \prod_{t=2}^{T} \mathcal{N}(G_p^t | \bar{G}_p^t, \sigma_G^2 I) \right) \tag{3-31}$$

2. 加群行为模型

在 t 时刻，用户 a 对群体 p 的加入概率定义为

$$p(S | U, G) = \prod_{t=2}^{T} \prod_{a=1}^{N} \prod_{p=1}^{K} \mathcal{N} \left[\left(S_{ap}^t \middle| \langle U_a^{(t-1)}, G_p^{(t-1)} \rangle, \sigma_S^2 \right) \right]^{Y_{ap}^t} \tag{3-32}$$

其中，Y_{ap}^t 表示 0-1 指示函数，如果用户 a 在 t 时刻加入群体 p，其值为 1，否则为 0。

用户 t 时刻的偏好和用户 $t-1$ 时刻的偏好相关，假设用户偏好服从均值为 U_a^{t-1}，方差为 $\sigma_U^2 I$ 的高斯分布，那么在 $t=2,3,4,\cdots,T$ 时刻的用户偏好概率分布定义为

$$p(U_a^t) = N(U_a^t | U_a^{t-1}, \sigma_U^2 I) \tag{3-33}$$

假设 $t=1$ 时刻的用户偏好服从均值为 0，方差为 $\sigma_{U1}^2 I$ 的高斯分布：

$$p(U_a^1) = N(U_a^1 | 0, \sigma_{U1}^2 I) \tag{3-34}$$

因此，用户偏好张量的概率分布为

$$p(U | \sigma_U^2, \sigma_{U1}^2) = \prod_{a=1}^{U} \left(\mathcal{N}(U_a^1 | 0, \sigma_{U1}^2 I) \prod_{t=2}^{T} \mathcal{N}(U_a^t | \bar{U}_a^t, \sigma_U^2 I) \right) \tag{3-35}$$

根据以上表述，通过贝叶斯推断得出模型参数的后验概率：

$$p(G, U, V | C, S) \propto p(C | G, V) \times p(S | G, U) \times p(G) \times p(U) \times p(V) \tag{3-36}$$

3.3.4 基于群与用户偏好协同演化的群推荐模型

在前面的两种基本场景下的模型中，GPE_GR 模型考虑到了群偏好的动态性，但没有考虑加群行为。UPA_GR 模型考虑到群成员的变化，但没考虑到群与用

户的交互影响。因此，本节提出了基于群偏好与用户偏好协同演化的群推荐模型 CEGR。该模型既考虑到群成员和群偏好的动态变化，又考虑了群体和用户的交互影响作用。

1. 消费行为模型

在 t 时刻，群体 p 对产品 i 的消费偏好概率可以定义为

$$p(C|G,V) = \prod_{t=1}^{T}\prod_{p=1}^{K}\prod_{i=1}^{M} \mathcal{N}\left[\left(C_{pi}^{t} \middle| \langle G_{p}^{t}, V_{i} \rangle, \sigma_{C}^{2}\right)\right]^{Y_{pi}^{t}} \quad (3\text{-}37)$$

其中，$\mathcal{N}(\mu,\sigma^2)$ 表示均值为 μ，方差为 σ^2 的正态分布；Y_{pi}^t 表示 0-1 指示函数，如果群体 p 在 t 时刻消费了产品 i，其值为 1，否则为 0；$G_p^t \in \mathbb{R}^D$ 表示群体 p 在 t 时刻的偏好向量，属于群偏好张量 $G \in \mathbb{R}^{K \times T \times D}$；$V_i \in \mathbb{R}^d$ 表示产品 i 的特征向量，属于产品特征矩阵 $V \in \mathbb{R}^{M \times D}$。

假设产品特征向量服从均值为 0，方差为 $\sigma_V^2 I$ 的高斯先验：

$$p(V|\sigma_V^2) = \prod_{i=1}^{M} \mathcal{N}(V_i|0,\sigma_V^2 I) \quad (3\text{-}38)$$

群体 t 时刻的偏好和群体 $t-1$ 时刻的偏好相关，同时群偏好是群成员偏好的聚合，新成员的不断加入为群体带来了新的偏好。所以一个群体的现阶段偏好主要和两个因素有关：群体上一阶段的偏好和现阶段新加入成员的偏好。因此，对于在时间窗口 $t=2,3,4,\cdots,T$ 的群偏好张量可以定义为

$$p(G_p^t) = N(G_p^t|\bar{G}_p^t, \sigma_G^2 I) \quad (3\text{-}39)$$

式（3-39）中的群偏好服从均值为 $\bar{G}_p^t$，方差为 $\sigma_G^2 I$ 的高斯分布，其中：

$$\bar{G}_p^t = (1-\beta_p)G_p^{(t-1)} + \beta_p \sum_{a \in N_p^t} F_{ap}^t U_a^t \quad (3\text{-}40)$$

$$\text{s.t. } \forall p \in G, \forall a \in U, 0 \leqslant \beta_p \leqslant 1$$

其中，U_a^t 表示用户 a 在 t 时刻的偏好；$\beta_p \in [0,1]$ 表示一个群体个性化权重参数，用以平衡群体 p 的历史偏好和新加入群体 p 的成员偏好对于群体 p 当前偏好的贡献度；N_p^t 表示 t 时刻群体 p 中新加入成员的数量；F_{ap}^t 表示在 t 时刻群体中新加入用户 a 对于群体 p 的影响力函数。本书中假设群体的每个新用户对群体具有等同影响力，即 $F_{ap}^t = \dfrac{1}{|N_p^t|}$。

在 $t=1$ 时，群偏好就是 $t=1$ 时刻全部成员偏好的加和平均，所以 $t=1$ 时刻的群偏好也服从均值为 0，方差为 $\sigma_{G1}^2 I$ 的高斯先验：

$$p(G_p^1) = N(G_p^1|0, \sigma_{G1}^2 I) \quad (3\text{-}41)$$

因此，群偏好张量的概率分布为

$$p\left(G\middle|\sigma_G^2,\sigma_{G1}^2\right)=\prod_{p=1}^{K}\left(\mathcal{N}\left(G_p^1\middle|0,\sigma_{G1}^2 I\right)\prod_{t=2}^{T}\mathcal{N}\left(G_p^t\middle|\overline{G}_p^t,\sigma_G^2 I\right)\right) \quad (3\text{-}42)$$

2. 加群行为模型

在 t 时刻，用户 a 对群体 p 的加入偏好概率可以定义为

$$p(S|U,G)=\prod_{t=2}^{T}\prod_{a=1}^{N}\prod_{p=1}^{K}\mathcal{N}\left[\left(S_{ap}^t\middle|\left\langle U_a^{t-1},G_p^{t-1}\right\rangle,\sigma_S^2\right)\right]^{Y_{ap}^t} \quad (3\text{-}43)$$

其中，Y_{ap}^t 表示 0-1 指示函数，如果用户 a 在 t 时刻加入群体 p，其值为 1，否则为 0；$U_a^{t-1}\in\mathbb{R}^{D\times 1}$ 表示用户 a 在 $t-1$ 时刻的偏好，属于用户偏好张量 $U\in\mathbb{R}^{T\times N\times D}$；$G_p^{t-1}\in\mathbb{R}^{D\times 1}$ 表示群体 p 在 $t-1$ 时刻的偏好，属于群偏好张量 $G\in\mathbb{R}^{T\times K\times D}$。

用户 t 时刻的偏好和用户 $t-1$ 时刻的偏好相关，同时用户所属群体会对用户当前偏好产生影响。所以一个用户的现阶段偏好主要和两个因素有关：用户上一阶段的偏好和所加入群体的群偏好产生的群影响。因此，对于在时间窗口 $t=2,3,4,\cdots,T$ 的用户偏好张量可以定义为

$$p\left(U_a^t\right)=N\left(U_a^t\middle|\overline{U}_a^t,\sigma_U^2 I\right) \quad (3\text{-}44)$$

式（3-44）中用户偏好服从均值为 $\overline{U}_a^t$，方差为 $\sigma_U^2 I$ 的高斯分布，其中：

$$\overline{U}_a^t=(1-\alpha_a)U_a^{t-1}+\alpha_a\sum_{p\in N_a^t}I_{pa}^t G_p^{t-1} \quad (3\text{-}45)$$

$$\text{s.t. } \forall a\in U,\forall P\in G, 0\leqslant\alpha_a\leqslant 1$$

其中，N_a^t 表示直到 t 时刻，用户 a 加入的群体数量；G_p^{t-1} 表示用户所加群体 p 在 $t-1$ 时刻的群偏好；$\alpha_a\in[0,1]$ 表示一个用户个性化权重参数，用以平衡用户 a 的历史偏好和所属群的偏好对于用户 a 当前偏好的贡献度；I_{pa}^t 表示在 t 时刻用户所属的群体 p 对用户 a 的影响力函数，I_{pa}^t 定义为

$$I_{pa}^t=\frac{2\times R_{pa}^t}{N_p^t\times\left(N_p^t-1\right)} \quad (3\text{-}46)$$

其中，R_{pa}^t 表示 $t-1$ 时刻群体 p 和用户 a 的关系强度，定义如下[36]：

$$R_{pa}^t=\sum_{c\in N_p^{(t-1)}\cap c\neq a}\frac{s_{a,c}^{t-1}}{s_a^{t-1}+s_c^{t-1}-s_{a,c}^{t-1}} \quad (3\text{-}47)$$

其中，$S_{a,c}^{t-1}$ 表示在 $t-1$ 时刻，用户 a 与用户 c 共同购买的产品数量；S_c^{t-1} 表示在 $t-1$ 时刻用户 c 购买的产品数量。

在 $t=1$ 时，用户没有加入群体，群影响不存在，所以假设 $t=1$ 时刻的用户偏好服从均值为 0，方差为 $\sigma_{U1}^2 I$ 的高斯分布。

$$p(U_a^1) = N(U_a^1 | 0, \sigma_{U1}^2 I) \tag{3-48}$$

那么，基于贝叶斯理论，用户偏好张量的概率分布为

$$p(U | \sigma_U^2, \sigma_{U1}^2) = \prod_{a=1}^{U} \left(\mathcal{N}(U_a^1 | 0, \sigma_{U1}^2 I) \prod_{t=2}^{T} \mathcal{N}(U_a^t | \bar{U}_a^t, \sigma_U^2 I) \right) \tag{3-49}$$

协同演化群推荐模型的图模型如图 3-3 所示，其中左边虚线框中表示的是 $t-1$ 时刻群偏好对用户加群行为的影响，右边虚线框中表示的是 t 时刻用户偏好和群偏好建模过程。首先根据 $t-1$ 时刻的用户偏好 U_a^{t-1} 和群偏好 G_p^{t-1} 预测 t 时刻加群行为，然后受加群行为的影响以及随着时间的推移，预测 t 时刻的用户偏好 U_a^t 和群偏好 G_p^t，最后根据 t 时刻的群偏好 G_p^t 和产品特征 V_j 预测 t 时刻群消费行为。

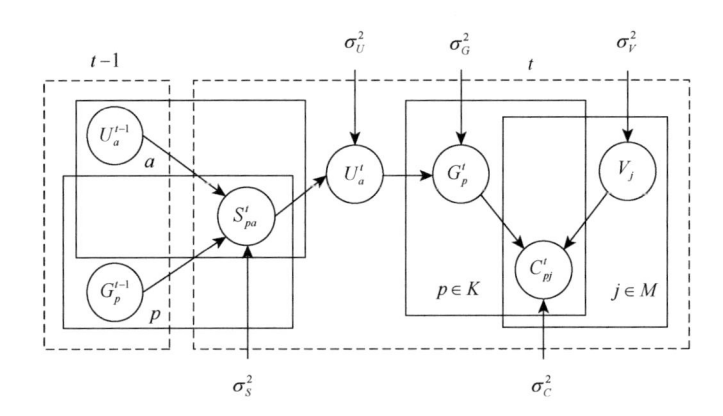

图 3-3 群与用户协同演化的群推荐图模型

3.3.5 模型求解与预测

基于上述建模过程，本节通过贝叶斯推断得出模型参数的后验概率［式 (3-50)］，然后使用随机梯度下降法和投影梯度法求解模型参数。定义需求解的参数集为 $\Phi = [G, U, V, \alpha, \beta]$。

$$p(G, U, V, \alpha, \beta | C, S) \propto p(C | G, V, \beta) \times p(S | G, U, \alpha, \beta) \times p(G) \times p(U) \times p(V) \tag{3-50}$$

取式 (3-50) 的最大 log 后验，等价于最小化目标函数：

$$\min_{\Phi} \varepsilon(\Phi) = \frac{1}{2} \sum_{t=1}^{T} \sum_{p=1}^{K} \sum_{i=1}^{M} Y_{pi}^t \left(C_{pi}^t - \hat{C}_{pi}^t \right)^2 + \frac{\lambda_S}{2} \sum_{t=2}^{T} \sum_{a=1}^{N} \sum_{p=1}^{K} Y_{ap}^t \left(S_{ap}^t - \hat{S}_{ap}^t \right)^2$$

$$+ \frac{\lambda_{G1}}{2} \sum_{p=1}^{K} \| G_p^1 \|_F^2 + \frac{\lambda_G}{2} \sum_{t=2}^{T} \sum_{p=1}^{K} \| G_p^t - \bar{G}_p^t \|_F^2 + \frac{\lambda_{U1}}{2} \sum_{a=1}^{N} \| U_a^1 \|_F^2$$

$$+\frac{\lambda_U}{2}\sum_{a=1}^{N}\sum_{t=2}^{T}\left\|U_a^t-\bar{U}_a^t\right\|_F^2+\frac{\lambda_V}{2}\sum_{i=1}^{M}\left\|V_i\right\|_F^2$$

$$\text{s.t. } \forall p\in G,\ \forall a\in U,\ 0\leqslant\alpha_a\leqslant 1,\ 0\leqslant\beta_p\leqslant 1 \tag{3-51}$$

其中，

$$\lambda_S=\frac{\sigma_C^2}{\sigma_S^2},\ \lambda_{G1}=\frac{\sigma_C^2}{\sigma_{G1}^2},\ \lambda_G=\frac{\sigma_C^2}{\sigma_G^2},\ \lambda_{U1}=\frac{\sigma_C^2}{\sigma_{U1}^2},\ \lambda_U=\frac{\sigma_C^2}{\sigma_U^2},\ \lambda_V=\frac{\sigma_C^2}{\sigma_V^2} \tag{3-52}$$

其中，λ_S 表示消费行为损失函数和加群行为损失函数的权衡系数；λ_G 和 λ_U 分别表示用于衡量群偏好和用户偏好随时间变化的系数；λ_{G1}、λ_{U1} 和 λ_V 分别表示群体、用户在 $t=1$ 时刻的偏好矩阵和产品特征矩阵的正则化参数。

根据目标函数（3-51）求解 $\Phi=[G,U,V,\alpha,\beta]$ 时，使用随机梯度下降法[37]更新参数 G、U 和 V。由于平衡参数 α 和 β 的取值范围为[0, 1]，所以要通过投影梯度法[38]将平衡参数的求解值映射到[0, 1]区间，其规则如下：

$$P(x)=\begin{cases}x, & 0\leqslant x\leqslant 1\\ 0, & x<0 \\ 1, & x>1\end{cases} \tag{3-53}$$

综上，$\Phi=[G,U,V,\alpha,\beta]$ 的求导结果分别是

$$\begin{aligned}\nabla_{G_p^t}=&\sum_{j=1}^{M}Y_{pj}^t\left(\hat{C}_{pj}^t-C_{pj}^t\right)V_j+I(t<T)\lambda_S\sum_{a=1}^{N}Y_{ap}^{t+1}\left(\hat{S}_{ap}^{t+1}-S_{ap}^{t+1}\right)U_a^t\\ &+I(t=1)\lambda_{G1}G_p^1+I(t\geqslant 2)\lambda_G\left(G_p^t-\bar{G}_p^t\right)\\ &+I(t<T)\lambda_G(1-\beta_p)\left(\bar{G}_p^{t+1}-G_p^{t+1}\right)\\ &+I(t<T)\lambda_U\sum_{a\in N_p^{t+1}}\alpha_a I_{pa}^{t+1}\left(\bar{G}_p^{t+1}-G_p^{t+1}\right)\end{aligned} \tag{3-54}$$

$$\begin{aligned}\nabla_{U_a^t}=&I(t<T)\lambda_S\sum_{p=1}^{K}Y_{ap}^{t+1}\left(\hat{S}_{ap}^{t+1}-S_{ap}^{t+1}\right)G_p^t\\ &+I(t=1)\lambda_{G1}\sum_{p\in N_a^1}G_p^1\frac{1}{\left|N_p^1\right|}\\ &+I(t\geqslant 2)\sum_{p\in N_a^t}\beta_p F_{pa}^t\left(\bar{G}_p^t-G_p^t\right)\\ &+I(t=1)\lambda_{U1}U_a^1+I(t\geqslant 2)\lambda_U\left(U_a^t-\bar{U}_a^t\right)\\ &+I(t<T)\lambda_U(1-\alpha_a)\left(\bar{U}_a^{t+1}-U_a^{t+1}\right)\end{aligned} \tag{3-55}$$

$$\nabla_{V_j}=\sum_{t=1}^{T}\sum_{p=1}^{K}Y_{pj}^t\left(\hat{C}_{pj}^t-C_{pj}^t\right)G_{pj}^t+\lambda_V V_j \tag{3-56}$$

$$\nabla_{\alpha_a} = \lambda_U \sum_{t=2}^{T}\left(\bar{U}_a^t - U_a^t\right) \times \left(\sum_{p \in N_a^t} I_{pa}^t G_p^{t-1} - U_a^{t-1}\right) \quad (3\text{-}57)$$

$$\nabla_{\beta_p} = \lambda_G \sum_{t=2}^{T}\left(\bar{G}_p^t - G_p^t\right) \times \left(\sum_{a \in N_p^t} F_{ap}^t U_a^t - G_p^{t-1}\right) \quad (3\text{-}58)$$

当模型收敛并学习到相关参数后，便可以通过学习到的群偏好、用户偏好和产品特征，结合群体和用户的个性化权重参数，通过以下步骤实现本节的目标。

（1）根据 t 时刻的群偏好 G_p^t 和用户偏好 U_p^t，预测 $t+1$ 时刻的加群行为。

$$\hat{S}_{ap}^{t+1} = U_a^t G_p^t \approx \left[(1-\alpha_a)U_a^{t-1} + \alpha_a \sum_{p \in N_a^t} I_{pa}^t G_p^{t-1}\right] \\ \times \left[(1-\beta_p)G_p^{t-1} + \beta_p \sum_{a \in N_p^t} F_{ap}^t U_a^t\right] \quad (3\text{-}59)$$

（2）根据 t 时刻用户偏好和群偏好，以及 $t+1$ 时刻的加群行为，预测 $t+1$ 时刻的用户偏好 U_a^{t+1} 和群偏好 G_p^{t+1}。

$$U_a^{t+1} \approx (1-\alpha_a)U_a^t + \alpha_a \sum_{p \in N_a^{t+1}} I_{pa}^{t+1} G_p^t \quad (3\text{-}60)$$

$$G_p^{t+1} \approx (1-\beta_p)G_p^t + \beta_p \sum_{a \in N_p^{t+1}} F_{ap}^{t+1} U_a^{t+1} \quad (3\text{-}61)$$

（3）根据 $t+1$ 时刻的群偏好 G_p^{t+1} 和产品特征 V_i，预测群体在 $t+1$ 时刻的消费行为，进而给群体推荐感兴趣的产品。

$$\hat{C}_{ai}^{t+1} = G_p^{t+1} V_i \approx \left[(1-\beta_p)G_p^t + \beta_p \sum_{a \in N_p^{t+1}} F_{ap}^{t+1} U_a^{t+1}\right] V_i \quad (3\text{-}62)$$

3.4 基于群内和群间协同的动态群推荐方法

本节基于协同分解思想和张量表示框架，提出一种基于群内和群间协同的动态群推荐方法。该方法基于动态群影响理论，在协同建模群体偏好和群成员偏好演化的过程中，对群内部动态交互过程和群外部相似群产生的动态影响进行建模，预测动态在线群体对于产品的偏好，实现面向动态在线群体的时序推荐。

3.4.1 问题定义

在面向动态在线群体的推荐情境下，有 N 个用户、J 个群体和 M 个产品存在于过去的 T 个时刻内。面向动态在线群体的推荐研究的问题是：已知群体和用户在历史不同时刻的消费行为和群体在历史不同时刻的成员加入信息,如何在协同建模群体偏好和群成员偏好的演化模式过程中,学习出群体内的动态交互作用和群体外的动态相似度影响,最终能够动态地预测群体偏好并为群体时序地推荐产品。

由于在动态群推荐问题中增加了时间维度,二维矩阵已经不足以表示研究问题的变量维度。为此,本节引入三维张量表示,将用户的时序消费行为张量定义为 $C \in \mathbb{R}^{N \times M \times T}$,如果用户 a 在时刻 t 消费了产品 i,则 $C_{ai}^t = 1$,否则为 0。相似地,定义群体的时序消费行为张量为 $R \in \mathbb{R}^{J \times M \times T}$,如果 t 时刻群体 p 消费了产品 i,则 $C_{pi}^t > 0$,否则为 0。特别地,如 3.3 节描述的动态群体偏好和群体消费行为,这里的 R_{pi}^t 表示 t 时刻群体 p 对产品 i 的偏好打分,取决于当前群体中的成员对于产品 i 的消费情况。具体来说,直到 $t-1$ 时刻,群体 p 中未曾消费过产品 i 的成员中在 t 时刻消费了产品 i 的成员比例,就表示了在 t 时刻,群体 p 对产品 i 的偏好打分,即当 $R_{pi}^t > 0$ 时对应的值。如果在 t 时刻,没有群体 p 中成员消费产品 i,即 $R_{pi}^t = 0$。此外,定义用户的时序加群张量为 $A \in \mathbb{R}^{N \times J \times T}$,如果在时刻 t,用户 a 加入群体 p,即用户 a 成为群体 p 的群成员,则 $A_{ap}^t = 1$,否则为 0。

同时,因为在动态群推荐情境中群体、用户的偏好是随时间动态变化的,所以为每个群体 p 和每个用户 a 在每一时刻 t 定义了一个隐偏好向量,分别是:$G_p^t \in \mathbb{R}^D$,$U_a^t \in \mathbb{R}^D$。其中,D 表示隐特征维度。那么在每一时刻 t,所有群体和用户的隐偏好向量就可以表示为隐偏好矩阵,分别是:$G^t \in \mathbb{R}^{J \times D}$,$U^t \in \mathbb{R}^{N \times D}$。进一步地,$T$ 个时刻的群体隐偏好矩阵和用户隐偏好矩阵可以表示为群体隐偏好张量和用户隐偏好张量,分别是 $G \in \mathbb{R}^{J \times D \times T}$ 和 $U \in \mathbb{R}^{N \times D \times T}$。假设产品特征不随时间变化,则每个产品 i 对应的隐特征向量为 $V_i \in \mathbb{R}^D$,所有产品的隐特征向量构成隐特征矩阵 $V \in \mathbb{R}^{M \times D}$。为了避免混淆,本节将用 a、b、c 表示用户,用 p、q、o 表示群体。本节使用的数学符号及其含义如表 3-1 所示。

表 3-1 本节使用的数学符号及其描述

符号	描述
N, J, M, T	分别代表用户、群体、产品、时刻数量
D	隐特征维度
U_a^t	用户 a 在 t 时刻的隐偏好向量
G_p^t	群体 p 在 t 时刻的隐偏好向量
V_i	产品 i 的隐特征向量
U	包含所有用户在 T 个时刻的隐偏好矩阵的隐特征张量,且 $U \in \mathbb{R}^{N \times D \times T}$
G	包含所有群体在 T 个时刻的隐偏好矩阵的隐特征张量,且 $G \in \mathbb{R}^{J \times D \times T}$
V	包含所有产品隐特征向量的隐特征矩阵,且 $V \in \mathbb{R}^{M \times D}$

续表

符号	描述
C_{ai}^t	在t时刻,用户a对于产品i的真实偏好;当$C_{ai}^t=1$时,表示用户a在t时刻消费了产品i,即用户a在t时刻喜欢产品i,且$C_{ai}^t \in \mathbb{R}^{N \times M \times T}$
R_{pi}^t	在t时刻,群体p对于产品i的偏好打分;当$R_{pi}^t>0$时,表示群体p中在t之前的时刻没有消费过产品i的成员在t时刻消费了产品i的成员比例,即群体p在t时刻喜欢产品i的程度,且$R_{pi}^t \in \mathbb{R}^{J \times M \times T}$
A_{ap}^t	在t时刻,用户a加入群体p的真实状态;当$A_{ap}^t=1$时,表示用户a在t时刻加入了群体p,即用户a在t时刻成为群体p的成员,且$A_{ap}^t \in \mathbb{R}^{N \times J \times T}$
S_{pq}^t	在t时刻,目标群体p和群体q的相似度大小;当$S_{pq}^t>0$时,表示群体p和群体q在t时刻的相似度大小,且$S_{pq}^t \in \mathbb{R}^{J \times J \times T}$
E_{pa}^t	在t时刻,群体p对于用户a产生的群影响;群影响的大小随着群体的不同、群成员的不同和时间的不同而变化
α_a	用户a偏好演化的个性化权重;α_a的值因人而异,代表了不同用户对于群偏好影响的敏感性
β_p	群体p的个性化权重;β_p的值因群体而异,代表了不同群体对于群体成员产生的影响的敏感性
γ_p	群体p的个性化权重;γ_p的值因群体而异,代表了不同群体对于相似群体产生的影响的敏感性

3.4.2 基于动态群成员关系和群间相似度的协同张量框架

在面向动态在线群体的推荐情境中,已知用户在$1\sim T$时刻和产品的交互记录以及群体在$1\sim T$时刻的新成员加入记录,可以得到群体在$1\sim T$时刻对于产品的偏好打分。同时,根据群体在每个时刻拥有的共同群成员数量可以计算得出在$1\sim T$时刻群体和群体的偏移正点信息矩阵,进而可以得到群体在$1\sim T$时刻和其余群体的相似度大小。本节的研究内容是:根据以上信息联合建模出不同时刻的群体偏好和群成员偏好,并能体现对应时刻的群内交互影响和群间相似度影响,最终根据学习到的群体偏好预测群体在未来时刻会喜欢的产品。具体而言,本节提出的基于动态的群成员关系和群间相似度的协同张量框架(collaborative tensor framework with dynamic membership and similarity,CoTF-MS)能够实现以下目标。

(1)基于$1\sim T$时刻的群成员关系和群间相似度,同时建模出群体和群成员在$1\sim T$时刻的偏好。由于动态情境下偏好是随着时间变化的,因此需要在群体和群成员的$1\sim T$时刻的偏好建模中体现出偏好的时间依赖关系。

(2)由于群成员关系的约束作用,群体和群成员是相互影响的,而且动态群推荐情境中,群内的相互影响也是动态变化的,因此需要在群体和群成员的 $1\sim T$ 时刻的偏好建模过程中体现群体和群成员在对应时刻的相互影响。

(3) 因为群间相似度大小会影响群体偏好的变化,而且群间相似度随着群体成员结构在不同时刻的状态而变化,所以需要在 $1\sim T$ 时刻的群体偏好建模中建模出对应时刻的群间相似度影响。

(4) 根据以上建模过程学习群体偏好的演化模式,进而预测群体在 $T+1$ 时刻的偏好并为群体推荐喜欢的产品。

图 3-4 展示了本节提出的 CoTF-MS 模型的整体框架。在图 3-4 中,灰色部分表示已知信息,白色部分表示需要求解的部分。因为 CoTF-MS 模型属于隐因子建模方法,所以其中对应用户的长方形方框内的序列表示了用户隐偏好的演化过程。由图 3-4 可以观察到用户 a 在 T 时刻的隐偏好由两部分组成:用户上一时刻的隐偏好状态和当前时刻受到的所加入群体的影响,由个性化权重 α_a 平衡。相似地,包含群体的长方形方框及里面的箭头表示了群体隐偏好的演化过程,可以观察到群体 p 在 T 时刻的偏好由三部分组成:群体上一时刻的隐偏好状态、当前时

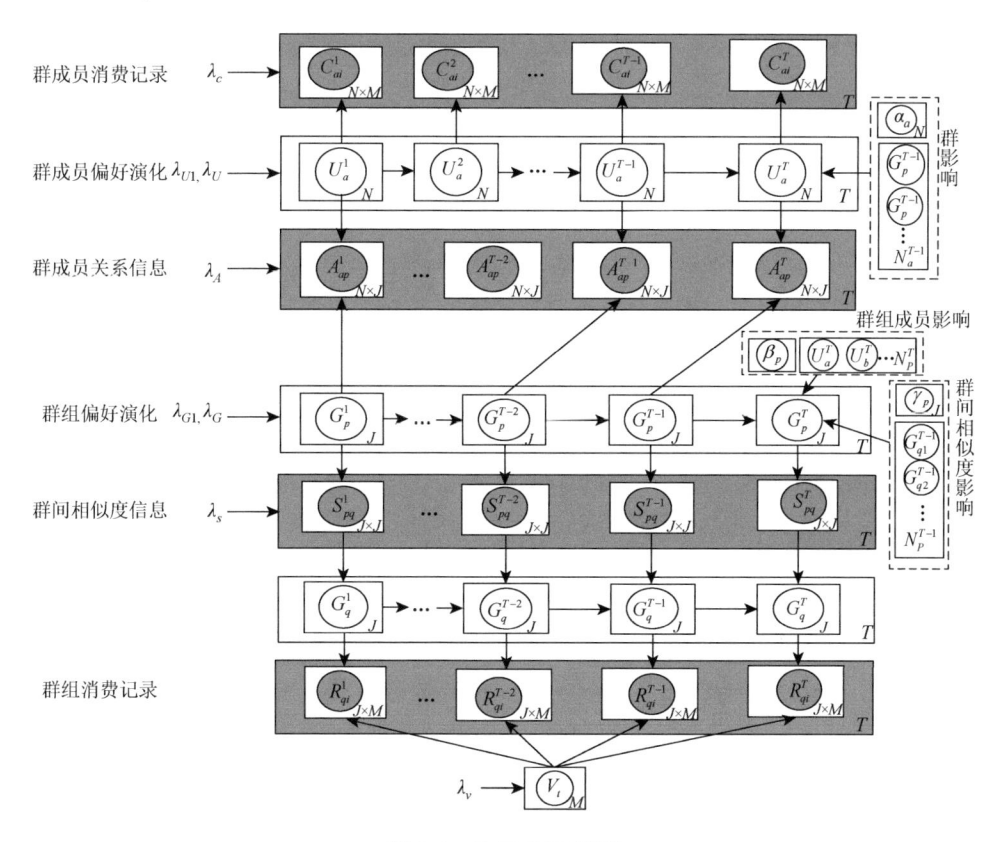

图 3-4 CoTF-MS 模型

刻所有群成员的隐偏好产生的影响和当前时刻相似群体产生的影响，分别由个性化权重 β_p 和 γ_p 控制其影响程度。总结来说，CoTF-MS 模型可以推导出 $1 \sim T$ 时刻的用户隐偏好演化模式和群体隐偏好演化模式，用户和群体的三个个性化权重参数和产品特征。接下来，本节将详细介绍 CoTF-MS 模型的建模过程。

1. 群体隐偏好建模

现有能够捕捉偏好时序依赖的动态推荐方法大多基于以下假设：t 时刻的偏好只依赖于 $t-1$ 时刻的偏好，因为之前时刻的偏好已经被 $t-1$ 时刻的偏好记忆并保存[39]。同时，因为群体 p 不断吸收新的成员加入并且原有成员的偏好也是随着时间推移而变化的，所以在 t 时刻的群成员关系约束下，群体 p 在 t 时刻的隐偏好还受到当前所有群成员隐偏好的影响。此外，因为群体间的相似度大小也会影响群体偏好，所以群体 p 在 t 时刻的隐偏好还受到当前与群体 p 相似的群体隐偏好的影响。基于以上假设，定义群体 p 在不同时刻（$t=2,3,\cdots,T$）的隐偏好向量为

$$p(G_p^t) = N(G_p^t | \bar{G}_p^t, \sigma_G^2 I) \tag{3-63}$$

为了更好地拟合群体对产品的偏好评分数据，CoTF-MS 模型假设式（3-63）中的群体隐偏好服从均值为 $\bar{G}_p^t$，方差为 $\sigma_G^2 I$ 的高斯分布，其中：

$$\bar{G}_p^t = (1-\beta_p-\gamma_p)G_p^{t-1} + \beta_p \sum_{a \in N_p^t} F_{ap}^t U_a^t + \frac{\gamma_p}{N_{\text{top}}} \sum_{q \in N_p^{t-1}}^{N_{\text{top}}} G_q^{t-1} \tag{3-64}$$

$$\text{s.t.} \quad \forall p \in G, \ \forall a \in U, \ 0 \leqslant \beta_p \leqslant 1, \ 0 \leqslant \gamma_p \leqslant 1$$

其中，U_a^t 表示群体 p 中的群成员 a 在 t 时刻的隐偏好向量；β_p 表示用于衡量当前群成员影响的个性化权重参数；F_{ap}^t 表示群成员 a 对于群体 p 在 t 时刻的影响力；N_p^t 表示群体 p 在 t 时刻拥有的成员集合。需要说明的是，根据以往研究中开放公平的在线社交群体中大多数群成员对于群体的贡献是相似的这一观点，设置 $F_{ap}^t = 1/|N_p^t|$。γ_p 表示用于衡量当前相似群体影响的个性化权重参数；G_q^{t-1} 表示相似群体 q 在 $t-1$ 时刻的隐偏好；N_p^{t-1} 表示与群体 p 在 $t-1$ 时刻相似的群体集合；N_{top} 表示根据相似度大小排序的前 top 个相似群体的集合。具体来说，根据影响的滞后性，在 t 时刻的群体 p 受到的群间相似性影响其实来源于 $t-1$ 时刻的相似群体。由于群体 p 在 $t-1$ 时刻感受到其与群体 q 非常相似，所以在 t 时刻才会改变自己的群体偏好，从而增大与群体 q 的差距。此外，如果考虑所有相似群体的影响会大大增加计算成本，而且相似度较小的群体的影响力其实比较小，所以只计算前 top 个（在实验环节取 5）相似群体的影响来平衡计算效率和模型性能。此

外，在计算每个相似群体的影响力时，也采用了简单的平均策略。这种朴素的影响权重计算策略已经被证实是有效的，还能有效降低计算成本。

在初始时刻（$t=1$），群体刚刚成立，群成员偏好还没有变化，群体间的相似性也没有形成，因此，假设此时的群体隐偏好服从均值为 0，方差为 $\sigma_{G1}^2 I$ 的高斯先验，即

$$p\left(G_p^1\right) = N\left(G_p^1 \big| 0, \sigma_{G1}^2 I\right) \tag{3-65}$$

综上，所有群体在 $1 \sim T$ 时刻的隐偏好张量可以定义为

$$p\left(G \big| \sigma_G^2, \sigma_{G1}^2\right) = \prod_{p=1}^{J} \left(\mathcal{N}\left(G_p^1 \big| 0, \sigma_{G1}^2 I\right) \prod_{t=2}^{T} \mathcal{N}\left(G_p^t \big| \bar{G}_p^t, \sigma_G^2 I\right) \right) \tag{3-66}$$

2. 用户隐偏好建模

由图 3-4 可知，用户在当前时刻的偏好与两方面有关：用户在前一时刻的偏好状态和用户所加入群体的影响。

在群成员关系的约束下，群体会对群成员的偏好和行为产生影响，此为群影响理论[40]。同时，群影响是动态变化的，其影响程度会根据群体、群成员、时间等因素而改变。所以，动态群影响的定义如下：

$$E_{pa}^t = I_{pa}^t G_p^{t-1}, \quad \forall p \in G, \quad \forall a \in U \tag{3-67}$$

其中，E_{pa}^t 表示群体 p 对群成员 a 在 t 时刻产生的群影响；I_{pa}^t 表示群影响强度函数；G_p^{t-1} 表示群体 p 在 $t-1$ 时刻的隐偏好向量。根据影响的滞后性[41]，在 t 时刻群成员受到的群体 p 的影响其实来源于群体 p 在 $t-1$ 时刻的状态。此外，直接度量群影响强度是非常困难的。借鉴社交关系强度研究中通过度量消费行为的相似性来间接反映影响强度的策略[36]，利用群体和群成员共同消费的产品数量定义群影响强度：

$$I_{pa}^t = \frac{2 \times L_{pa}^t}{N_p^t \times \left(N_p^t - 1\right)} \tag{3-68}$$

其中，L_{pa}^t 表示没有标准化的群影响强度，定义如下：

$$L_{pa}^t = \sum_{c \in N_p^{t-1} \cap c \neq a} \frac{\text{num}_{a,c}^{t-1}}{\text{num}_a^{t-1} + \text{num}_c^{t-1} - \text{num}_{a,c}^{t-1}} \tag{3-69}$$

其中，$\text{num}_{a,c}^{(t-1)}$ 表示同属于群体 p 中的群成员 a 与 c 在 $t-1$ 时刻消费了相同产品的

数量；$\text{num}_a^{(t-1)}$ 表示群成员 a 在 $t-1$ 时刻消费的产品数量。

定义好动态群影响之后，类似于群体隐偏好的时序依赖建模，定义用户 a 在不同时刻（$t=2,3,\cdots,T$）的隐偏好向量为

$$p(U_a^t) = N(U_a^t | \bar{U}_a^t, \sigma_U^2 I) \tag{3-70}$$

式（3-70）表示用户隐偏好向量服从均值为 $\bar{U}_a^t$，方差为 $\sigma_U^2 I$ 的高斯分布，其中：

$$\bar{U}_a^t = (1-\alpha_a)U_a^{t-1} + \alpha_a \sum_{p \in N_a^t} I_{pa}^t G_p^{t-1} \tag{3-71}$$

$$\text{s.t.} \ \forall a \in U, \ \forall P \in G, \ 0 \leqslant \alpha_a \leqslant 1$$

其中，N_a^t 表示用户群成员 a 在 t 时刻所属于的群体集合；α_a 表示用于衡量群成员 a 对于群影响敏感性的个性化权重参数。

在初始时刻（$t=1$），用户加入的群体还没有对其产生影响，所以假设此时的用户隐偏好服从均值为 0，方差为 $\sigma_{U1}^2 I$ 的高斯先验，即

$$p(U_a^1) = N(U_a^1 | 0, \sigma_{U1}^2 I) \tag{3-72}$$

综上，所有用户在 1～T 时刻的隐偏好张量可以定义为

$$p(U | \sigma_U^2, \sigma_{U1}^2) = \prod_{a=1}^{N} \left(\mathcal{N}(U_a^1 | 0, \sigma_{U1}^2 I) \prod_{t=2}^{T} \mathcal{N}(U_a^t | \bar{U}_a^t, \sigma_U^2 I) \right) \tag{3-73}$$

最后，遵循传统的用于评分预测的 PMF（probabilistic matrix factorization，概率矩阵分解）模型中对于产品特征向量的做法，所有产品的隐特征向量可以定义为

$$p(V | \sigma_V^2) = \prod_{i=1}^{M} \mathcal{N}(V_i | 0, \sigma_V^2 I) \tag{3-74}$$

式（3-74）表示产品的隐特征向量服从均值为 0，方差为 $\sigma_V^2 I$ 的高斯先验。

至此，基于群体隐偏好张量和用户隐偏好张量能够表示本节情境中用到的各种信息，包括群成员关系、群间相似度、用户消费记录和群体消费记录。接下来将详细介绍以上各种信息的建模过程。

3. 群成员关系建模

在动态情境中，伴随着新成员的不断加入，群体的群成员关系是动态变化的。因为在线社交群体中的动态群体大多是由兴趣驱动形成的，根据同质性理论[42]，用户会选择与自身兴趣爱好相匹配的群体加入，所以定义在不同时刻（$t=2,3,\cdots,T$）新建立的群成员关系为

$$p(A|U,G) = \prod_{t=2}^{T}\prod_{a=1}^{N}\prod_{p=1}^{J}\mathcal{N}\left[\left(A_{ap}^{t}\left|\left\langle U_{a}^{t},G_{p}^{t-1}\right\rangle,\sigma_{A}^{2}\right)\right]^{Y_{ap}^{t}} \quad (3-75)$$

式（3-75）中，假设在 1～T 时刻新建立的群成员关系的概率分布服从高斯分布，均值为用户隐偏好向量和群体隐偏好向量的点积，方差为 σ_A^2。Y_{ap}^t 是指示函数，当用户 a 在 t 时刻成为群体 p 的成员，则 $Y_{ap}^t=1$，表示用户 a 在 t 时刻与群体 p 建立了群成员关系，否则为 0。

4. 群间相似度建模

在动态情境中，伴随着新的群成员关系的不断建立，群体成员结构和数量不断变化，所以基于群体间拥有的共同群成员数量构建的群间相似度也是时序变化的。目标群体与相似群体在不同时刻的相似度的大小由目标群体和相似群体在对应时刻的隐偏好相似性决定，所以定义在不同时刻（$t=2,3,\cdots,T$）的群间相似性为

$$p(S|U,G) = \prod_{t=2}^{T}\prod_{p=1}^{J}\prod_{q=1}^{J}\mathcal{N}\left[\left(S_{pq}^{t}\left|\left\langle G_{p}^{t-1},G_{q}^{t-1}\right\rangle,\sigma_{S}^{2}\right)\right]^{Y_{pq}^{t}} \quad (3-76)$$

式（3-76）中，同样假设在 1～T 时刻的群间相似度的概率分布服从高斯分布，均值为目标群体隐偏好向量和相似群体隐偏好向量的点积，方差为 σ_S^2。Y_{pq}^t 是指示函数，当群体 p 和群体 q 在 t 时刻是相似群体时，$Y_{pq}^t=1$，否则为 0。

5. 用户消费建模

根据大多数协同过滤推荐算法中消费预测的建模方法，定义在不同时刻（$t=2,3,\cdots,T$）的用户消费为

$$p(C|U,V) = \prod_{t=1}^{T}\prod_{a=1}^{N}\prod_{i=1}^{M}\mathcal{N}\left[\left(C_{ai}^{t}\left|\left\langle U_{a}^{t},V_{i}\right\rangle,\sigma_{C}^{2}\right)\right]^{Y_{ai}^{t}} \quad (3-77)$$

式（3-77）中，在 1～T 时刻的用户消费行为的概率分布服从高斯分布，均值为用户隐偏好向量和产品隐特征向量的点积，方差为 σ_C^2。Y_{ai}^t 是指示函数，当用户 a 在 t 时刻消费了产品 i 时，$Y_{ai}^t=1$，否则为 0。

6. 群体偏好评分建模

类比于用户消费建模，定义在不同时刻（$t=2,3,\cdots,T$）群体对于产品的偏好打分为

$$p(R|G,V) = \prod_{t=1}^{T}\prod_{p=1}^{J}\prod_{i=1}^{M}\mathcal{N}\left[\left(R_{pi}^{t}\left|\left\langle G_{p}^{t},V_{i}\right\rangle,\sigma_{R}^{2}\right)\right]^{Y_{pi}^{t}} \quad (3-78)$$

式（3-78）中，在 1~T 时刻的群体偏好打分的概率分布服从高斯分布，均值为群体隐偏好向量和产品隐特征向量的点积，方差为 σ_R^2。Y_{pi}^t 是指示函数，当 t 时刻有群体 p 给产品 i 打分时，$Y_{pi}^t = 1$，否则为 0。

至此，已经建模出图 3-4 中 CoTF-MS 模型的所有已知信息和需要求解的部分，接下来需要进行模型求解。

3.4.3 模型求解

根据图 3-4 和 3.4.2 节的建模过程可知，CoTF-MS 模型中需要求解的参数集合为 $\Phi = [U, G, V, \alpha, \beta, \gamma]$。根据贝叶斯方法，可以推断出模型参数集合的后验概率为

$$p(G,U,V,\alpha,\beta,\gamma|C,R,A,S) \propto p(C|U,V,\alpha) \times p(R|G,V,\beta,\gamma) \\ \times p(A|G,U,\alpha,\beta,\gamma) \times p(S|G,G,\beta,\gamma) \times p(G) \times p(U) \times p(V) \quad (3\text{-}79)$$

对式（3-79）的后验概率取 log 后，可以得到 CoTF-MS 模型的目标函数为

$$\min_{\Phi} \varepsilon(\Phi) = \sum_{t=1}^{T}\sum_{p=1}^{J}\sum_{i=1}^{M} Y_{pi}^t \left[R_{pi}^t - \hat{R}_{pi}^t\right]^2 + \lambda_C \sum_{t=1}^{T}\sum_{a=1}^{N}\sum_{i=1}^{M} Y_{ai}^t \left[C_{ai}^t - \hat{C}_{ai}^t\right]^2 \\ + \lambda_A \sum_{t=2}^{T}\sum_{a=1}^{N}\sum_{p=1}^{J} Y_{ap}^t \left[A_{ap}^t - \hat{A}_{ap}^t\right]^2 + \lambda_S \sum_{t=2}^{T}\sum_{p=1}^{J}\sum_{q=1}^{J} Y_{ap}^t \left[S_{pq}^t - \hat{S}_{pq}^t\right]^2 \\ + \lambda_{G1} \sum_{p=1}^{J} \left\|G_p^1\right\|_F^2 + \lambda_G \sum_{t=2}^{T}\sum_{p=1}^{J} \left\|G_p^t - \overline{G}_p^t\right\|_F^2 + \lambda_{U1} \sum_{a=1}^{N} \left\|U_a^1\right\|_F^2 \\ + \lambda_U \sum_{a=1}^{N}\sum_{t=2}^{T} \left\|U_a^t - \overline{U}_a^t\right\|_F^2 + \lambda_V \sum_{i=1}^{M} \left\|V_i\right\|_F^2$$

s.t. $\forall p, q \in G, \forall a \in U, \forall i \in V, 0 \leq \alpha_a \leq 1, 0 \leq \beta_p \leq 1, 0 \leq \gamma_p \leq 1$ （3-80）

其中，

$$\lambda_C = \frac{\sigma_R^2}{\sigma_C^2}, \quad \lambda_A = \frac{\sigma_R^2}{\sigma_A^2}, \quad \lambda_S = \frac{\sigma_R^2}{\sigma_S^2}, \quad \lambda_{G1} = \frac{\sigma_R^2}{\sigma_{G1}^2}, \\ \lambda_G = \frac{\sigma_R^2}{\sigma_G^2}, \quad \lambda_{U1} = \frac{\sigma_R^2}{\sigma_{U1}^2}, \quad \lambda_U = \frac{\sigma_R^2}{\sigma_U^2}, \quad \lambda_V = \frac{\sigma_R^2}{\sigma_V^2} \quad (3\text{-}81)$$

其中，λ_C 表示衡量用户消费信息重要性的权重；λ_A 表示衡量群成员关系信息重要性的权重；λ_S 表示度量群间相似度影响重要性的权重；λ_{G1} 和 λ_{U1} 分别表示群体和用户初始隐偏好的正则化参数；λ_G 和 λ_U 分别表示群体偏好和用户偏好演化状

态的正则化参数；λ_V 表示产品隐特征的正则化参数。

CoTF-MS 模型的参数集合 $\Phi = [U, G, V, \alpha, \beta, \gamma]$ 可以通过梯度下降方法最小化式（3-81）中的目标函数求得。参数集合中各个参数的梯度分别是

$$\begin{aligned}\nabla_{G_p^t} = & \sum_{i=1}^{M} Y_{pi}^t (\hat{R}_{pi}^t - R_{pi}^t) V_i + \mathcal{I}[t<T]\lambda_A \sum_{a=1}^{N} Y_{ap}^{t+1} (\hat{A}_{ap}^{(t+1)} - A_{ap}^{(t+1)}) U_a^{t+1} \\ & + \mathcal{I}[t<T]\lambda_S \sum_{q=1}^{J} Y_{pq}^{t+1} (\hat{S}_{pq}^{(t+1)} - S_{pq}^{(t+1)}) G_q^t \\ & + \mathcal{I}[t<T]\lambda_S \sum_{o=1}^{J} Y_{op}^{t+1} (\hat{S}_{op}^{(t+1)} - S_{op}^{(t+1)}) G_o^t \\ & + \mathcal{I}[t=1]\lambda_{G1} G_p^1 + \mathcal{I}[t \geqslant 2]\lambda_G (G_p^t - \bar{G}_p^t) \\ & + \mathcal{I}[t<T]\lambda_G (1 - \beta_p - \gamma_p)(\bar{G}_p^{(t+1)} - G_p^{(t+1)}) \\ & + \mathcal{I}[t<T]\lambda_G \sum_{p \in N_o^t} \frac{\gamma_o}{N_{\text{top}}} (\bar{G}_o^{(t+1)} - G_o^{(t+1)}) \\ & + \mathcal{I}[t<T]\lambda_U \sum_{a \in N_p^{t+1}} \alpha_a I_{pa}^{(t+1)} (\bar{U}_a^{(t+1)} - U_a^{(t+1)})\end{aligned} \quad (3\text{-}82)$$

$$\begin{aligned}\nabla_{U_a^t} = & \sum_{i=1}^{M} Y_{ai}^t (\hat{C}_{ai}^t - C_{ai}^t) V_i + \mathcal{I}[t=1]\lambda_{U1} U_a^1 + \mathcal{I}[t \geqslant 2]\lambda_U (U_a^t - \bar{U}_a^t) \\ & + \mathcal{I}[t<T]\lambda_U (1-\alpha_a)(\bar{U}_a^{(t+1)} - U_a^{(t+1)}) + \mathcal{I}[t=1]\lambda_{G1} \sum_{p \in N_a^1} G_p^1 \frac{1}{|N_p^1|} \\ & + \mathcal{I}[t \geqslant 2]\lambda_G \sum_{p \in N_a^t} \beta_p F_{pa}^t (\bar{G}_p^t - G_p^t) + \mathcal{I}[t \geqslant 2]\lambda_A \sum_{p=1}^{J} Y_{ap}^t (\hat{A}_{ap}^t - A_{ap}^t) G_p^{t-1}\end{aligned} \quad (3\text{-}83)$$

$$\nabla_{V_i} = \sum_{t=1}^{T} \sum_{p=1}^{J} Y_{pi}^t (\hat{R}_{pi}^t - R_{pi}^t) G_{pi}^t + \sum_{t=1}^{T} \sum_{a=1}^{N} Y_{ai}^t (\hat{C}_{ai}^t - C_{ai}^t) U_{ai}^t + \lambda_V V_i \quad (3\text{-}84)$$

$$\nabla_{\alpha_a} = \lambda_U \sum_{t=2}^{T} (\bar{U}_a^t - U_a^t) \left(\sum_{p \in N_a^t} I_{pa}^t G_p^{(t-1)} - U_a^{(t-1)} \right) \quad (3\text{-}85)$$

$$\nabla_{\beta_p} = \lambda_G \sum_{t=2}^{T} (\bar{G}_p^t - G_p^t) \left(\sum_{a \in N_p^t} F_{ap}^t U_a^t - G_p^{(t-1)} \right) \quad (3\text{-}86)$$

$$\nabla_{\gamma_p} = \lambda_G \sum_{t=2}^{T} (\bar{G}_p^t - G_p^t) \left(\frac{1}{N_{\text{top}}} \sum_{q \in N_p^{t-1}} G_q^{(t-1)} - G_p^{(t-1)} \right) \quad (3\text{-}87)$$

其中，参数 G、U 和 V 可以通过随机梯度下降方法[37]更新求解。因为三个个性化权重参数 α、β 和 γ 的取值范围为[0, 1]区间，而投影梯度下降（projected gradient descent，PGD）方法[38]能将求解值映射到[0, 1]区间，所以根据 PGD 的规则更新求解三个权重参数，分别如下所示：

$$\alpha_a^{(h+1)} = P\left[\alpha_a^h - \eta \nabla_{\alpha_a}\right], \quad P(\alpha_a) = \begin{cases} \alpha_a, & 0 \leqslant \alpha_a \leqslant 1 \\ 0, & \alpha_a < 0 \\ 1, & \alpha_a > 1 \end{cases} \quad (3\text{-}88)$$

$$\beta_p^{(h+1)} = P\left[\beta_p^h - \eta \nabla_{\beta_a}\right], \quad P(\beta_p) = \begin{cases} \beta_p, & 0 \leqslant \beta_p \leqslant 1 \\ 0, & \beta_p < 0 \\ 1, & \beta_p > 1 \end{cases} \quad (3\text{-}89)$$

$$\gamma_p^{(h+1)} = P\left[\gamma_p^h - \eta \nabla_{\gamma_p}\right], \quad P(\gamma_p) = \begin{cases} \gamma_p, & 0 \leqslant \gamma_p \leqslant 1 \\ 0, & \gamma_p < 0 \\ 1, & \gamma_p > 1 \end{cases} \quad (3\text{-}90)$$

通过上述优化方法学习 CoTF-MS 模型参数集合 $\Phi = [U, G, V, \alpha, \beta, \gamma]$，具体学习过程如算法 3-2 所示。

算法 3-2　CoTF-MS 模型参数学习算法

输入：群体-产品打分张量 R，用户-产品交互张量 C，群体-用户关系张量 A，群体-群体相似度张量 S，信息权重参数 λ_C，λ_A，λ_S，正则化参数 λ_U，λ_G，λ_{U1}，λ_{G1}，λ_V

输出：用户隐偏好张量 U，群体隐偏好张量 G，产品隐偏好矩阵 V，用户个性化权重向量 α，群体个性化权重向量 β，γ

随机初始化 $U, G, V, \alpha, \beta, \gamma$

循环

　当 $a \in \{1, 2, \cdots, N\}$ 执行

　　当 $t \in \{1, 2, \cdots, T\}$ 执行

　　　根据式（3-21）更新 U_a^t

　　　根据式（3-23）和式（3-26）更新 α_a

　更新 U，α

　当 $p \in \{1, 2, \cdots, J\}$ 执行

　　当 $t \in \{1, 2, \cdots, T\}$ 执行

　　　根据式（3-20）更新 G_p^t

　　　根据式（3-24）和式（3-27）更新 β_p

　　　根据式（3-25）和式（3-28）更新 γ_p

　更新 G，β，γ

　当 $i \in \{1, 2, \cdots, M\}$ 执行

　　　根据式（3-22）更新 V_i

更新 V
结束循环
返回 $U, G, V, \alpha, \beta, \gamma$

当 CoTF-MS 模型收敛并更新学习到用户和群体对应的隐偏好张量、产品隐特征矩阵和三个个性化权重参数时,可以通过以下步骤预测群体在未来时刻的对于产品的偏好打分值。

(1) 根据用户 a 在 T 时刻的隐偏好向量和用户 a 所加入群体在 T 时刻的隐偏好向量,预测用户 a 在 $T+1$ 时刻的隐偏好向量为

$$U_a^{(T+1)} \approx (1-\alpha_a)U_a^T + \alpha_a \sum_{p \in N_a^{(T+1)}} I_{pa}^{(T+1)} G_p^T \tag{3-91}$$

(2) 根据群体 p 在 T 时刻的隐偏好向量和所有群成员在 T 时刻的隐偏好向量,以及群体 p 在 T 时刻的相似群体的隐偏好向量,预测群体 p 在 $T+1$ 时刻的隐偏好向量为

$$G_p^{(T+1)} \approx (1-\beta_p-\gamma_p)G_p^T + \beta_p \sum_{a \in N_p^{(T+1)}} F_{ap}^{(T+1)} U_a^{(T+1)} + \frac{\gamma_p}{N_{\text{top}}} \sum_{q \in N_p^T}^{N_{\text{top}}} G_q^T \tag{3-92}$$

(3) 根据预测的群体 p 在 $T+1$ 时刻的隐偏好向量和产品特征向量,预测群体 p 在 $T+1$ 时刻对于产品的偏好打分为

$$\hat{R}_{pi}^{T+1} = G_p^{T+1}V_i \approx \left[(1-\beta_p-\gamma_p)G_p^T + \beta_p \sum_{a \in N_p^{(T+1)}} F_{ap}^{(T+1)} U_a^{(T+1)} + \frac{\gamma_p}{N_{\text{top}}} \sum_{q \in N_p^T}^{N_{\text{top}}} G_q^T \right] V_i \tag{3-93}$$

3.5 面向个体与群体交互的群推荐实验

3.5.1 基于双向张量分解的群推荐实验

1. 数据集

表 3-2 为本节实验使用的两个数据集的统计信息。第一个数据集是来自 CiteULike 的数据。CiteULike 是一个科研工作者在线社区网站。在 CiteULike 上,学者可以使用标签标注学术文章,同时也可以创建和加入群体分享文章。为了减少稀疏数据的影响,选择的群体至少包含四个用户,并且每个用户至少标记过两篇文章。实验中使用的数据集包含 130 321 个"群体-用户-产品"三元组,来自

584个群体的1310个用户与11 168篇文章产生交互。群体的平均规模为5.4,即每个群体包含大约5名用户。为了检验群推荐的性能,从每个群体中选出流行度排名前十的文章作为测试集,即选择被每个群体中的用户标注最多的文章,剩余数据作为训练集用来学习所提 BTF-GR 模型的参数。最后的测试数据集包括从148个群体中选出的1480篇文章,而训练数据集包含125 863个"群体-用户-产品"三元组。

表3-2 CiteULike 和 Last.fm 数据集统计

数据集	CiteULike	Last.fm
用户个数	1 310	3 605
群体个数	584	2 716
产品个数	11 168	1 992
三元组个数($\#D_S$)	130 321	317 907
训练集三元组个数	125 863	200 483
测试集群体产品对数	1 480	9 910

第二个数据集是来自 Last.fm 的数据。在 Last.fm 上,音乐粉丝可以标注音乐家或者曲目,创建或者加入群体。运用和 CiteULike 类似的数据预处理步骤,共获取了317 907个"群体-用户-产品"三元组,其中的1992位音乐家被来自2716个群体的3605个用户标注,群体的平均规模是21.2。同样选择每个群体中被标注次数排名前10位的音乐家作为测试集,剩余的数据用于训练模型的参数。最后的测试集包含从991个群体中选出的9910位音乐家,训练集包含200 483个"群体-用户-产品"三元组。

2. 评价指标

为了评估 BTF-GR 模型的性能,将召回率(Recall@L)、MAP、MRR 和 F-measure[43]作为评价指标。召回率评估群推荐系统返回所有相关产品的能力,而MAP 和 MRR 度量值可以揭示在最终推荐列表中相关产品的排序准确性。召回率计算公式为

$$\text{Recall}@L = \frac{N_{\text{relevant}}}{N} \quad (3\text{-}94)$$

其中,L 表示推荐列表的长度;N 表示测试集中相关产品的数目;N_{relavant} 表示在排序列表中出现,同时也在测试集中出现的产品数目。

MAP 是每个相关产品的平均精度的均值，定义为

$$\text{MAP} = \frac{1}{|G|} \sum_{g=1}^{|G|} \left(\frac{1}{|m_g|} \sum_{n=1}^{|m_g|} \delta_g^n \times \text{Precision}@n \right) \tag{3-95}$$

其中，$|G|$ 表示测试集中群体的数目；$|m_g|$ 表示群体 g 中相关产品的个数；δ_g^n 表示一个指示变量；如果群体 g 的推荐列表中排名第 n 的产品也出现在测试集中，则值为 1，否则为 0；Precision@n 表示推荐列表中前 n 个产品的推荐精度：

$$\text{Precision}@n = \frac{n_{\text{related}}}{n} \tag{3-96}$$

其中，n_{related} 表示排序列表中相关产品的数目。需要注意的是，在 CiteULike 和 Last.fm 数据集中，一个群体在测试集中的相关产品数量为 10。在这种情况下，Precision@10 和 Recall@10 相等，Precision@5 是 Recall@5 的两倍，所以本节实验只展示两个数据集的 Recall@5 和 Recall@10。

MRR 是第一个相关产品在推荐列表中排序的倒数之和，计算公式为

$$\text{MRR} = \frac{1}{|G|} \sum_{g=1}^{|G|} \frac{1}{\text{rank}_{F_g}} \tag{3-97}$$

其中，F_g 表示给群体 g 推荐的第一个相关产品的排序。

F-measure 同时考虑了推荐结果的精度和召回率，可以通过下式计算：

$$\text{F-measure}(L) = \frac{2 \times \text{Precision}@L \times \text{Recall}@L}{\text{Precision}@L + \text{Recall}@L} \tag{3-98}$$

其中，F-measure（L）表示当推荐列表长度为 L 时推荐算法的 F-measure；Precision@L 表示推荐列表长度为 L 时的精度。

3. 实验结果分析

图 3-5 展示了所提 BTF-GR 模型和 4 种基准方法等在 MAP、Recall@5 和 MRR 上的对比情况。图 3-5（a）中的 MAP 值说明本节的 BTF-GR 模型在 Last.fm 和 CiteULike 数据集上获得了比基准方法更加精确的推荐结果。与 BPRMF[44]、IMF（matrix factorization based on implicit feedback，基于隐式反馈的矩阵分解）[45]、ItemKNN（item-based K-nearest neighbor，基于项目的 K 最近邻）[46]、UserKNN（user-based K-nearest neighbor，基于用户的 K 最近邻）[47]、BF-BPR（Bayesian personalized ranking based on before factorization，前分解 BPR）[16]和 PIT（personal impact topic，个体影响主题）模型[48]等方法相比，推荐精度提升的百分比如下。Last.fm 数据集中分别提升 32%、31%、49%、59%、52%和 58%；CiteULike 数据

集中分别提升 20%、30%、30%、15%、70%和 28%。从 BPRMF 到 BTF-GR 模型的显著提升证明了 BTF-GR 模型的有效性。BPRMF 模型与 BTF-GR 模型类似，也是一种用于隐反馈数据集的 BPR 方法，但是 BTF-GR 模型中通过张量分解考虑了群体对个人偏好的影响，而 BPRMF 模型在计算个体偏好时忽略了群体的影响。图 3-5（a）表明考虑群体对个体偏好的影响使得在 Last.fm 和 CiteULike 数据集中精度分别提升了 32%和 20%。

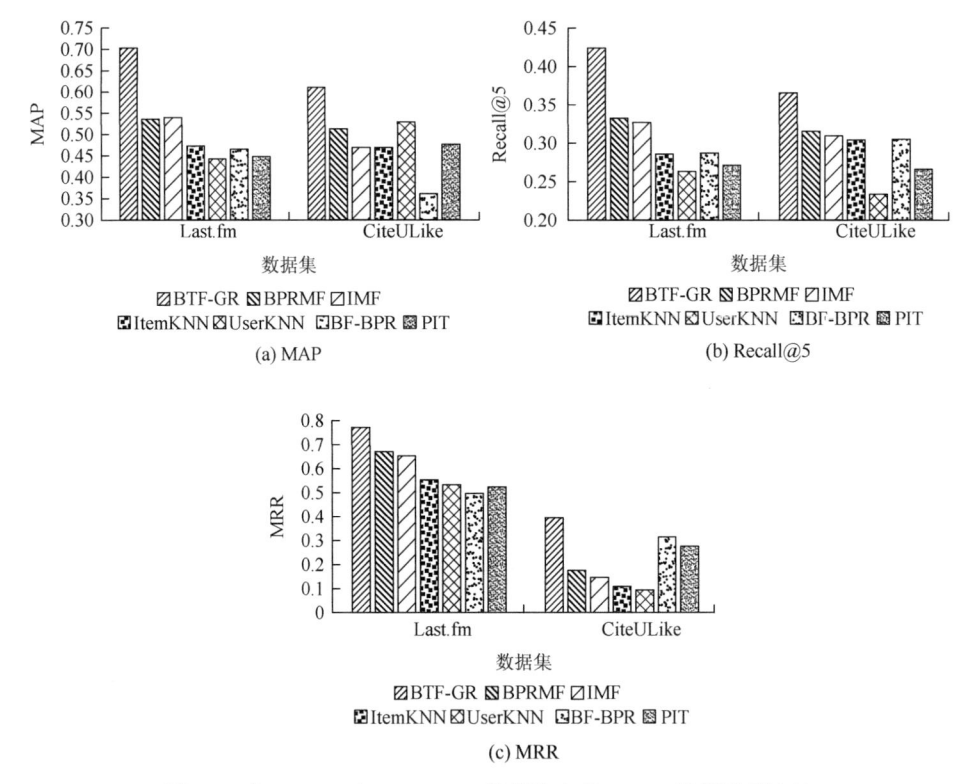

图 3-5　在 Last.fm 和 CiteULike 数据集上的 top-10 推荐效果比较

另一个有趣的结果是，在图 3-5（a）上，BTF-GR、BPRMF、IMF、ItemKNN 和 BF-BPR 方法在 Last.fm 数据集中比在 CiteULike 数据集中效果更好，UserKNN 和 PIT 方法在 CiteULike 数据集中比在 Last.fm 数据集中效果更差。这是由于 CiteULike 数据集中的个体偏好相比于 Last.fm 更加稀疏。CiteULike 数据集的数据密度为 1.53×10^{-5}，而 Last.fm 数据集的数据密度为 1.63×10^{-5}（值越小越稀疏）。另外，Last.fm 数据集中用户偏好的同质性高于 CiteULike：Last.fm 数据集中用户的平均相似度为 0.03，而 CiteULike 数据集中用户的平均相似度为 0.004（余弦相似度）。个体偏好的高同质性使得 Last.fm 数据集中群偏好更为稀疏。图 3-5（a）还显示了在 Last.fm 数据集中，基于模型的方法（即 BTF-GR、BPRMF 和 IMF）优于基于内存的方法（ItemKNN 和 UserKNN）。原因是基于内存的方法仅仅依赖前 N 个邻居用户或者产品的反馈数据，忽略了其他用户或产品的数据。图 3-5（b）中的 Recall@5 值显示了类似的结果，本节提出的 BTF-GR 模型获得最好的结果，在 Last.fm 和 CiteULike 数据集中分别比 BPRMF 高 26%和 15%。

对于 MRR 值，图 3-5（c）显示了与 MAP 和 Recall@5 两者变化趋势的差异。MRR 值在 Last.fm 和 CiteULike 数据集上的差异远大于 MAP 和 Recall@5 在两个数据集上的差异。这表明数据稀疏性和同质性对群推荐精度有显著影响。对于 Last.fm 数据集，BTF-GR 模型相比于基准方法（即 BPRMF、IMF、ItemKNN 和 UserKNN）提升的百分比分别为 16%、18%、40%和 45%，然而对于 CiteULike 数据集，提升的百分比分别增加到 128%、172%、264%和 318%。对于基于群偏好的方法（BF-BPR 和 PIT）：在 Last.fm 数据集上分别提升 56%和 47%，而在 CiteULike 数据集上这种提升分别下降到 26%和 44%。这个结果表明，当反馈数据很稀疏时，BTF-GR 模型的性能优势更加明显。原因在于当反馈数据很稀疏时，由个体用户产生的反馈难以揭示用户的偏好，而 BTF-GR 模型集成了群偏好以减少数据稀疏的负面影响，从而产生准确的推荐。

为了研究推荐列表长度对模型推荐性能的影响，图 3-6 中记录了不同长度推荐列表的召回率。如图 3-6 所示，BTF-GR 模型的 Recall@5 和 Recall@10 值都优于基准算法。在 CiteULike 数据集上，与最好的基准算法相比，BTF-GR 模型的 Recall@5 和 Recall@10 值分别提升了 15%和 19%；在 Last.fm 上的提升更加明显，相比于最好的基准算法，BTF-GR 模型分别提升了 26%和 28%。图 3-6 还显示出，当推荐列表较长时，所提模型的性能更好，这意味着 BTF-GR 模型对于面向群体用户的个性化推荐场景是十分有效的，因为在现实的群推荐系统中，通常通过提供一个尽可能长的推荐列表的方式，以覆盖所有用户的兴趣。

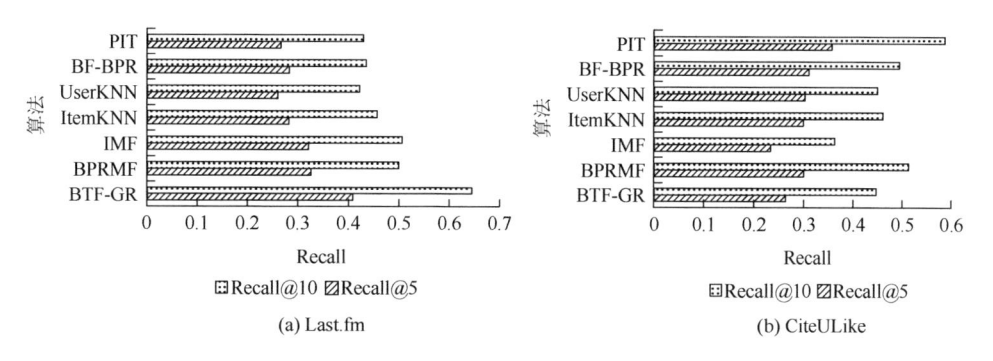

图 3-6 算法在不同长度推荐列表下的性能比较

图 3-7 对比分析了个性化权重对 BTF-GR 模型性能的影响。图 3-7 中实线表示 BTF-GR 模型的结果,而虚线是变体模型的结果。从图 3-7 可看出,BTF-GR 模型总是优于具有固定权重的变体模型。这个结果表明,用户偏好和群体影响在个人偏好的形成过程中发挥不同的作用,而 BTF-GR 模型可以刻画这种不同的作用,从而获得更好的推荐精度。

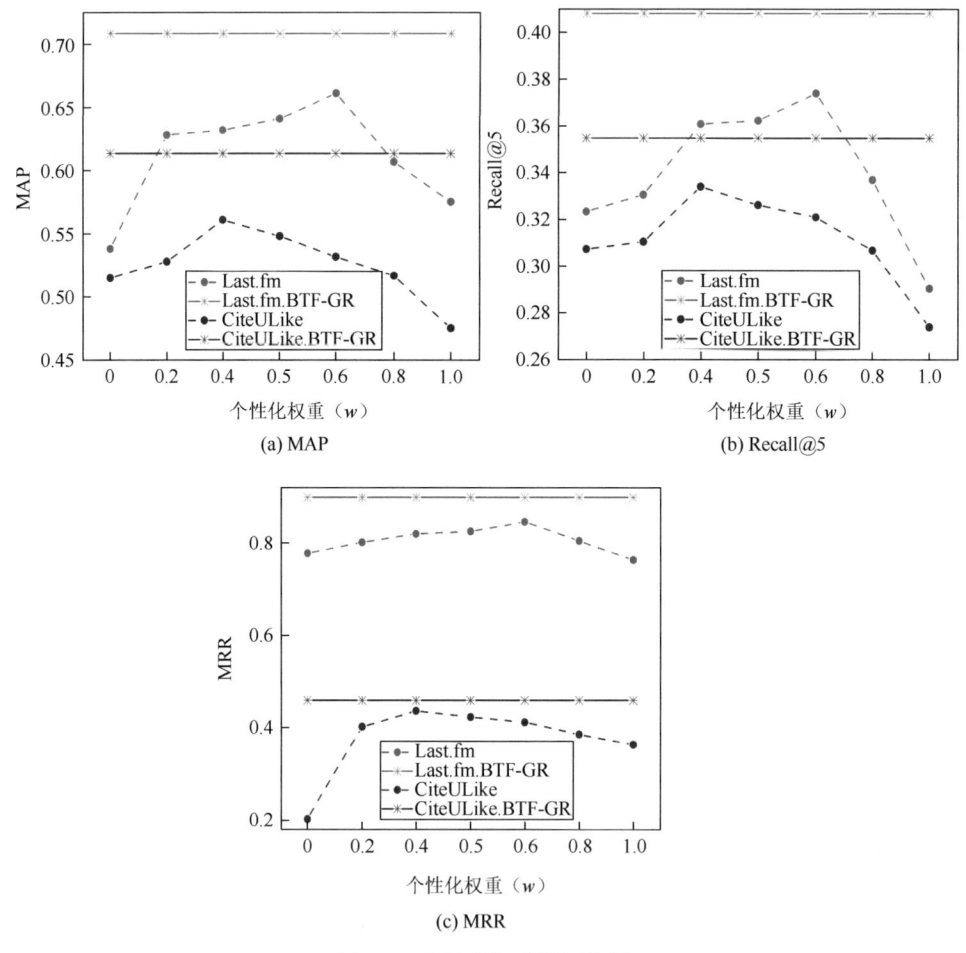

(a) MAP

(b) Recall@5

(c) MRR

图 3-7 个性化权重效果分析

图 3-7 中一个有趣的发现是,当 w 为 0.6(对于 Last.fm 数据集)和 0.4(对于 CiteULike 数据集)时,三个度量指标即 MAP、Recall@5 和 MRR 达到了最佳性能。这个发现意味着,如果群的同质性高,群成员更愿意遵循群体的选择。否则,当群体同质性低时,群成员更多地依赖自己的固有偏好。对于 Last.fm 和 CiteULike 数据集,BTF-GR 中个性化权重的平均值分别为 0.68 和 0.47。

3.5.2 基于群偏好与用户偏好协同演化的群推荐实验

1. 数据集

实验数据采集自 deviantART 平台。在 deviantART 上，用户可以根据自己的兴趣加入不同的艺术品群体，同时也可以随时收藏平台中的图片。本节使用的数据包含两个部分：用户收藏图片的记录和用户加入群体的记录。时间为 2016 年 5 月 1 日至 2018 年 4 月 30 日。删除成员数量少于 2 的群体，划分为 12 个时间区间，前 11 个时间区间作为训练集合，最后一个时间区间作为测试集合。本节所使用的数据统计信息如表 3-3 所示。

表 3-3 数据统计信息

元素	数量
群体	2 245
用户	11 190
产品	5 945
时间窗口	12
训练群消费行为	50 379
训练新成员加入行为	41 050
测试群消费行为	10 565
测试新成员加入行为	3 376
群消费行为密度	0.377%
新成员加入行为密度	0.163%

2. 评价指标

实验采用准确率 Precision@N、召回率 Recall@N 和 F-measure 三个指标对加群行为的预测结果进行评估。采用均方根误差（root mean square error，RMSE）和平均绝对误差（mean absolute error，MAE）对消费行为的预测结果进行评估。RMSE 的计算公式为

$$\text{RMSE} = \sqrt{\frac{\sum_{p,i}\left(r_{pi} - \hat{r}_{pi}\right)^2}{N}} \qquad (3\text{-}99)$$

MAE 的计算公式为

$$\mathrm{MAE} = \frac{\sum_{p,i}|r_{pi} - \hat{r}_{pi}|}{N} \quad (3\text{-}100)$$

其中，r_{pi} 表示群体 p 对产品 i 的真实评分；$\hat{r}_{pi}$ 表示通过推荐算法预测的群体 p 对产品 i 的评分；N 表示测试集中群体和产品的交互数量。

3. 实验结果分析

由于实验中群体和产品的交互数据类似于评分，因此，为评估群体消费行为的预测性能，选择 PMF[35]、UGSM（users group similarity metric，用户群相似矩阵）[15]、BPMF（Bayesian probabilistic matrix factorization，贝叶斯概率矩阵分解）[49]、TMF（temporal probabilistic matrix factorization，时序概率矩阵分解）[34]、GPE_GR 和 UPA_GR 等方法作为基准算法。用户和群体的交互数据属于隐式反馈，故选择 MP（most popular，最流行）方法、PMF、WRMF（weighted regularized matrix factorization，加权正则矩阵分解）[45]、ItemKNN[46] 和 UserKNN[47] 等作为基准算法。本章提出的协同演化群推荐模型参数设置如下：$\lambda_S = 1$，$\lambda_G = 1$，$\lambda_{G1} = 0.1$，$\lambda_U = 1$，$\lambda_{U1} = 0.1$，$\lambda_V = 0.1$。实验为每一个加群正例抽取 2 个加群负例。所有的基准算法在最优参数下运行。

群体的消费行为预测结果如图 3-8 所示，横坐标表示隐特征维度（D），纵坐标分别表示 RMSE 和 MAE 的值，值越小表示预测越精准。从图 3-8 中可以看出，在隐特征维度取 10、20、30 或 40 时，PMF、UGSM 和 BPMF 这三种静态算法的效果都显著差于其他四种考虑时间因素的算法（TMF、GPE_GR、UPA_GR 和 CEGR），表明在模型中考虑时间因素的有效性。此外，当隐特征维度大于 10 时，相比只考虑群偏好的 TMF 模型和 GPE_GR 模型，提出的 CEGR 模型都具有更好的效果，表明群偏好不仅受到其自身历史偏好的影响，还受到用户偏好的交互影响。相比考虑基于用户偏好聚集的 UPA_GR 模型，CEGR 模型也具有更好的效果，表明同时考虑群体和用户交互演化对群偏好预测的有效性。实验结果证实了 CEGR 模型预测群体消费行为的准确性，能够为群体提供更加精确的推荐结果。

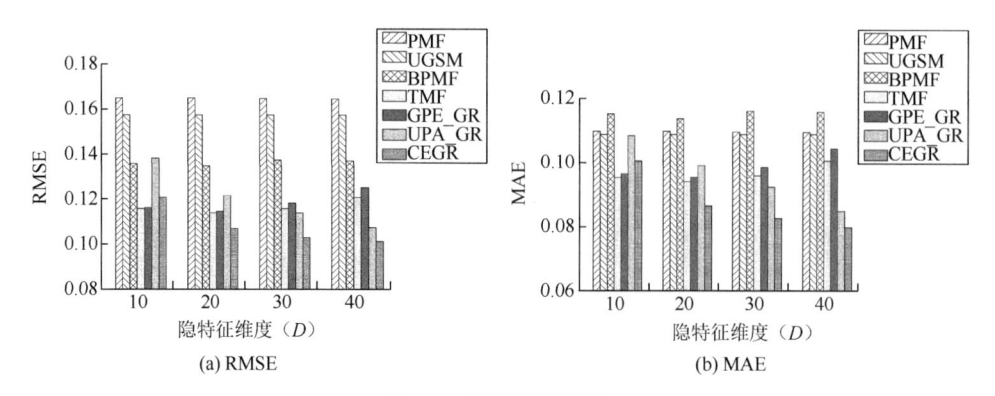

图 3-8 消费行为预测

第 3 章　面向个体与群体交互的群推荐方法

用户加群行为的预测结果如图 3-9 所示。图 3-9 展示了推荐列表长度为 5 时，不同算法在不同隐特征维度上的加群行为预测性能，三个评价指标的值越大代表性能越优。从图 3-9 中可以得出，在不同的隐特征维度下，CEGR 模型在三个评价指标上都优于其他基准算法，表明了 CEGR 模型能够更加精准地预测用户的加群行为。

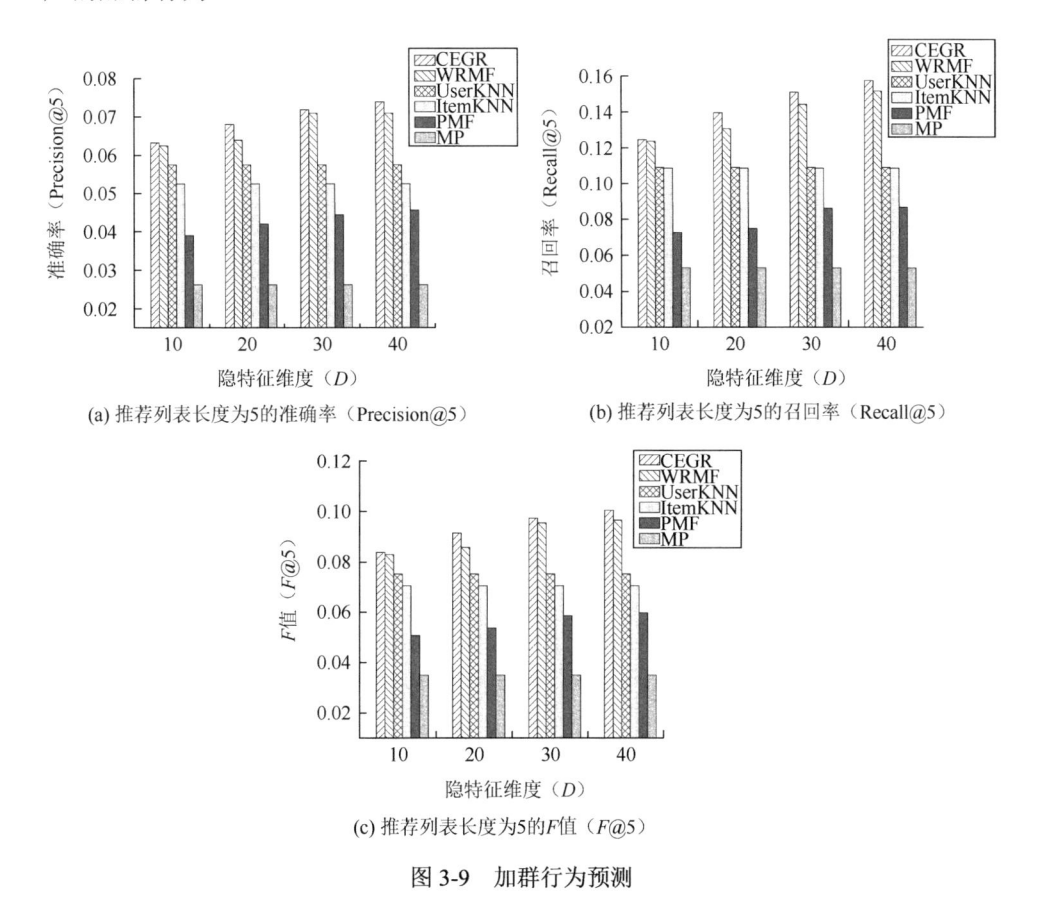

(a) 推荐列表长度为5的准确率（Precision@5）

(b) 推荐列表长度为5的召回率（Recall@5）

(c) 推荐列表长度为5的F值（F@5）

图 3-9　加群行为预测

此外，从图 3-8 和图 3-9 可以看出，伴随隐特征维度的增加，虽然 CEGR 模型对于两种行为的预测性能得到进一步的提升，但提升速率减慢，而隐特征维度的增加会显著增加模型训练的时长。因此，为了兼顾模型的预测性能和运行效率，本节实验中将特征向量维度设置为 20。

为了探究推荐列表长度 K 对模型加群行为预测的影响，本节列出了当 K 分别取 5、10、15、20 时，不同算法在特征维度为 20 时的召回率表现，如图 3-10 所示。从图 3-10 可以看出，当 K 取不同值时，本节提出的 CEGR 模型的召回率始终高于其余基准算法，表明 CEGR 模型对推荐列表长度具有很好的鲁棒性。

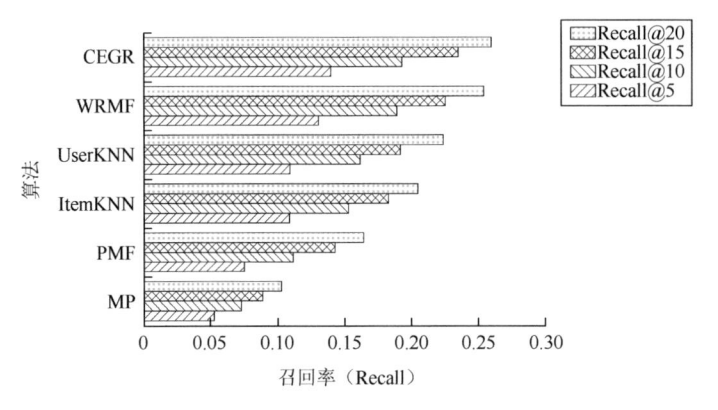

图 3-10　top-K 的召回率

在 CEGR 模型中包括六个正则化参数：$\lambda_S, \lambda_G, \lambda_{G1}, \lambda_U, \lambda_{U1}, \lambda_V$。这些参数的调整会对模型性能产生重要影响。其中，$\lambda_{G1}$、$\lambda_{U1}$ 是 $t=1$ 时刻群偏好和用户偏好的正则化参数，λ_V 是产品特征的正则化参数，这三个参数对应传统概率矩阵分解模型中的正则化参数。因此，本节实验将实现 PMF 模型最佳性能的参数值作为这三个参数的值，主要分析参数 λ_S、λ_G、λ_U 的取值对模型效果的影响。此外，对于用户的加群行为预测，本节实验还将讨论抽取负例的比例对预测结果的影响。在参数敏感性评价指标上，分别选择 RMSE 指标和 $F@5$ 指标来评价 CEGR 模型在消费行为和加群行为这两项任务上的表现，分析结果如图 3-11 所示。

λ_S 表示用户的加群信息的权重。如图 3-11（a）中所示，随着 λ_S 的增加，两种行为的预测性能基本呈现出先增加后下降的变化趋势，转折点出现在 $\lambda_S=3$。这种结果可以解释为群体的消费行为和用户的加群行为之间存在相互关系，因此对这两种行为联合建模会得到更好的预测结果。将 λ_S 设置在一个合理的范围可以平衡这两项任务，在本节实验中，λ_S 的合理取值在[1, 3]区间内。

λ_G 表示群偏好随时间的变化。从图 3-11（b）可以看出，随着 λ_G 的增加，消费行为预测的性能持续降低，而加群行为预测性能在 $\lambda_G=1$ 附近实现最优。因此，为了平衡模型在这两项任务上的性能，本节实验将设置 $\lambda_G=1$。

λ_U 表示用户偏好随时间的变化。图 3-11（c）显示，随着 λ_U 的增加，两种行为的预测性能先增加，当 λ_U 超过一定值时，性能开始下降。结果显示，在 $\lambda_U=1$ 附近时消费行为预测的性能达到最佳，在 $\lambda_U=3$ 时加群行为预测的性能达到最佳。因此，本节实验中 λ_U 的合理取值在[1, 3]区间内。

Neg 表示预测加群行为时，对于每一个加群的正例样本，从所有未知样本中抽取 Neg 个样本作为负例，本节实验中，分别令负例个数 Neg = [1, 2, 5, 10, 20]。如图 3-11（d）所示，随着负例比例的增加，消费行为预测的性能降低，而加群行

(a) 用户的加群信息正则化参数λ_S对预测性能的影响

(b) 群偏好演化的正则化参数λ_G对预测性能的影响

(c) 用户偏好演化的正则化参数λ_U对预测性能的影响

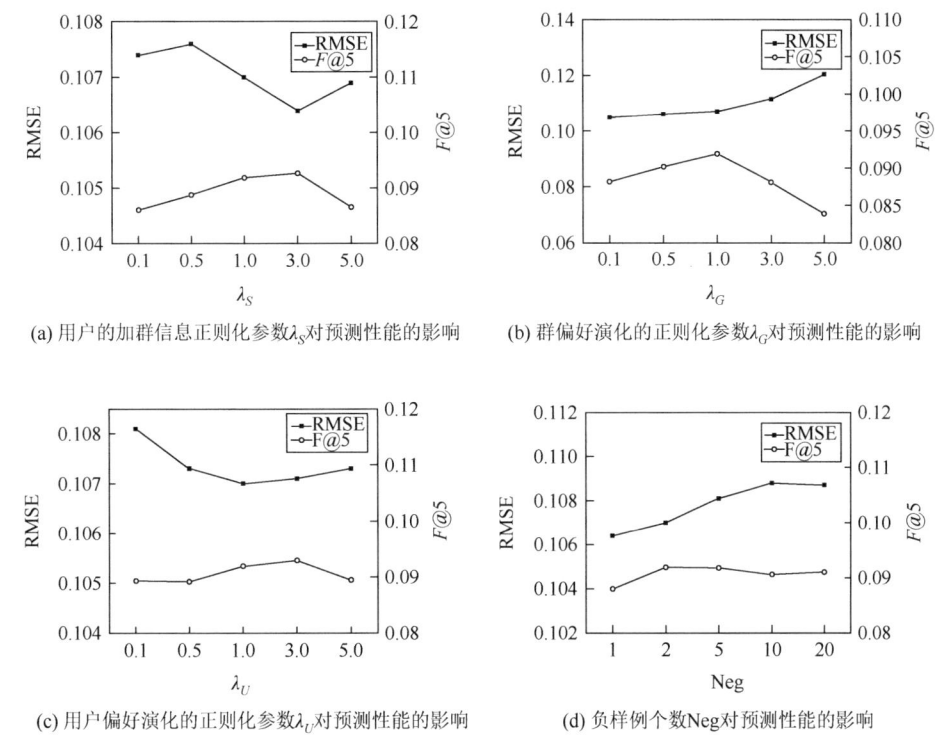

(d) 负样例个数Neg对预测性能的影响

图 3-11　敏感性分析

为预测会在 Neg = 2 附近达到一个最佳性能，随后基本保持稳定。因此，为了平衡模型在这两项预测任务上的性能，本节实验中设置 Neg = 2。

3.5.3　基于群内和群间协同的动态群推荐实验

1. 数据集

本节基于 deviantART 网站的数据集进行实验。从 deviantART 平台收集了部分群体从 2016 年 5 月到 2018 年 4 月的群成员加入记录，进而又采集了这些群成员在此时间区间内的艺术作品收藏记录。然后，抽取出群成员数量大于 2 的群体和加入群体数量大于 2 的用户。最终包含 2245 个群体中的 11 190 个用户对于 5945 件艺术作品在 24 个月内的收藏记录和加入群体记录。将 24 个月划分为 12 个时间区间，首先，根据每一时间区间内群成员的消费行为生成群体对于不同产品的偏好打分张量；其次，基于每一时刻群体间拥有的共同群成员数量计算偏移正点互信息，进而构建成群间的相似度张量；最后，本节实验选择前 11 个时间区间内的用户对艺术品的收藏记录、群体对艺术品的偏好打分记录、群体的群成员关系信息和群间相似度信息作为输入数据训练模型,将最后一个时间区间的群体对艺术品的偏好打分数据作为测试集合验证模型。本节实验数据集的具体统计信息如表 3-4 所示。

表 3-4　deviantART 数据集统计信息

元素	大小
群体数量	2 245
用户数量	11 190
产品数量	5 945
时间区间	12
训练集合中元组数量	50 379
测试集合中元组数量	10 565
训练集合稀疏度	99.622 7%
测试集合稀疏度	99.254 4%

2. 评价指标

因为本节实验中用于验证的是群体对于产品的偏好打分值,所以为了评估本章所提的 CoTF-MS 模型的推荐性能,这里选择了评分预测中常用的 RMSE 和 MAE 作为评价指标来评估所有模型的推荐性能。

3. 实验结果分析

由于提出的 CoTF-MS 模型属于隐因子模型,且实验数据为偏好打分数据,因此,本节实验选择 PMF[50]、TMF[34]、CoMF-MS(collaborative matrix factorization with membership and similarity,基于成员与相似性的协同矩阵分解)以及 CoTF-MS 模型的三种退化模型 CoTF、CoTF-M、CoTF-S 等作为基准算法。CoTF 算法是一种动态联合分解用户偏好和群组偏好的 CoTF-MS 的退化方法。在联合分解过程中,该算法既不建模群体与成员之间的动态作用,也不建模群体之间相似度的影响。CoTF-M 算法在 CoTF 的基础上只建模用户和群体的动态交互作用。CoTF-S 算法在 CoTF 的基础上只建模群体之间相似度的影响。

表 3-5 展示了当隐特征维度分别为 15、20、25、30 时,在 deviantART 数据集上所有算法的实验结果。本节实验中,两个评价指标的值越小,代表模型的预测误差越小,性能越优异,表 3-5 中加粗的数据表示同指标下的最优表现,斜体数据表示同指标下的次优。

表 3-5　所有模型在不同隐特征维度下的性能对比

模型	RMSE				MAE			
	15	20	25	30	15	20	25	30
PMF	0.1650	0.1648	0.1648	0.1647	0.1099	0.1096	0.1096	0.1095
CoMF-MS	0.1390	0.1299	0.1366	0.1394	0.1058	0.1036	0.1037	0.1040
TMF	0.1358	0.1347	0.1360	0.1375	0.1057	0.1053	0.1061	0.1089
CoTF	0.1208	0.1163	0.1147	0.1183	0.1007	0.0966	0.0955	0.0986
CoTF-M	*0.1158*	*0.1074*	*0.1030*	*0.1021*	**0.0952**	*0.0849*	*0.0827*	*0.0799*
CoTF-S	**0.1146**	0.1140	0.1139	0.1206	0.0959	0.0954	0.0941	0.1000
CoTF-MS	0.1159	**0.1029**	**0.1013**	**0.1006**	*0.0954*	**0.0827**	**0.0798**	**0.0784**

从表 3-5 的实验结果可以得出以下发现。

（1）在两个评价指标方面，除了当隐特征维度为 15 时，本章提出的 CoTF-MS 模型均实现了最优性能，次优的是 CoTF-M 模型。与没有考虑时间信息的静态或者稳态推荐算法 PMF 和 CoMF-MS 相比，本章提出的 CoTF-MS 模型及其三种退化模型的表现都更加优异。结果表明，在为动态变化的群体推荐产品时考虑时间因素的重要性。与动态推荐模型 TMF 相比，联合建模用户偏好和群体偏好的 CoTF 模型表现更优，这是因为 CoTF 模型融入了用户消费行为，能够有效缓解群体偏好打分数据的稀疏性问题，显著提升预测性能。

（2）四个不同的隐特征维度设置下，PMF 算法在两个评价指标上的表现最差。这是因为 PMF 仅仅基于群体的偏好打分数据学习群体偏好，而且没有考虑时间因素对于群体偏好的影响。同样也是只运用了群体偏好打分数据的 TMF 算法却在两个评价指标上远优于 PMF，这是因为 TMF 考虑了时间因素，能够建模出群体偏好随时间的动态变化。值得注意的是，稳态群推荐方法 CoMF-MS 模型在 MAE 指标上的表现大多优于动态推荐方法 TMF，在隐特征维度为 20 时的 RMSE 表现也优于 TMF。这是因为，CoMF-MS 模型虽然没有考虑时间因素，但除了运用群体的偏好打分数据，还运用了群成员的消费行为数据和群间相似度信息。这些附加信息能够减轻群体的偏好打分数据的稀疏性问题，有助于模型更准确地学习到群体偏好。但是，CoMF-MS 模型在 RMSE 指标上的表现不如在 MAE 指标上稳定，这是因为 CoMF-MS 模型的设计思想来源于 WRMF 算法[44]，这是一种专门针对隐反馈数据中的正负样本不均衡问题设计的推荐算法。当运用于偏好评分预测问题，CoMF-MS 模型的优势并不能体现，一些远离均值的偏好打分或者异常值会增大 CoMF-MS 模型的预测误差，尤其体现在 RMSE 指标上。

（3）对于动态群推荐算法，将 CoTF-M 模型和 CoTF-S 模型与 CoTF 模型进行比较发现，CoTF-M 模型和 CoTF-S 模型在不同的隐特征维度下的两个指标的表现大多优于 CoTF 模型。这个结果表明在面向动态群体的推荐情境下，考虑群成员关系约束和群间相似度都能帮助模型更好地学习群体偏好，进而实现更精准的偏好预测。值得注意的是，除了隐特征维度为 15 时的 RMSE 值，其余情况下 CoTF-M 模型都明显优于 CoTF-S 模型，这是由于群成员关系的约束，CoTF-M 模型在联合建模群体偏好和群成员偏好的过程中还建模出群体和群成员的动态相互作用。相比于群相似度影响，群体内部的相互作用对于偏好的影响更加重要，所以相比只建模了群间相似度影响的 CoTF-S 模型，考虑群内部动态相互作用的 CoTF-M 模型能够更加准确地学习群体偏好的演化并实现更精准的时序预测。

（4）将 CoTF-MS 模型与 CoTF-M 模型和 CoTF-S 模型进行对比，结果显示除了当隐特征维度为 15 时，其余情况下 CoTF-MS 模型都优于 CoTF-M 模型和 CoTF-S 模型，尤其是 CoTF-S 模型。首先，由于 CoTF-MS 模型比较复杂，较小的隐特征维度学习到的模型参数不准确，所以隐特征维度为 15 时，CoTF-MS 模型的预测误差较大。但是当隐特征维度增加到足以准确学习模型参数后，CoTF-MS 模型实现了最优性能。这个结果表明，同时考虑群内和群间影响能够最大程度地帮助模型学习群体偏好演化和实现精准预测。但值得注意的是，相比于 CoTF-M 模型，CoTF-MS 模型在两个指标上的提升效果并不显著。产生这一结果的原因可能是本节实验采用的 deviantART 数据集中的群体属于兴趣群体，群体的同质性较大，即群体间的差异普遍不显著。所以，群间相似度对于群体偏好的影响不显著。

参 考 文 献

[1] 王刚, 蒋军, 王含茹, 等. 基于联合概率矩阵分解的群推荐方法研究. 计算机学报, 2019, 42(1): 98-110.

[2] 何军. 国外群推荐聚集策略研究综述. 图书情报工作, 2013, 57(7): 127-133,88.

[3] Campos R, dos Santos R P, Oliveira J. Providing recommendations for communities of learners in MOOCs ecosystems. Expert Systems with Applications, 2022, 205: 117510.

[4] Leng Y F, Yu L. Incorporating global and local social networks for group recommendations. Pattern Recognition, 2022, 127: 108601.

[5] Chen Y J, Wang J, Wu Z H, et al. Integrating user-group relationships under interest similarity constraints for social recommendation. Knowledge-Based Systems, 2022, 249: 108921.

[6] Nam L N H. Towards comprehensive profile aggregation methods for group recommendation based on the latent factor model. Expert Systems with Applications, 2021, 185: 115585.

[7] Jeong H J, Lee K H, Kim M H. DGC: dynamic group behavior modeling that utilizes context information for group recommendation. Knowledge-Based Systems, 2021, 213: 106659.

[8] Breitfuss A, Errou K R, Kurteva A, et al. Representing emotions with knowledge graphs for movie recommendations. Future Generation Computer Systems, 2021, 125: 715-725.

[9] Darban Z Z, Valipour M H. GHRS: graph-based hybrid recommendation system with application to movie recommendation. Expert Systems with Applications, 2022, 200: 116850.

[10] Gan M X, Cui H F. Exploring user movie interest space: a deep learning based dynamic recommendation model. Expert Systems with Applications, 2021, 173: 114695.

[11] Ben Sassi I, Ben Yahia S, Liiv I. MORec: at the crossroads of context-aware and multi-criteria decision making for online music recommendation. Expert Systems with Applications, 2021, 183: 115375.

[12] Wang Z J, He L. User identification for enhancing IP-TV recommendation. Knowledge-Based Systems, 2016, 98: 68-75.

[13] McCarthy J F, Anagnost T D. MusicFX: an arbiter of group preferences for computer supported collaborative workouts. Seattle: The 1998 ACM Conference on Computer Supported Cooperative Work, 1998: 363-372.

[14] Pizzutilo S, de Carolis B, Cozzolongo G, et al. Group modeling in a public space: methods, techniques, experiences. Malta: The 5th WSEAS International Conference on Applied Informatics and Communications, 2005: 175-180.

[15] Ortega F, Bobadilla J, Hernando A, et al. Incorporating group recommendations to recommender systems: alternatives and performance. Information Processing & Management, 2013, 49(4): 895-901.

[16] Ortega F, Hernando A, Bobadilla J, et al. Recommending items to group of users using Matrix Factorization based Collaborative Filtering. Information Sciences, 2016, 345: 313-324.

[17] Feng S S, Cao J, Wang J, et al. Group recommendations based on comprehensive latent relationship discovery. San Francisco: 2016 IEEE International Conference on Web Services, 2016: 9-16.

[18] Chowdhury N, Cai X C. Nonparametric Bayesian probabilistic latent factor model for group recommender systems//Cellary W, Mokbel M F, Wang J M, et al. Web Information Systems Engineering – WISE 2016. Cham: Springer International Publishing, 2016: 61-76.

[19] 梁昌勇, 冷亚军, 王勇胜, 等. 电子商务推荐系统中群体用户推荐问题研究. 中国管理科学, 2013, 21(3): 153-158.

[20] Yuan Q, Cong G, Lin C Y. COM: a generative model for group recommendation. New York: The 20th ACM SIGKDD International Conference on Knowledge Discovery and Data Mining, 2014: 163-172.

[21] Fang G, Su L, Jiang D, et al. Group recommendation systems based on external social-trust networks. Wireless Communications and Mobile Computing, 2018: 6709607.

[22] Wang H Y, Chen D D, Zhang J W. Group recommendation based on hybrid trust metric. Automatika, 2020, 61(4): 694-703.

[23] 王相仕. 基于社交网络用户偏好分析的组推荐系统. 昆明: 昆明理工大学, 2020.

[24] 王刚, 蒋军, 王含茹, 等. 基于联合概率矩阵分解的群推荐方法研究. 计算机学报, 2019, 42(1): 98-110.

[25] Wang X M, Liu Y, Lu J, et al. TruGRC: trust-aware group recommendation with virtual coordinators. Future Generation Computer Systems, 2019, 94(C): 224-236.

[26] 陈秀明, 刘业政. 多粒度犹豫模糊语言信息下的群推荐方法. 系统工程理论与实践, 2016, 36(8): 2078-2085.

[27] Toan N T, Cong P T, Tam N T, et al. Diversifying group recommendation. IEEE Access, 2018, 6: 17776-17786.

[28] Kim J K, Kim H K, Oh H Y, et al. A group recommendation system for online communities. International Journal of Information Management, 2010, 30(3): 212-219.

[29] Renda M E, Straccia U. A personalized collaborative Digital Library environment: a model and an application. Information Processing & Management, 2005, 41(1): 5-21.

[30] Jeong H J, Kim M H. HGGC: a hybrid group recommendation model considering group cohesion. Expert Systems with Applications, 2019, 136: 73-82.

[31] Cao D, He X N, Miao L H, et al. Social-enhanced attentive group recommendation. IEEE Transactions on Knowledge and Data Engineering, 2021, 33(3): 1195-1209.

[32] Tran L V, Pham T A N, Tay Y, et al. Interact and decide: medley of sub-attention networks for effective group recommendation. Paris: The 42nd International ACM SIGIR Conference on Research and Development in Information Retrieval, 2019: 255-264.

[33] Cantador I, Konstas I, Jose J M. Categorising social tags to improve folksonomy-based recommendations. Journal of Web Semantics, 2011, 9(1): 1-15.

[34] Zhang C Y, Wang K, Yu H K, et al. Latent factor transition for dynamic collaborative filtering. The 2014 SIAM International Conference on Data Mining, 2014: 452-460.

[35] Salakhutdinov R, Mnih A. Probabilistic matrix factorization. Vancouver: The 20th International Conference on Neural Information Processing Systems, Curran Associates, 2007: 1257-1264.

[36] Gartrell M, Xing X Y, Lv Q, et al. Enhancing group recommendation by incorporating social relationship interactions. Sanibel: The 2010 ACM International Conference on Supporting Group Work, Association for Computing Machinery, 2010: 97-106.

[37] Bottou L. Large-scale machine learning with stochastic gradient descent//Lechevallier Y, Saporta G. Proceedings of COMPSTAT' 2010. Heidelberg: Physica-Verlag HD, 2010: 177-186.

[38] Lin C J. Projected gradient methods for nonnegative matrix factorization. Neural Computation, 2007, 19(10): 2756-2779.

[39] Wu C Y, Ahmed A, Beutel A, et al. Recurrent recommender networks. Cambridge: The Tenth ACM International Conference on Web Search and Data Mining, 2017.

[40] Zhang X L, Li S B, Burke R R. Modeling the effects of dynamic group influence on shopper zone choice, purchase conversion, and spending. Journal of the Academy of Marketing Science, 2018, 46(6): 1089-1107.

[41] Slater M D. Reinforcing spirals: the mutual influence of media selectivity and media effects and their impact on individual behavior and social identity. Communication Theory, 2007, 17(3): 281-303.

[42] Wang C A, Zhang X M, Hann I H. Socially nudged: a quasi-experimental study of friends' social influence in online product ratings. Information Systems Research, 2018, 29(3): 641-655.

[43] Gunawardana A, Shani G. Evaluating Recommender Systems//Ricci F, Rokach L, Shapira B. Recommender Systems Handbook. Boston: Springer, 2015: 265-308.

[44] Rendle S, Freudenthaler C, Gantner Z, et al. BPR: Bayesian personalized ranking from implicit feedback. Montreal: The Twenty-Fifth Conference on Uncertainty in Artificial Intelligence, 2009.

[45] Hu Y F, Koren Y, Volinsky C. Collaborative filtering for implicit feedback datasets. Pisa: 2008 Eighth IEEE International Conference on Data Mining, 2008.

[46] Deshpande M, Karypis G. Item-based top-N recommendation algorithms. ACM Transactions on Information Systems, 2004, 22(1): 143-177.

[47] Breese J S, Heckerman D, Kadie C. Empirical analysis of predictive algorithms for collaborative filtering. Madison: The Fourteenth Conference on Uncertainty in Artificial Intelligence, 1998.

[48] Liu X J, Tian Y, Ye M, et al. Exploring personal impact for group recommendation. Maui: The 21st ACM International Conference on Information and Knowledge Management, 2012.

[49] Salakhutdinov R, Mnih A. Bayesian probabilistic matrix factorization using Markov chain Monte Carlo. Helsinki: The 25th International Conference on Machine Learning, 2008.

[50] Takács G, Pilászy I, Németh B, et al. Matrix factorization and neighbor based algorithms for the netflix prize problem. Lausanne: The 2008 ACM Conference on Recommender Systems, 2008.

第4章 融合社交互动信息的社会化推荐方法

在线社交网络的发展不仅为消费者提供了一种新的购物渠道,同时也为消费者购买决策提供了重要的信息参考渠道。通过社交网络与他人互动交流,已经成为消费者购买决策过程的必要环节,对消费者最终决定是否购买、购买什么产品都会产生重要的影响。因此,融合社交互动信息的社会化推荐近年来得到了广泛探讨[1,2]。社交互动信息的引入,一方面可以有效缓解用户-项目交互数据的稀疏性问题,另一方面利用在线社交网络中的互动信息有助于发现潜在消费者,为企业通过营销措施将其转换为实际客户提供依据。

本章围绕融合社交互动信息的社会化推荐方法开展研究,构建基于社会化关系多元性和社会化关系强度的推荐方法。内容组织如下:4.1 节对社会化推荐的相关理论和方法进行综述。4.2 节和 4.3 节分别提出基于社会化关系多元性的个性化推荐方法和基于社会化关系强度的个性化推荐方法。4.4 节对本章提出的方法进行实验验证。

4.1 国内外研究综述

基于社会影响理论,消费者容易受到社交关系的影响,从而导致社交邻居之间产生相似偏好[3-6]。而同质性理论表明,兴趣爱好类似的用户更容易形成好友关系[7-9]。因此,基于社交互动信息开展个性化推荐有着坚实的行为学基础。社会化推荐的相关研究于 1997 年首次被提出[10],并随着微博、Facebook 等社交网站的出现得到了蓬勃发展。2009 年,与社会化推荐相关的专题第一次出现在 ACM(Association for Computing Machinery,国际计算机学会)推荐系统年会上[11],并在随后每年的 ACM 推荐系统年会中都开展专题研讨。

社交互动对用户购买决策的影响在已有研究中得到了广泛验证。Sadovykh 等[12]的研究表明,在线社交网络对用户购买决策的信息收集、方案设计、方案选择三个阶段均有明显的支持作用,且不同类型的用户在决策过程中对在线社交网络的依赖情况存在较大差异。与好友数多的用户相比,好友数少的用户其需求和购买决策受社交互动的影响更为显著[13],而且用户与好友关系的紧密程度对社交互动的影响具有重要的调节作用。当关系强度较弱时,好友偏好同质会对用户需求产生较大影响,当关系强度紧密时,好友偏好多样会对用户需求产生较大的影响[14]。社交互动对用户需求的影响也随时间动态变化。Risselada 等[15]基于高科技产品的研究表明，在产品发布初期社交互动对消费者购买决策影响更大。由于角色、地位和知识等的差异，社交网络中不同用户对他人决策的影响各不相同，用户影响力度量是社交互动影响的重要研究方向之一。研究者从通信中心性[16]、全局连通性[17]等视角，通过模拟考虑个体特征、邻居影响、偏好关系等因素的信息传播过程，度量用户个体的影响力。为了支持用户的购买决策，Li 和 Lai[18]提出结合社交关系分析、群体观点分析、舆论决策分析的社会评估机制，该机制能有效地收集好友观点，加速用户的购买决策过程。

在基于社交网络的用户需求建模方面，为了利用社交网络数据提高用户需求模型的准确性，研究者将好友兴趣和关系强度（显性关系和隐性关系）等信息与用户兴趣相结合[19, 20]，设计了基于贝叶斯和矩阵分解等方法的用户需求预测模型[21, 22]。用户信任是决定社交影响的关键因素，研究者基于真实社交网络数据构建用户之间的信任网络，以此为基础构建基于社交网络的用户需求模型[23, 24]。结合社交网络数据的用户需求建模是目前电子商务领域的热点研究方向。Chan 等[25]的研究表明，寻求群体认同是用户需求形成的出发点，与基于人口学特征和用户行为数据的用户模型相比，融合社交网络数据可以提升用户行为建模的准确度[26, 27]。

从使用的数据类型角度看，社会化推荐可以分为基于显式反馈数据和基于隐式反馈数据的建模方法。显式反馈数据是指用户对产品的具体评分，如 Epinions 数据集上 1~5 分。Ma 等[28]认为同一个用户在社交信任空间和用户偏好空间中共享用户表征，提出 SoRec（social recommendation，社交推荐）模型同时分解用户评分矩阵和用户信任矩阵。Li 和 Yeung[29]针对关系型数据提出了关系正则化矩阵分解（relation regularized matrix factorization，RRMF）模型，将连接关系作为正则约束调整内容信息的矩阵分解过程。Ma 等[30]认为每个用户都拥有自己独立的偏好，同时又会受到社交好友的影响，在个性化和同质化之间权衡做出最终决定，因此提出集成社会信任的推荐（recommendation with social trust ensemble，RSTE）模型，通过引入权重系数综合两者评分得到最终评分。Jamali 和 Ester[24]提出 SocialMF（social matrix factorization，社交矩阵分解）模型，直接强迫用户的特征表征与邻居节点表征的均值越近越好，如此在一定程度上能够使用户表征沿着社交链接进行传播。Ma 等[31]考虑到不同社交链接用户间相似程度也不同，提出了每对用户间相似性约束的 SoReg（social regularization，社交正则化）模型，相似程度依赖于用户间共同评分的皮尔逊系数或者 cosine（余弦）相似度，相似程度越大，用户间的表征也越相近。Tang 等[32]考虑到用户会同时参考亲密朋友和高声誉用户的建议，提出了一种基于用户局部和全局社交关系的推荐模型。Fang 等[33]将单向信任关系分解为多个信任维度，通过使用回归支持向量技术将信息集成到概率矩阵分解模型中以提高评分预测精度。Guo 等[34]首次将 SVD++模型引入社会化建模中提出了 TrustSVD 模型,用以刻画显式的评分矩阵关系和隐式的用户信任关系,该模型既同时分解评价矩阵和信任矩阵,又在用户表征融合历史产品信息和信任用户的隐式影响,通过整合两种策略的优势能够部分缓解数据稀疏性和冷启动问题。Li 等[35]为解决针对目标用户的社交联系少的问题,将重叠的社区正则化添加到矩阵分解算法中,提出了两种替代模型。Tang 等[36]研究了社交关系的异质性和弱连接性,提出了基于社交维度的推荐(recommendation with social dimensions,SoDimRec)模型。Yang 等[37]提出了新的矩阵分解方法,以获得更好的高质量推荐的用户偏好模型,以便更准确地计算用户与其意见领袖之间的交互。Sedhain 等[38]旨在减少社交网络数据中的高维现象,使用线性回归技术来训练社交方面的偏好权重,并使用低等级参数化的权重。Wu 等[39]通过将社交网络信息和用户-项目交互关系整合到矩阵分解中,提出了一个考虑内在关系的神经框架。Zhao 等[40]利用用户的评论和好友关系来计算用户的知名度和可靠性,使用 Word2vec 来获取用户的情感,并将这些参数融合到矩阵分解框架中以提高评分的性能。Xu[41]考虑用户偏好和用户之间的社交网络关系,聚类用户并利用多种因素来减轻推荐系统中的稀疏性和冷启动问题。

与基于显式反馈数据的社会化推荐研究相比,基于隐式反馈数据的社会化推荐方法相对较少。例如,Zhao 等[42]提出了 SBPR(social Bayesian personalized ranking,社会化贝叶斯个性化排序)算法,该模型将社交关系整合到传统的贝叶斯个性化排序算法中进行个性化推荐,并探索了社交关系如何影响用户偏好。Jiang 等[43]利用 Doc2vec 对用户给产品打的社会化标签进行相似度计算,利用社会化标签信息来细分用户的偏好,通过建立内在的偏好关系获得了良好的推荐结果。

综上所述,社交互动对消费者购买决策的影响已经得到了广泛验证,基于社交互动信息的消费者需求建模也得到了深入研究。然而,社交关系的异质性使得用户受到社交邻居多元性的影响,加上社交邻居亲密度的差异,导致用户做出不同的购买决策。为此,如何考虑社交关系的多元性及社交强度实现更加准确的推荐是值得深入研究的问题。

4.2 基于社会化关系多元性的个性化推荐方法

在线社交网络中,用户决策不仅受到社交邻居的影响,还会受到所加入群体其他群成员的影响。本节基于社交关系和加群行为等社交互动信息,构造用户、群成员、社交好友与产品间的多元偏序关系,针对多元关系扩展 BPR-MF 模型,探索好友信息和群组信息对社会化推荐的影响,实现更加准确的用户偏好建模与推荐任务。

4.2.1 问题定义

为了描述本节提出的推荐模型，首先对问题进行形式化描述并介绍研究中使用的符号，如表4-1所示。

表4-1 数据定义

符号	描述
U	用户集合
P	项目集合
M	用户数
N	项目数
D	用户-项目关系集合（仅正反馈）
G	群组关系集合
F	好友关系集合
Θ	目标函数的参数
Ψ	目标函数

本节研究旨在在考虑社交信息和群组信息的基础上，为在线社交网络中的用户推荐感兴趣的项目（如服装、音乐等）。好友信息是指在线社交网络中的社交链接关系，具有双向且稀疏的特征。群组信息是用户在在线社交网络中的单向群体隶属关系，一个用户可以加入多个群体。在社会化理论层面，好友关系和群组关系的形成均遵从同质化理论，即因为共同兴趣产生链接。在用户之间的相互影响上，好友关系是社会影响理论的最佳体现，而群组关系则既存在社会选择理论，也存在社会影响理论，是两个理论的共同体现。

设用户集合U、项目集合P、好友关系集合F以及群组关系集合G。二元组$\langle u, p_i \rangle \in D$表示用户$u$有正反馈项目$p_i$，其中$u \in U$，$p_i \in P$。二元组$\langle u_i, u_j \rangle \in F$表示用户$u_i$和用户$u_j$是好友。二元组$\langle u_i, u_j \rangle \in G$表示用户$u_i$和用户$u_j$加入了同一个群组。

本节研究将详细分析用户-项目正反馈信息以及用户的好友关系和群组关系，并进行信息整合以区分用户对不同项目的偏好差异，达到改善推荐效果的目的。为此，对于每个用户，可以将所有项目分为正反馈集合、好友反馈集合、群组反馈集合和负反馈集合四个部分。

（1）正反馈集合：正反馈是从用户-项目关系集合D中直接提取出来的二元

组。在本节研究中，将用户 u 的正反馈集合定义为 $\text{PF}_u = \{\langle u, p_i \rangle\}$，其中 $\langle u, p_i \rangle \in D$。

（2）好友反馈集合：好友反馈指用户 u 与项目 p_f 没有直接交互，而他的好友 v 跟该项目 p_f 有直接交互。在本节研究中，将用户 u 的好友反馈集合定义为 $\text{FF}_u = \{\langle u, p_f \rangle\}$，其中 $\langle u, p_f \rangle \notin D$ 且 $\exists \langle u, v \rangle \in F$，$\langle v, p_f \rangle \in D$。

（3）群组反馈集合：群组反馈指用户 u 与项目 p_g 没有直接交互，他的好友 u_f 与该项目 p_g 也没有直接交互，而跟他同属于一个群组的用户 v 与该项目 p_g 有直接交互。在本节研究中，将用户 u 的群组反馈集合定义为 $\text{GF}_u = \{\langle u, p_g \rangle\}$，其中 $\langle u, p_g \rangle \notin D$，$\forall \langle u, u_f \rangle \in F$，$\langle u_f, p_g \rangle \notin D$ 且 $\exists \langle u, v \rangle \in G$，$\langle v, p_g \rangle \in D$。

（4）负反馈集合：负反馈指用户 u 和项目 p_j 没有交互，其所有好友和该项目 p_j 也没有直接交互，与用户 u 同属于一个群组的所有用户和该项目 p_j 也没有直接交互。

本节研究将用户 u 的负反馈定义为 $\text{NF}_u = \{\langle u, p_j \rangle\}$，其中 $\langle u, p_g \rangle \notin D$，$\forall \langle u, u_f \rangle \in F$，$\langle u_f, p_j \rangle \notin D$ 且 $\forall \langle u, v \rangle \in G$，$\langle v, p_g \rangle \notin D$。此处的负反馈仅表示无法从用户那里看到明确偏好的情况，并不表示用户不喜欢这些项目。实际上，负反馈有两个构成部分：真正的负反馈（用户与项目有交互但不感兴趣）和缺失值（用户与项目无交互）。

基于以上定义，可以推出各集合之间存在以下关系：$\text{PF}_u \cap \text{FF}_u \cap \text{GF}_u \cap \text{NF}_u = \varnothing$ 且 $\text{PF}_u \cup \text{FF}_u \cup \text{GF}_u \cup \text{NF}_u = P$ 包含所有项目集。

基于社交网络的同质性和社会影响理论，为区分用户对正反馈、好友反馈、群组反馈、负反馈项目偏好的差异，提出以下三个假设。

假设 4-1：考虑到好友关系是双向的，可以视为强链接。群组关系是单向的，可以视为弱链接。因此，提出假设 4-1 如下：正反馈＞好友反馈＞群组反馈＞负反馈。

假设 4-2：一方面，本节研究认为群组关系是基于用户的兴趣爱好，用户自发且独立地加入群组，而好友关系则需要两者之间明确的联系，因此群体反馈要比朋友反馈密集得多；另一方面，本节研究旨在引入更多的有效信息来弥补现有信息不足的缺点。基于这两个考虑，还可以认为密集的群组反馈比稀疏的好友反馈更有效。因此，提出假设 4-2 如下：正反馈＞群组反馈＞好友反馈＞负反馈。

假设 4-3：由于群组关系和好友关系是建立在在线社交网络中的，可能没有太大的区别。因此，可以将群组反馈和好友反馈之间的差异视为具有相同偏好级别的反馈。因此，提出假设 4-3 如下：正反馈＞好友反馈/群组反馈＞负反馈。

4.2.2 改进贝叶斯个性化推荐算法

BPR 算法[44]是推荐系统的主流推荐算法之一，其目的是通过比较用户对正负反馈项目偏好的差异性捕获用户兴趣。除了使用明确的正反馈（即用户与项目交互）之外，BPR 算法还会从所有用户未交互的项目中随机抽取一定比例的项目作为负反馈。由于本节研究考虑用户对多元项目偏好存在的差异性，因此选择 BPR 作为基本模型并对其进行扩展。

基于矩阵分解方法，用户和项目的评分矩阵 X 分解为用户矩阵 U 和项目矩阵 P，满足

$$\hat{X} = W_{M \times K} H_{N \times K}^{T} + b \tag{4-1}$$

其中，$W_{M \times K}$ 表示用户集合 U 的特征矩阵；$H_{N \times K}$ 表示项目集合 P 的特征矩阵；b 表示项目集合 P 的偏差项；K 表示矩阵的秩。

根据本节假设，分别构造三个不同目标函数进行建模探索。以假设 4-1 为例，构造目标函数如下：

$$\max \Psi = \sum_{u}^{M} \left[\sum_{i \in \mathrm{PF}_u} \sum_{f \in \mathrm{FF}_u} \ln\left(\sigma\left(\frac{\hat{x}_{ui} - \hat{x}_{uf}}{1 + C_f}\right)\right) + \sum_{f \in \mathrm{FF}_u} \sum_{g \in \mathrm{GF}_u} \ln\left(\sigma\left(\frac{\hat{x}_{uf} - \hat{x}_{ug}}{1 + C_g}\right)\right) + \sum_{g \in \mathrm{GF}_u} \sum_{j \in \mathrm{NF}_u} \ln\left(\sigma\left(\hat{x}_{ug} - \hat{x}_{uj}\right)\right) \right] - \lambda_\Theta \|\Theta\|^2 \tag{4-2}$$

其中，$\hat{x}_{ui}$ 表示用户 u 对正反馈集合 PF_u 中项目 p_i 的偏好；$\hat{x}_{uf}$ 表示用户 u 对好友反馈集合 FF_u 中项目 p_f 的偏好；$\hat{x}_{ug}$ 表示用户 u 对群组反馈集合 GF_u 中项目 p_g 的偏好；$\hat{x}_{uj}$ 表示用户 u 对负反馈集合 NF_u 中项目 p_j 的偏好；$\sigma(\cdot)$ 表示逻辑函数；$\Theta = \{W, H, b\}$ 表示目标函数中的参数集合；λ_Θ 表示正则化参数。从式（4-1）可以得到 $\hat{x}_{ui} = W_{uk} H_{ik}^{T} + b_i$，$\hat{x}_{uf} = W_{uk} H_{fk}^{T} + b_f$，$\hat{x}_{ug} = W_{uk} H_{gk}^{T} + b_g$，$\hat{x}_{uj} = W_{uk} H_{jk}^{T} + b_j$。

好友系数：对于给定的用户 u 和项目 p_f，C_f 表示用户 u 的朋友中与项目 p_f 有直接交互的朋友数。$(1 + C_f)$ 的值越大，用户 u 对正反馈项目 p_i 和好友反馈项目 p_f 的偏好越接近。

群组系数：对于给定的用户 u 和项目 p_g，和用户 u 属于同一个群组且与项目 p_g 有直接交互的用户数为 C_g。$(1 + C_g)$ 的值越大，用户 u 对好友反馈项 p_f 和群组反馈项 p_g 的偏好越接近。

4.2.3 模型求解

本节通过随机梯度下降法对式（4-2）的目标函数进行求解。具体地，对用户 u，随机抽取正反馈项 p_i、好友反馈项 p_f、群组反馈项 p_g 和负反馈项 p_j。这样就构成了一个用户偏好项组合 $C(u, p_i, p_f, p_g, p_j)$。对于每个训练样本，使用交替更新参数的方法沿上升梯度方向计算导数并更新相应参数。对任何用户 u，其梯度如下：

$$\nabla b_i = \frac{\partial \Psi}{\partial b_i} = \frac{1}{1+e^{\frac{x_{ui}-x_{uf}}{1+C_f}}} \frac{1}{1+C_f} \quad (4\text{-}3)$$

$$\nabla b_f = \frac{\partial \Psi}{\partial b_f} = -\frac{1}{1+e^{\frac{x_{ui}-x_{uf}}{1+C_f}}} \frac{1}{1+C_f} + \frac{1}{1+e^{\frac{x_{uf}-x_{ug}}{1+C_g}}} \frac{1}{1+C_g} \quad (4\text{-}4)$$

$$\nabla b_g = \frac{\partial \Psi}{\partial b_g} = -\frac{1}{1+e^{\frac{x_{uf}-x_{ug}}{1+C_g}}} \frac{1}{1+C_g} + \frac{1}{1+e^{x_{ug}-x_{uj}}} \quad (4\text{-}5)$$

$$\nabla b_j = \frac{\partial \Psi}{\partial b_j} = -\frac{1}{1+e^{x_{ug}-x_{uj}}} \quad (4\text{-}6)$$

$$\nabla w_{uf} = \frac{\partial \Psi}{\partial w_{uf}} = \frac{1}{1+e^{\frac{x_{ui}-x_{uf}}{1+C_f}}} \frac{h_{if}-h_{ff}}{1+C_f} + \frac{1}{1+e^{\frac{x_{uf}-x_{ug}}{1+G}}} \frac{h_{ff}-h_{gf}}{1+C_g} + \frac{h_{gf}-h_{if}}{1+e^{x_{ug}-x_{uj}}} \quad (4\text{-}7)$$

$$\nabla h_{if} = \frac{\partial \Psi}{\partial h_{if}} = \frac{1}{1+e^{\frac{x_{ui}-x_{uf}}{1+C_f}}} \frac{w_{uf}}{1+C_f} \quad (4\text{-}8)$$

$$\nabla h_{ff} = \frac{\partial \Psi}{\partial h_{ff}} = -\frac{1}{1+e^{\frac{x_{ui}-x_{uf}}{1+C_f}}} \frac{w_{uf}}{1+C_f} + \frac{1}{1+e^{\frac{x_{uf}-x_{ug}}{1+C_g}}} \frac{w_{uf}}{1+C_g} \quad (4\text{-}9)$$

$$\nabla h_{gf} = \frac{\partial \Psi}{\partial h_{gf}} = -\frac{1}{1+e^{\frac{x_{uf}-x_{ug}}{1+C_g}}} \frac{w_{uf}}{1+C_g} + \frac{w_{uf}}{1+e^{x_{ug}-x_{uj}}} \quad (4\text{-}10)$$

$$\nabla h_{jf} = \frac{\partial \Psi}{\partial h_{jf}} = -\frac{w_{uf}}{1+e^{x_{ug}-x_{uj}}} \quad (4\text{-}11)$$

详细算法过程如算法 4-1 所示。实验设置迭代次数 iter = 500，学习率 $\alpha = 0.1$，并设置正则化系数 $\lambda = 0.01$ 以防止过拟合。

算法 4-1　G_SBPR 算法

输入：用户-项目交互关系集合 D，好友关系集合 S，群组关系集合 G
输出：参数 $\Theta = \{W, H, b\}$

为每个用户构建四个反馈集合：PN, FF, GF, NF
随机初始化 W, H, b
for iter = 1; iter <= MaxIter; do
　　for $\eta = 1$; $\eta <= |D|$ do
　　　　随机抽取一个用户 u
　　　　从 PF$_u$ 随机抽取一个项目 p_i
　　　　从 FF$_u$ 随机抽取一个项目 p_f
　　　　从 GF$_u$ 随机抽取一个项目 p_g
　　　　从 NF$_u$ 随机抽取一个项目 p_j

得到用户 u 的一组偏序项目组 $C(u,p_i,p_f,p_g,p_j)$;
　　使用式（4-3）～式（4-11）更新参数 $\Theta=\{W,H,b\}$
　end
end
return W, H, b

4.3　基于社会化关系强度的个性化推荐方法

4.3.1　问题定义

基于社会化关系强度的个性化推荐方法同时考虑好友信息、群组信息及标签信息以推荐在线社交网络中用户感兴趣的项目。本节融合深度学习与社交推荐技术以提升社会化推荐的精度。为了描述所提社会化推荐模型，首先介绍模型所用符号定义，如表 4-2 所示。

表 4-2　符号定义

符号	描述
U	用户集合
P	项目集合
M	用户数
N	项目数
E	群组数
L	标签数
D	用户-项目关系集合（仅正反馈）
G	群组关系集合，g_{ja} 表示用户 a 加入了群组 j
F	好友关系集合，f_{ba} 表示用户 b 关注用户 a
T	用户标签集合，c_{ja} 表示用户 a 具有标签 j
Θ	目标函数的参数
Ψ	目标函数

　　该模型的输入为用户-项目关系集合 D、用户标签集合 T、好友关系集合 F 及群组关系集合 G。为了使用层次注意力模型，本节对好友关系、群组关系和标签信息使用现有算法进行预训练，从而得到其向量表示。对于好友关系集合 F，好友词嵌入尝试将好友关系网络中每个用户表示为连续向量空间中的一个向量。由

于本节的重点不是设计更复杂的模型学习好友的网络嵌入，因此利用广泛应用的 Node2vec 网络表征方法进行好友网络表征学习[45]。Node2vec 使用好友关系集合 F 作为输入，学习到好友关系网络中用户的向量表示矩阵 $S \in R^{M \times d}$，其中第 i 行表示用户 i 的向量表示 s_i，M 表示用户数，d 表示隐向量维度。对于群组关系集合 G，群组词嵌入尝试将用户加群网络中每个群组表示为一个低维稠密隐向量。由于本节的重点不是设计更复杂的模型来学习用户加群网络的子群表示，因此本节使用了先进且有效的算法 Sub2vec 方法来进行子群表征的学习[46]。Sub2vec 使用群组关系集合 G 作为输入，学习到用户加群网络中子群的向量表示矩阵 $Z \in R^{E \times d}$，其中第 i 行表示子群 i 的向量表示 z_i，E 表示群组个数，d 表示隐向量维度。对于标签信息，本节采用现有的有效算法 Doc2vec 方法进行标签表征的学习[47]。Doc2vec 使用用户标签集合 T 作为输入，学习到标签词向量表示矩阵 $H \in R^{L \times d}$，其中第 i 行表示标签 i 的向量表示 h_i，L 表示标签数，d 表示隐向量维度。

4.3.2 基于多层注意力的社会化推荐模型构建

本节提出基于分层注意力机制的深度神经网络模型，充分考虑社交上下文环境，并从两个不同的级别对用户偏好进行建模。顶层注意力网络描述了三个社交因素（即好友信息、群组信息、标签信息）对用户决策的重要性，其重要程度是对底层注意力网络的重要性分别进行汇总得出的。给定一个用户 a 和项目 p，使用 ω_{ai}（$i=1,2,3$）表示用户 a 在顶层注意力模型上对社交因素 i 的关注度。关注度越大，表示该社交因素 i 对用户 a 偏好的影响越大。此外，本节对三个社交因素分别构建底层注意力网络。对于好友关系 f_a^*，使用 α_{ab} 表示在社交好友网络环境中用户 b 对用户 a 的影响强度，其值越大，表示用户 b 对用户 a 的影响越大。对于群组关系 g_a^*，使用 β_{ak} 表示社交群组关系中群组 k 对用户 a 的影响程度，其值越大，表示群组 k 对用户 a 的影响越大。对于标签 t_a^*，使用 γ_{al} 表示标签 l 对用户 a 的影响程度，其值越大，表示标签 l 对用户 a 的影响越大。以下将自下而上详细讲述模型的构建过程。

底层注意力建模：输入包括用户的好友信息、用户的加群信息、用户的标签信息等三个方面的信息。本节利用注意力模型分别对这三个方面的信息进行建模，下面进行依次介绍。

1. 好友信息注意力建模

利用好友信息进行注意力建模的目的是学习到社交关系网络中好友关系对用户决策的影响权重。若用户 b 是用户 a 的好友，则使用 α_{ab} 表示社交好友网

环境中用户 b 对用户 a 的影响强度，其计算公式如下：

$$\alpha_{ab} = w_1^T \sigma\left(W_1[u_a, s_b, p_a]\right) \tag{4-12}$$

其中，W_1 和 w_1 表示好友信息注意力网络的参数，记作 $\theta_{f^*} = [W_1, w_1]$；$\sigma$ 表示非线性激活函数。该好友信息注意力网络的输入包括用户 a 的固有表征 u_a、用户好友 b 的社交表征 s_b、物品的固有表征 p_a。若给定嵌入向量维度 d，注意力网络的第一层输出维度为 d_1，则 $W_1 \in R^{d_1 \times 3d}$ 是注意力网络第一层的矩阵参数，$w_1 \in R^{d_1}$ 是注意力网络的第二层向量参数。

然后，将式（4-12）的结果利用 Softmax 函数进行归一化处理，得到用户 b 对用户 a 的最终的注意力得分：

$$\alpha'_{ab} = \frac{\exp(\alpha_{ab})}{\sum_{b=1}^{M} \exp(f_{ba} \alpha_{ab})} \tag{4-13}$$

用户 a 的好友信息特征表示为

$$\tilde{f}_a^* = \sum_{b=1}^{M} f_{ba} \alpha'_{ab} s_b \tag{4-14}$$

2. 群组信息注意力建模

利用群组信息进行注意力建模的目的是学习到用户加群关系网络中，用户加入的每个群对该用户的影响程度。若群组 i 是用户 a 加入的群，则使用 β_{ai} 表示社交网络环境中群组 i 对用户 a 的影响强度，其计算公式如下：

$$\beta_{ai} = w_2^T \times \sigma\left(W_2[u_a, z_i, p_a]\right) \tag{4-15}$$

其中，W_2 和 w_2 是群组信息注意力网络的参数，记作 $\theta_{g^*} = [W_2, w_2]$。该群组信息注意力网络的输入包括用户的固有表征 u_a、群组表征 z_i 和项目的固有表征 p_a。

然后，将式（4-5）的结果进行归一化处理，得到群组 i 对用户 a 最终的注意力得分：

$$\beta'_{ai} = \frac{\exp(\beta_{ai})}{\sum_{j=1}^{E} \exp(g_{ja} \beta_{aj})} \tag{4-16}$$

用户 a 的群组信息特征表示为

$$\tilde{g}_a^* = \sum_{j=1}^{E} g_{ja} \beta'_{aj} z_j \tag{4-17}$$

3. 标签信息注意力建模

利用标签信息进行注意力建模的目的是学习到用户标签序列中每个标签对用

户的影响程度。若标签 i 是用户 a 打过的标签，则使用 γ_{ai} 表示社交网络环境中标签 i 对用户 a 的影响强度，其计算公式如下：

$$\gamma_{ai} = w_3^{\mathrm{T}} \times \sigma\left(W_3[u_a, h_i, p_a]\right) \tag{4-18}$$

其中，W_3 和 w_3 表示标签信息注意力网络的参数，记作 $\theta_{t_i} = [W_3, w_3]$。该标签信息注意力网络的输入包括用户的固有表征 u_a、标签表征 h_i 和项目的固有表征 p_a。

然后，将式（4-18）的结果进行归一化处理，得到标签 i 对用户 a 最终的注意力得分：

$$\gamma'_{ai} = \frac{\exp(\gamma_{ai})}{\sum_{j=1}^{L} \exp(c_{ja}\gamma_{aj})} \tag{4-19}$$

用户 a 的标签信息特征表示为

$$\tilde{t}_a^* = \sum_{j=1}^{L} c_{ja} \gamma'_{aj} h_j \tag{4-20}$$

顶层注意力建模：顶层注意力模型将底层注意力网络中形成的三个因素特征表示作为输入，对用户决策过程中每个因素的重要性进行建模。具体而言，对用户 a 和项目 p，从底层注意力模型得到用户 a 的好友特征表示 $\tilde{f}_a^*$、群组特征表示 $\tilde{g}_a^*$ 以及标签特征表示 $\tilde{t}_a^*$。在此基础上，顶层注意力网络可建模为

$$\omega_{ai} = w^{\mathrm{T}} \times \sigma(Wx_i) \tag{4-21}$$

其中，W 和 w 表示顶层注意力网络的参数，记作 $\theta_a = [W, w]$；x_i 表示底层注意力网络的特征表示。$x_1 = \tilde{f}_a^*$ 为好友信息的特征表示，$x_2 = \tilde{g}_a^*$ 为群组信息的特征表示，$x_3 = \tilde{t}_a^*$ 为标签信息的特征表示。

将由式（4-21）得到的注意力得分进行归一化处理，得到最终的注意力得分：

$$\omega'_{ai} = \frac{\exp(\omega_{ai})}{\sum_{j=1}^{3} \exp(\omega_{aj})} \tag{4-22}$$

针对每个用户 a，个性化定制社会化因素的得分，以区分三个社会化因素在不同用户决策过程中的重要性。对于所有学习到的社交因素的重要性得分，其值越大，用户的决定就越有可能受此因素的影响。

通过层次注意力机制设计，模型学习得到社交因素的复杂影响，并最终得到每个用户 a 对项目 j 的预测得分：

$$\hat{r}_{aj} = p_j^{\mathrm{T}}\left(u_a + \omega'_{a_1}\tilde{f}_a^* + \omega'_{a_2}\tilde{g}_a^* + \omega'_{a_3}\tilde{t}_a^*\right) \quad (4\text{-}23)$$

其中，$\tilde{f}_a^* = \sum_{b=1}^{M} f_{ba}\alpha'_{ab}$，$\tilde{g}_a^* = \sum_{j=1}^{E} g_{ja}\beta'_{aj}$，$\tilde{t}_a^* = \sum_{j=1}^{L} c_{ja}\gamma'_{aj}$。

4.3.3 模型求解

本节使用隐式反馈数据进行社会化推荐，因此，采用 BPR 损失函数作为目标函数：

$$\min_{\theta}\phi = -\sum_{a=1}^{M}\sum\delta\left(\hat{r}_{ai} - \hat{r}_{aj}\right) + \lambda\|\theta_1\|^2 \quad (4\text{-}24)$$

其中，δ 表示 sigmoid 函数；λ 表示正则化系数；$\theta = [\theta_1, \theta_2]$，$\theta_1 = [U, P]$ 表示用户和项目的固有表征矩阵；$\theta_2 = [\theta_f, \theta_g, \theta_t, \theta_a]$ 表示每个注意力网络的参数。用户构建配对的项目组 (i, j)，其中 $i \in D$ 且 $j \notin D$。

在实验中，采用 TensorFlow 框架，并使用小批量 Adam 优化器训练模型参数。其中，融合好友、群组和标签信息的层次注意力模型（hierarchical attention model that integrates friend, group and tag information，HAM-FGT）的训练算法如下所示。

算法 4-2　HAM-FGT 训练算法

输入：用户-项目关系集合 D，好友关系集合 F，群组关系集合 G，用户标签集合 T，小批量 m

输出：用户和项目的基本嵌入矩阵 $\Theta_1 = \{U, P\}$ 和注意力模型参数 Θ_2

随机初始化参数 Θ

for epoch = 1; epoch <= MaxIter; do

　对每个用户 a 的一个正反馈随机抽取 4 次负反馈 $\langle a, i, j\rangle$，其中 $i \in D$ 且 $j \notin D$

　for mini_epoch = 1; mini_epoch <= $|D|/m$ do

　　随机抽取 m 对偏序产品对 $\langle a^k, i^k, j^k\rangle_{k=1}^{m}$

　　for $k = 1$; $k <= m$; do

　　　利用式（4-12）计算正反馈项目的偏好得分 $\hat{r}_{ai}$

　　　利用式（4-12）计算负反馈项目的偏好得分 $\hat{r}_{aj}$

　　　利用式（4-13）计算损失函数 φ^k

　　end

　end

end

return 用户和项目的基本嵌入矩阵 $\Theta_1 = \{U, P\}$ 和注意力模型参数 Θ_2

4.4 融合社交互动信息的社会化推荐实验

4.4.1 基于社会化关系多元性的推荐方法实验

1. 数据集

为了验证模型的有效性，使用 Last.fm 数据集进行实验。随机选择 3000 个用户，并保留这些用户的所有项目记录、好友信息和群组信息。表 4-3 显示了详细的数据信息。

表 4-3 Last.fm 数据集的描述（一）

详细特征	实验数据集
用户数	3 000
项目数	183 628
可观察到的反馈数	277 006
好友关系	1 113
群组关系	432 260
每个用户的平均产品数	92.34
稀疏度	99.95%

本节使用 Last.fm 公开数据集的三个子集，即好友关系数据集、群组关系数据集和用户-项目交互数据集。用户-项目交互数据集包含用户对项目的正反馈，未包含在正反馈集中的用户-项目对属于用户的负反馈集。

实验采用双重交叉验证方法对提出的社会化推荐方法的有效性进行验证。对于每个用户，实验将用户交互过的项目分为 50%训练集和 50%测试集两部分。若用户交互项目少于两个，实验将其分配到训练集。根据训练集数据抽取好友反馈集合和群组反馈集合。实验所用数据的详细信息如表 4-4 所示。

表 4-4 训练集和测试集的描述（一）

详细特征	训练集	测试集
用户数	3 000	2 452
项目数	102 995	101 944
可观察到的反馈数	139 348	137 658
稀疏度	99.95%	99.94%

续表

详细特征	训练集	测试集
平均正反馈数	46.45	—
平均好友反馈数	97.92	—
平均群组反馈数	8 934.40	—

2. 比较算法

实验选择 BPR、SBPR 和 G-BPR（group-BPR，群组 BPR）作为基准模型。同时，基于研究所提假设设计三种对应的社会化推荐模型。

（1）BPR：传统的贝叶斯个性化排序推荐算法使用用户-项目交互信息来随机构造二元组〈正反馈，负反馈〉以获取项目的排序偏好[44]。

（2）SBPR：此方法将好友信息集成到 BPR 算法中。通过使用用户之间的正面反馈信息和好友信息，通过随机构造三元组〈正面反馈，好友反馈，负面反馈〉来获得项目排序的偏好[42]。

（3）G-BPR：用群组信息替换好友信息运行 BPR 推荐算法，通过随机构造的三元组〈正反馈，群组反馈，负反馈〉来获得项目排序的偏好。

SGBPR（假设 4-1）：该方法是基于假设 4-1 的模型。

GSBPR（假设 4-2）：该方法是基于假设 4-2 的模型。

G_SBPR（假设 4-3）：该方法是基于假设 4-3 的模型。

3. 实验结果

本节实验采用准确率 Precision@k、召回率 Recall@k、平均排序倒数 MRR@k、平均精度均值 MAP@k 等指标对各方法的推荐效果进行评估，具体结果如表 4-5 所示，粗体数字表示最优实验结果。

表 4-5 模型评估（一）

方法	Precision@10	Recall@10	MRR@10	MAP@10
BPR	0.021 574	0.009 126	0.050 496	0.010 202
SBPR	0.037 276	0.014 186	0.081 131	0.019 337
G-BPR	0.042 761	0.015 664	0.092 385	0.024 346
SGBPR	0.042 537	0.016 277	0.092 443	0.024 360
GSBPR	0.039 988	0.015 336	0.091 327	0.022 534
G_SBPR	**0.043 210**	**0.016 384**	**0.093 220**	**0.024 489**

从表 4-5 可以看出,①与 BPR 等基准方法相比,本章提出的社会化推荐方法具有更好的推荐效果。其中,好友信息和群组信息无差异融合的 G_SBPR 方法效果最优。②与仅使用用户-项目交互信息的传统贝叶斯推荐算法相比,好友信息和群组信息的引入可以改进推荐效果,这说明融合社会化信息有助于提升推荐精度。③与仅融合好友信息的 SBPR 算法相比,本章提出的融合多元社会化关系的方法具有更好的性能,表明多元社会关系对提升社会化推荐效果具有正向作用。

为了进一步验证所提方法的有效性,补充 80%(训练集)-20%(测试集)的数据划分实验。对每个用户,将用户交互项目分为 80%的训练集和 20%的测试集。对于交互项少于 5 个的用户,将其分配到训练集。根据训练集提取每个用户的好友反馈集合和群组反馈集合。实验结果见表 4-6,粗体数字表示最优实验结果。从表 4-6 可以看出,与 80%-20%数据集相比,模型在 50%-50%数据集上取得更为显著的改进效果。这表明,在数据稀疏时添加好友和群组信息更加有助于提升推荐效果。

表 4-6 不同稀疏度下的性能改善

评价指标	BPR	SBPR	G_SBPR	Improve(BPR)	Improve(SBPR)
50%训练集和 50%测试集					
Precision@10	0.021 574	0.037 276	0.043 210	**100.28%**	**15.92%**
Recall@10	0.009 126	0.014 186	0.016 384	**79.54%**	**15.49%**
MRR@10	0.050 496	0.081 131	0.093 220	**84.61%**	**14.90%**
MAP@10	0.010 202	0.019 337	0.024 489	**140.05%**	**26.64%**
80%训练集和 20%测试集					
Precision@10	0.016 503	0.028 159	0.031 209	**89.10%**	**10.83%**
Recall@10	0.015 133	0.023 908	0.026 107	**72.52%**	**9.20%**
MRR@10	0.049 732	0.070 853	0.090 704	**82.38%**	**28.02%**
MAP@10	0.009 698	0.015 640	0.020 116	**107.42%**	**28.62%**

注:本表数据由原始数据计算得出

表 4-7 给出了模型在 k 取不同值时的表现,粗体数字表示最优实验结果。从结果可以看出,推荐列表长度对推荐结果有一定影响。当 k 为 5 时,G_SBPR 在 Precision@k、MRR@k 和 MAP@k 评价指标上表现最好;当 k 为 10 和 15 时,G_SBPR 在四个指标中均表现最好;当 k 为 20 时,G_SBPR 在指标 Recall@k 和 MRR@k 中表现最好。总体而言,G_SBPR 受 k 值的整体影响较小,在不同的 k 值下具有良好的性能。

表 4-7　模型在不同 k 值下的影响

评价指标	方法	$k=5$	$k=10$	$k=15$	$k=20$
Precision@k	BPR	0.023 369	0.021 574	0.020 636	0.019 647
	SBPR	0.040 131	0.037 276	0.034 625	0.033 044
	G-BPR	0.047 431	0.042 761	0.039 033	0.036 419
	SGBPR	0.047 838	0.042 537	0.038 377	**0.037 551**
	GSBPR	0.045 392	0.039 988	0.036 909	0.034 074
	G_SBPR	**0.048 532**	**0.043 210**	**0.039 084**	0.036 327
Recall@k	BPR	0.005 294	0.009 126	0.013 033	0.016 370
	SBPR	0.008 159	0.014 186	0.019 577	0.024 796
	G-BPR	0.009 179	0.015 664	0.021 240	0.025 769
	SGBPR	**0.010 060**	0.016 277	0.021 438	0.021 493
	GSBPR	0.008 786	0.015 336	0.020 727	0.025 022
	G_SBPR	0.009 775	**0.016 384**	**0.021 465**	**0.025 779**
MRR@k	BPR	0.045 378	0.050 496	0.052 757	0.053 892
	SBPR	0.073 974	0.081 131	0.083 567	0.085 002
	G-BPR	0.086 429	0.092 385	0.094 656	0.095 921
	SGBPR	0.085 794	0.092 443	0.094 621	0.094 453
	GSBPR	0.085 056	0.091 327	0.093 357	0.094 283
	G_SBPR	**0.087 051**	**0.093 220**	**0.095 293**	**0.096 469**
MAP@k	BPR	0.013 458	0.010 202	0.008 883	0.008 197
	SBPR	0.025 241	0.019 337	0.016 789	0.015 429
	G-BPR	0.031 610	0.024 346	0.020 042	0.019 009
	SGBPR	0.032 044	0.024 360	0.020 796	**0.020 005**
	GSBPR	0.030 099	0.022 534	0.019 373	0.017 511
	G_SBPR	**0.032 047**	**0.024 489**	**0.020 860**	0.018 900

4.4.2　基于社会化关系强度的推荐方法实验

为了验证模型的有效性，选择 Last.fm 进行实验验证。为了验证好友信息、群组信息及标签信息对用户的不同影响，本节实验对数据集进行了筛选以保证每个用户都有好友信息、群组信息及标签信息。同时，本节实验筛选数据以保证每个用户至少有 5 个交互的项目，每个项目至少与 10 个用户产生交互。对于标签数据未进行筛选，保留所有用户个性化标签。数据集共有 10 539 个不同的群组，22 067 个不同的标签。表 4-8 显示了详细的数据信息。

表 4-8　Last.fm 数据集的描述（二）

评价指标	实验数据集
用户数	2 776
项目数	8 581
用户-项目交互数	189 568
好友关系	9 817
群组关系	38 080
标签列表	90 508
每个用户的平均产品数	68.29
每个用户的平均好友数	7.07
每个用户的平均群组数	13.72
每个用户的平均标签数	32.60
稀疏度	99.99%

本节使用 Last.fm 数据集的四个子集，即好友关系数据集、群组关系数据集、标签数据集和用户-项目交互数据集。用户-项目交互数据集是指用户与项目的交互记录，在本数据集中指用户收藏了音乐。

在本节实验中，对于每个用户，将其项目列表分为 80%训练集和 20%测试集。另外，根据训练集，可以得到好友关系数据集、群组关系数据集和标签数据集。详细信息如表 4-9 所示。

表 4-9　训练集和测试集的描述（二）

详细特征	训练集	测试集
用户数	2 776	2 776
项目数	8 581	8 192
用户-项目交互数	152 681	36 887
稀疏度	99.993%	99.998%

为了验证模型性能，本节使用 BPR、SBPR、G_SBPR 以及 NCF 四种推荐方法作为基准算法。NCF（neural collaborative filtering，神经协同过滤）方法是利用深度学习进行推荐的先进方法，该方法使用神经网络代替内积对用户-项目的交互进行建模，以学习得到用户交互数据中的复杂结构信息[44]。本节实验采用 Precision@k、Recall@k、MAP@k 和 NDCG@k 等指标对各方法的效果进行评估。评估结果如表 4-10 所示，粗体数字表示最优实验结果。

表 4-10　模型评估（二）

方法	Precision@10	Recall@10	MAP@10	NDCG@10
BPR	0.072 299	0.076 337	0.033 756	0.080 221
SBPR	0.078 350	0.087 666	0.034 383	0.083 034
NCF	0.069 957	0.070 378	0.029 447	0.076 666
G_SBPR	0.082 529	0.091 244	0.037 849	0.088 810
HAM-FGT	**0.084 547**	**0.094 460**	**0.041 329**	**0.092 119**

从表 4-10 可以看出，在 Precision@10、Recall@10、MAP@10 和 NDCG@10 四个指标上，本章提出的 HAM-FGT 方法表现最优。与未融入社会化信息的基准方法 BPR 和 NCF 相比，HAM-FGT 具有明显的改善作用。其中，在性能上，HAM-FGT 相较于未加入社会化信息和注意力模型的基准方法 NCF，在 Precision@10 指标上提升了 20.86%，在 Recall@10 上提升了 34.22%，在 MAP@10 上提升了 40.35%，在 NDCG@10 上提升了 20.16%，这证明社会化信息和注意力模型对推荐性能具有显著提升作用。与社会化推荐领域的代表性算法 SBPR 相比，HAM-FGT 在四个指标上也有改善。相较于使用好友信息和群组信息扩展传统的贝叶斯模型的方法 G_SBPR，HAM-FGT 在指标 Precision@10 上提升了 2.45%，在 Recall@10 上提升了 3.52%，在 MAP@10 上提升了 9.19%，在 NDCG@10 上提升了 3.73%。以上结果均证明了 HAM-FGT 的有效性。为了详细说明社会化信息和注意力模型对推荐性能的影响，下面分别从社会化信息分析和注意力分析两个方面进行实验。

在注意力分析部分中，通过消融实验验证注意力模型的影响。首先，使用 NCF-FGT（neural collaborative filtering that integrates friend，group and tag information，融合好友、群组和标签信息的神经协同过滤）模型进行推荐。NCF-FGT 没有在训练过程中对顶层和底层注意力进行建模，仅使用 NCF 进行训练并生成推荐列表。然后，将底层注意力网络添加到 NCF-FGT 中，构建 BAM-FGT（bottom attention model that integrates friend，group and tag information，融合好友、群组和标签信息的底层注意力模型）方法。BAM-FGT 建模了不同社交因素对推荐的重要性。最后，将顶层注意力网络添加到 NCF-FGT 中，获得新的变体 TAM-FGT（top attention model that integrates friend，group and tag information，融合好友、群组和标签信息的顶层注意力模型）。TAM-FGT 模拟了不同类型的社会化信息对用户兴趣爱好的影响。

表 4-11 中粗体数字表示最优实验结果。结果显示，NCF-FGT 在 Precision@10、Recall@10、MAP@10 和 NDCG@10 四个指标上的表现都是最差的，而 HAM-FGT 则表现最佳。这说明注意力模型的加入对推荐结果具有显著的改善作用。通过观察加入单层注意力模型的 BAM-FGT 算法和 TAM-FGT 算法，我们可以发现，两

个模型在 Precision@10、Recall@10、MAP@10 和 NDCG@10 四个指标上的表现均优于未加注意力模型的 NCF-FGT 算法，且 TAM-FGT 在四个指标上均优于 BAM-FGT。该结果表明，顶层注意力机制和底层注意力机制均有助于改善推荐效果，但相对而言顶层注意力机制更为重要。

表 4-11　不同注意力层次的性能分析

方法	Precision@10	Recall@10	MAP@10	NDCG@10
NCF-FGT	0.072 047	0.077 887	0.031 262	0.078 939
BAM-FGT	0.082 782	0.092 554	0.040 188	0.090 707
TAM-FGT	0.083 898	0.094 295	0.041 261	0.092 059
HAM-FGT	**0.084 547**	**0.094 460**	**0.041 329**	**0.092 119**

在社会化信息分析部分中，本节实验将 HAM-FGT 与如下 6 种方法进行对比分析，以研究好友信息、群组信息和标签信息对推荐结果的影响。

（1）HAM-F：仅基于好友信息的方法。

（2）HAM-G：仅基于群组信息的方法。

（3）HAM-T：仅基于标签信息的方法。

（4）HAM-FG：基于好友信息和群组信息的方法。

（5）HAM-FT：基于好友信息和标签信息的方法。

（6）HAM-GT：基于群组信息和标签信息的方法。

各模型的推荐效果如图 4-1 所示，具体分析如下。

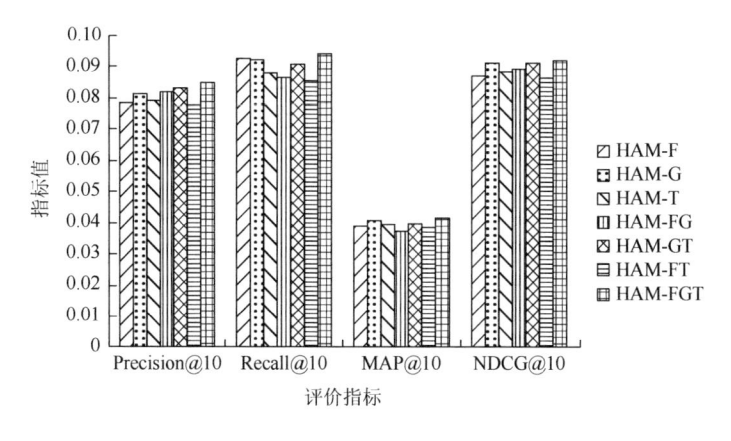

图 4-1　不同信息的性能分析

从单个信息融入的角度，HAM-G 在 Precision@10、MAP@10 和 NDCG@10

三个指标上优于 HAM-T 和 HAM-F,而 HAM-T 有三个指标优于 HAM-F。这表明仅融合群组信息的推荐效果优于仅融合好友信息和个性化标签信息的效果。可以解释为,在 Last.fm 平台中,用户的好友链接相对稀疏,用户对项目的个性化标签尚未出现成熟的体系(即用户随心所欲地打标签,标签的词义重合度较低),而用户的加群信息十分稠密且针对性更强(即用户因兴趣自发加入音乐群组,每一个音乐群组都有特定的主题,从而可以代表用户的某一特定偏好)。通常而言,好友信息和标签信息都可以代表用户偏好,但是在该数据集中标签信息的数据量远远大于好友信息的数据量,这也导致了在该数据集中仅融入好友信息的推荐方法 HAM-F 略逊于仅融入标签信息的推荐方法 HAM-T。

从两个信息融入的角度,HAM-GT 方法在 Precision@10、Recall@10、MAP@10 和 NDCG@10 四个指标上优于 HAM-FT 和 HAM-FG,而 HAM-FG 在三个指标上的表现强于 HAM-FT。通过对比信息组合融入算法与单个信息融入算法我们发现,HAM-FG 与 HAM-F 相比没有绝对优势,在三个指标上劣于 HAM-G;HAM-GT 与 HAM-G 相比没有绝对优势,在一个指标上优于 HAM-G。HAM-FT 在四个指标上均劣于 HAM-F 和 HAM-T。结果表明,多元信息的融入并非单纯的"1+1>2",辅助信息的加入可能会给原有算法性能带来提升,也有可能给原有算法带来额外的噪声使得算法性能下降。针对二元信息融合的算法,可以看到群组信息和标签信息融入的算法 HAM-GT 相对原有算法来说起到了一个改善性能的作用,好友信息和群组信息的融入算法 HAM-FG 以及好友信息和标签信息的融入算法 HAM-FT 则是相对而言没有起到提升原有算法性能的作用。这一现象可以解释为群组信息和标签信息都关注用户本身自我选择兴趣点和自我创造的信息,是用户偏好的直接体现,而用户的好友则是用户偏好的间接体现,用户的社交好友与用户本身的兴趣可能只重叠了很小的部分。

从三个信息融入的角度,HAM-FGT 在 Precision@10、Recall@10、MAP@10 和 NDCG@10 四个指标上优于两个信息融入的所有算法,且在四个指标上优于单个信息融入的所有算法。该结果表明多个信息融入的性能还会受加入信息数据之间相互作用的影响。正如本节实验的基础模型 NCF,该模型本身就是使用神经网络模拟用户和项目之间的交互,可以学习到非线性特征。在该数据集中,社会化信息的组成就是本节实验所使用的群组信息、标签信息和好友信息,这三个信息可以很好地体现出社会化环境下用户的偏好。因此,群组信息、标签信息和好友信息的融入,可以得出相同的兴趣点,并且弱化由多个信息加入所带来的噪声。

参 考 文 献

[1] Li Q, Liang N, Li E Y. Does friendship quality matter in social commerce? An experimental study of its effect on

purchase intention. Electronic Commerce Research, 2018, 18(4): 693-717.

[2] Tian X M, Liu L B. Does big data mean big knowledge? Integration of big data analysis and conceptual model for social commerce research. Electronic Commerce Research, 2017, 17(1): 169-183.

[3] Anagnostopoulos A, Kumar R, Mahdian M. Influence and correlation in social networks. Las Vegas: The 14th ACM SIGKDD International Conference on Knowledge Discovery and Data Mining, 2008.

[4] Bond R M, Fariss C J, Jones J J, et al. A 61-million-person experiment in social influence and political mobilization. Nature, 2012, 489(7415): 295-298.

[5] Ibarra H, Andrews S B. Power, social influence, and sense making: effects of network centrality and proximity on employee perceptions. Administrative Science Quarterly, 1993, 38(2): 277-303.

[6] Qiu J Z, Tang J, Ma H, et al. Deepinf: modeling influence locality in large social networks. London: The 24th ACM SIGKDD International Conference on Knowledge Discovery and Data Mining, 2018.

[7] Byrne D, Griffitt W. Similarity and awareness of similarity of personality characteristics as determinants of attraction. Journal of Experimental Research in Personality, 1969, 3(3): 179-186.

[8] Byrne D, London O, Reeves K. The effects of physical attractiveness, sex, and attitude similarity on interpersonal attraction. Journal of Personality, 1968, 63(2): 259-271.

[9] Singh R, Ho S Y. Attitudes and attraction: a new test of the attraction, repulsion and similarity-dissimilarity asymmetry hypotheses. The British Journal of Social Psychology, 2000, 39(2): 197-211.

[10] Kautz H, Selman B, Shah M. Referral web: combining cocial networks and collaborative filtering. Communications of the ACM, 1997, 40(3): 63-65.

[11] Jannach D, Geyer W, Dugan C, et al. Workshop on recommender systems and the social web. New York: The Third ACM conference on Recommender systems, 2009.

[12] Sadovykh V, Sundaram D, Piramuthu S. Do online social networks support decision-making? Decision Support Systems, 2015, 70: 15-30.

[13] Bapna R, Umyarov A. Do your online friends make you pay? A randomized field experiment on peer influence in online social networks. Management Science, 2015, 61(8): 1902-1920.

[14] Lobel I, Sadler E. Preferences, homophily, and social learning. Operations Research, 2016, 64(3): 564-584.

[15] Risselada H, Verhoef P C, Bijmolt T H A. Dynamic effects of social influence and direct marketing on the adoption of high-technology products. Journal of Marketing, 2014, 78(2): 52-68.

[16] Banerjee A, Chandrasekhar A G, Duflo E, et al. The diffusion of microfinance. Science, 2013, 341(6144): 1236498.

[17] Morone F, Makse H A. Influence maximization in complex networks through optimal percolation. Nature, 2015, 524(7563): 65-68.

[18] Li Y M, Lai C Y. A social appraisal mechanism for online purchase decision support in the micro-blogosphere. Decision Support Systems, 2014, 59: 190-205.

[19] Vosecky J, Leung K W T, Ng W. Collaborative personalized twitter search with topic-language models. Gold Coast: The 37th International ACM SIGIR Conference on Research & Development in Information Retrieval, 2014.

[20] Ma H, Zhou T C, Lyu M R, et al. Improving recommender systems by incorporating social contextual information. ACM Transactions on Information Systems, 2011, 29(2): 9.

[21] Yang X W, Guo Y, Liu Y. Bayesian-inference-based recommendation in online social networks. IEEE Transactions on Parallel and Distributed Systems, 2013, 24(4): 642-651.

[22] Liu J T, Wu C H, Liu W Y. Bayesian probabilistic matrix factorization with social relations and item contents for recommendation. Decision Support Systems, 2013, 55(3): 838-850.

[23] Fang H, Guo G B, Zhang J. Multi-faceted trust and distrust prediction for recommender systems. Decision Support Systems, 2015,71: 37-47.

[24] Jamali M, Ester M. A matrix factorization technique with trust propagation for recommendation in social networks. Barcelona: The Fourth ACM Conference on Recommender Systems, 2010: 135-142.

[25] Chan C, Berger J, van Boven L. Identifiable but not identical: Combining social identity and uniqueness motives in choice. Journal of Consumer Research, 2012, 39(3): 561-573.

[26] Goel S, Goldstein D G. Predicting individual behavior with social networks. Marketing Science, 2014, 33(1): 82-93.

[27] Ansari A, Mela C F. E-customization. Journal of Marketing Research, 2003, 40(2): 131-145.

[28] Ma H, Yang H X, Lyu M R, et al. SoRec: social recommendation using probabilistic matrix factorization. Napa Valley: The 17th ACM Conference on Information and Knowledge Management, 2008.

[29] Li W J, Yeung D Y. Relation regularized matrix factorization. Pasadena: The 21st International Joint Conference on Artificial Intelligence, 2009.

[30] Ma H, King I, Lyu M R. Learning to recommend with social trust ensemble. Boston: The 32nd International ACM SIGIR Conference on Research and Development in Information Retrieval, 2009.

[31] Ma H, Zhou D Y, Liu C, et al. Recommender systems with social regularization. Hong Kong: The Fourth ACM International Conference on Web Search and Data Mining, 2011.

[32] Tang J L, Hu X, Gao H J, et al. Exploiting local and global social context for recommendation. Beijing: The Twenty-Third International Joint Conference on Artificial Intelligence, 2013.

[33] Fang H, Bao Y, Zhang J. Leveraging decomposed trust in probabilistic matrix factorization for effective recommendation. Québec City: The Twenty-Eighth AAAI Conference on Artificial Intelligence, 2014.

[34] Guo G B, Zhang J, Yorke-Smith N. TrustSVD: collaborative filtering with both the explicit and implicit influence of user trust and of item ratings. Austin: The Twenty-Ninth AAAI Conference on Artificial Intelligence, 2015: 123-129.

[35] Li H, Wu D M, Tang W B, et al. Overlapping community regularization for rating prediction in social recommender systems. Vienna: The 9th ACM Conference on Recommender Systems, 2015.

[36] Tang J L, Wang S H, Hu X, et al. Recommendation with social dimensions. Phoenix: The Thirtieth AAAI Conference on Artificial Intelligence, 2016.

[37] Yang B, Lei Y, Liu J M, et al. Social collaborative filtering by trust. IEEE Transactions on Pattern Analysis and Machine Intelligence, 2017, 39(8): 1633-1647.

[38] Sedhain S, Menon A K, Sanner S, et al. Low-rank linear cold-start recommendation from social data. San Francisco: The Thirty-First AAAI Conference on Artificial Intelligence, 2017.

[39] Wu L, Sun P J, Hong R C, et al. Collaborative neural social recommendation. IEEE Transactions on Systems, Man, and Cybernetics: Systems, 2021, 51(1): 464-476.

[40] Zhao G S, Lei X J, Qian X M, et al. Exploring users' internal influence from reviews for social recommendation. IEEE Transactions on Multimedia, 2019, 21(3): 771-781.

[41] Xu C H. A novel recommendation method based on social network using matrix factorization technique. Information Processing & Management, 2018, 54(3): 463-474.

[42] Zhao T, McAuley J, King I. Leveraging social connections to improve personalized ranking for collaborative filtering. Shanghai: The 23rd ACM International Conference on Conference on Information and Knowledge Management, 2014.

[43] Jiang Y C, Lv M L, Sun J S, et al. A Bayesian personalized ranking algorithm based on tag preference. Guangzhou: 2018 IEEE Third International Conference on Data Science in Cyberspace, 2018.

[44] Rendle S, Freudenthaler C, Gantner Z, et al. BPR: Bayesian personalized ranking from implicit feedback. https://arxiv.org/abs/1205.2618.pdf[2012-05-09].

[45] Grover A, Leskovec J. node2vec: scalable feature learning for networks. San Francisco: The 22nd ACM SIGKDD International Conference on Knowledge Discovery and Data Mining, 2016.

[46] Adhikari B, Zhang Y, Ramakrishnan N, et al. Sub2Vec: feature learning for subgraphs//Phung D, Tseng V, Webb G, et al. Pacific-Asia Conference on Knowledge Discovery and Data Mining. Chan: Springer, 2018: 170-182.

[47] Le Q, Mikolov T. Distributed representations of sentences and documents. Beijing: The 31st International Conference on International Conference on Machine Learning, 2014.

第 5 章　考虑个性化需求演化的动态推荐方法

在实际推荐应用中，用户的个性化需求通常是随时间推移或环境改变而动态变化的，这要求推荐系统能够捕捉个性化偏好的演化规律，在此基础上做出更为有效的推荐。为此，考虑个性化需求演化的动态推荐方法引起了研究者的广泛兴趣[1, 2]。作为结合实时环境进行策略学习和动态决策的有效方法，强化学习近年来得到了深入研究，在交通、医疗等领域的动态决策中得到了广泛应用[3, 4]。强化学习为如何动态建模个性化需求的演化提供了可以借鉴的思路，但是，依然存在如何建模状态空间和奖励函数等强化学习要素、如何仿真真实的产品推荐环境、如何提高高维动作空间情况下的推荐效率、如何结合外部信息提高推荐有效性等诸多难题。

本章构建基于强化学习的动态推荐方法，对个性化需求演化进行建模分析，进而推荐与动态需求相适应的产品。内容组织如下：5.1 节综述基于强化学习的个性化推荐、基于知识图谱的个性化推荐等方面的相关研究。5.2 节提出基于演员-评论家框架的动态推荐方法。5.3 节提出融合知识图谱的深度强化学习动态推荐方法。5.4 节对所提动态推荐方法进行实验验证。

5.1　国内外研究综述

在强化学习中，智能体（agent）能够自主地在环境（environment）中进行探索展开行动，在不同的状态（state）中，智能体通过和环境进行交互得到的反馈（reward）来不断调整其本身的一系列行动策略（policy），最终目标为达到一段时间内奖励的最大值[5-7]。强化学习技术非常适合需要不断和环境进行交互的领域，如智能机器人、AI 围棋、自动驾驶、推荐系统等[8, 9]。随着深度学习浪潮的兴起，深度学习由于其具有强大的捕获非线性和高阶特征的能力，可以将强化学习中复杂的状态空间和状态到动作的函数进行抽象拟合，适用于需要进行连续决策的模型。与深度学习的融合使得强化学习的表达能力和学习能力得到大幅度提升。

在个性化推荐方面，以协同过滤或基于内容的推荐为代表的传统推荐方法往往无法建模营销环境和用户需求的动态变化，且容易遭遇冷启动、数据稀疏性、表征线性化等问题[10, 11]。尽管结合深度学习的方法可以对用户和产品进行有效的非线性表征，提升个性化需求预测的准确性，但是，相关方法通常将推荐过程看作一个静态的过程，无法建模推荐系统和用户的动态交互过程。强化学习技术的发展为解决动态推荐问题提供了解决思路。基于强化学习的动态推荐建模方法可以分为如下两类。①将动态推荐问题建模为多臂老虎机问题[12-14]，上下文老虎机（contextual bandit）算法在推荐系统领域得到了较为广泛的应用[13,15,16]。然而，上下文老虎机算法一般假设奖励反馈和用户的特征之间服从严格的线性关系，这样的假设过于单一，不能建模复杂的关系，忽略了用户的特征分布，模型的表征能力不强。②将动态推荐问题建模为马尔可夫决策过程问题，使用深度强化学习技术来解决[17]。深度学习的非线性表征能力加上强化学习的动态交互建模能力，使得该策略成为近年来推荐系统领域的热点研究方向。

基于 DQN 算法的推荐框架是基于强化学习的动态推荐常用框架。Chen 等[18]将反馈建模为用户满意度和用户效用，将用户点击序列建模为状态，在 DQN 的框架基础上设计产品推荐算法。Zheng 等[19]基于 DQN 框架，结合用户点击和活跃度建模奖励回报设计 Top-K 推荐算法。由于 DQN 方法存在计算效率低、产品空间过大等缺点，结合策略梯度方法的演员-评论家框架成为目前动态推荐的有效解决方案。基于该框架，Chen 等[20]结合用户与产品的交互信息设计了四种不同的状态表示形式，利用监督学习模型概率矩阵分解构建奖励回报设计推荐算法。Zhao 等[21]基于京东的行业实践，利用强化学习技术结合用户的点击反馈向用户推荐产品列表，基于演员-评论家框架，融合卷积神经网络和 DeCNN（deconvolution neural network，反卷积神经网络）提出了一个同时进行推荐产品和产品放置的模型。

知识图谱（knowledge graph，KG）信息作为一种良好的外部信息可以用来改进推荐系统的性能[22]。知识图谱是一种由多组节点和边构成的结构化知识图库，能够提供更多的语义信息。通过结合知识图谱的辅助信息能够有效地解决当前个性化推荐中面临的推荐准确度低、冷启动、解释性差等问题[23]。知识图谱技术通常利用知识图谱嵌入技术，如 TransE[24]、TransD[25]、TransR[26]等方法，从知识图谱中提取关系实体嵌入来更好地表征推荐的产品。Zhang 等[27]提出了 CKE 方法，提出了一个联合的框架用来联合学习协同过滤的隐产品表示和产品的知识图谱表示。Wang 等[28]提出了一种适应于新闻推荐领域的模型［DKN（deep knowledge-aware network，深度知识感知网络）］，将知识图谱的表征和卷积神经网络以及注意力机制进行融合建模实现点击率预测。Wang 等[29]提出的知识图谱注意力网络推荐（knowledge graph attention network for recommendation，KGAT）方法，结合了图神经网络的可解释性，通过端对端的方式明确地对知识图谱中的高阶连接进行建模。然而上述知识图谱推荐方法大多为静态推荐方法，无法建模用户和推荐系统的动态交互过程。为了进一步研究动态推荐问题，有学者将知识图谱信息融入强化学习的框架中。Chen 等[22]将知识图谱信息作为评价的组成成分辅助策略生成,利用图卷积网络和 Dijkstra(迪杰斯特拉)算法寻优计算 Q 值。Sakurai 等[30]在构造的知识图谱中引入声学特征来解决推荐中的冷启动问题辅助音乐推荐。但是目前结合知识图谱的深度强化学习推荐存在诸多问题,对于知识图谱信息的挖掘利用不足,算法效率不高。

基于深度强化学习的动态推荐研究目前仍处于探索阶段,具有广阔的研究空间:如何建模状态空间和奖励函数等强化学习要素?如何仿真真实的产品推荐环境?如何提高高维动作空间情况下的推荐效率?如何结合外部信息提高推荐有效性等问题需要深入研究?为此,本章提出了基于演员-评论家框架的动态推荐方法和融合知识图谱的深度强化学习动态推荐方法,具体方法阐述如下。

5.2 基于演员-评论家框架的动态推荐方法

本节提出基于演员-评论家框架的动态推荐方法。在介绍奖励回报函数设计机制和状态空间构建方式的基础上,构建了模拟推荐的仿真环境。根据演员-评论家框架使用演员网络进行动作推荐,使用评论家网络进行策略更新,基于强化学习方法进行参数的学习和训练。

5.2.1 马尔可夫决策过程建模

基于演员-评论家框架的动态推荐方法将推荐问题建模为一个推荐智能体和环境 u(用户)之间的进行动态交互的推荐任务。在一定的时间内选择合适的推荐候选集合给用户,推荐目标使得累计回报达到最大化。

基于强化学习的推荐通常基于马尔可夫决策过程进行建模。如图 5-1 所示,动态推荐问题的马尔可夫决策过程元素包括状态、动作、奖励等。将其中的元素建模为五元组的形式 (S,A,R,T,γ)。各部分具体定义如下。

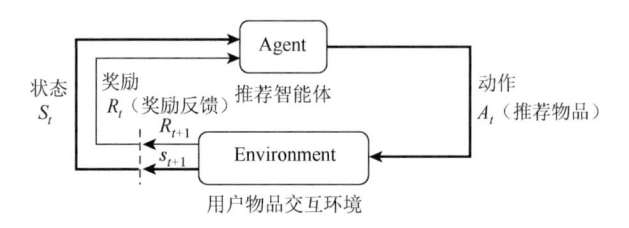

图 5-1 推荐系统环境下的马尔可夫决策过程

(1) 状态空间 S。状态空间 S 表示到当前决策时刻系统可以获得的所有信息。在本书中,状态 $s_t = \{s_t^1, \cdots, s_t^N\} \in S$ 被定义为用户的浏览历史产品序列,表示用户在时间 t 之前浏览过的前 N 个产品。产品在 s_t 中按照时间顺序进行排列。

(2) 动作空间 A。动作 $a_t = \{a_t^1, \cdots, a_t^K\} \in A$ 是推荐智能体根据当前的状态给用户推荐的产品列表。其中 K 表示推荐系统给用户每次进行推荐的产品数量。

(3) 奖励回报 R。当用户接收到推荐智能体根据当前状态给用户推荐的产品列表时,用户针对推荐的产品列表做出一系列的反馈,用户的反馈行为可能是忽略、点击、购买等。例如,设置 $f_t^i = \{0, 1, 5\}$,$i = 1, 2, \cdots, K$,表示用户对当前 t 时刻推荐列表 a_t 中第 i 项产品的行为反馈分别为:忽略记 0 分,点击记 1 分,购买记 5 分。系统根据当前的用户反馈生成当前的奖励 $r(s_t, a_t) = R(f_t)$。

(4) 转移概率 T。转移概率 $T(s_{t+1} | s_t, a_t)$ 表示当选择了动作 a_t 后状态从 s_t 到 s_{t+1} 的转移概率。假设马尔可夫决策过程满足 $(s_{t+1} | s_t, a_t, \cdots, s_1, a_1) = (s_{t+1} | s_t, a_t)$。当用户的反馈行为为跳过时,即忽略推荐产品,此时下一个状态不发生改变,即 $s_{t+1} = s_t$;当用户的反馈行为为点击或其他行为时,此时状态 s_{t+1} 会根据状态转移概率进行更新。

(5) 折扣因子 γ。折扣因子 $\gamma \in [0, 1]$ 表示考虑未来的奖励回报时的当前的贴现因子,γ 是用来平衡当前的即时奖励和未来奖励的调节参数。当 $\gamma = 0$ 时,表示推荐智能体只需要考虑当前的即时奖励,不用考虑未来的奖励回报。当 $\gamma = 1$ 时,表示推荐智能体将未来的奖励都完全考虑在当前的行动中。

参照上述的符号和定义,本节的动态推荐问题可以定义如下:给定 (S, A, R, T, γ),算法学习到能使推荐系统累计奖励最大化的策略 $\pi: S \to A$。其中,奖励回报由直接奖励和辅助奖励两个部分组成。直接奖励对应用户对推荐系统推荐的产品进行的动作反馈信息,如用户的忽略行为对应的奖励为 0 分,点击行为为 1 分,购买行为为 5 分等。辅助奖励对应当前用户反馈的产品在整个推荐列表中的位置,越靠近列表顶部的产品辅助奖励越大,而越靠近列表尾部的产品辅助奖励越小。通过设置直接奖励和辅助奖励的复合形式可以引导推荐系统尽可能地在列表的头部推荐用户更可能会喜欢的产品,优化累计奖励收益。

如图 5-2 所示,在所构建的模型中,直接奖励的部分对应的奖励值是根据用户和模拟推荐环境的交互而产生的模拟奖励。此外,本节还考虑了融合位置信息作为辅助奖励的推荐列表总奖励回报值计算。参考文献[31]中的方式,直接奖励在模拟仿真器中计算得到,假设经过仿真模拟器得到的奖励列表为 l_x,表示用户对于推荐列表中第 x 项产品的即时反馈值的大小,那么在时刻 t,推荐系统为用户推荐一次产品列表获得的总奖励值的表达式如下所示:

$$r_t = \sum_{k=1}^{K} \Gamma^{k-1} l_x^k \quad (5\text{-}1)$$

其中，k 表示产品在推荐列表中的顺序；K 表示推荐列表的长度；$\Gamma \in (0,1]$。式（5-1）表达的含义是越靠近推荐列表顶部的奖励对总奖励的贡献值越大。在这个奖励形式中考虑了直接的用户反馈和列表位置双重影响因素，通过设置这样的奖励函数形式可以引导推荐系统将用户更可能感兴趣的产品排列在推荐页面的顶部。

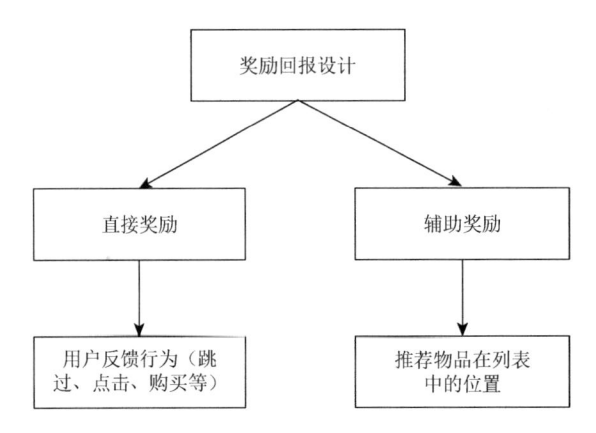

图 5-2　奖励回报设计图

状态空间的构造考虑使用用户的历史交互行为信息作为状态信息，具体来说，使用门控循环单元（gated recurrent unit，GRU）来对用户的浏览历史进行状态表征。GRU 可以利用门控机制来控制输入的信息，不同于早期的长短期记忆（long short-term memory，LSTM）网络的复杂的门控单元和结构，GRU 的结构单元简洁清晰，操作方便，通过这种形式可以更容易地捕获用户的历史偏好顺序特征。
GRU 的模型结构如图 5-3 所示。

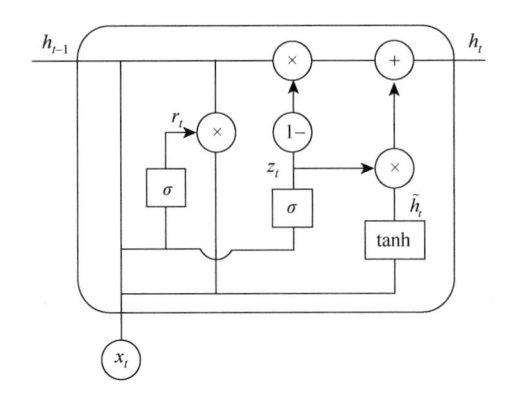

图 5-3　GRU 模型结构图

GRU 网络单元的具体表示形式可以通过以下的公式来说明：

$$z_t = \sigma\left(W^z x_t + U^z h_{t-1}\right) \tag{5-2}$$

$$r_t = \sigma\left(W^r x_t + U^r h_{t-1}\right) \tag{5-3}$$

$$\widetilde{h}_t = \tanh\left(W^h x_t + \left(h_{t-1} \circ r_t\right) U^h\right) \tag{5-4}$$

$$h_t = (1 - z_t) \circ \widetilde{h}_t + z_t \circ h_{t-1} \tag{5-5}$$

在式（5-2）~式（5-5）中，输入为 x_t，隐藏层的输出 h_t，z_t 和 r_t 为 GRU 结构的更新门和重置门。式（5-4）中的 $\widetilde{h}_t$ 表示输入的 x_t 和上一个隐藏层的输出 h_{t-1} 的结合，W^z, U^z, W^r, U^r 均为网络的参数矩阵，$z_t \circ h_{t-1}$ 代表两者的复合关系。GRU 通过重置门和更新门控制了输入信息和神经元历史记忆信息的更新融合机制。

根据之前的历史记录使用一个标准的 GRU 网络来表示状态的公式如下：

$$S_t = \text{GRU}\left(h_{t-1}, q_{i_t}; \phi_{\text{gru}}\right) \tag{5-6}$$

其中，GRU(·) 表示门控神经单元；q_{i_t} 表示项目 i_t 的嵌入向量；ϕ_{gru} 表示门控神经单元相关的一些参数。通过这种形式可以直接使用用户历史交互产品的嵌入信息进行状态空间的构建。

5.2.2 模拟推荐环境构建

目前已有一些研究旨在构建基于离线日志的离线模拟评估器，但仅仅利用用户的历史交互记录数据无法获得用户对其他没有交互的产品的反馈和奖励，而交互日志中的记录通常是稀疏的，仅局限于用户和推荐系统的交互历史数据，无法构造合理的模拟器。本节设计了一种基于离线日志数据的用户和推荐系统在线交互的推荐模拟环境（recommendation simulation environment，SimEnv）。

本节提出的推荐环境模拟器 SimEnv 主要包含两个部分，一个是模拟的用户选择模型，另一个是在线仿真模拟器。图 5-4 显示了推荐环境模拟器 SimEnv 的整体架构，表明了如何在仿真的环境下模拟用户与推荐环境之间的交互。

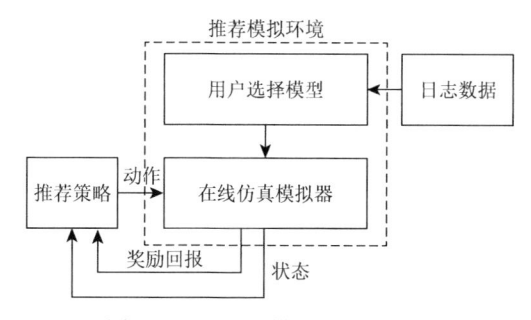

图 5-4 SimEnv 模拟推荐环境图

如图 5-4 所示，在考虑用户选择模型的构建时，根据日志数据中的用户对产品的历史评分级别来模拟用户对推荐系统所推荐产品的反馈，并将更新后的状态和即时的反馈传递给推荐系统。用户选择模型需要对用户的反馈进行模拟：假设评分大于 3 分即为用户的积极偏好产品，评分小于或等于 3 分即为用户的消极偏好产品。假设用户对产品有积极的偏好时更倾向于点击这些产品，假设分数大于 3 分，用户点击产品 i_t，用户反馈为 $f_t=1$；否则，用户跳过，反馈 $f_t=0$。

通过设置环境仿真模拟器可以仿真一个用户和推荐系统进行交互的过程。在考虑在线仿真模拟器的构建时，首先模拟器设置初始状态 s_0^u 为空值，模拟用户的登录状态。在第 t 轮的交互过程中，推荐系统推荐产品列表 a_t 给用户。当用户接收到推荐系统推荐的产品列表时，用户选择模型根据对于消极和积极产品的偏好仿真出用户对于产品列表 a_t 的反馈 f_t，经过状态转移到下一个状态 s_{t+1}，然后计算产生一个即时的奖励值 r_t。经过多轮的迭代交互过程，回合终止，即给用户的一次推荐过程结束，此时需要将当前的状态、奖励、动作和下一个状态的信息按照一个元组的形式储存放进经验回放池中。经验回放池中的数据记忆集合可以用来学习和更新策略的参数。

本节参考文献[31]中的方法来构造用户和推荐系统进行动态交互的在线推荐模拟环境。在当前的推荐任务中，当给定的状态为 s_t，推荐智能体给用户推荐产品列表 a_t，用户对推荐列表进行反馈，可能为忽略、点击、购买等，推荐智能体根据收到的反馈计算奖励 $r(s_t,a_t)$。在线仿真模拟器的主要任务就是根据当前的用户状态和推荐智能体选择的动作预测获得的奖励值：$f:(s_t,a_t)\rightarrow r_t$。

通过改进离线的日志数据最终获得数据记忆池的具体流程如算法 5-1 所示。

算法 5-1　构建 SimEnv 模拟环境记忆池

输入：用户的历史浏览记录 sessions B，推荐列表的长度 K
输出：数据存储记忆池 M

---

for session = 1,···,B do
　　观测到初始状态 $s_0 = \{s_0^1,···,s_0^N\}$
　　for 物品顺序 $l = 1,···,L$ do
　　　　观测当前状态 $s = \{s_l,···,s_{L+K-1}\}$
　　　　观测当前动作列表 $a = \{a_l,···,a_{L+K-1}\}$
　　　　if rating>3, then
　　　　　　$r_l = 1$
　　　　　　添加物品 a_{l+k} 到 s 的末尾
　　　　else
　　　　　　$r_l = 0$
　　　　end if
　　　　观测当前奖励列表 $r = \{r_l,···,r_{L+K-1}\}$
　　　　将元组$((s,a)\rightarrow r)$存储到 M 中
　　　　for $k = 0,···,K-1$ do

```
    if  r_{l+k} >0, then
        移除 s 中的第一个物品
        添加物品 a_{l+k} 到 s 的末尾
    end if
  end for
 end for
end for
return M
```

如算法 5-1 所示，根据用户历史浏览的离线日志数据文件经过用户选择模型可以构建起三元组形式的数据存储记忆池 $M=\{m_1,m_2,\cdots\}$，其中每条记录 m_i 都表示一条包含状态-动作-奖励的三元组 $((s_i,a_i)\rightarrow r_i)$。在获得了用户的历史记忆之后，接下来就可以根据余弦相似度计算历史记录中没有的状态-动作对的奖励。

本节构建在线仿真模拟器生成奖励的思路主要基于协同过滤的思想。根据协同过滤的思想，假定具有相同浏览历史的用户通常会做出相似的行为，奖励的模拟可以通过计算当前推荐过程的状态-动作对和已有的状态-动作对的相似度来实现。下面来具体介绍如何根据协同过滤的相似性来进行模拟奖励值的计算。首先，根据历史信息，通过计算当前的状态-动作对与历史的状态-动作对的相似性，将当前的状态-动作对记为 $p_t(s_t,a_t)$，仿真模拟器可以计算历史信息中没有出现过的状态-动作对的模拟奖励。其中 $p_t(s_t,a_t)$ 的余弦相似度通过如下的公式来进行计算：

$$\text{Cosine}(p_t,m_i)=\alpha\frac{s_t s_i^T}{\|s_t\|\|s_i\|}+(1-\alpha)\frac{a_t a_i^T}{\|a_t\|\|a_i\|} \qquad (5\text{-}7)$$

式（5-7）中，等号右边第一项衡量的是当前状态和历史状态的相似性，第二项衡量的是当前动作和历史动作的相似性。其中的参数 α 表示用来控制这两项的权重。相似性越高，映射到奖励 r_i 的概率越高。

其中当前的状态-动作对 p_t 到奖励值的概率 $p(p_t\rightarrow r_i)$ 可以通过如下公式表示：

$$p(p_t\rightarrow r_i)=\frac{\text{Cosine}(p_t,m_i)}{\sum_{m_j\in M}\text{Cosine}(p_t,m_j)} \qquad (5\text{-}8)$$

由于直接计算 $p(p_t\rightarrow r_i)$ 的复杂度过高，需要通过计算每个元组的奖励值，将其映射到奖励分组，从而构建奖励的序列来简化复杂的映射计算。假设推荐 k 个产品，用户的行为反馈有 m 种，那么最终的奖励组合就有 k^m 个。例如，假设推荐两个产品，用户的行为反馈为点击、忽略两种，奖励分别为 1、0，那么最终的奖励组合就只有 4 种。奖励序列可以表示如下：$l=\{l_1,\cdots,l_x,\cdots,l_4\}=\{(0,0),(0,1),(1,0),(1,1)\}$，奖励的组合形式将大大缩小。

把 p_t 分发到 l_x 这个列表中去逐个计算，其中将 p_t 映射到 l_x 的具体公式如下：

$$p(p_t \to l_x) = \frac{\sum_{r_i = l_x} \text{Cosine}(p_t, m_i)}{\sum_{m_j \in M} \text{Cosine}(p_t, m_j)}$$

$$= \frac{N_x \left(\alpha \frac{s_t \bar{s}_x^{\mathrm{T}}}{\|s_t\|} + (1-\alpha) \frac{s_t \bar{a}_x^{\mathrm{T}}}{\|a_t\|} \right)}{\sum_{l_y \in l} N_y \left(\alpha \frac{s_t \bar{s}_y^{\mathrm{T}}}{\|s_t\|} + (1-\alpha) \frac{s_t \bar{a}_y^{\mathrm{T}}}{\|a_t\|} \right)} \tag{5-9}$$

其中，N_x 表示当奖励 r 为 l_x 时用户的浏览历史记录大小；$\bar{s}_x$ 和 $\bar{a}_x$ 分别表示当奖励 r 为 l_x 时的平均状态和动作向量。

$$\bar{s}_x = \frac{1}{N_x} \sum_{r_i = l_x} \frac{s_i}{\|s_i\|} \tag{5-10}$$

$$\bar{a}_x = \frac{1}{N_x} \sum_{r_i = l_x} \frac{a_i}{\|a_i\|} \tag{5-11}$$

以上就是整体的模拟推荐环境构建过程，通过本节设计的模拟推荐环境，可以根据用户的偏好，从用户历史浏览数据中构建模拟的状态-动作-奖励三元组形式的数据记忆池。基于协同过滤的思想，利用构建的模拟推荐环境，能够输出各个状态-动作对的奖励。本节提出的模拟推荐环境为后文的模型训练提供了基础。

5.2.3 动态推荐模型框架

本节所构建的动态推荐模型是基于演员-评论家框架提出的，其中演员网络的主要任务是根据当前的状态生成动作列表并更新当前状态的参数。

在推荐评分问题中，用户进行了正面评价的产品通常包含了用户的个人偏好，推荐系统期望给用户推荐的都是满足用户需求、用户喜欢的产品，因此考虑具有积极反馈的产品信息能够提升推荐的效果。在上文提到的推荐模拟器中，用户选择模型可以将传统的用户-项目评分矩阵数据根据用户的评价等级进行数据改造，通过将评分大于 3 分的项目代表用户具有正反馈的产品，可以构建出包含用户正反馈偏好的历史浏览记录信息。在浏览历史记录定义中，主要考虑具有正反馈产品的历史浏览记录，通过这样的方式能够提升训练数据的质量，更好地模拟用户的真实行为，准确地预测用户的偏好。

在演员网络的结构中，网络输入的是一个状态空间的向量，网络输出的是长度为 K 的参数向量，表示为 $\psi_t = \{\psi_t^1, \cdots, \psi_t^k\}$，那么状态到动作的评分函数的具体表达式为

$$f_{\theta^\pi}: s_t \to \psi_t \tag{5-12}$$

其中，f_{θ^π} 表示参数 θ^π 的函数，通过神经网络来构建。式（5-12）反映的是状态空间到生成推荐动作空间的权重映射关系。

接下来计算的是根据以上状态评分函数生成的推荐动作分数。假设状态评分函数的参数 ψ_t^k 和产品空间 I 中第 i 项产品的嵌入特征 e_i 存在线性的相关关系，于是最终通过以下公式得出推荐动作的分数：

$$\text{score}_i = e_i^\mathrm{T} \psi_t^k \tag{5-13}$$

根据上述的得分选择分数最高的 K 个产品组成推荐列表。具体的推荐流程如算法 5-2 所示。

算法 5-2　基于演员-评论家框架的推荐算法

输入：当前状态 s_t，项目空间 I，推荐列表的长度 K
输出：推荐物品列表 a_t^k

根据式（5-12）计算参数 ψ_t
for $k = 1, \cdots, K$ do
　　根据式（5-13）计算动作的分数
　　选择得分最高的项目作为候选推荐物品 a_t^k
　　添加物品 a_t^k 到推荐列表 a_t 的尾部
　　从项目空间 I 中删除 a_t^k
end for
return a_t

算法 5-2 是基于演员-评论家框架的动态推荐过程。首先生成权重参数的列表，然后根据式（5-13）计算推荐动作的得分，选择分数最高的项目进行推荐，最后将已经推荐过的项目从项目空间中删除。上述方式有效地构建了演员网络进行动作推荐方法，防止了重复性推荐。

评论家网络主要通过学习输入状态和动作向量，近似估计出一个动作价值函数 $Q(s_t, a_t)$，通过这个函数来判断演员网络产生的动作 a_t，即推荐的产品是否合适。评论家网络生成的 Q 值被用来引导演员网络的参数更新，促使演员网络生成更好的动作。

评论家网络计算 $Q(s_t, a_t)$ 的公式如下：

$$Q(s_t, a_t) = \mathbb{E}_{s_{t+1}} \left[r_t + \gamma Q(s_{t+1}, a_{t+1}) | s_t, a_t \right] \tag{5-14}$$

式（5-14）中 Q 值可以使用一个全连接神经网络来集合从而进行拟合。假设神经网络的参数为 θ^{μ}，则使用神经网络对 Q 函数进行拟合（即 DQN）的公式如下：

$$Q(s_t,a_t) \approx Q(s_t,a_t;\theta^{\mu}) = \mathbb{E}_{s_{t+1}}\left[r_t + \gamma Q(s_{t+1},a_{t+1};\theta^{\mu})|s_t,a_t\right] \quad (5\text{-}15)$$

损失函数的定义公式如下：

$$L(\theta^{\mu}) = \mathbb{E}_{s_t,a_t,r_t,s_{t+1}}\left[\left(y_t - Q(s_t,a_t;\theta^{\mu})\right)^2\right] \quad (5\text{-}16)$$

式（5-16）在实际操作中使用随机梯度下降的方法来进行损失函数 $L(\theta^{\mu})$ 的优化。在损失函数进行不断迭代优化的过程中不断更新参数 θ^{μ}。上述公式里的 y_t 就是每次损失函数迭代循环时的目标评论家网络的 Q 值。y_t 的表示如下：

$$y_t = \mathbb{E}_{s_{t+1}}\left[r_t + \gamma Q'(s_{t+1},a_{t+1};\theta^{\mu})|s_t,a_t\right] \quad (5\text{-}17)$$

在这里使用了 DQN 双网络结构的技巧，通过设置目标网络 Q' 使得更新评论家网络的时候参数更新更加稳定，让 Q 网络的参数变化不至于太快，参数更新的频率降低，让 Q 网络能够稳定地更新，从而使得网络训练更容易收敛。

算法 5-3 展示了本书提出的 LDRM（list-wise dynamic recommendation model，列表式动态推荐模型）框架进行参数训练的具体流程，主要基于强化学习中的 DDPG[32]（deep deterministic policy gradient，深度确定性策略梯度）算法进行参数的训练。训练过程主要包含两个阶段：推荐交互阶段和参数更新阶段。在伪代码的 8～20 行对应的是推荐交互阶段，21～28 行对应的是参数更新阶段。在推荐交互阶段，推荐智能体根据上述算法 5-2 中的方法生成推荐列表，得到观测的奖励值后将观测到的数据存入经验回放池中进行训练。在参数更新阶段，首先根据小批量的方式从经验回放池中采样数据，然后 21～28 行按照 DDPG 算法的标准流程进行参数的训练。在训练过程中，使用强化学习中常用的经验回放技术和双网络机制，能够有效地进行参数学习。

在经过模型框架的训练之后，可以在之前的模拟环境下进行测试。测试的流程和训练过程基本相似，需要在每次会话推荐前进行参数的重置。

算法 5-3　LDRM 算法

初始化：初始化演员网络的参数 $f_{\theta^{\pi}}$ 和评论家网络的参数 $Q(s,a|\theta^{\mu})$
初始化：使用相同的 $f_{\theta^{\pi}}$ 和 $Q(s,a|\theta^{\mu})$ 参数初始化演员目标网络 f' 和评论家目标网络 Q'
初始化：经验回放池 D 的容量
for session = 1,…,M do

重置物品空间 I
从之前的会话状态中获得初始状态 s_0
for $t = 1,\cdots,T$ do
   阶段 1：推荐交互阶段
   根据算法 5-2 选择动作，得到推荐物品列表 $a_t = \{a_t^1,\cdots,a_t^K\}$
   向用户展示推荐列表，获得用户的反馈列表 $r_t = \{r_t^1,\cdots,r_t^K\}$
   设置状态 $s_{t+1} = s_t$
   for $k = 1,\cdots,K$ do
     if $r_t^k > 0$, then
       添加 a_t^K 到 s_{t+1} 末尾
       移除 s_{t+1} 中的首个元素
     end if
   end for
   根据式（5-1）计算总的奖励 r_t
   在经验回放池中存储轨迹记录 (s_t, a_t, r_t, s_{t+1})
   设置状态 $s_{t+1} = s_t$
   阶段 2：参数更新阶段
   从经验回放池 D 中随机采样小批量的 N 条轨迹 (s, a, r, s')
   根据算法 5-2 通过演员目标网络在状态 s' 时生成候选推荐物品 a'
   根据式（5-14）计算目标函数
   根据梯度下降法最小化损失公式（5-15）来更新评论家网络参数
   根据采用梯度策略法更新演员网络
   更新评论家目标网络
   更新演员目标网络
  end for
end for

5.3 融合知识图谱的深度强化学习动态推荐方法

引入外部知识对于缓解推荐系统数据稀疏性、提升推荐质量具有重要作用。因此，本节在演员-评论家框架的基础上，引入外部知识图谱信息，提出融合知识图谱信息的深度强化学习动态推荐方法。通过知识图谱的先验知识引导强化学习的探索过程，设计状态空间表示和奖励回报机制，深度挖掘产品之间的关系进行候选产品集的筛选，从而实现降低计算成本、提高计算效率的目的。

5.3.1 马尔可夫决策过程建模

本节将推荐问题建模为一个推荐智能体和环境 u（用户）之间进行动态交互的推荐任务。在一定的时间内选择合适的推荐候选集合给用户，推荐的目标是累计回报的最大化。将问题按照马尔可夫决策过程进行建模，马尔可夫决策过程通常包含环境、动作、转移概率、奖励和折扣因子。通常一个马尔可夫决策过程的建模过程包含如下五元组 (S,A,R,T,γ)。在本节中，每个元素的具体定义如下。

（1）状态空间 S。状态信息定义为包含用户和推荐系统的交互历史记录以及知识图谱辅助信息。在本书中，在每个时刻 t，考虑 $s_t=[i_{1:t},G]\in S$，其中 $i_{1:t}$ 表示用户 u 在 t 时刻之前与产品的交互信息，G 表示知识图谱信息。初始状态 $s_0=[0,G]$。使用 $e_{s_t}\in\mathbb{R}^{L_S}$ 来表示状态空间的嵌入向量。

（2）动作空间 A。动作 $a_t\in A$ 是推荐智能体根据当前的状态给用户推荐的产品，即从产品集合 I 中选择第 i_{t+1} 个产品给用户。生成的动作根据策略 $\pi(s_t)$ 来生成，输入当前的状态，然后使用 Softmax 函数来计算生成选择产品的概率，具体的公式如下：

$$\pi(a_t|s_t)=\frac{\exp\{q_{i_{j(a_t)}}W_1 e_{s_t}\}}{\sum_{i_j\in I}\exp\{q_{i_j}W_1 e_{s_t}\}} \tag{5-18}$$

其中，$q_{i_j}\in\mathbb{R}^{L_j}$ 表示第 j 项产品的嵌入向量；W_1 表示双线性乘积中的参数；e_{s_t} 表示状态 s_t 的嵌入向量。

（3）奖励回报 R。奖励是推荐智能体根据当前时刻的状态给用户推荐过产品后，用户对推荐的产品做出的反馈。用户的行为可能是忽略、点击、购买等。推荐智能体根据用户的不同行为反馈收到不同的奖励信息 $r(s_t,a_t)$。本节考虑加入知识图谱信息作为奖励回报。

（4）转移概率 T。通过状态转移函数来进行状态的更新，状态转移函数 $T(s_{t+1}|s_t,a_t)$ 定义了当选择了动作 a_t 后状态从 s_t 到 s_{t+1} 的转移概率。假设马尔可夫决策过程满足 $(s_{t+1}|s_t,a_t,\cdots,s_1,a_1)=(s_{t+1}|s_t,a_t)$。状态更新的公式为

$$s_{t+1}=T(s_t,a_t)=T\big([u,i_{1:t},G],i_{j(a_t)}\big) \tag{5-19}$$

（5）折扣因子 γ。折扣因子 $\gamma\in[0,1]$ 定义了在考虑未来的奖励回报时的当前贴现因子。当 $\gamma=0$ 时，表示推荐智能体只考虑当前的即时奖励，不考虑未来的奖励回报。当 $\gamma=1$ 时，表示推荐智能体将未来的奖励都完全考虑在当前的行动中。γ 体现了强化学习方法中的探索和利用平衡的思想。

参照上述的符号和定义，融合知识图谱的深度强化学习动态推荐方法可以定义如下：给定 (S,A,P,R,γ)，算法学习到能使推荐系统累计奖励最大化的策略 $\pi:S\to A$。

本节提出的 KFDRM（knowledge fusion dynamic recommendation model，融合知识图谱的动态推荐模型）主要包含以下五个模块：知识图谱嵌入模块、状态空间设计模块、奖励回报设计模块、候选集合筛选模块和策略网络学习模块。模块的基本流程图如图 5-5 所示。

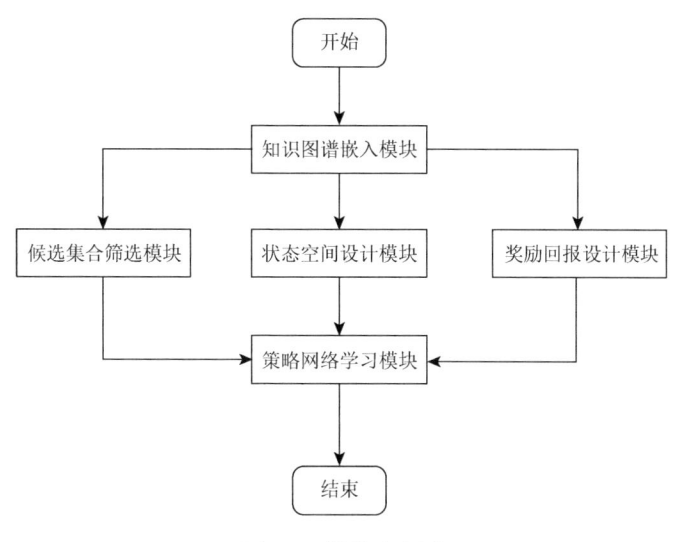

```
                    ┌──────┐
                    │ 开始 │
                    └──┬───┘
                       │
              ┌────────▼────────┐
         ┌───►│  知识图谱嵌入模块  │◄───┐
         │    └────────┬────────┘    │
    ┌────┴─────┐  ┌────▼─────┐  ┌────┴─────┐
    │候选集合筛选│  │状态空间设计│  │奖励回报设计│
    │   模块    │  │   模块    │  │   模块    │
    └────┬─────┘  └────┬─────┘  └────┬─────┘
         │    ┌────────▼────────┐    │
         └───►│  策略网络学习模块  │◄───┘
              └────────┬────────┘
                       │
                    ┌──▼───┐
                    │ 结束 │
                    └──────┘
```

图 5-5　模块流程图

5.3.2　深度强化学习动态推荐模块设计

1. 知识图谱嵌入模块

知识图谱嵌入模块是本书提出模型的基础模块，经过知识图谱嵌入模块构造的知识图谱特征可以作为后续模块的输入。在该模块中，使用当前应用广泛的知识图谱嵌入方法 TransE（translating embedding）对项目进行特征的嵌入表示，能够有效地学习产品的隐含知识图关系。定义使用 TransE 方法构建的项目 i_t 的知识图谱特征向量为 $V_{e_{i_t}} \in \mathbb{R}^{L_E}$。

2. 考虑知识的状态空间设计模块

在状态空间的设计中，考虑融合知识图谱的外部信息作为状态信息的补充形式，从而丰富状态空间的表达。状态空间设计整体图如图 5-6 所示。考虑知识的状态空间可以通过两个层次的状态进行融合，其中一层为当前偏好的状态表示，另外一层为未来的偏好状态表示，最终融合成为总体状态空间设计。总体状态空间设计考虑使用用户当前偏好表示层和未来偏好表示层相结合的方式聚合得到。当前偏好表示层和未来偏好表示层均可与知识图谱信息有机结合起来，起到使用知识图谱信息来进一步增强强化学习的状态空间表达的作用。下面分别介绍当前偏好表示层和未来偏好表示层的设计细节。

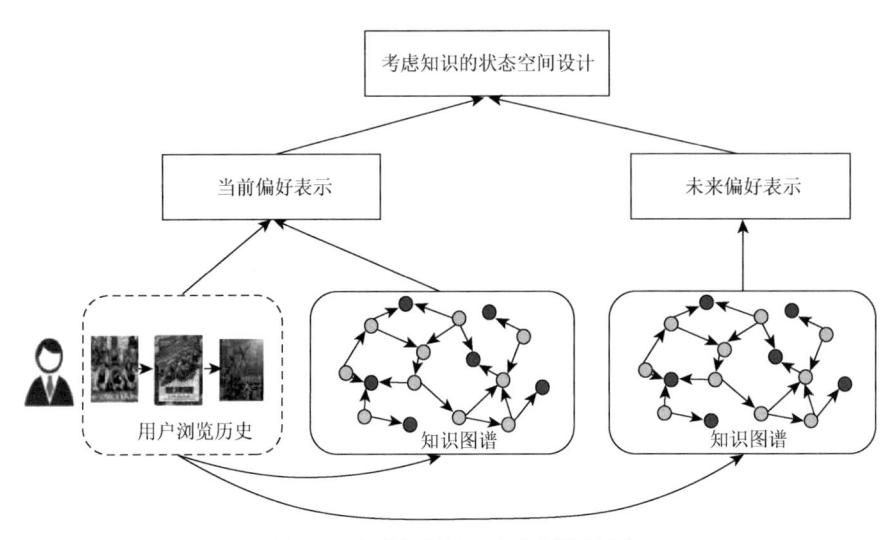

图 5-6 考虑知识的状态空间设计图

1）当前偏好表示层

通过增加知识图谱信息，当前偏好表示分为用户历史交互表征和知识图谱表征两个部分。首先基于用户历史交互数据进行历史交互表征层的构建，采用标准 GRU 网络进行建模：

$$h_t = \text{GRU}\left(h_{t-1}, q_{i_t}; \Phi_{\text{gru}}\right) \tag{5-20}$$

其中，GRU(·) 表示门控神经单元；q_{i_t} 表示项目 i_t 的嵌入向量；Φ_{gru} 表示门控神经单元相关的一些参数。通过门控神经单元可以不考虑外部的信息，直接使用历史的交互记录进行状态空间的构建。

接下来进行当前偏好的知识图谱表征表示。其中产品的知识图谱特征由知识图谱嵌入模块输出得到。为了节约计算资源，降低训练难度，本书尽量少引入高耦合的结构，在预测当前知识图谱偏好的时候没有考虑其他的时间信息和注意力机制的作用，使用平均池方法用来聚合用户和之前交互过的历史产品的所有知识图谱嵌入特征：

$$a_t = \sum_{i=1}^{t} \text{Average}\left(V_{e_{i_t}}\right) \tag{5-21}$$

将上述两个部分进行串接聚合，获得最终的当前偏好层表示为

$$c_{s_t} = h_t \oplus a_t \tag{5-22}$$

其中，$\oplus$ 表示向量的聚合操作符；h_t 表示历史交互状态表征层；a_t 表示考虑知识图谱的当前状态表征层。

2）未来偏好表示层

探索机制是强化学习中不可缺少的部分。通过构建未来偏好表示层可以更好

地预测用户的兴趣动态变化,在动态的推荐过程中及时找准探索的方向,减少盲目探索,避免陷入局部最优的弊端。对用户的未来偏好进行表示能够很好地引导强化学习算法进行学习和产品推荐。

本节使用多层感知机神经网络来直接预测用户的未来偏好。在 t 时刻,根据当前的偏好来预测未来的偏好的公式如下:

$$f_{t:t+k} = \mathrm{MLP}(a_t; \Phi_{\mathrm{mlp}}) \tag{5-23}$$

其中,$f_{t:t+k}$ 表示在时刻 t 预测的 k 步之后的未来偏好;Φ_{mlp} 表示用来预测未来偏好的多层感知机神经网络。

最后进行状态聚合,融合当前偏好表示和未来偏好表示:

$$e_{s_t} = c_{s_t} \oplus f_{t:t+k} \tag{5-24}$$

整理最终的公式如下所示:

$$e_{s_t} = h_t \oplus a_t \oplus f_{t:t+k} \tag{5-25}$$

通过对当前偏好和未来偏好在时间维度的划分,从用户的历史交互序列、当前的知识图谱利用和未来知识图谱兴趣探索方向三个视角进行信息的融合,有效地将知识图谱的外部辅助信息融入深度强化学习框架的状态空间设计中,有机地对知识图谱和深度强化学习进行了融合。

3. 考虑知识的奖励回报设计模块

奖励回报的设计对于强化学习方法的作用非常显著,一个好的奖励回报设计可以引导算法的学习方向,大大提升算法的学习效率。本节考虑使用知识图谱信息融入奖励回报的设计中,使用包含知识图谱信息的奖励回报函数能够更好地引导深度强化学习的探索方向。

本节考虑使用融合知识图谱设计奖励回报,利用真实子序列与预测子序列在知识图谱表征空间里的余弦相似度大小作为知识图谱领域的奖励回报。具体而言,假设给定的真实子序列和预测子序列为 $l_{t:t+k}$ 和 $\hat{l}_{t:t+k}$,使用知识图谱嵌入模块获得知识图谱嵌入向量的方法,使用平均池法来聚合 TransE 方法处理过的知识图谱嵌入特征。处理后得到的聚合向量分别为 $a_{t:t+k}$ 和 $\hat{a}_{t:t+k}$,这两个知识维度的表征向量代表了用户对于项目的知识图谱偏好。通过使用余弦相似度的方法可以度量两个向量之间的差异性,将这两个包含知识图谱信息的向量的余弦相似度作为奖励函数:

$$R(l_{t:t+k}, \hat{l}_{t:t+k}) = \frac{a_{t:t+k} \hat{a}_{t:t+k}^{\mathrm{T}}}{\|a_{t:t+k}\| \|\hat{a}_{t:t+k}\|} \tag{5-26}$$

式(5-26)表示,如果余弦相似性高,奖励函数的值就越高,代表这次推荐是合理的;如果余弦相似性较低,则表示奖励函数的值较低,即表示当前的推荐是不合理的，本次推荐应该降低奖励。通过这样的方式可以自然地将知识图谱的嵌入特征作为奖励函数机制引入深度强化学习的框架中，从而更好地使用知识图谱的外部信息对深度强化学习的训练进行引导。

4. 推荐候选集合筛选模块

在个性化推荐过程中，重复推荐相似的或者和用户的兴趣不相关的产品都容易造成用户体验感的下降，影响推荐效果。在以往的深度强化学习推荐中，由于推荐的动作空间太大，容易造成算法训练时的难度增加，过度消耗计算资源等问题。因此，本节考虑通过使用知识图谱的信息来辅助过滤筛选候选集合中的产品，缩小候选集合空间，节约计算成本，提升学习样本的效率。具体来说，利用知识图谱的关系过滤一些不相关的项目（即动作），从而减少庞大的候选产品空间。本节采用一种应用在知识图谱上的 K 跳（K-hop）邻居方法来进行推荐候选集的筛选和构建。在每个时刻 t，用户和项目的交互历史产品视为基础产品候选集合 $\varepsilon_t^0 = \{i_1, i_2, \cdots, i_n\}$。基础产品候选集合 ε_t^k 的 K 跳邻居的集合可以通过如下公式表示：

$$\varepsilon_t^k = \left\{ \text{tail} \mid (\text{head}, \text{relation}, \text{tail}) \in G, \ \text{head} \in \varepsilon_t^{l-1} \right\}, \ l = 1, 2, \cdots, k \quad (5\text{-}27)$$

根据用户当时的状态，给当前用户推荐的经过筛选后的产品集合可以通过如下公式表示：

$$I_t(G) = \left\{ \text{item} \mid \text{item} \in \bigcup_{l=1}^{k} \varepsilon_t^l, \ \text{item} \in I \right\} \quad (5\text{-}28)$$

如图 5-7 所示，浅灰部分为经过知识图谱信息筛选模块过滤后的动作，最后所有的候选动作，即候选物品经过嵌入层生成嵌入向量。

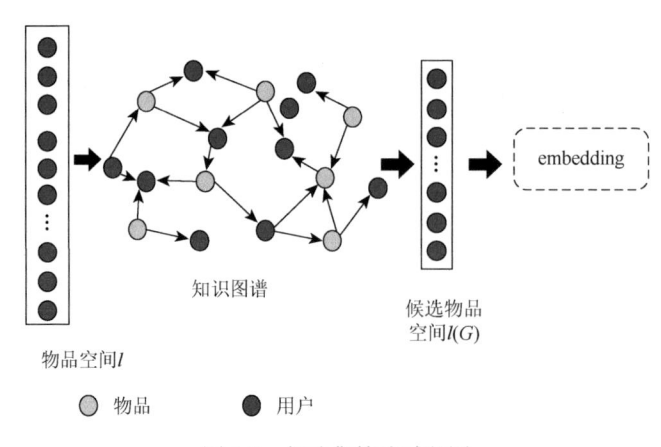

图 5-7 候选集筛选过程图

5.3.3 策略网络学习

为了训练 KFDRM，需要考虑如何在训练中融合对包含知识信息的状态奖励回报的学习。本节借鉴参考文献[33]中提出的截断式的策略梯度方法进行策略的学习。具体而言，首先使用蒙特卡罗算法对一组截断子序列进行采样，进而通过使用成对排序机制（pairwise ranking mechanism）来学习感知网络。算法 5-4 给出了整体框架的学习算法。

算法 5-4　KFDRM

输入：策略 π，采样的长度 L，奖励函数 R，知识图谱 G，学习参数 α
输出：参数 Θ

参数初始化 $\Theta \leftarrow$ 随机初始数值
使用 TransE 方法获得知识图谱嵌入向量
　for 用户列表 U 中的每一个用户 u do
　　for $t = 1,\cdots,n$ do
　　　通过式（5-20）和式（5-21）获取 h_t 和 a_t
　　　通过式（5-22）计算当前的状态 s_t
　　　for $l = 1,\cdots,L$ do
　　　　根据式（5-19）采样得到 K 步的子序列 $\hat{i}_{t:t+k}^{(l)}$
　　　　根据式（5-23）更新参数 Θ
　　　　使用成对排序机制更新感知网络的参数 Φ_{mlp}
　　　　更新状态 s_t
　　　end for
　　end for
　end for
return 参数 Θ

以下给出截断式算法进行训练的具体细节：算法的目标是学习一个随机策略 π 从而使得所有用户的累计期望收益 $J(\Theta)$ 达到最大化。$J(\Theta)$ 的梯度的具体表达公式如下：

$$\nabla J(\Theta) = E_\pi \left[\sum_u \sum_{j=t}^n \gamma^{j-t} R_j \frac{\nabla \pi(a_t|s_t;\Theta)}{\pi(a_t|s_t;\Theta)} \right] \quad (5\text{-}29)$$

在上述公式中，γ 是用来平衡当前奖励和未来奖励之间一个重要的奖励折扣因子，Θ 代表了算法中所有待学习的参数。考虑通过截断式的策略梯度方法来进行参数的学习。在每个状态 s_t 下，采样得到一个步长为 k 的子序列 $\hat{i}_{t:t+k}^{(l)}$，重复采样 L 次即能得到 L 条不同的长度为 k 的子序列，进行策略梯度的更新公式如下所示：

$$\nabla \Theta = \sum_{j=t}^{t+k} \gamma^{j-t} R_j \frac{\nabla \pi\left(\hat{i}_t^{(l)} | s_t; \Theta\right)}{\pi\left(\hat{i}_t^{(l)} | s_t; \Theta\right)} \quad (5\text{-}30)$$

通过上述截断式梯度更新策略学习的方式，能够调整算法的优化方向，使得算法能够向着更好的方向进行学习，达到最优的结果。

为了减少知识图谱中包含的大量的噪声信息对于模型训练的影响，能够更好地学习推断的网络，考虑使用一个成对排序机制来对预测未来偏好的感知网络进行参数学习。成对排序的具体方式如下：采样 L 条子序列，得到未来偏好的表示分别为 $\hat{f}_{t:t+k}^{(1)}, \hat{f}_{t:t+k}^{(2)}, \cdots, \hat{f}_{t:t+k}^{(L)}$，根据公式计算出的奖励值可以通过成对排序的方式用来作为额外的约束条件，辅助改进学习效果。首先根据奖励值构造 L 个子序列上的偏序对，对于给定的偏序对 $\hat{f}_{t:t+k}^{(l)}$ 和 $\hat{f}_{t:t+k}^{(l')}$，通过增加一个成对排序的约束机制来训练感知网络，使其满足 $1 \leq l, l' \leq L$，如果满足 $R_{kg}\left(i_{t:t+k}, \hat{i}_{t:t+k}^{(l)}\right) > R_{kg}\left(i_{t:t+k}, \hat{i}_{t:t+k}^{(l')}\right)$ 的条件，则有 $\mathrm{MLP}\left(\hat{f}_{t:t+k}^{(l)}\right) > \mathrm{MLP}\left(\hat{f}_{t:t+k}^{(l')}\right)$。

结合强化学习的 KFDRM 的框架如图 5-8 所示。

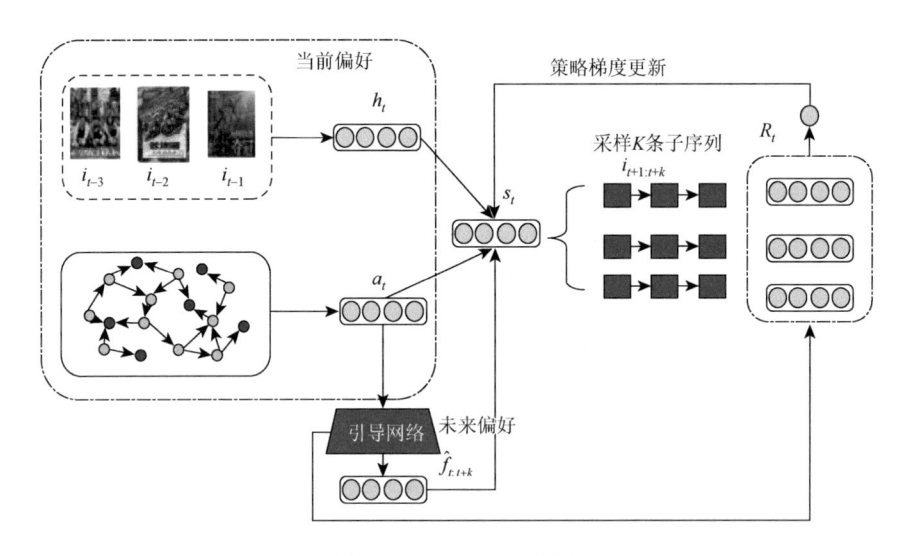

图 5-8　KFDRM 框架图

该模型可以通过设计知识图谱层来表示用户和项目的特征并将其作为状态，同时利用项目的知识图谱关系使得探索的过程可以更加合理高效。其中，推荐系统可以根据知识图谱中的项目之间的关系进行推荐，评论家网络受到知识图谱的引导进行策略更新提升性能。

5.4 考虑个性化需求演化的动态推荐实验

5.4.1 基于演员-评论家框架的动态推荐实验

本实验的目的是验证本章提出的基于演员-评论家框架的动态推荐方法 LDRM 的性能，实验包含：①本节提出的 LDRM 在两个推荐数据集上与对比模型的比较；②探究折扣因子 γ 对 LDRM 性能的影响；③探究推荐列表的长度 K 对于 LDRM 性能的影响；④探究控制模拟奖励的参数 α 对 LDRM 性能的影响。

为了验证所提出的模型的有效性，本节采用的实验数据集是电影推荐数据集 MovieLens-100K 和 MovieLens-1M。MovieLens 数据集中的原始数据文件包括用户的个人数据、电影的相关数据与用户和电影的交互数据记录。用户和电影的交互记录表里面的内容包括用户的 ID、用户观看过的电影 ID 以及用户给已经观看过的电影的历史评分记录。使用的两个数据集的一些基本信息如表 5-1 所示。

表 5-1 数据集基本信息表

数据集名称	用户数量	电影数量	评分数量	平均交互数量
MovieLens-100K	943	1 682	100 000	106
MovieLens-1M	6 041	3 707	1 000 209	165

实验预处理操作将数据集中的数据按照用户进行分类，随机打乱用户的历史记录，取数据的 80% 作为训练集，剩下的 20% 作为测试集，同一个用户不能同时出现在训练集和测试集当中。由于原始数据中的用户反馈为评分类型的数据，本实验对于评分数据进行改造，将用户的评分数据根据分数大小进行分类，构造推荐模拟器中的用户选择模型的反馈信息。

实验选择使用 Precision、Recall 和 NDCG 作为实验的评价指标。其中 Precision 可以用来衡量推荐的精确度，Recall 可以用来衡量测试集的覆盖率。两者分数越高表示推荐效果越好。具体的公式定义如下。

Precision 的公式定义如下：

$$\text{Precision} = \frac{\sum_{u \in U} |R(u) \cap T(u)|}{\sum_{u \in U} |R(u)|} \quad (5\text{-}31)$$

Recall 的公式定义如下：

$$\text{Recall} = \frac{\sum_{u \in U}|R(u) \cap T(u)|}{\sum_{u \in U}|T(u)|} \quad (5\text{-}32)$$

在式（5-31）和式（5-32）中，$R(u)$ 表示在训练集上给用户的推荐产品列表；$T(u)$ 表示在测试集上的用户实际行为列表。

NDCG 可以用来进行排名的度量，当候选的产品较多时，用户更关注列表排序靠前的产品。假设单个用户的 NDCG 为 ndcg_i，ndcg_i 由用户每次和模型交互之后得到的平均 ndcg_{ij} 组成，最终的 NDCG 值通过计算所有用户 NDCG 值的平均数得出。NDCG@N 的推导公式总结如下：

$$\text{DCG} = \sum_{i=1}^{P} \frac{p_i}{\log_2(i+1)} \quad (5\text{-}33)$$

$$i\text{DCG} = \sum_{i=1}^{P} \frac{N_i}{\log_2(i+1)} \quad (5\text{-}34)$$

$$\text{ndcg}_{ij} = \frac{\text{DCG}}{i\text{DCG}} \quad (5\text{-}35)$$

$$\text{ndcg}_i = \frac{\sum_{j=1}^{l_i} \text{ndcg}_{ij}}{l_i} \quad (5\text{-}36)$$

$$\text{NDCG}@N = \frac{\sum_{i=1}^{G} \text{ndcg}_i}{G} \quad (5\text{-}37)$$

实验使用的环境配置如表 5-2 所示。

表 5-2　实验环境表

软/硬件环境	型号
CPU	Intel(R)，Xeon(R)，Gold 6226R，CPU@2.90GHz
GPU	NVIDIA Corporation GP102 [TITAN X] (rev a1)
内存	64G
操作系统	Ubuntu 20.04.1 LTS
硬件加速	CUDA11.4.153
编程语言	Python
使用框架	TensorFlow，PyTorch

注：GPU 即 graphics processing unit，图形处理器

本节采用四种不同基线模型和本书提出的方法进行实验效果比较，证明本节提出模型的性能。基准模型包括传统的流行度模型、基于矩阵分解的模型、基于深度学习的模型和基于深度强化学习的模型。各种方法的介绍如下。

（1）POP。POP 是基于流行度（popular）的模型，是一种常见的推荐模型，通过统计产品浏览或购买的次数按照浏览量或者购买量等指标从高到低排序，然后依次为用户推荐序列中的产品。基于流行度的推荐模型简单易操作，时间空间复杂度低，是一种常用的基线模型。

（2）BPR[34]。BPR 是贝叶斯个性化排序模型，其基于基本的矩阵分解模型，采用成对排序的方式进行训练，训练时需要进行负采样，是当前一种先进的项目推荐模型。

（3）LightGCN[35]。LightGCN 是一种基于深度学习图卷积网络的协同过滤模型，简化了传统图卷积网络的设计，更加简洁，适用于推荐任务。LightGCN 通过在用户和项目的交互图中使用线性的传播方式学习用户和项目的嵌入，使用最终学习到的嵌入层加权和作为最终的嵌入表示。

（4）DQN[36]。选择 DQN 模型作为基本的深度强化学习对比方法，将用户的历史浏览电影作为输入的嵌入向量输出推荐的产品列表。DQN 的网络结构和评论家网络结构基本相同。

（5）参数设置。对比实验中的部分超参数设置如下：演员网络和评论家网络的学习率参数都设为 0.001，折扣因子 γ 设置为 0.9，经验回放池的大小设置为 1 000 000，隐含层大小设置为 100，批大小设置为 64，训练次数 epoch 设置为 300。另一类为模型的其他超参数，设置每次推荐的用户历史浏览产品长度为 12，产品的嵌入维度为 50。其中公式调节模拟奖励的参数 α 设置为 0.5，用来控制列表生成奖励值的超参数 Γ 设置为 0.9。

1. LDRM 性能对比实验

下面将本节提出的 LDRM 在两个推荐数据集上与对比模型进行比较，实验结果如表 5-3 和表 5-4 所示，其中粗体数字表示最优实验结果。

表 5-3 MovieLens-100K 数据集上的实验性能比较

模型	Precision@10	Recall@10	NDCG@10
POP	0.0848	0.0973	0.1068
LightGCN	0.1784	0.2307	0.2697
BPR	0.1962	0.2523	0.2930
DQN	0.1822	0.2483	0.2793
LDRM	**0.2458**	**0.3107**	**0.3261**

表 5-4 MovieLens-1M 数据集上的实验性能比较

模型	Precision@10	Recall@10	NDCG@10
POP	0.1026	0.0704	0.1247
LightGCN	0.1986	0.1575	0.2536
BPR	0.2013	0.1614	0.2558
DQN	0.2243	0.1908	0.2394
LDRM	**0.2681**	**0.2545**	**0.3051**

图 5-9～图 5-11 分别展示了本节提出的 LDRM 和四种对比模型分别在 MovieLens-100K 和 MovieLens-1M 两个数据集上的实验对比结果图。

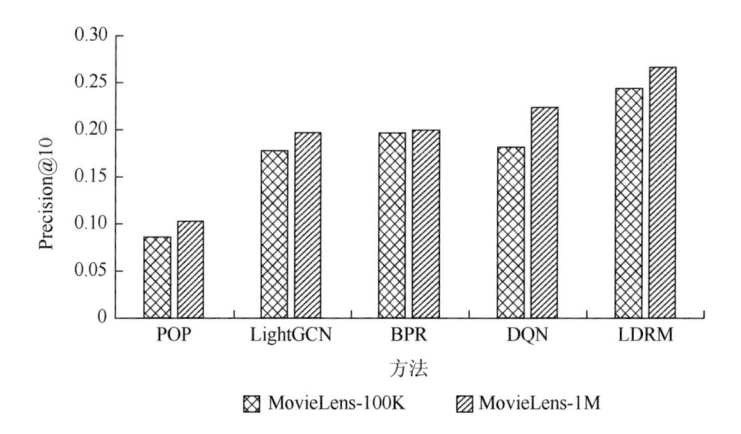

图 5-9 两个数据集上 Precision@10 对比图

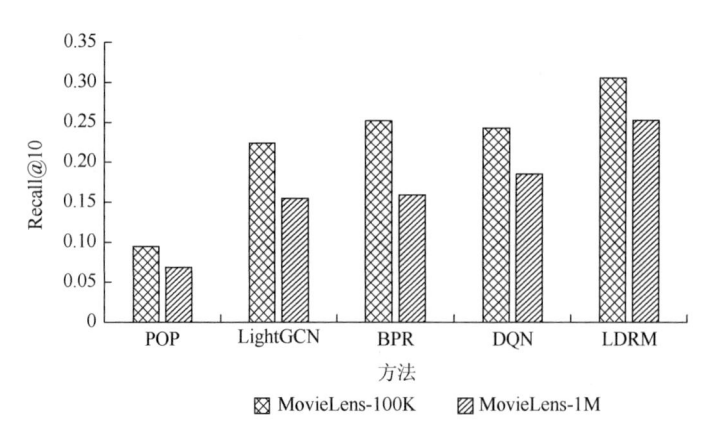

图 5-10 两个数据集上的 Recall@10 对比图

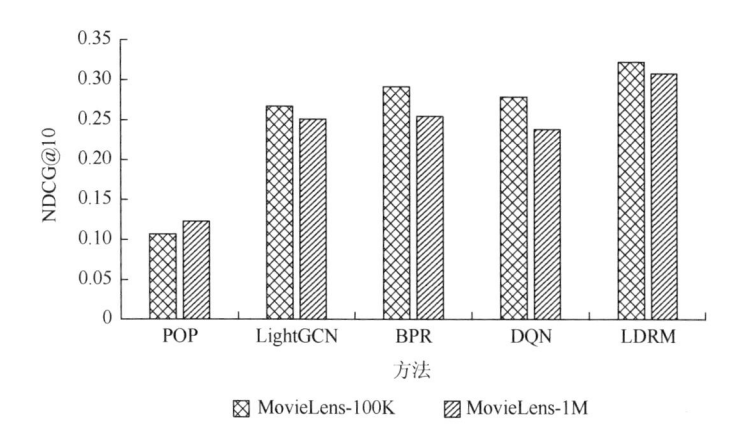

图 5-11 两个数据集上的 NDCG@10 对比图

根据图 5-9～图 5-11 的对比实验结果可以得出如下结论。

本节提出的 LDRM 在 MovieLens-100K 和 MovieLens-1M 数据集上 Precision@10、Recall@10 和 NDCG@10 三个性能指标均优于对比模型。对比来看，传统的基于流行度的 POP 方法表现最差，LightGCN 模型和 BPR 模型的推荐性能相近，其中 BPR 方法略好于 LightGCN 方法。基于 DQN 的推荐模型的推荐性能低于本节提出的 LDRM 方法。这说明使用一般的 DQN 结构不能有效地提升推荐的准确度，并且从计算的角度来说，DQN 方法需要计算所有动作的 Q 值，所以训练时间较长。本节提出的 LDRM 的性能在两个数据集上的结果均优于其他模型，其中在准确率指标 Precision@10 上相较于其他最好的方法提升了 25.28%，在召回率指标 Recall@10 上提升了 23.25%，在归一化折现累计增益指标 NDCG@10 上提升了 11.30%，这说明本节提出的 LDRM 能够明显提升推荐的性能，并且相比于基于强化学习的 DQN 模型，LDRM 方法可以有效地降低计算的冗余，提高训练的速度。

2. 探究折扣因子 γ 对 LDRM 性能的影响

接下来探究 LDRM 中的折扣因子 γ 对于实验性能的影响。图 5-12 和图 5-13 显示了选取不同的折扣因子 γ 模型在 MovieLens-100K 和 MovieLens-1M 数据集上的准确率和召回率的变化。图中的横坐标表示的是 γ 的取值范围，取值分为[0.70, 0.75, 0.80, 0.85, 0.90, 0.95, 1.00]，纵坐标表示准确率指标 Precision@10 和召回率指标 Recall@10 的值。

从图 5-12 和图 5-13 中的实验结果可以观察到，随着 γ 值的增大，模型的准确率指标 Precision@10 和召回率指标 Recall@10 都呈上升趋势，当 γ 的值设置为 0.9 时达到最大值，之后随着 γ 的增加准确率指标 Precision@10 和召回率指标

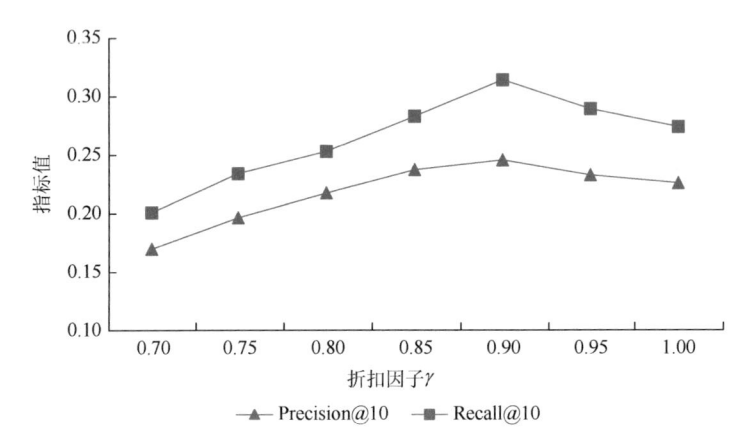

图 5-12　MovieLens-100K 数据集上 γ 对 LDRM 的性能影响

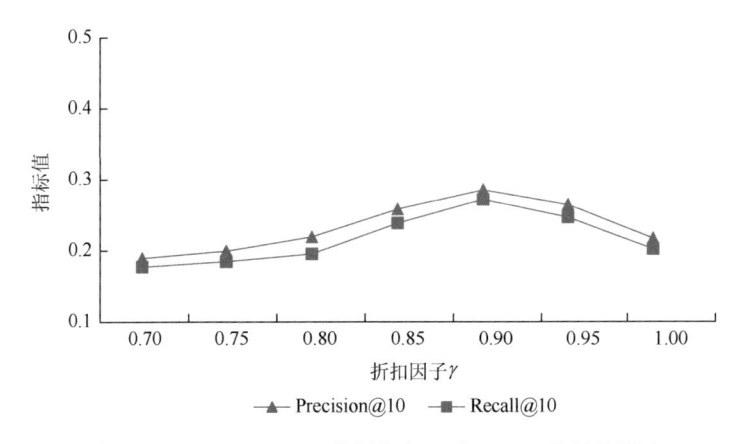

图 5-13　MovieLens-1M 数据集上 γ 对 LDRM 的性能影响

Recall@10 开始降低。折扣因子是强化学习算法训练中重要的影响因素，较大的折扣因子表示在更长远的视野规划，更多地考虑未来的延迟收益。在模型的训练中，如果折扣因子设置过小，智能体在探索过程中无法考虑到更多的未来的反馈，在探索过程中需要不断进行试错，难以找到最优的路径。但是如果在训练初期折扣因子设置过大，智能体可能会因为考虑过多未来的收益而减少探索，学习效率降低，此外，如果折扣因子设置过高，比如接近 1，会出现模型收敛速度变慢甚至难以收敛的问题。

3. 探究推荐列表的长度 K 对于 LDRM 性能的影响

接下来探究推荐列表长度 K 的变化对于本节提出的 LDRM 的影响。为了验证 LDRM 的性能，在其他参数不改变的情况下，仅改变参数 K 的大小，在 MovieLens-100K

数据集和 MovieLens-1M 数据集上进行了多轮实验。根据设置的不同的推荐列表长度 K 绘制出模型的 NDCG 指标变化折线图，如图 5-14 和图 5-15 所示。

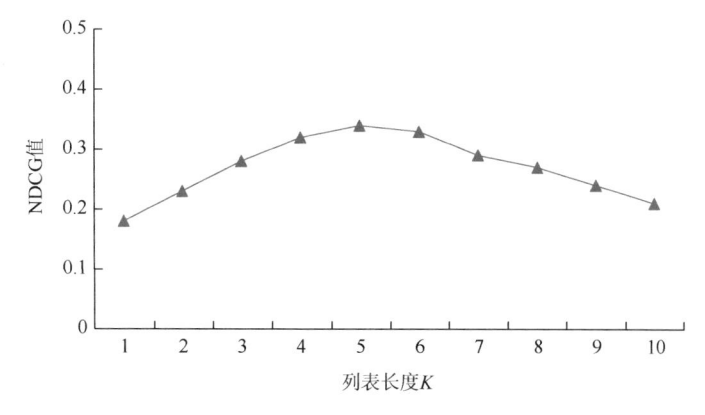

图 5-14 MovieLens-100K 数据集上推荐列表长度 K 对模型性能影响折线图

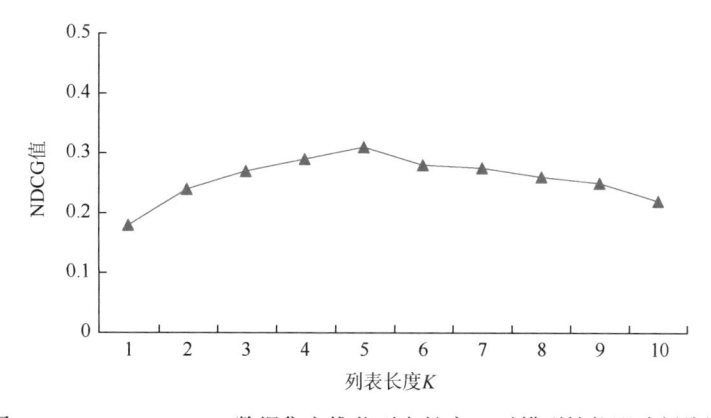

图 5-15 MovieLens-1M 数据集上推荐列表长度 K 对模型性能影响折线图

从以上两个数据集上的折线图走势可以非常直观地观察到，改变推荐列表的长度 K 可以影响 LDRM 的推荐性能。$K=1$ 时表示的意思是每次只推荐一个电影，从图中可以看出，随着列表长度 K 的增加，NDCG 的数值经历了一个先升高后降低的过程。当 $K=5$ 的时候模型的性能最佳。通过分析图中的曲线走势可以了解到，较小的推荐列表难以考虑到推荐电影之间的关系，而较大的推荐列表长度会引入噪声，用户的兴趣度也会降低，不利于推荐的效果。因此选择合适的推荐列表长度可以提升 LDRM 的推荐效果。

4. 探究控制模拟奖励的参数 α 对 LDRM 性能的影响

最后进行的是参数敏感性分析实验，探究控制生成模拟奖励的参数 α 对

LDRM 性能的影响。本节实验考虑 5.3 节中的仿真模拟器的参数 α 对于推荐性能的影响。参数 α 可以用来调节仿真模拟器中的考虑状态和动作的相似性比例大小。在 MovieLens-100K 数据集上进行实验,选择列表长度为 5,观察在其他参数不变的情况下,改变参数 α 的大小模型的性能是否发生改变。

根据不同的参数 α 绘制出模型的性能指标 NDCG@5 的变化曲线,如图 5-16 所示。

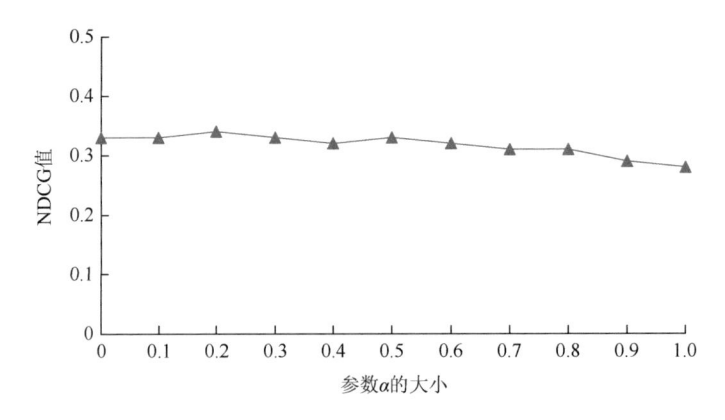

图 5-16 参数 α 敏感性分析图

实验中分别选取 α 为 0、0.1、0.2、0.3、0.4、0.5、0.6、0.7、0.8、0.9、1.0 等不同的数值,观察 α 取不同值时,本书所提推荐方法的性能。从图 5-16 中可以观察到,当 $\alpha=0.2$ 时模型的性能最好,这个结果说明,在将当前的状态-动作对基于历史的状态-动作对映射奖励值的时候,动作的相似性相比于状态的相似性更能影响奖励的映射机制,在产生奖励的时候,构建的仿真模拟器更多的是学习之前的动作相似性。

5.4.2 融合知识图谱的深度强化学习动态推荐实验

本节对融合知识图谱的深度强化学习动态推荐模型进行验证。本节实验一共包含四个部分:①提出的 KFDRM 在 Amazon Beauty 数据集上和对比模型的准确性性能进行比较;②设计对比实验,探究本节提出的 KFDRM 在 Amazon Beauty 数据集上和其他模型的多样性性能的比较;③设置消融实验,探究不同的状态表示对于模型推荐结果的影响;④参数控制实验,探究不同的候选产品的大小对于模型性能的影响。

本节的实验数据选择了大型电商平台亚马逊的公开推荐数据集下的子类数据

集 Amazon Beauty。该数据集包含来自亚马逊商城的美容类产品元数据、用户的评分数据以及时间戳等。原始的 Amazon Beauty 数据集的用户数量和商品数量较大，为了提升数据的质量，本节实验剔除交互次数少于 5 次的用户和商品。由于需要使用到数据集中产品的知识图谱信息，按照参考文献[37]中的形式预处理数据集，数据的预处理、统计部分信息如表 5-5 所示。

表 5-5 数据集信息表

数据集名称	交互数量	用户数量	产品数量	实体数量	关系数量
Amazon Beauty	198 502	22 363	12 101	42 355	20

数据集的训练集和测试集划分和 5.4.1 节实验相同，取数据的 80%作为训练集，剩下的 20%作为测试集，同一个用户不能同时出现在训练集和测试集当中。本节使用的评价指标也和 5.4.1 节实验基本相同。本节实验选择使用 Precision、Recall 和 NDCG 作为实验的评价指标。实验环境配置如表 5-2 所示。

选取传统模型、基于矩阵分解的模型、基于深度学习的模型和基于知识图谱的模型与本节提出 KFDRM 进行比较。选取的模型有 POP 模型、LightGCN 模型、BPR 模型和 KGAT 模型。KGAT[29]模型是一种考虑知识图谱的推荐模型，通过端到端的形式，显式地对知识图谱中的高阶连接特性进行建模。实验参数设置如下：模型批量大小设置为 1024，使用 Adam 优化器优化所有模型。在 KFDRM 中，GRU 的隐藏层大小和产品嵌入大小设置为 64，使用 TransE 生成的嵌入向量维度设置为 50。对于超参数，折扣系数 γ 设置为 0.9，学习率设置为 0.01，迭代次数为 300 轮。

1. KFDRM 性能对比实验

本节提出的 KFDRM 在 Amazon Beauty 数据集上和对比模型在三个评估指标上的性能对比结果如表 5-6 所示，粗体数字表示最优实验结果。

表 5-6 对比实验结果表

模型	Precision@10	Recall@10	NDCG@10
POP	0.1402	0.1263	0.1582
LightGCN	0.2524	0.2351	0.2019
BPR	0.2689	0.2407	0.2305
KGAT	0.2932	0.3164	0.2617
KFDRM	**0.3104**	**0.3387**	**0.2992**

模型在三个推荐性能指标上的对比实验结果如图 5-17 所示。

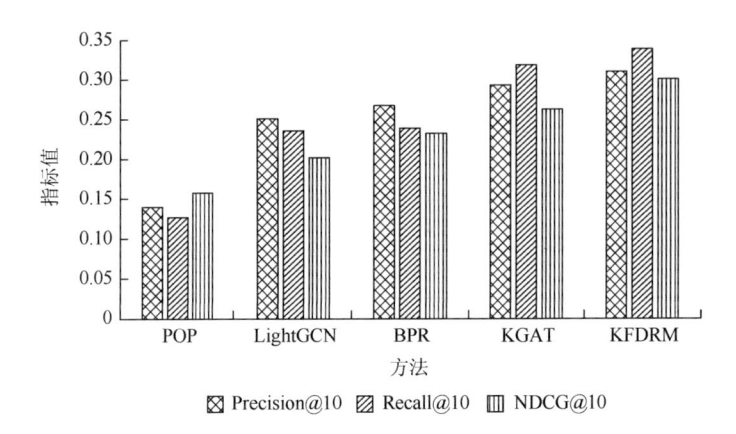

图 5-17　Amazon Beauty 数据集上的对比实验结果图

根据上述图 5-17 和表 5-6 中的对比实验结果可以得出如下的结论。

首先，本节提出的 KFDRM 在 Amazon Beauty 数据集上和其他四个对比模型相比在三个性能指标上的表现最好。其中 POP 方法在三个指标上的表现最差，说明基于流行度的模型的推荐准确度不高。基于深度学习的 LigthGCN 模型和基于矩阵分解的 BPR 模型的推荐效果相近，其中 BPR 模型在 Precision@10、Recall@10 和 NDCG@10 三个指标上的结果值更高。基于知识图谱的推荐模型 KGAT 方法的推荐效果要好于其他三种方法，但是略低于本章提出的 KFDRM。尽管 KGAT 方法也使用了知识图谱信息辅助增强序列推荐的效果，然而该方法无法预测用户的潜在未来可能的偏好，无法将知识特征拓展到未来的偏好。KFDRM 相较于其他的最好对比模型在准确率指标 Precision@10 上提升了 5.87%，在召回率指标 Recall@10 上提升了 7.05%，在归一化折现累计增益指标 NDCG@10 上提升了 14.33%，验证了 KFDRM 的有效性。KFDRM 在考虑了当前知识图谱信息和历史交互的同时，还能动态地预测未来的知识图谱特征，通过这样的表达形式能够更好地融合知识图谱信息和马尔可夫决策过程，将知识图谱的辅助信息融合在强化学习的动态框架中，更好地进行推荐。

2. 多样性性能对比实验

推荐的多样性提升有助于用户新兴趣的探索，可以改善推荐的多样性[38]，提升用户对于推荐的满意度。探究本节提出的 KFDRM 在 Amazon Beauty 数据集上和其他模型的多样性性能的比较。本节设计实验探究 KFDRM 是否能够有效提升推荐的多样性。实验结果如图 5-18 所示。

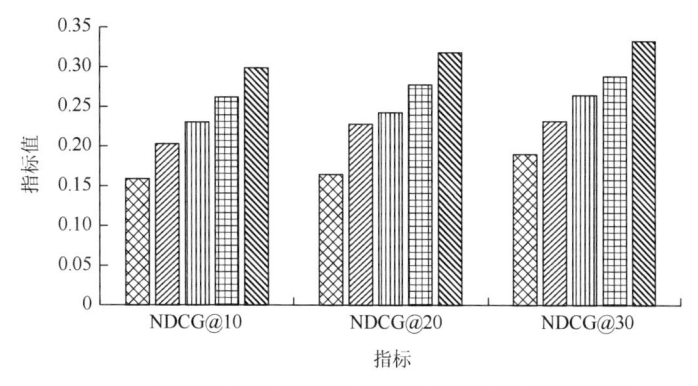

图 5-18 多样性对比实验图

如图 5-18 所示，图中显示的是 KFDRM 和几个对比模型在 Amazon Beauty 数据集上的 NDCG@10、NDCG@20、NDCG@30 的变化结果。从图 5-18 中的对比实验结果可以看出，随着推荐个数的增加，本节提出的 KFDRM 在几个指标上的表现最好，模型通过融入知识图谱的探索过程能够提升推荐的多样性，使得推荐列表的产品更加多样化。这说明了探索用户的兴趣能够有效地增强推荐的多样性，提升推荐的效果。

3. 状态空间消融实验

接下来通过设计消融实验，探讨本节提出的融合知识信息的强化学习模型 KFDRM 中的不同的状态设计对模型的影响。分析状态空间设计模块中的状态设计构造公式，可以看出最终状态表示公式是由三种状态信息聚合而成的：一个是仅考虑历史交互序列的状态，一个是包含当前知识偏好的状态表示，还有一个是包含未来偏好的知识图谱状态表示。在本节将对每部分状态信息进行消融实验，分别探究分析以上不同部分对于实验结果的影响。

通过改变不同的状态空间输入信息，考虑不同部分的信息对于状态空间设计的影响，本节实验中设计了三种变体模型，分别为 $KFDRM_h$，$KFDRM_{h+a}$，$KFDRM_{h+f}$。其中 $KFDRM_h$ 的状态表示只利用用户的历史交互序列信息，$KFDRM_{h+a}$ 的状态表示包含历史交互序列信息和包含当前知识图谱特征的当前偏好层。$KFDRM_{h+f}$ 的状态表示包含历史交互序列信息层和用户的潜在未来知识图谱特征偏好层。KFDRM 和上述几个变体模型在 Amazon Beauty 数据集上的实验结果如表 5-7 和图 5-19 所示，表 5-7 中粗体数字表示最优实验结果。

表 5-7 模型消融实验结果表

模型	Precision@10	Recall@10	NDCG@10
$KFDRM_h$	0.2143	0.2252	0.1893

续表

模型	Precision@10	Recall@10	NDCG@10
KFDRM$_{h+a}$	0.2908	0.3075	0.2749
KFDRM$_{h+f}$	0.2553	0.2697	0.2384
KFDRM	**0.3107**	**0.3246**	**0.2986**

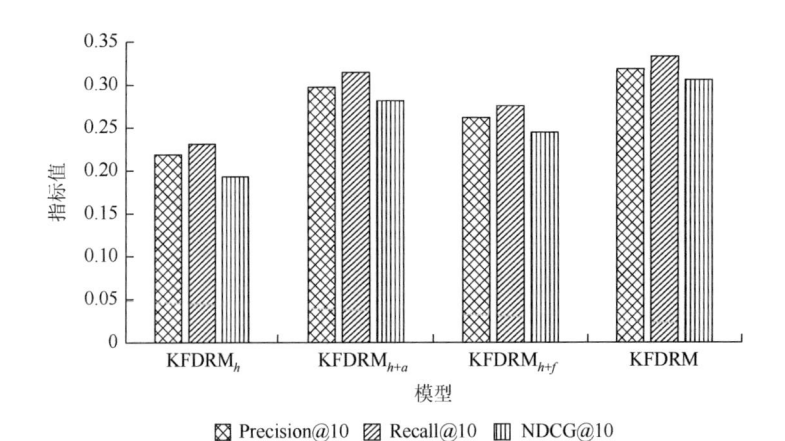

图 5-19 KFDRM 消融实验结果图

从图 5-19 中可以观察到，仅包含历史交互序列信息的 KFDRM$_h$ 变体模型在几个指标的表现上最差，这说明了在状态中考虑知识图谱信息作为辅助信息的有效性。在另外几个变体模型的比较中，可以发现 KFDRM$_{h+f}$ 在几个评估指标上的结果优于 KFDRM$_h$，但是略微逊色于 KFDRM$_{h+a}$ 的表现，从对比结果可以看出，当前的知识图谱偏好相较于潜在的未来偏好对推荐的效果更好。表现最好的模型是本书提出的完整版本的 KFDRM，本节的消融实验也说明了考虑当前偏好和未来偏好的知识图谱融合信息的有效性。

4. 参数敏感性实验

以上的消融实验验证了融合知识状态的有效性，接下来考虑候选集合筛选模块中集合的大小对于推荐性能的影响。设置初始集合的个数分别为{10 000, 20 000, 30 000, 50 000, 100 000}，对比在不同大小的候选集合的情况下推荐的性能发生的变化。具体的变化如图 5-20 所示。

通过图 5-20 的走势我们可以观察发现，Precision@10 和 Recall@10 两个指标首先随着候选集合的增大而上升，到达一个临界点之后，随着候选集合的增大而

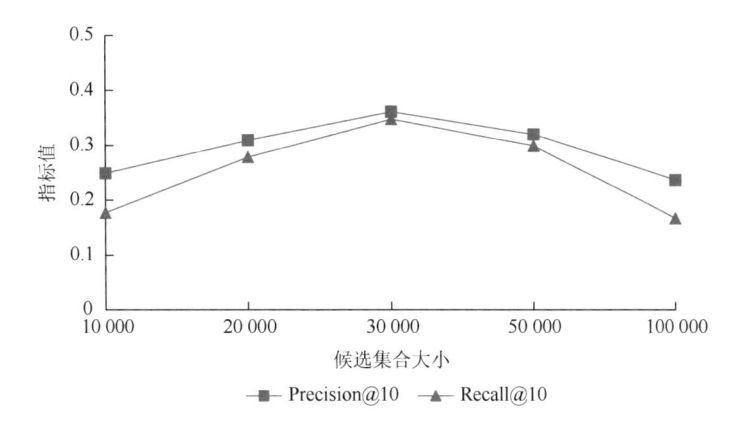

图 5-20 候选集合对算法性能的影响

下降。通过以上的观察可以发现在候选集合较小的情况下，可能候选集合中包含的用户偏好产品较少，于是较小的推荐候选集合可能会抑制算法的性能。随着候选集合的增加，为了提升计算的效率，算法中考虑到了通过 K 跳邻居方法对候选集合进行筛选的过程，因此在候选集合增加的同时也过滤掉了一部分不相关的产品，这样就会在推荐之前产生一些无法被系统推荐的产品，这些产品的反馈信息也不能被有效地学习，因此也会对推荐的性能产生负面的作用。从上述的参数控制实验可以发现，选择合适的原始候选集合大小对于算法的性能的提升有积极作用。

参 考 文 献

[1] Steck H, van Zwol R, Johnson C. Interactive recommender systems: tutorial. Vienna: The 9th ACM Conference on Recommender Systems, 2015.

[2] Zou L X, Xia L, Du P, et al. Pseudo dyna-Q: a reinforcement learning framework for interactive recommendation. Houston: The 13th International Conference on Web Search and Data Mining, 2020.

[3] 向朝参, 李耀宇, 冯亮, 等. 基于深度强化学习的智联网汽车感知任务分配. 计算机学报, 2022, 45(5): 918-934.

[4] 刘冠男, 曲金铭, 李小琳, 等. 基于深度强化学习的救护车动态重定位调度研究. 管理科学学报, 2020, 23(2): 39-53.

[5] Kendall A, Hawke J, Janz D, et al. Learning to drive in a day. Montreal: 2019 International Conference on Robotics and Automation, 2019.

[6] Merel J, Tassa Y, Tb D, et al. Learning human behaviors from motion capture by adversarial imitation. https://arxiv.org/abs/1707.02201.pdf[2017-07-07].

[7] Lewis M, Yarats D, Dauphin Y N, et al. Deal or No deal? End-to-end learning for negotiation dialogues. https://arxiv.org/abs/1706.05125.pdf[2017-06-16].

[8] Silver D, Huang A, Maddison C J, et al. Mastering the game of Go with deep neural networks and tree search. Nature, 2016, 529(7587): 484-489.

[9] Silver D, Schrittwieser J, Simonyan K, et al. Mastering the game of Go without human knowledge. Nature, 2017,

550(7676): 354-359.

[10] Zhao D Y, Zhang L, Zhang B, et al. MaHRL: multi-goals abstraction based deep hierarchical reinforcement learning for recommendations. Xi'an: The 43rd International ACM SIGIR Conference on Research and Development in Information Retrieval, 2020.

[11] Huang L W, Fu M S, Li F, et al. A deep reinforcement learning based long-term recommender system. Knowledge-Based Systems, 2021, 213: 106706.

[12] Li L H, Chu W, Langford J, et al. A contextual-bandit approach to personalized news article recommendation. Raleigh: The 19th International Conference on World Wide Web, 2010: 661-670.

[13] Yang M Y, Li Q Y, Qin Z W, et al. Hierarchical adaptive contextual bandits for resource constraint based recommendation. Taipei: The Web Conference 2020, 2020.

[14] Bietti A, Agarwal A, Langford J. A contextual bandit bake-off. https://arxiv.org/abs/1802.04064.pdf[2018-12-12].

[15] Li L H, Chu W, Langford J, et al. Unbiased offline evaluation of contextual-bandit-based news article recommendation algorithms. Hong Kong: The Fourth ACM International Conference on Web Search and Data Mining, 2011.

[16] Zhou D R, Li L H, Gu Q Q. Neural contextual bandits with UCB-based exploration. The 37th International Conference on Machine Learning, 2020.

[17] Zou L X, Xia L, Ding Z Y, et al. Reinforcement learning to optimize long-term user engagement in recommender systems. Anchorage: The 25th ACM SIGKDD International Conference on Knowledge Discovery and Data Mining, 2019.

[18] Chen S Y, Yu Y, Da Q, et al. Stabilizing reinforcement learning in dynamic environment with application to online recommendation. London: The 24th ACM SIGKDD International Conference on Knowledge Discovery and Data Mining, 2018.

[19] Zheng G J, Zhang F Z, Zheng Z H, et al. DRN: a deep reinforcement learning framework for news recommendation. Lyon: The 2018 Web Conference, 2018.

[20] Chen X S, Li S, Li H, et al. Generative adversarial user model for reinforcement learning based recommendation system. Long Beach: The 36th International Conference on Machine Learning, 2019.

[21] Zhao X Y, Xia L, Zhang L, et al. Deep reinforcement learning for page-wise recommendations. Vancouver: The 12th ACM Conference on Recommender Systems, 2018.

[22] Chen X C, Huang C R, Yao L N, et al. Knowledge-guided deep reinforcement learning for interactive recommendation. Glasgow: 2020 International Joint Conference on Neural Networks, 2020.

[23] 秦川, 祝恒书, 庄福振, 等. 基于知识图谱的推荐系统研究综述. 中国科学: 信息科学, 2020, 50(7): 937-956.

[24] Bordes A, Usunier N, Garcia-Durán A, et al. Translating embeddings for modeling multi-relational data. Lake Tahoe: The 26th International Conference on Neural Information Processing Systems, 2013.

[25] Ji G L, He S Z, Xu L H, et al. Knowledge graph embedding via dynamic mapping matrix. Beijing: The 53rd Annual Meeting of the Association for Computational Linguistics and the 7th International Joint Conference on Natural Language Processing, 2015.

[26] Lin Y K, Liu Z Y, Sun M S, et al. Learning entity and relation embeddings for knowledge graph completion. Austin: The Twenty-Ninth AAAI Conference on Artificial Intelligence, 2015.

[27] Zhang F Z, Yuan N J, Lian D F, et al. Collaborative knowledge base embedding for recommender systems. San Francisco: The 22nd ACM SIGKDD International Conference on Knowledge Discovery and Data Mining, 2016.

[28] Wang H W, Zhang F Z, Xie X, et al. DKN: deep knowledge-aware network for news recommendation. Lyon: The 2018 Web Conference, 2018.

[29] Wang X, He X N, Cao Y X, et al. KGAT: knowledge graph attention network for recommendation. Anchorage:

The 25th ACM SIGKDD International Conference on Knowledge Discovery and Data Mining, 2019.

[30] Sakurai K, Togo R, Ogawa T, et al. Deep reinforcement learning-based music recommendation with knowledge graph using acoustic features. ITE Transactions on Media Technology and Applications, 2022, 10(1): 8-17.

[31] Zhao X Y, Zhang L, Xia L, et al. Deep reinforcement learning for list-wise recommendations. https://arxiv.org/abs/1801.00209.pdf[2017-12-30].

[32] Lillicrap T P, Hunt J J, Pritzel A, et al. Continuous control with deep reinforcement learning. https://arxiv.org/abs/1509.02971.pdf[2015-09-09].

[33] Wang P F, Fan Y, Xia L, et al. KERL: a knowledge-guided reinforcement learning model for sequential recommendation. Xi'an: The 43rd International ACM SIGIR Conference on Research and Development in Information Retrieval, 2020.

[34] Rendle S, Freudenthaler C, Gantner Z, et al. BPR: Bayesian personalized ranking from implicit feedback. https://arxiv.org/abs/1205.2618.pdf[2012-05-09].

[35] He X N, Deng K, Wang X, et al. LightGCN: simplifying and powering graph convolution network for recommendation. Xi'an: The 43rd International ACM SIGIR Conference on Research and Development in Information Retrieval, 2020: 639-648.

[36] Mnih V, Kavukcuoglu K, Silver D, et al. Playing atari with deep reinforcement learning. https://arxiv.org/abs/1312.5602.pdf[2013-12-09].

[37] Xian Y K, Fu Z H, Muthukrishnan S, et al. Reinforcement knowledge graph reasoning for explainable recommendation. Paris: The 42nd international ACM SIGIR Conference on Research and Development in Information Retrieval, 2019.

[38] Cheng P Z, Wang S Q, Ma J, et al. Learning to Recommend Accurate and Diverse Items. Perth: The 26th International Conference on World Wide Web, 2017.

第6章 多渠道多策略协同的个性化促销方法

通过个性化需求建模与产品推荐，我们可以得到满足消费者个性化需求的候选产品集合。通常情况下，推荐这些产品可以帮助消费者克服信息过载等问题，降低消费者的搜索成本。在竞争激烈的市场环境下，推荐符合个性化需求的产品并不代表消费者一定会从企业购买该产品。企业仍需制定有效的价格和促销策略，通过为消费者带来更多的剩余价值，达到在市场竞争中吸引消费者的目的。

本章研究多渠道多策略协同的个性化促销方法，帮助企业分析多渠道促销的必要条件，优化多渠道单阶段和多渠道多阶段的个性化促销策略，构建产品价格和运费价格的协同优化模型。内容组织如下：6.1节对产品定价和在线促销的国内外研究状况进行综述。6.2节研究多渠道促销的必要条件和单次促销的优化模型。6.3节构建多渠道零售商多阶段促销的优化模型。6.4节研究产品价格和运费价格协同的促销策略。6.5节对所提模型进行评估与验证。

6.1 国内外研究综述

价格策略是企业吸引消费者的有效手段，在企业营销实践中得到了广泛应用[1-3]。电子商务环境为企业设计个性化的价格策略提供了有利的条件：企业可以综合利用消费者信息和市场竞争情况，提供实时动态的个性化价格。Jiang和Guo[4]探究了消费者评论与产品价格的关系，指出针对不同类别的产品采取差异化的价格策略可以提升企业收益。Misra等[5]研究了不完全信息情境下的动态定价模型，所提模型利用强化学习策略对价格策略进行动态优化。Jagabathula和Rusmevichientong[6]构建了非参数联合分类和价格选择模型，该模型可以在考虑消费者价格偏好的基础上进行个性化定价。Maglaras等[7]研究了大规模排队系统的动态定价模型，在考虑消费者价格偏好和时间延迟敏感度的情况下对价格进行动态优化。针对双渠道多阶段促销问题，Jiang等[8]提出了基于多目标优化的考虑地域差异的个性化定价模型，为提高企业的促销收益提供了理论依据。捆绑定价是企业价格策略的有效手段。为了吸引消费者购买企业推荐的产品，Jiang等[9]以买得越多省得越多为原则提出了在线动态捆绑定价模型，设计了模型的启发式求解算法。基于亚马逊数据的实验表明，所提模型在为企业带来更多利润的同时可以帮助消费者节省支出，实现企业和消费者的双赢。基于消费者报价和历史消费数据，

Xue 等[10]研究了个性化捆绑定价模型,该模型采取自上而下和自下而上的两阶段方法确定最优捆绑价格。实证研究表明,所提模型可以提高价格策略的有效性。此外,量折扣、优惠券、返现等价格策略也得到了广泛研究,为提高企业营销效果提供了理论依据[11, 12]。Greenstein-Messica 等[13]的研究还表明,消费者对价格折扣具有不同的敏感度,将个性化折扣敏感度融入购买预测模型可以显著提高预测准确性。

以在线价格折扣的方式进行促销是企业常用的促销策略之一。深度价格折扣[14]、优惠券[15, 16]和混合策略[17]等是促销常用策略。尽管此类促销模式可以带来销售额的增长,但极端促销往往会带来负面效果:大幅度的价格折扣会侵蚀企业的盈利能力,损害企业声誉。为此,对消费者进行市场细分并采取差异化营销策略成为缓解上述负面影响的有效手段[18-20]。Zhang 等[21]研究了为消费者购物车中的商品提供折扣的促销策略。Kim 等[22]与 Levina 等[23]提出的模型充分利用了消费者特征来进行差异化定价。Cohen 等[24]将多项目促销优化问题表述为一个非线性整数规划来进行模型求解。Mojir 和 Sudhir[25]则考虑跨阶段重复购买、家庭已有产品存量等信息进行差异化定价。渠道冲突是双渠道零售商在线促销面临的重要挑战。研究者分析了促销策略的跨渠道效应[26],探讨了导致渠道冲突的关键属性[27],并对消费者的渠道选择行为进行了深入研究。研究表明,消费者特征[28, 29]、实体店距离和交通成本[30, 31]等因素显著影响了消费者的渠道选择。其中,线上和线下渠道之间的价格差异在渠道选择决策中起着主导作用[32]。

产品运费是影响消费者购买决策的重要因素。PayPal 的一项调查发现,高昂的运费成本是消费者放弃购买的主要原因。大约一半的在线购物者在被加收运费时放弃了购物车中的产品。如何消除运费的负面影响成为企业关心的重要问题。关于产品运费的研究主要分为运费影响和运费优化两类。在运费影响方面,研究者探讨了运费价格、运费与其他促销策略的融合以及不同免运费策略对消费者购买决策的影响[33, 34]。为了对产品运费进行优化,研究人员将产品价格作为基础费用,将运费价格作为附加费用,研究消费者如何分割产品价格和运费价格,探讨价格分割如何影响消费者购买意愿,研究产品价格和运费价格的协同优化策略,以决定企业应采用将总价格划分为产品价格和配送附加费(划分策略)的方式,还是采用收取包括产品价格和运费在内的总价格(组合策略)的方式,从而向消费者提供免费配送服务[35, 36]。

多期定价和促销是一个重要的收益管理问题。研究者在不同的需求与供应条件下,构建了优化多阶段报童问题的定价模型[37],并考虑产品特性[38, 39]、制造商-零售商契约[40]、库存产品策略[41]、网络效应[42],以及服务保证和市场竞争[43, 44]等因素对多阶段定价与企业收益的影响。面向策略型消费者的多阶段定价和促销也是研究的重要问题。基于策略型消费者的行为特点,研究者构建了多阶段个性化定价[45, 46]模型为策略型消费者制定有针对性的营销策略。研究表明,根据策略型消费者的历史行为动态调整产品价格有助于提高营销效果。现有关于多渠道促销的研究往往将在线市场视为一个整体，即一旦实施在线促销策略，所有线下市场的消费者均可享受线上的促销优惠，未基于线下市场情况对消费者进行细分，未考虑双渠道零售在多个市场环境下的多阶段促销问题。

6.2 多渠道零售商单阶段促销模型

6.2.1 基本模型构建

考虑零售商对 N 个市场进行单次促销的情况。产品在线下（渠道 a）市场 i 的销售价格为 p_i^a，$i=1,\cdots,N$，单位成本为 c_i^a，$c_i^a < p_i^a$。假设 p_i^a 只由零售商的线下需求所决定，而不考虑线上价格。本节将产品在线上（渠道 b）市场 i 的单位成本设为 c_i^b，销售价格设为 p^b。市场 i 线下和线上渠道的需求分别为 q_i^a 和 q_i^b。假设消费者只能从线上渠道和他们所在的线下市场购买产品，借用报童问题[47]，线下和线上市场的需求分别为

$$q_i^a = A_i^a - B_i^a p_i^a - L_i(p_i^a - p^b) \tag{6-1}$$

$$q_i^b = A_i^b - B_i^b p^b + L_i(p_i^a - p^b) \tag{6-2}$$

其中，$A_i^a, B_i^a, A_i^b, B_i^b > 0$。在线上促销时，需求是价格和参数（$L_i$）的函数。$L_i$ 表示当线下渠道比线上渠道价格高 1 个单位时，从线下渠道往线上渠道转移的消费者数量。与线下渠道（实体经营）不同，线上渠道有自己的市场运营机制，本节用 (A_i^a, B_i^a) 和 (A_i^b, B_i^b) 来表示线下和线上需求的基本差异。如果市场 i 进行线上促销，那么一些本来可以在线下购买产品的消费者可能会选择以更低的价格在线上购买[48]。

由于所有市场的消费者都可以轻易获取其他市场的线上促销价格，本节假设对于相同的产品，零售商只设定一个线上价格 p^b。此外，依据 Brynjolfsson 和 Smith[32]的实践，假设线上促销价格低于线下价格，即 $p^b < p_i^a$。对具有 N 个线下市场的零售商，其最佳线上促销策略可表示为

$$\begin{aligned}\max \pi = \max &\sum_{i=1}^{N}[A_i^a - B_i^a p_i^a - \theta_i L_i(p_i^a - p^b)](p_i^a - c_i^a) \\ &+ \sum_{i=1}^{N}\theta_i[A_i^b - B_i^b p^b + L_i(p_i^a - p^b)](p^b - c_i^b)\end{aligned} \tag{6-3}$$

该模型的目标是依据决策变量 θ_i 和促销价格 p^b 最大化零售商从线上和线下市场中所获得的总利润。θ_i 为二元决策变量，如果零售商在市场 i 线上促销产品，则 θ_i 的取值为 1，否则取值为 0。零售商将进行线上促销的市场数量定义为

$M=\sum_{i=1}^{N}\theta_i$。其中，$M=0$ 表示零售商不进行线上促销；$M<N$ 表示在部分市场线上促销；$M=N$ 表示在所有市场线上促销。表 6-1 总结了模型中使用的参数和决策变量。

表 6-1　模型使用的参数和决策变量

符号	给定参数
A_i^a 或 A_i^b	市场 i 的线下（线上）需求函数的截距
B_i^a 或 B_i^b	市场 i 的线下（线上）需求函数的斜率
L_i	线下比线上价格高 1 单位时从线下渠道往线上渠道转移的消费者数量
N	线下市场的总数
M	提供线上促销的市场总数
中间变量	
q_i^a	市场 i 的线下需求量
q_i^b	市场 i 的线上需求量
π	线下和线上市场的总利润
决策变量	
θ_i	如果零售商在市场 i 线上促销产品，则 θ_i 的取值为 1，否则取值为 0
p^b	线上促销价格

上述混合整数规划模型有助于解决有关单阶段线上促销的以下三个重要问题。

（1）如果零售商选择在线上促销该产品，最佳的促销价格 p^{b*} 是多少？

（2）在什么情况下，零售商只针对部分市场（$1 \leqslant M<N$）促销产品，而不是针对整个市场（$M=N$）？

（3）如果零售商决定在 M 个市场进行在线促销活动，它如何从 N 个市场选择一个市场组合来使利润最大化？

6.2.2　双市场模型构建

本节将讨论两个市场的促销策略模型，命名为市场 1 和市场 2。

1. 双市场线上促销

如果零售商决定在两个市场均采用线上促销来推广产品，则盈利模式可以表示为

$$\pi_{12} = \sum_{k=1}^{2} [A_k^a - B_k^a p_k^a - L_k(p_k^a - p^b)](p_k^a - c_k^a) + [A_k^b - B_k^b p^b + L_k(p_k^a - p^b)](p^b - c_k^b)$$

（6-4）

通过一阶导数，可以找到最佳的促销价格：

$$p^{b*} = \frac{1}{2} \frac{\sum_{k=1}^{2} A_k^b + B_k^b c_k^b + L_k(2p_k^a - c_k^a + c_k^b)}{\sum_{k=1}^{2}(B_k^b + L_k)}$$

（6-5）

两个市场的利润总额为

$$\pi_{12}^* = \pi_1^a + \pi_2^a - \sum_{k=1}^{2}(A_k^b c_k^b + L_k p_k^a(p_k^a - c_k^a + c_k^b)) + \frac{\left[\sum_{k=1}^{2}(B_k^b c_k^b + A_k^b + L_k(2p_k^a - c_k^a + c_k^b))\right]^2}{4\sum_{k=1}^{2}(B_k^b + L_k)}$$

（6-6）

其中，$\pi_1^a = (A_1^a - B_1^a p_1^a)(p_1^a - c_1^a)$ 和 $\pi_2^a = (A_2^a - B_2^a p_2^a)(p_2^a - c_2^a)$ 分别表示市场 1 和市场 2 没有进行线上促销的利润。

设 $\alpha_k = A_k^b + B_k^b c_k^b + L_k(2p_k^a - c_k^a + c_k^b)$，$\beta_k = B_k^b + L_k$，$\gamma_k = A_k^b c_k^b + L_k p_k^a(p_k^a - c_k^a + c_k^b)$，$k = 1,2$。最优价格和利润可改写为

$$p^{b*} = \frac{1}{2} \frac{\sum_{k=1}^{2} \alpha_k}{\sum_{k=1}^{2} \beta_k}$$

（6-7）

$$\pi_{12}^* = \sum_{k=1}^{2}(\pi_k^a - \gamma_k) + \frac{\left(\sum_{k=1}^{2} \alpha_k\right)^2}{4\sum_{k=1}^{2} \beta_k}$$

（6-8）

2. 单市场线上促销（市场 1）

当仅在市场 1 进行线上促销时，零售商将从市场 1 的线上和线下双渠道获利，仅从市场 2 的线下渠道获利。同时其利润变为

$$\pi_1 = [A_1^a - B_1^a p_1^a - L_1(p_1^a - p^b)](p_1^a - c_1^a) + [A_1^b - B_1^b p^b + L_1(p_1^a - p^b)](p^b - c_1^b)$$
$$+ (A_2^a - B_2^a p_2^a)(p_2^a - c_2^a)$$

（6-9）

最佳的促销价格和利润为

$$p_1^{b*} = \frac{A_1^b + B_1^b c_1^b + L_1(2p_1^a - c_1^a + c_1^b)}{2(B_1^b + L_1)} = \frac{1}{2}\frac{\alpha_1}{\beta_1} \quad (6\text{-}10)$$

$$\pi_1^* = \pi_1^a + \pi_2^a - (A_1^b c_1^b + L_1 p_1^a (p_1^a - c_1^a + c_1^b))$$
$$+ \frac{(A_1^b + B_1^b c_1^b + L_1(2p_1^a - c_1^a + c_1^b))^2}{4(B_1^b + L_1)} \quad (6\text{-}11)$$

$$= \pi_1^a + \pi_2^a - \gamma_1 + \frac{(\alpha_1)^2}{4\beta_1}$$

命题 6-1 如果两个市场的参数相等，即 $A_1^a = A_2^a$，$B_1^a = B_2^a$，$A_1^b = A_2^b$，$B_1^b = B_2^b$，$p_1^a = p_2^a$，则最优利润 π^* 是 $L(c^a - c^b)$ 的递减函数。

命题 6-1 表明，当市场 1 和市场 2 的线上和线下需求相似，但线上运营成本 $(c^a - c^b)$ 和（或）转移率 L 不同时，零售商将在 $L(c^a - c^b)$ 值较小的市场上促销产品。

如果在市场 1 和市场 2 中有不同的参数（A^a、B^a、A^b、B^b 和 p^a），我们有以下命题。

命题 6-2 当下列不等式成立时，在市场 1 而非市场 2 进行线上促销将使零售商的利润最大化：

$$\frac{(\alpha_1)^2}{4\beta_1} - \gamma_1 > \frac{(\alpha_2)^2}{4\beta_2} - \gamma_2 \quad (6\text{-}12)$$

现有研究将线上市场视为不可分割的整体。换言之，如果零售商决定在线上促销产品，则所有线下市场的消费者都可以在线上购买产品。命题 6-3 表明，在这两个市场同时开展线上促销并不是最优的。

命题 6-3 如果 $\frac{(\alpha_2)^2}{\beta_2} < 4\gamma_1$，那么在市场 1 中而不是在市场 1 和市场 2 中进行线上促销可以获得最佳利润。

图 6-1 总结了在双市场情境下最佳促销策略的选择条件。

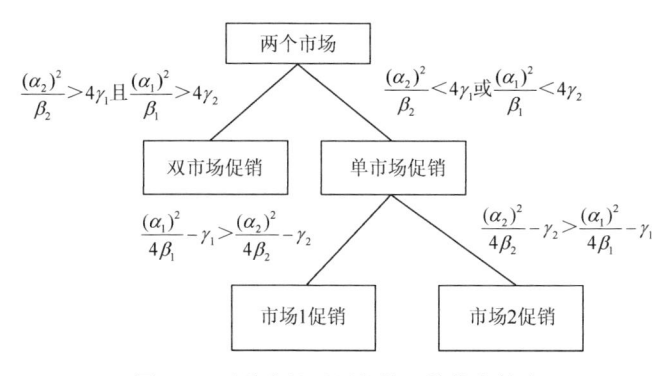

图 6-1 两种市场不同条件下的推广策略

6.2.3 多市场模型构建

本节讨论零售商拥有 N 个市场（$N>2$）的情况。如果零售商选择在所有市场线上推销产品，则利润函数为

$$\pi_N = \sum_{i=1}^{N}[A_i^a - B_i^a p_i^a - L_i(p_i^a - p^b)](p_i^a - c_i^a) + \sum_{i=1}^{N}[A_i^b - B_i^b p^b + L_i(p_i^a - p^b)](p^b - c_i^b)$$

（6-13）

最佳的促销价格和利润为

$$P_N^{b*} = \frac{1}{2}\frac{\sum_{i=1}^{N}\alpha_i}{\sum_{i=1}^{N}\beta_i}$$

（6-14）

$$\pi_N^* = \sum_{i=1}^{N}(\pi_i - \gamma_i) + \frac{\left(\sum_{i=1}^{N}\alpha_i\right)^2}{4\sum_{i=1}^{N}\beta_i}$$

（6-15）

其中，$\alpha_i = A_i^b + B_i^b c_i^b + L_i(2p_i^a - c_i^a + c_i^b)$，$\beta_i = B_i^b + L_i$，$\gamma_i = A_i^b c_i^b + L_i p_i^a(p_i^a - c_i^a + c_i^b)$。

推论 6-1 如果 N 个市场的参数相等，即 $A_1^a = A_2^a = A_3^a = \cdots = A_N^a$，$B_1^a = B_2^a = B_3^a = \cdots = B_N^a$，那么 N 个市场的最优利润 π_N^* 都是 $L(c^a - c^b)$ 的递减函数。

与命题 6-1 类似，如果零售商决定只在一个市场进行在线促销，且 N 个市场的线上和线下需求相似，但线上运营成本 $(c^a - c^b)$ 和转移率 L 不同时，则建议零售商在 $L(c^a - c^b)$ 值较小的市场上促销产品。

如果 N 个市场的参数不同，零售商决定在 M 个市场促销产品（即 $1<M<N$），那么优化问题可以从两个角度来考察：何时开展部分在线促销会更有利可图，以及如何选择这些市场。

为了回答第一个问题，假设零售商决定在市场 $\{1, 2, \cdots, M\}$ 中促销该产品，而在市场 $\{M+1, M+2, \cdots, N\}$ 中不提供在线促销。那么零售商的利润可以用下列公式表示：

$$\pi_M = \sum_{i=1}^{M}[A_i^a - B_i^a p_i^a - L_i(p_i^a - p^b)](p_i^a - c_i^a) + \sum_{i=1}^{M}[A_i^b - B_i^b p^b + L_i(p_i^a - p^b)](p^b - c_i^b)$$
$$+ \sum_{i=M+1}^{N}(A_i^a - B_i^a p_i^a)(p_i^a - c_i^a)$$

（6-16）

考虑到零售商在市场$\{1, 2, \cdots, M\}$上的促销,则最佳的促销价格和利润是

$$p_M^{b*} = \frac{1}{2} \frac{\sum_{i=1}^{M} \alpha_i}{\sum_{i=1}^{M} \beta_i} \tag{6-17}$$

$$\pi_M^* = \sum_{i=1}^{N} (\pi_i - \gamma_i) + \frac{\left(\sum_{i=1}^{M} \alpha_i\right)^2}{4\sum_{i=1}^{M} \beta_i} \tag{6-18}$$

命题 6-4 如果 $\frac{(\alpha_{M+1,N})^2}{\beta_{M+1,N}} < 4\gamma_{M+1,N}$,那么在 $\{1, 2, \cdots, M\}$ 市场进行在线促销比在所有 N 个市场进行在线促销更有利可图,其中 $\alpha_{M+1,N} = \sum_{i=M+1}^{N} \alpha_i$,$\beta_{M+1,N} = \sum_{i=M+1}^{N} \beta_i$,$\gamma_{M+1,N} = \sum_{i=M+1}^{N} \gamma_i$。

命题 6-4 给出了零售商在 M 个市场而不是 N 个市场进行在线促销的条件。利润最大化的市场组合可以通过式(6-19)得到:

$$\max \pi_M = \sum_{i=1}^{N} \pi_i - \sum_{i=1}^{N} \theta_i \gamma_i + \frac{\left(\sum_{i=1}^{N} \theta_i \alpha_i\right)^2}{4\sum_{i=1}^{N} \theta_i \beta_i} \tag{6-19}$$

如果零售商决定在市场 i 促销产品,则参数 θ_i 的值为 1;否则为 0。由于常数 $\sum_{i=1}^{N} \pi_i$ 是零售商的线下利润,且无论投资组合如何构成,该优化模型都是相同的,故可以将该优化模型简化为

$$\max \pi_M = -\sum_{i=1}^{N} \theta_i \gamma_i + \frac{\left(\sum_{i=1}^{N} \alpha_i \theta_i\right)^2}{4\sum_{i=1}^{N} \theta_i \beta_i} \tag{6-20}$$

式(6-20)是一个经典的组合优化问题,其最优解和近似最优解可以通过解析算法或启发式算法得到[49, 50]。为有效地解决该问题,我们利用命题 6-4 推导出以下约束条件。

$$\frac{\left[\sum_{\theta_i=0}(A_i^b + B_i^b c_i^b + L_i(2p_i^a - c_i^a + c_i^b))\right]^2}{4\sum_{\theta_i=0}(B_i^b + L_i)} < \sum_{\theta_i=0}(A_i^b c_i^b + L_i p_i^a (p_i^a - c_i^a + c_i^b)) \tag{6-21}$$

如果一个候选解决方案不满足式（6-21），则将其排除在可行域之外，从而缩小解空间，提高解的质量。图 6-2 给出了多市场情形下最优促销策略的决策树模型。

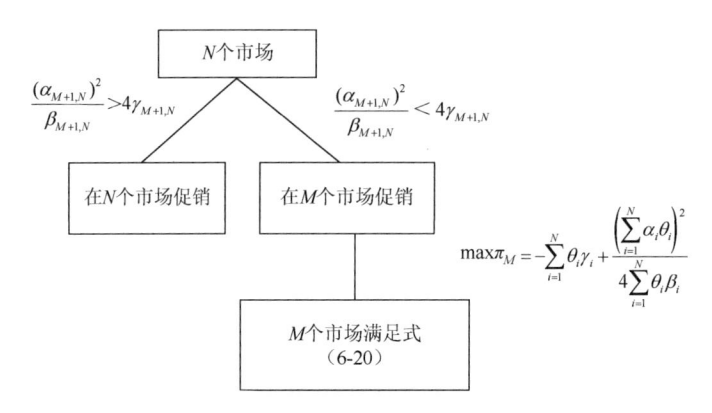

图 6-2　N 个不同市场下的推广策略（$1<M<N$）

6.3　多渠道零售商多阶段促销模型

本节将 6.2 节介绍的模型扩展到多阶段促销，并将研究聚焦如下两个目标：①如何通过多阶段促销最大限度地提高销量；②如何尽可能减少由处理能力和促销配额有限而导致的消费者不满。

6.3.1　基于利润最大化的优化模型

如果零售商有充足的（即无限的）库存和处理促销的能力，我们可以将多阶段促销视为独立的活动,重复利用 6.2.3 节提出的模型即可确定每个阶段的最优促销市场和最优价格。然而，在线促销往往受到诸多实际条件的限制。例如，零售商必须设置促销配额以避免线上促销导致的线下利润流失和品牌声誉受损[51]。同时，由于在线促销通常会带来需求激增，由此引起的处理能力负担也是零售商需要考虑的实际问题。为此，本节将考虑到促销配额和处理能力约束，以优化零售商的多阶段促销决策。

假设零售商需要在 N 个市场$\{1,\cdots,i,\cdots,N\}$ T 个阶段$\{1,\cdots,t,\cdots,T\}$对某种产品进行促销。将每阶段参与线上促销的市场数量设为 $n(t)$，其中 $O\leqslant n(t)\leqslant N$。那么处于 t 阶段的零售商将在 $n(t)$ 个市场进行促销。考虑库存、容量、利润和声誉等信息，在促销开始时，零售商将为每个市场设置促销配额 $O=\{O_1,\cdots,O_i,\cdots,O_N\}$。同时受各种资源限制（如产能和员工可用性等），每个市场在一段时间内可以处理的销售额存在上限，$H=\{h_1,\cdots,h_i,\cdots,h_N\}$。

由于处理能力有限，零售商在每个市场的销售额（线下和线上）不应超过该市场的处理能力。假设当总需求超过处理能力时，满足线下需求优先于线上需求。那么 t 时期市场 i 的线上销售量为

$$q_i^b(x(t),p^b(t)) = \begin{cases} \overline{q}_i^{-b}(x(t),p^b(t)), & \overline{q}_i^{-b}(x(t),p^b(t)) + q_i^a(x(t),p^b(t)) \leqslant h_i \\ h_i - q_i^a(x(t),p^b(t)), & 其他 \end{cases} \quad (6-22)$$

其中，$\overline{q}_i^{-b}(x(t),p^b(t))$ 表示不考虑处理能力的线上消费者的需求，即 $\overline{q}_i^{-b}(x(t),p^b(t)) = A_i^b - B_i^b p^b(t) + L_i(p_i^a - p^b(t))$。

在具备促销配额的条件下，零售商可以在 t 阶段的市场 i 中销售 $\mathrm{ro}_i(t)$ 单位。那么 t 阶段市场 i 的线上销售量将变为

$$q_i^b(x(t),p^b(t)) = \begin{cases} \overline{q}_i^{-b}(x(t),p^b(t)), & \overline{q}_i^{-b}(x(t),p^b(t)) \leqslant \mathrm{ro}_i(t) \\ \mathrm{ro}_i(t), & 其他 \end{cases} \quad (6-23)$$

其中，$\mathrm{ro}_i(t)$ 表示阶段 t 开始时的剩余（可用）配额，即 $\mathrm{ro}_i(t) = o_i - \sum_{t'=1}^{t-1} q_i^b(x(t'),p^b(t'))$。

根据产能约束和促销配额，可以将 t 阶段市场 i 的实际销售情况转化为

$$q_i^b(x(t),p^b(t)) = \min\{q_i^b(x(t),p^b(t)), h_i - q_i^a(x(t),p^b(t)), \mathrm{ro}_i(t)\} \quad (6-24)$$

根据 t 阶段市场 i 的销售数量，零售商的促销利润总额可以表示为

$$\pi_i(x(t),p^b(t)) = [A_i^a - B_i^a p^a - x_i(t)L_i(p_i^a - p^b(t))](p_i^a - c_i^a) \\ + x_i(t)q_i^b(x(t),p^b(t))(p^b(t) - c_i^b) \quad (6-25)$$

6.3.2 基于多目标优化的促销优化模型

在前文研究中，我们为零售商设计了一套模型，以决定在哪些市场提供在线促销以及如何在每个阶段制定促销价格。在线促销的一个重要目标是尽可能多地销售产品，获取最佳的促销收益，但也要求所激发的需求不能超过促销配额，否则会引起消费者不满意等问题。因此，为了优化这种多阶段、多市场、多目标的在线促销，本节提出一个多目标模型：①产品销售的促销利润最大化；②在计划范围内最大限度地提高销售量；③尽量减少由处理量及促销额度有限引起的消费者不满。

（1）为了从产品销售中获得最大的促销利润，设定：

$$f_t^P(x(t), p^b(t)) = \max_{x(t), p^b(t), \cdots, x(T), p^b(T)} \{\pi(x(t), p^b(t)) + V_{t+1,T}^P(x(t+1), p^b(t+1), \cdots, x(T), p^b(T))\}$$
$$= \max_{x(t), p^b(t)} \{\pi^*(x(t), p^b(t)) + f_{t+1}^P(x(t+1), p^b(t+1))\}$$
（6-26）

其中，$\pi(x(t), p^b(t)) = \sum_{i=1}^{N} \pi_i(x(t), p^b(t))$。

（2）为了在多阶段内最大限度地提高销售量，设定：
$$f_t^Q(x(t), p^b(t)) = \max_{x(t), p^b(t), \cdots, x(T), p^b(T)} \{q^b(x(t), p^b(t)) + V_{t+1,T}^Q(x(t+1), p^b(t+1), \cdots, x(T), p^b(T))\}$$
$$= \max_{x(t), p^b(t)} \{q^{b*}(x(t), p^b(t)) + f_{t+1}^Q(x(t+1), p^b(t+1))\}$$
（6-27）

其中，$q^b(x(t), p^b(t)) = \sum_{i=1}^{N} q_i^b(x(t), p^b(t))$。

（3）为了尽量减少由处理量及促销额度有限引起的消费者不满，设定：
$$f_t^H(x(t), p^b(t)) = \min_{x(t), p^b(t), \cdots, x(T), p^b(T)} \{r^b(x(t), p^b(t)) + V_{t+1,T}^H(x(t+1), p^b(t+1), \cdots, x(T), p^b(T))\}$$
$$= \min_{x(t), p^b(t)} \{r^{b*}(x(t), p^b(t)) + f_{t+1}^H(x(t+1), p^b(t+1))\}$$
（6-28）

其中，$r^b(x(t), p^b(t))$ 表示实际促销需求与被满足的需求之间的差额，即 $r^b(x(t), p^b(t)) = \sum_{i=1}^{N} \overline{q}_i^b(x(t), p^b(t)) - q_i^b(x(t), p^b(t))$。

上述模型以最大化促销收益和销量、最小化消费者不满为目标，在多个阶段同时优化促销市场和促销价格。与大多数多目标优化问题相似，模型中的三个目标是相互矛盾的。例如，降低促销价格虽然可以带来更高的销量，但是会降低促销收益，导致更高的响应失败和消费者不满意。因此，有必要在上述不一致的目标之间做出权衡。为此，本节提出一种启发式方法帮助零售商做出最优决策。

模型将零售商的线下市场划分为 N 个不同的市场，其中任何一个市场都可以选择是否进行在线促销。理论上，在每个时间段内有 2^N 个候选解决方案可供选择，T 个时间段有 2^{NT} 个方案可供选择。例如，如果零售商有 10 个市场和 4 个季度的规划范围来开展在线促销，那么该零售商将不得不评估 1 099 511 627 776（即 $2^{10} \times 2^{10} \times 2^{10} \times 2^{10}$）个选项。这是一项非常艰巨的工作，在现实情境下很难进行决策。除了选择合适的促销市场外，本节提出的模型需要同时优化促销价格，实现三个相互冲突目标，这会使得情况变得更加复杂。

为此，本节融合基于分解的多目标进化算法（multi-objective evolutionary

algorithm based on decomposition，MOEA/D）[52]和帕累托局部搜索（Pareto local search，PLS）[53]，提出一种基于分解和 PLS 的多目标进化算法（MOEA/D-PLS）对所提多目标优化问题进行求解。算法 6-1 给出了 MOEA/D-PLS 算法的概要。

算法 6-1　MOEA/D-PLS 算法框架

输入：
　　停止准则；
　　K：子问题个数
　　遗传算子及其相关参数
输出：
　　Ψ：帕累托最优解集
步骤 0　初始化：设置 $\Psi = \phi$
步骤 1　问题分解与种群生成：
　　1.1 生成 K 个权重向量 $\lambda_1,\cdots,\lambda_K$ 并通过 Decomposition 函数分解形成 K 个单目标优化子问题
　　1.2 通过 Generate 函数生成初始种群 $x_1,\cdots,x_k$
步骤 2　如果满足预设的停止条件，则立刻停止并返回 Ψ。否则，转到步骤 3
步骤 3　子问题优化：
　　对于 $k = 1,\cdots,K$
　　3.1 对子问题 k 应用遗传算子，通过函数 Subsolving 生成新的解 y_k，并通过函数 Validation 验证 y_k
　　3.2 通过函数 PLS 对 y_k 进行特定问题的帕累托局部搜索
　　3.3 通过函数 Update 更新 Ψ
结束
转到步骤 2

算法 6-1 的主要思想是将复杂的多目标优化问题分解为多个单目标优化问题（步骤 1），应用进化算法同时求解每个单目标优化问题（步骤 3.1），并改进 PLS 方法（步骤 3.2）以提升解决方案的质量。该算法的目标是找到一组帕累托最优解，即满足目标的非支配解的集合。对于某一解决方案，如果不存在另外一个解决方案可以在不恶化其他目标的情况下对某一目标进行优化，那么该解决方案就是非支配的。

在步骤 1 中，首先生成 K 个权重向量，并使用 Tchebycheff（切比雪夫）方法（通过函数 Decomposition 生成）将所提出的多市场多周期模型分解为 K 个单目标优化子问题。我们设计了一个两步法策略（即 Generate 函数）来生成 K 个候选解，并形成问题的初始种群。

步骤 3 通过遗传算子（即 Subsolving 函数）联合求解每个单目标优化子问题，并通过 Update 函数更新帕累托最优解集 Ψ。由于遗传算子可能会产生违反价格边界和促销配额约束的无效解，因此步骤 3.1 对生成的候选解进行验证（Validation 函数），以确保所得到的种群是有效的。步骤 3.2 针对某一可行解执行 PLS，在 Ψ（通过 PLS 函数）中探索解的邻域。其目标是找到可能在步骤 3.1 中没有找到的帕累托最优解。使用 PLS 的一个关键问题是确定搜索方向和局部邻域。本节设计了一个问题导向的规则（即 Neighbor_rule）来指导邻域的生成。

MOEA/D-PLS 算法的优点是可以有效保留多阶段促销在销量、利润和满意度等约束下的非支配解。与将多目标进行简单聚合、将多目标优化问题转换为单目标问题相比，MOEA/D-PLS 算法所求得的解可以保留更多有益信息，为零售商的促销决策提供了更多洞察力。

6.4 产品价格与配送费用协同优化模型

6.4.1 基本假设

本节将研究产品价格与配送费用协同优化方法。首先介绍模型所需的基本和必要的假设。①消费者拥有不同的保留价格。保留价格是消费者愿意为特定产品支付的最高价格。只有当消费者的剩余效用（用保留价格减去产品和配送的总费用表示）为正时，消费者才会购买产品。②每个消费者对不同产品具有不同的配送时限要求。配送时限（或配送时间要求）是消费者在收到产品之前愿意等待的最长时间。消费者不会选择超过其交货时间限制的配送方式。③为了保证合理的利润，线上零售商无法在任何时候为所有产品提供市场上的最低价格。一个理性的线上零售商应该把它的产品价格设置高于成本，同时又要低到足以吸引到合理数量的消费者。④一旦选择了配送方式，消费者可以从 UPS（United Parcel Service，Inc.，美国联合包裹运送服务公司）等配送公司充分了解该配送方式的合理费用。Burman 和 Biswas[54]与 Lewis[55]的研究表明运费的不公平性会让消费者不满，损害线上零售商形象，也会导致零售商利润下降。本节假设消费者不会选择支付超过从配送公司网站获得的配送价格。

从上述假设可以看到，要实现价格与配送费用的协同优化需要两种类型的数据。首先是产品信息，如产品成本和配送成本；其次是消费者信息，如市场中潜在的消费者数量、保留价格和配送时间要求。市场营销和收入管理领域的研究人员普遍认同消费者对产品有保留价格的假设[56-59]。交易记录和市场调查是获取消费者保留价格的主要数据来源[60, 61]。具体来说，基于历史销售和面板数据等交易记录，可以从总体和个体层面估计消费者的保留价格。为了得到总体水平的保留价格，研究者可以通过观察与价格相关的需求变化来得到消费者的价格响应函数。研究人员还可以通过分析消费者面板数据来得出个人层面的保留价格。另外，研究人员可以通过市场调查来衡量消费者的保留价格。不同于直接调查法直接询问消费者对某一特定产品的保留价格，研究者通常采用间接调查法，让消费者根据不同的资料对产品进行排名，或询问他们是否会以给定的价格购买产品。研究人员可以利用调查信息，通过科学方法估计消费者的保留价格[62, 63]。由于判断产品的具体价格是否可接受比直接给出保留价格更为容易,间接调查法可以更加有效地获得真实的保留价格。研究者对各种度量保留价格的方法进行了文献综述和对比分析[64-67]。此外,通过分析交易记录,模拟消费者对配送时间的需求分布情况,我们可以近似确定配送时间的需求分布情况。

6.4.2 单产品配送费用优化模型

1. 单产品配送费用模型

由于影响线上零售商利润的因素很多,消费者的购买决策也受到众多因素的影响,本节采用了一个非线性混合整数规划模型来包含关键的决定因素和必要的约束条件。假设一个线上零售商有 M 个潜在消费者和 N 个产品,$G=\{g_1,\cdots,g_n,\cdots,g_N\}$。每个产品都有一个固定的成本 $\{C_1,\cdots,C_n,\cdots,C_N\}$,消费者 m 对每个产品都有一个保留价格 $\{r_{m,1},\cdots,r_{m,n},\cdots,r_{m,N}\}$,$m=1,2,\cdots,M$。线上零售商提供 I 种配送方式 $\{so_1,\cdots,so_i,\cdots,so_I\}$,承诺交货时间 $\{d_1,\cdots,d_i,\cdots,d_I\}$。在不丧失一般性的情况下,如果 $i<j$,则假定 $d_i<d_j$。与每个产品 g_n 和配送方式 so_i 相关联,线上零售商的配送成本是 $\{sc_{n,1},\cdots,sc_{n,i},\cdots,sc_{n,I}\}$,第三方配送公司给线上零售商的配送价格是 $\{pc_{n,1},\cdots,pc_{n,i},\cdots,pc_{n,I}\}$。与实践一致,所提模型假设 $sc_{n,i}>sc_{n,j}$ 并且要求 $pc_{n,i}>pc_{n,j}$。消费者 m 对产品 g_n 有交货时间要求,将其定义为 $\{lt_{1,n},\cdots,lt_{m,n},\cdots,lt_{M,n}\}$,$n=1,2,\cdots,N$,$m=1,2,\cdots,M$。线上零售商的决策任务是在线确定所选产品 g_n 的销售价格 p_n,并确定在不同选择 so_i 下的相关运费 $\{s_{n,1},\cdots,s_{n,i},\cdots,s_{n,I}\}$。本节给出了单品 g_n 的定价与运费优化的非线性混合整数规划模型(nonlinear mixed-integer programming model for single product,NMIP-S),如表 6-2 所示。

表 6-2 NMIP-S 模型

序号	目标函数和约束条件
(1)	$\max \sum_{m=1}^{M}\sum_{i=1}^{I}(p_n-c_n)Y_{m,n,i} - \sum_{m=1}^{M}\sum_{i=1}^{I}(sc_{n,i}-s_{n,i})Y_{m,n,i}$
	约束条件:
(2)	$U_{m,n,i} = r_{m,n} - p_n - s_{n,i}$,$m=1,2,\cdots,M$,$i=1,2,\cdots,I$
(3)	$U_{m,n,i} \times Y_{m,n,i} \geq 0$,$m=1,2,\cdots,M$,$i=1,2,\cdots,I$
(4)	$(lt_{m,n}-d_i) \times Y_{m,n,i} \geq 0$,$m=1,2,\cdots,M$,$i=1,2,\cdots,I$
(5)	$(U_{m,n,i}-U_{m,n,k}) \times Y_{m,n,i} \geq 0$,$m=1,2,\cdots,M$,$i,k=1,2,\cdots,I$,$U_{m,n,k} \geq 0$,$lt_{m,n}-d_k \geq 0$,$k \neq i$

续表

序号	目标函数和约束条件
(6)	$((pc_{n,i} - s_{n,i}) - (pc_{n,k} - s_{n,k})) \times Y_{m,n,i} \geq 0$，$m = 1, 2, \cdots, M$，$i, k = 1, 2, \cdots, I$，$U_{m,n,k} \geq 0$，$lt_{m,n} - d_k \geq 0$，$k \neq i$
(7)	$(d_k - d_i) \times Y_{m,n,i} \geq 0$，$m = 1, 2, \cdots, M$，$i, k = 1, 2, \cdots, I$，$U_{m,n,k} \geq 0$，$lt_{m,n} - d_k \geq 0$，$k \neq i$
(8)	$s_{n,i} \leq pc_{n,i}$，$i = 1, 2, \cdots, I$
(9)	$p_n \geq c_n$
(10)	$p_n \leq \max\{r_{m,n}\}$，$m = 1, 2, \cdots, M$
(11)	$\sum_{i=1}^{I} Y_{m,n,i} \leq 1$，$m = 1, 2, \cdots, M$
(12)	$s_{n,i} > s_{n,j}$，$i, j = 1, 2, \cdots, I$，$i < j$
(13)	$Y_{m,n,i} = 0$或1，$m = 1, 2, \cdots, M$，$i = 1, 2, \cdots, I$

表 6-2 中，目标函数（1）使零售商销售产品 g_n 的利润最大化。线上零售商的利润是从使用选定的配送方式来购买产品 g_n 的消费者中获取的总利润。从每个消费者那里所获得的利润是向消费者收取的总价（销售价 p_n 和运费 $s_{n,i}$ 的总和）与相应的线上零售商成本（产品成本 c_n 和运费 $sc_{n,i}$ 的总和）之差。

约束条件（2）定义了选择第 i 种配送方式并以 p_n 的价格购买产品 g_n 的消费者 m 的剩余效用 $U_{m,n,i}$。约束条件（3）和约束条件（4）定义了以第 i 种配送方式购买产品 g_n 的必要条件。约束条件（3）表示消费者只有在剩余效用为正时才会购买第 i 种配送方式的产品 g_n，而约束条件（4）确保承诺的交货时间满足消费者的交货时间要求。

约束条件（5）～约束条件（7）允许消费者在满足约束条件（3）和约束条件（4）的必要条件时，根据他们的个人偏好做出选择。约束条件（5）表明，消费者基于最大剩余效用的原则进行购买决策。约束条件（6）表明消费者会选择获得最大配送节省的方式。约束条件（7）表明消费者更喜欢快速交货。为了管理消费者对线上零售商的看法，约束条件（8）确保向消费者收取的运费不超过第三方运营商的交货价格。约束条件（9）要求销售价格不低于产品成本，否则线上零售商将无法盈利。约束条件（10）要求销售价格不超过消费者对产品的最大保留价格，否则没有消费者会购买该产品。约束条件（11）规定，如果消费者决定购买某一产品，则允许消费者只选择一种配送方式。如果 $i<j$，并且由于 $d_i<d_j$，约束条件（12）确保较快的配送方式价格高于较慢的配送方式。约束条件（13）中的决策变量 $Y_{m,n,i}$ 表示消费者 m 是否将以价格 p_n

购买单个产品 g_n，以及支付运费 $s_{n,i}$ 的第 i 种配送方式。当消费者 m 选择时，$Y_{m,n,i}=1$，否则，$Y_{m,n,i}=0$。

2. 单产品配送费用模型的解决方法

在线购物情境下，消费者对服务的响应速度有着极高的要求。研究表明，哪怕网站响应延迟几秒都有可能带来用户的大量流失，这对配送费用优化模型的求解速度提出了极高的要求。传统的优化技术[68]虽然在理论上可以找到最优解，但是往往需要很长的求解时间。本节提出了一种基于遗传算法（genetic algorithm，GA）的搜索启发式算法，该算法可以在可忽略的执行时间内找到近似最优解。

1）基于遗传算法的搜索算法

遗传算法是一类求解组合优化问题的进化算法[69-71]，其目标是通过受自然进化启发的搜索技术，如变异、选择和交叉等，求得组合优化模型的最优解。在求解单产品配送费用优化模型时，遗传算法需要输入消费者的保留价格、消费者的交货时限、运营商的交货价格以及线上零售商的产品成本和配送成本。输出是每种配送方式下产品的销售价格和相应的配送费用。算法 6-2 给出了所提遗传算法的框架，下面将进行详细介绍。

算法 6-2　基于遗传算法的求解框架

输入：消费者保留价格和交货时限分布；线上零售商的产品成本和配送成本；运营商的交货价格
输出：产品销售价格和运费

步骤 1　编码：编码模型的候选解决方案
步骤 2　初始化：根据价格关系生成初始种群（候选解决方案）
步骤 3　While（未达到最大遗传代数）
{
步骤 4　评估：计算种群的适应度值
步骤 5　重复：从种群中选择适应度值最好和最差的候选解决方案，并用最好的候选解决方案替换最差的候选解决方案
步骤 6　选择：根据适应度值从种群中选择优秀的染色体
步骤 7　交叉：在选择的染色体上交叉，生成更好的后代
步骤 8　变异：将选择的染色体的部分基因位进行变异
步骤 9　验证：对生成的子代染色体进行验证；保留有效染色体并生成新染色体以替换无效染色体
步骤 10　替换：用新生成的子代染色体替换父代染色体
}
步骤 11　返回适合度值最佳的解决方案

2）初始可行解的生成

初始可行解生成算法中的一条染色体包含所有配送方式的基因和一个产品售价的基因。图 6-3 给出了染色体结构示例。在生成基因值时，我们考虑约束条件（12）中所示的不同配送方式之间的价格关系，即要求 so_i 的值满足 $s_{n,1} < \cdots < s_{n,i-1} < s_{n,i} < \cdots < s_{n,I}$，$1 \leq i \leq I$。生成满足约束条件（12）的初始染色体的过程如算

法 6-3 所示。对于最便宜的配送方式，配送费用可以是 0 和运营商交货价格之间的任意随机数。对于其他配送方式，配送费用应高于较低等级的配送方式，并低于运营商的交货价格。对于产品售价基因，根据约束条件（9）和约束条件（10），随机数应介于 c_n 和 $\max\{r_{m,n}\}$ 之间，才能吸引消费者并保证线上零售商的盈利能力。

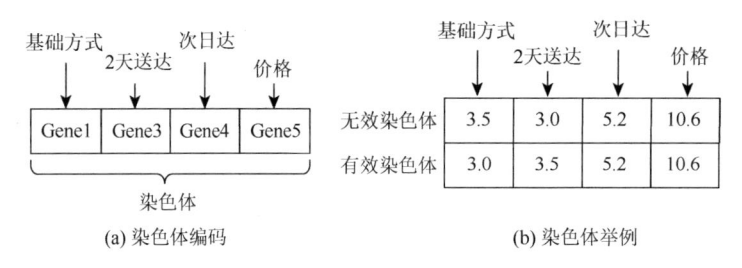

图 6-3 染色体编码和例子

算法 6-3 初始种群的生成

输入：$\{pc_{n,1}, \cdots, pc_{n,i}, \cdots, pc_{n,I}\}$，$c_n$，$\max\{r_{m,n}\}$
输出：初始种群

对于 $j = 1$ 到初始种群的大小
　为配送方式 so_1 的基因生成一个在范围 $[0, pc_{n,1}]$ 内的随机数 $m_{j,1}$
　对于 $i = 2$ 到 I
　　为配送方式 so_i 的基因生成一个在范围 $[m_{j,i-1}, pc_{n,i}]$ 内的随机数 $m_{j,i}$
　结束
　为销售价格 p_n 的基因生成一个在范围 $[c_n, \max\{r_{m,n}\}]$ 内的随机数 $m_{j,I+1}$
　$\{m_{j,1}, \cdots, m_{j,i}, \cdots, m_{j,I}, m_{j,I+1}\}$ 是初始群体的第 j^{th} 个染色体
结束

3）详细操作

遗传算法进化的第一个操作是确定搜索空间中染色体的适应度值（算法 6-2 步骤4）。在求解算法中，染色体的适应度值是线上零售商利润的函数。利润越高的染色体适应度值越高[72]。第二步操作是将最坏适应度值的染色体替换为最佳候选解，将最佳适应度值复制到下一代（算法 6-2 步骤5）。第三个操作是选择，适应度值高的染色体在下一代中存活的概率更高（算法 6-2 步骤6）。为了产生高质量的后代，适应度值高的个体更有可能被选择且被选择不止一次。

为了创建下一代，我们先进行成对交叉操作，然后对所生成的染色体进行变异操作（算法 6-2 步骤7和步骤8）。本节所提算法采用了单点交叉的方法，即随机选择一个基因位，并将该基因位以外的所有基因进行交换。例如，在图 6-4 中，选择第 2 个基因作为交叉点后，父代 1 和父代 2 交换第 1 个和第 2 个基因，生成新的染色体。由于可能出现无效染色体，在算法 6-2 步骤9中，我们在交叉和变异操作之后执行验证检查。如果出现一个无效的染色体，我们按照算法 6-3 中的步骤生成一个新的染色体并替换无效的染色体。在图 6-4 中，尽管父代 1 和父代 2 是两个有效的染色体，但子代 2 是无效的，因为两天送达的运费高于一天送达的运费。因此，我们重新生成一条新的染色体，用子代 1 和新派生的染色体替换父代 1 和父代 2（算法 6-2 步骤 10）。基因进化过程会不断重复，直到达到一定的迭代次数。最后，返回适应度值最好的染色体作为价格和运费计划的最优解（算法 6-2 步骤 11）。

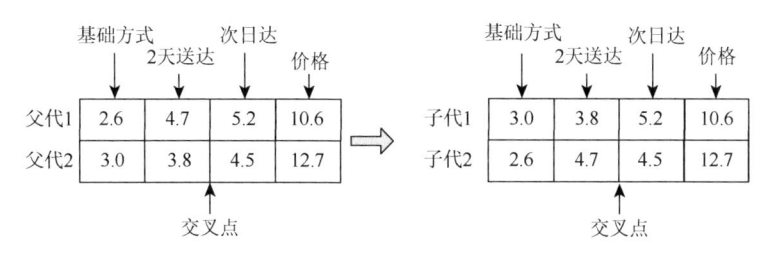

	基础方式	2天送达	次日达	价格
父代1	2.6	4.7	5.2	10.6
父代2	3.0	3.8	4.5	12.7

	基础方式	2天送达	次日达	价格
子代1	3.0	3.8	5.2	10.6
子代2	2.6	4.7	4.5	12.7

图 6-4　交叉操作的例子

6.4.3　多产品配送费用优化模型

单产品配送优化模型对单个产品和配送方式进行了优化定价，以实现在线零售商的利润最大化。然而，消费者在网上购物时可能会在一次交易中购买多个产品。由于可以带来更多的收益，线上零售商也会采取相应的促销策略吸引消费者在一次交易中购买多个产品。例如，提供电子优惠券以降低产品价格[73]或提供运费折扣以鼓励消费者购买更多的产品。本节提出一个非线性混合整数规划模型，以优化多产品情境下优惠券促销和运费定价的决策问题。

假设一个购物车由 J 个产品组成，$G_S = \{g^S_1, \cdots, g^S_j, \cdots, g^S_J\}$，销售价格、产品成本和消费者的保留价格分别为 $\{p^S_1, \cdots, p^S_j, \cdots, p^S_J\}$、$\{c^S_1, \cdots, c^S_j, \cdots, c^S_J\}$、$\{r^S_{m,1}, \cdots, r^S_{m,j}, \cdots, r^S_{m,J}\}$，$m = 1, 2, \cdots, M$，$j = 1, 2, \cdots, J$。对于每种配送方式 $i = 1, 2, \cdots, I$，线上零售商的配送成本、运营商的交货价格和线上零售商对消费者收取的配送费用分别为 $\{sc^S_1, \cdots, sc^S_i, \cdots, sc^S_I\}$、$\{pc^S_1, \cdots, pc^S_i, \cdots, pc^S_I\}$、$\{s^S_1, \cdots, s^S_i, \cdots, s^S_I\}$。与实践一致，如果 $i<j$，我们假设 $sc^S_{n,i} > sc^S_{n,j}$，$pc^S_{n,i} > pc^S_{n,j}$。设线上零售商提供了 K 种价格折扣优惠券，$\{o_1, \cdots, o_k, \cdots, o_K\}$ 代表优惠券的触发价格，$\{q_1, \cdots, q_k, \cdots, q_K\}$ 代表相应的折扣，如果 $o_k > o_l$，则 $q_k > q_l$。例如，$(o_k, q_k) = (100, 10)$ 是一个 100 减 10 的优惠券，$(0, 0)$ 表示不提供优惠券。

多产品的非线性混合整数规划模型（nonlinear mixed-integer programming model for multiple products，NMIP-M）如表 6-3 所示。

表 6-3　NMIP-M 模型

序号	目标函数和约束条件
（14）	$\max \sum_{m=1}^{M}\sum_{i=1}^{I}\left(\sum_{j=1}^{J}(p_j^S-c_j^S)-\sum_{k=1}^{K}q_k Z_k\right)Y_{m,i} - \sum_{m=1}^{M}\sum_{i=1}^{I}(\text{sc}_i^S-s_i^S)Y_{m,i}$
约束条件：	
（15）	$U_{m,i}^S = r_m^S + \sum_{k=1}^{K}q_k Z_k - \sum_{j=1}^{J}p_j^S - s_i^S$，$m=1,2,\cdots,M$，$i=1,2,\cdots,I$
（16）	$r_m^S = \sum_{j=1}^{J}r_{m,j}^S$，$m=1,2,\cdots,M$
（17）	$U_{m,i}^S \times Y_{m,i} \geq 0$，$m=1,2,\cdots,M$，$i=1,2,\cdots,I$
（18）	$(\text{lt}_m^S - d_i) \times Y_{m,i} \geq 0$，$m=1,2,\cdots,M$，$i=1,2,\cdots,I$
（19）	$\text{lt}_m^S = \min\{\text{lt}_{m,1},\cdots,\text{lt}_{m,j},\cdots,\text{lt}_{m,J}\}$，$m=1,2,\cdots,M$
（20）	$(U_{m,i}^S - U_{m,\max})Y_{m,i} \geq 0$，$m=1,2,\cdots,M$，$i=1,2,\cdots,I$
（21）	$U_{m,\max} = \max\{U_{m,j,i}\}$，$m=1,2,\cdots,M$，$i=1,2,\cdots,I$，$j=1,2,\cdots,J$
（22）	$(U_{m,i}^S - U_{m,k}^S) \times Y_{m,i} \geq 0$，$m=1,2,\cdots,M$，$i,k=1,2,\cdots,I$，$U_{m,k}^S \geq 0$，$U_{m,k}^S - U_{m,\max} \geq 0$，$\text{lt}_m^S - d_k \geq 0$，$k \neq i$
（23）	$((\text{pc}_i^S - s_i^S)-(\text{pc}_k^S - s_k^S)) \times Y_{m,i} \geq 0$，$m=1,2,\cdots,M$，$i,k=1,2,\cdots,I$，$U_{m,k}^S \geq 0$，$U_{m,k}^S - U_{m,\max} \geq 0$，$\text{lt}_m^S - d_k \geq 0$，$k \neq i$
（24）	$(d_k - d_i) \times Y_{m,i} \geq 0$，$m=1,2,\cdots,M$，$i,k=1,2,\cdots,I$，$U_{m,k}^S \geq 0$，$U_{m,k}^S - U_{m,\max} \geq 0$，$\text{lt}_m^S - d_k \geq 0$，$k \neq i$
（25）	$\left(\sum_{j=1}^{J}p_j^S - o_k\right)Z_k \geq 0$，$k=1,\cdots,K$
（26）	$\left(\sum_{j=1}^{J}p_j^S - o_t\right)(o_t - o_k)Z_k \leq 0$，$t,k=1,\cdots,K$，$t \neq k$
（27）	$s_i^S \leq pc_i^S$，$i=1,2,\cdots,I$
（28）	$s_i^s > s_j^s$，$i,j=1,2,\cdots,I$，$i<j$
（29）	$\sum_{i=1}^{I}Y_{m,i} \leq 1$，$m=1,2,\cdots,M$
（30）	$Y_{m,i}=0$或1，$m=1,2,\cdots,M$，$i=1,2,\cdots,I$
（31）	$Z_k=0$或1，$k=1,2,\cdots,K$

上述模型的目标是使线上零售商在销售购物车中的产品 $G_S=\{g_1^S,\cdots,g_j^S,\cdots,g_J^S\}$ 时实现利润最大化。从每个消费者获得的利润按"（售价＋运费）–（产品成本＋运费成本）–优惠券折扣"的形式计算。约束条件（15）定义了当消费者 m 使用第 i 种配送方式购买 G_S 中的产品时，该消费者的剩余效用 $U_{m,i}^S$。约束条件（16）确定每个消费者对购物车中所有产品的保留价格。本节采用捆绑定价和在线推荐

系统研究[74]中的共同假设,即购物车中的商品是独立的,购物车的保留价格是购物车中单个商品的保留价格之和。对于保留价格依赖的产品,我们也可以使用超加法或次加法计算消费者对购物车的保留价格[75]。约束条件(17)、约束条件(18)和约束条件(20)是决定消费者是否会在一次交易中购买 G_S 中的产品并接受第 i 种配送方式的必要条件。约束条件(19)将消费者对 G_S 的配送时限定义为购物车 G_S 中所有产品中最短的配送时间要求。如果消费者在选择第 i 种配送方式的基础上购买个别产品 g_j^s,那么 $U_{m,j,i}$ 则成为消费者 m 的剩余效用。约束条件(21)定义 $U_{m,\max}$ 为消费者 m 单独购买购物车中产品的最大剩余效用。为了确保消费者不会从购物车中移除产品,约束条件(20)表明,在一次交易中购买购物车中所有产品的剩余效用应该大于单独购买一个产品的剩余效用;否则,消费者将失去一次购买购物车中所有产品的动机。

当多种配送方式均能满足约束条件(17)、约束条件(18)和约束条件(20)时,消费者将根据约束条件(22)~约束条件(24)给出的原则进行决策。约束条件(22)表明消费者将选择总体效用最大的配送方式。约束条件(23)表明消费者更喜欢最大限度节省配送费用的原则,而约束条件(24)表明消费者更喜欢快速配送。约束条件(25)指出只有当订单价格不小于触发价格 o_k 时,订单才有资格接收优惠券(o_k, q_k)。约束条件(26)表明,一个购物车只能分配一个能够触发最大折扣的优惠券。约束条件(27)则确保向消费者收取的配送价格不超过运营商的交货价格。约束条件(28)确保较快的配送方式比较慢的配送方式费用更贵。约束条件(29)要求每个消费者只能在交易中选择一种配送方式。如果消费者 m 使用第 i 种配送方式购买 G_S 中的产品,则决策变量 $Y_{m,i} = 1$;否则 $Y_{m,i} = 0$。

为求解多产品配送费用优化模型,本节在算法 6-2 中提出的基于遗传算法的求解框架下做进一步扩展。在使用算法优化运费之前,首先确定订单将触发哪种优惠券。订单的实际价格由购物车中所有 p_n(每个 p_n 由单产品配送费用模型确定)的总和减去优惠券折扣价格计算。然后,将该价格作为遗传搜索算法的输入参数。多产品配送费用优化模型的染色体由配送方式的基因组成,其结果是每个配送方式的最优配送费用。

6.5 多渠道多策略协同的个性化促销实验

6.5.1 多渠道多阶段促销实验

针对多渠道多阶段促销实验,我们使用某一连锁店的在线促销数据对所提模型进行验证并给出相应的管理建议。该连锁店计划针对 SP、S/P、GF、8BW、

12C等5款产品开展在线促销。为了实现连锁店的利润最大化，还需要掌握线下价格、线下成本、线上成本和需求函数等信息。本节采取下列方法对相关数据进行估计。

（1）线下市场。我们选择该连锁店销量最大的50个线下城市开展研究。

（2）线下价格。我们搜集了每个产品在50个市场的线下价格。这5种产品的平均价格分别为13.67、15.37、16.99、7和5.99。对于每种产品，假设每个市场的线下价格都在平均值的±10%以内，即某一产品线下市场的价格为

$$线下价格 = 该产品的平均价格 \times U[90\%, 110\%]$$

其中，$U[90\%, 110\%]$表示0.9至1.1内的随机数。

（3）线下和线上成本。与现有文献一致[76]，我们假设每个产品的线下成本为$U[50\%, 70\%] \times$线下价格，线上成本为线下成本的$U[70\%, 90\%]$[77]。

（4）需求函数。消费者数量、价格弹性和渠道转移率是描述产品需求函数的三个参数[47, 78]。根据销量和人口规模，我们估计了每个市场的需求量 = 人口 × $U[5\%, 10\%]$。鉴于线下价格是零售商为实现利润最大化而确定的价格，则需求曲线的斜率可以通过以下方法计算：

$$消费者数量/(2 \times 线下价格 - 线下成本)$$

虽然线上的促销价格总是低于线下价格，但不当的促销会导致从线下到线上购买的过度转移。如果促销折扣超过某一阈值，消费者就不会从线下商店购买促销产品。通过调查我们发现，该阈值可以近似为$U[60\%, 70\%]$。因此，需求转移情况为

$$(消费者数量 - 价格弹性 \times 线下价格)/(U[60\%, 70\%] \times 线下价格)$$

图6-5给出了50个市场中每个市场的需求函数。

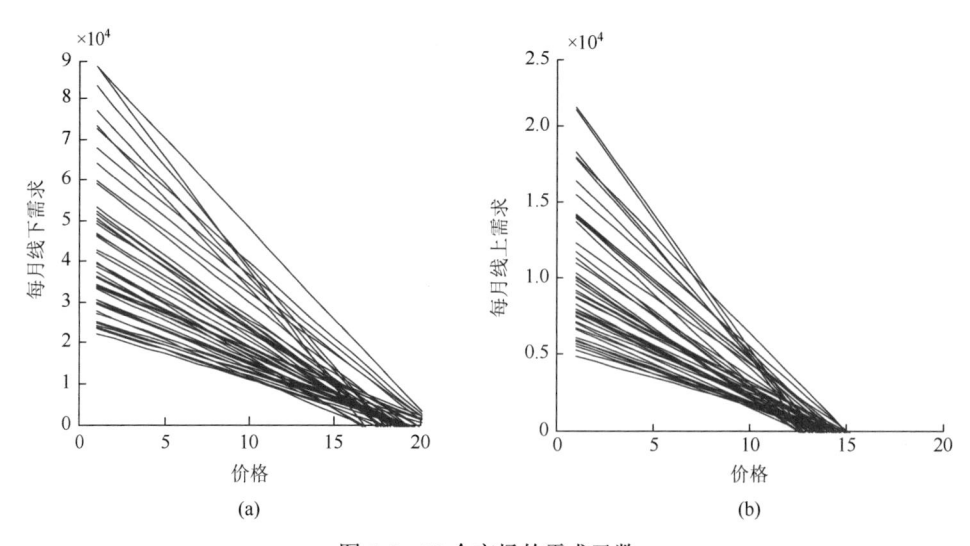

图6-5 50个市场的需求函数

针对多渠道单阶段促销优化问题，图 6-6 给出了采取在线促销和不采取在线促销的对比情况。

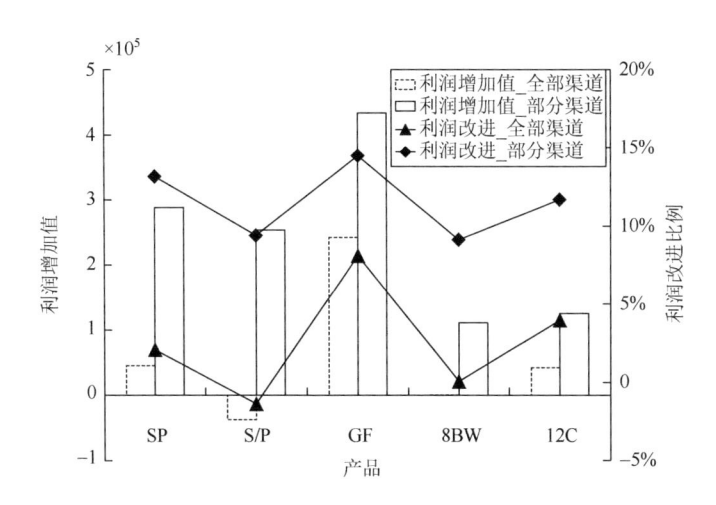

图 6-6 全面促销与部分促销的收益增加与提升比例

由图 6-6 可知，与没有进行在线促销的情况相比，本章提出的部分促销策略可以比全面促销策略获得更多的利润。其平均利润的提升分别为 11.57%和 2.56%。整体促销策略下，所有市场都可以享受促销折扣，这会对线下市场造成冲击，降低部分线下市场的销售收益。

以 SP 产品的在线促销为例。图 6-7（a）显示，在 50 个市场中，零售商在采用整体促销策略时，29 个线下市场存在利润减少的情况。由于其他 21 个市场的新增利润能够弥补相应的亏损，该产品采取整体促销策略时零售商的收益仍有所增加。然而，对于 S/P 产品，其促销导致线下市场的损失超过促销总收益，从而导致整体促销时该产品销售利润下降［图 6-7（b）］。对于所提出的部分促销策略，我们可以忽略盈利损失的市场，只对模型优化选择的市场提供在线折扣［图 6-7（c）］。部分促销策略通过推荐最优促销市场并制定最优促销价格，从而有效提升企业的促销收益。图 6-8 展示了 5 种产品的推广市场选择情况和促销收益增加情况。通过图 6-8 可以看出，所提模型可以根据产品特点和市场需求信息，选择最有利的市场开展在线促销。对于 SP、S/P、GF、8BW、12C 中的每种产品，所提模型选择的在线促销的市场数量分别为 20 个、15 个、24 个、15 个、27 个。由图 6-8 可以看出，S/P 产品在市场 3～5、7、10、16、19、29、35、39、43～46 和 48 中获得了收益提升。

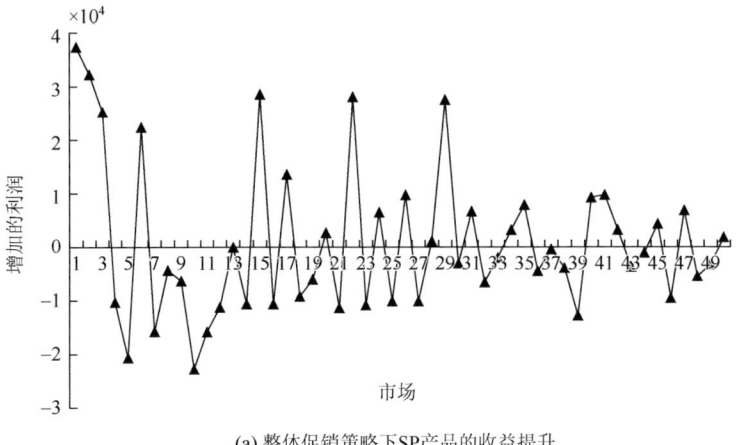

(a) 整体促销策略下SP产品的收益提升

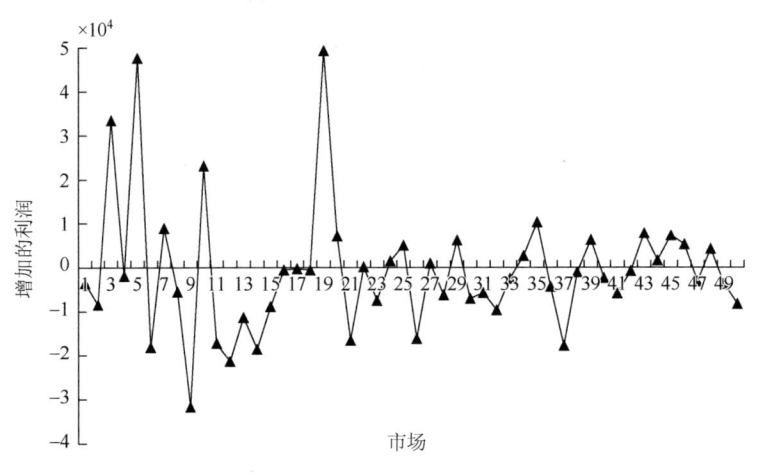

(b) 整体促销策略下S/P产品的收益提升

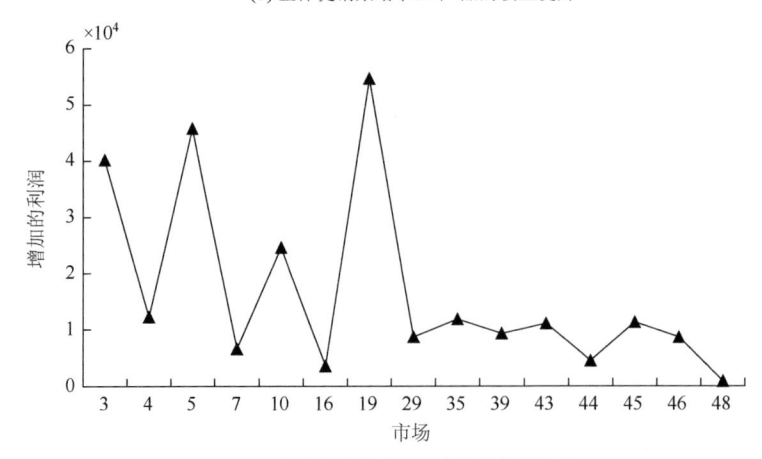

(c) 部分促销策略下S/P产品的收益提升

图 6-7　整体和部分促销策略下的收益提升

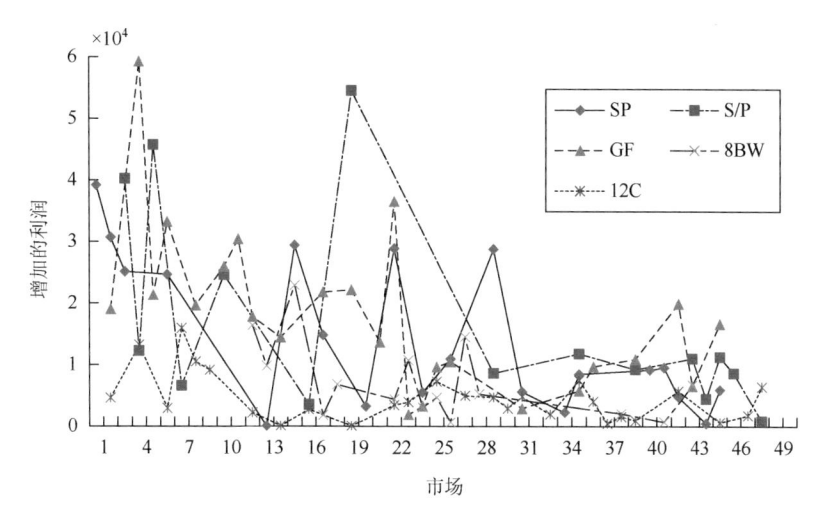

图 6-8 促销市场选择的影响

为验证 6.3 节中提出的多阶段在线促销模型，我们设零售商在线促销的配额是其线下需求的 10%。假设零售商在市场 i 的处理能力是没有实行在线促销时消费者需求的两倍。利用提出的 MOEA/D-PLS 算法对多市场多阶段促销模型进行求解，最终得到了优化问题的一系列非支配解。图 6-9 展示了与 5 个产品相对应的非支配解及其优化目标，每个产品对应的非支配解的数量分别是 121 个、120 个、178 个、88 个和 136 个。为了度量非支配解的质量，本节利用 C-metric 指数对 MOEA/D-PLS、NSGA2（non-dominated sorting genetic algorithm II，第二代非支配排序遗传算法）[79]、MOEA/D（从 MOEA/D-PLS 中去除 PLS）等算法的解的质量进行对比分析。$C(A, B) > C(B, A)$ 表明集合 A 中的解优于集合 B 中的解[52]。实验得到的 C-metric 指数见表 6-4，其中 A 表示 MOEA/D-PLS。

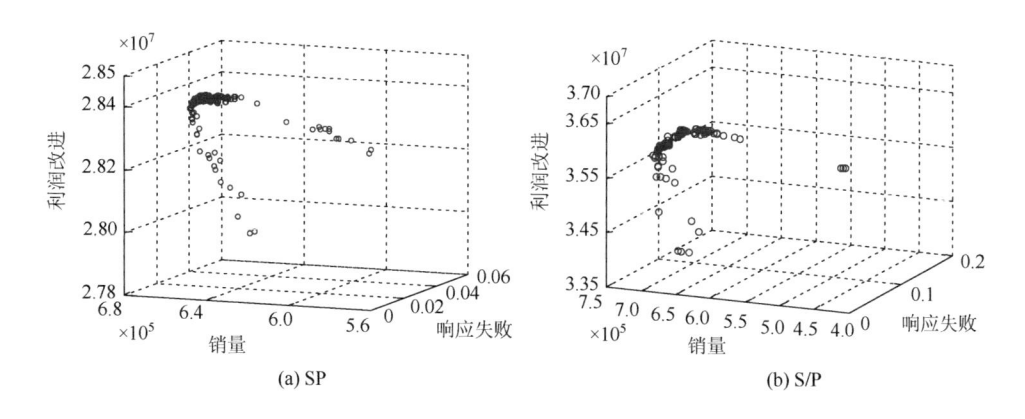

(a) SP　　　　　　　　　　(b) S/P

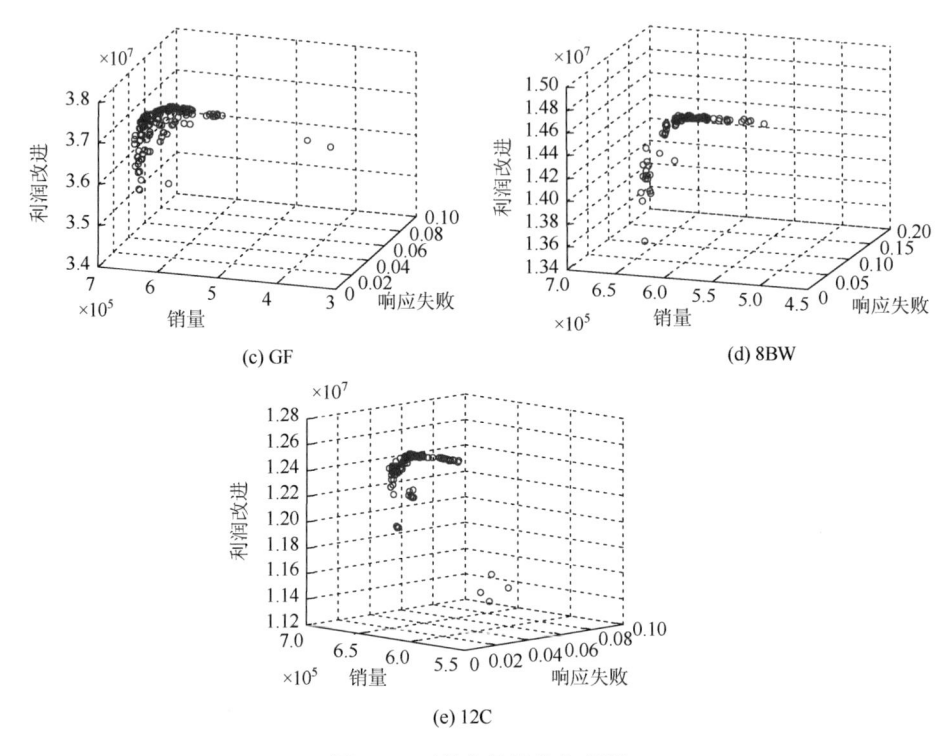

图 6-9 五种产品的非支配解

表 6-4 MOEA/D-PLS 和基准算法的 C-metric 指数

产品	MOEA/D		NSGA2	
	$C(A, \text{MOEA/D})$	$C(\text{MOEA/D}, A)$	$C(A, \text{NSGA2})$	$C(\text{NSGA2}, A)$
SP	94.53%	0.26%	78.89%	0.62%
S/P	98.78%	0.67%	77.03%	0.50%
GF	98.86%	0.10%	86.41%	0.48%
8BW	95.65%	0	77.71%	0.51%
12C	99.20%	0.22%	86.81%	0.44%

由表 6-4 可知，所提出的 MOEA/D-PLS 算法得到的最终非支配解集优于其他两种基准算法。由于 MOEA/D-PLS 算法在 MOEA/D 的基础上增加了 PLS，所以总能得到更好的解（$C(A, \text{MOEA/D})$ 接近 100%，$C(\text{MOEA/D}, A)$ 接近 0）。MOEA/D-PLS 算法也优于 NSGA2 算法。以产品 12C 为例，MOEA/D-PLS 算法得到的解中仅有 0.44% 的解被 NSGA2 求得的解所支配，相反的比例为 86.81%。

图 6-10 给出了图 6-9 中所列各解在不同平面的投影。为了简洁起见，我们只展示产品 SP、S/P 和 GF 的相关情况。由图 6-10 可以清楚地看出利润、销量和响

应失败（消费者不满意）之间的不一致关系。在图 6-10 中，利润最高的解决方案并没有给出最高的销量或最低的响应失败。在"销量 vs 响应"和"销量 vs 利润"平面上的投影表明，当销量超过一定阈值时，响应失败和利润指标急剧恶化（如图 6-10 中箭头所示）。因此，要实现促销目标，线上零售商应在不同目标之间进行平衡并做出权衡决策。例如，如果线上零售商在推广产品 SP 时希望控制消费

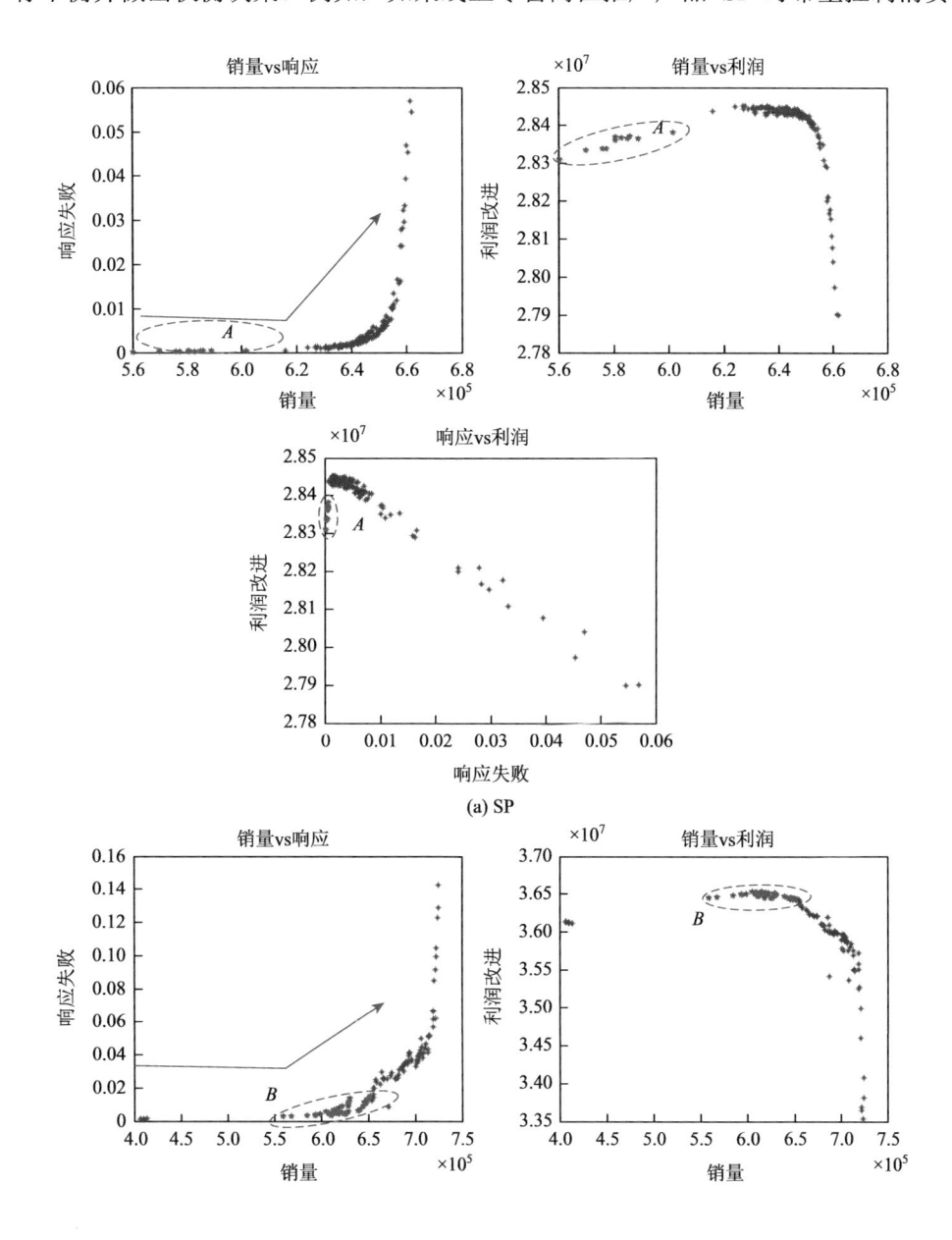

(a) SP

(b) S/P

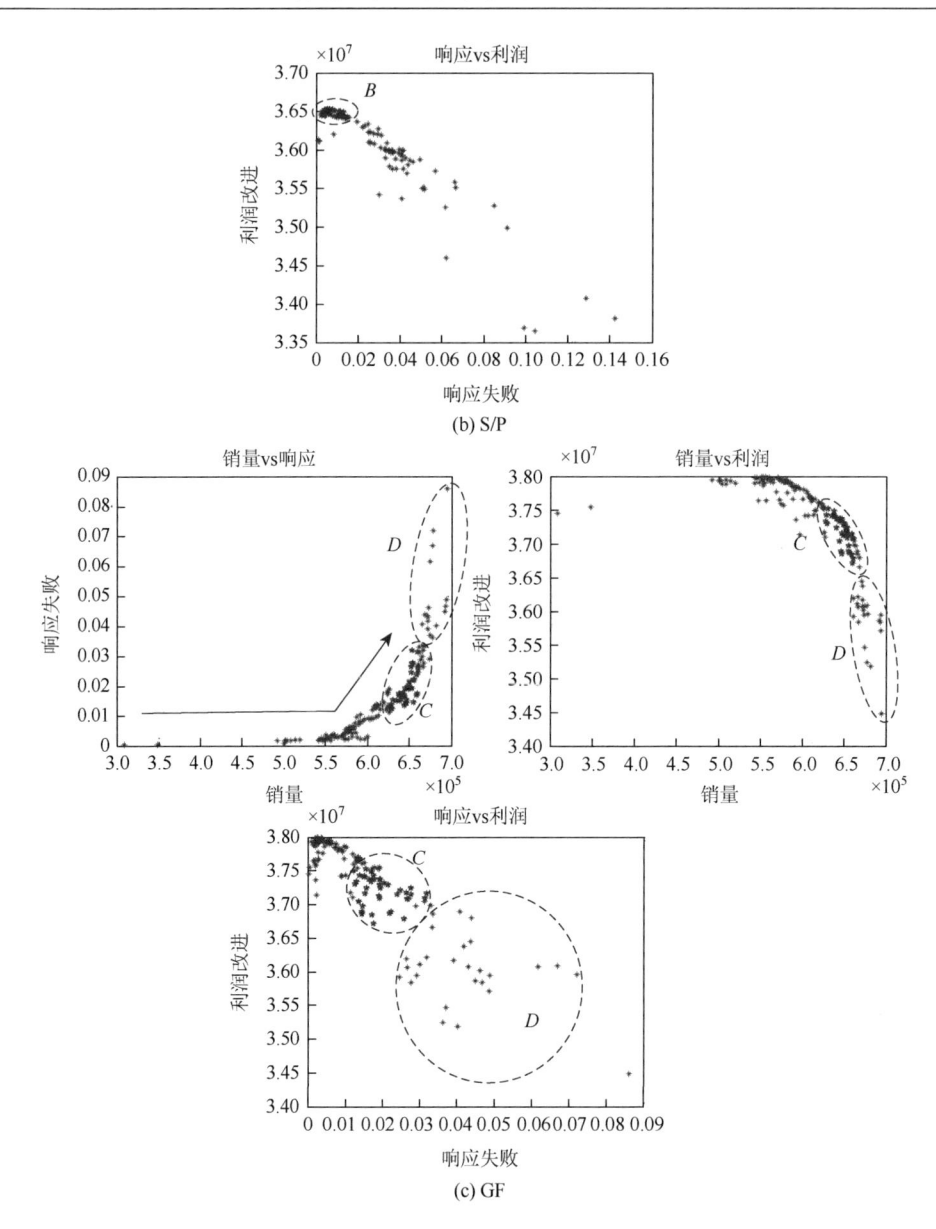

(c) GF

图 6-10 目标值的平面投影

者因响应失败产生的不满，那么该零售商应该选择 A 区域中的解决方案，虽然与其他解决方案相比，A 区域中的解决方案具有较低的销量和利润。

如果线上零售商的目标是产品 S/P 的促销利润最大化，建议使用 B 区域的解决方案。如果线上零售商的目标是产品 GF 的销量最大化，建议零售商选择 C 区域而非 D 区域的解决方案，因为 D 区域的解决方案虽然销量略高，但利润低、响应失败率高。

所提模型同时可以帮助零售商对利润、销量和消费者不满进行深入分析。图 6-11 给出了每个市场中产品 SP 所对应的非支配解的详细值。在实际促销过程中，如果零售商具有特定的促销目标，图 6-11 可以帮助其做出更好的决策以实现这些目标。例如，在进行在线促销时，如果零售商特别关注 10 个规模最小的城市的市场份额变化，对于每个非支配解，我们都可以看到这 10 个城市的利润、销量和响应失败的具体值。基于这些值，零售商可以在不同方案中做出最优选择。需要注意的是，整体市场的非支配解并不意味着它们在特定市场仍然是非支配的。例如，图 6-12 给出了整体市场的 10 个非支配解决方案。在这些解中，面向在 10 个规模最小的城市进行促销这一特定需求，解决方案 4 可以由解决方案 6~9 支配，10 个解决方案中也只有 4 个解决方案仍处于非支配地位。因此，为了针对这一特殊需求进行决策，我们需要重新选择与 10 个最小城市相关的非支配解来优化促销

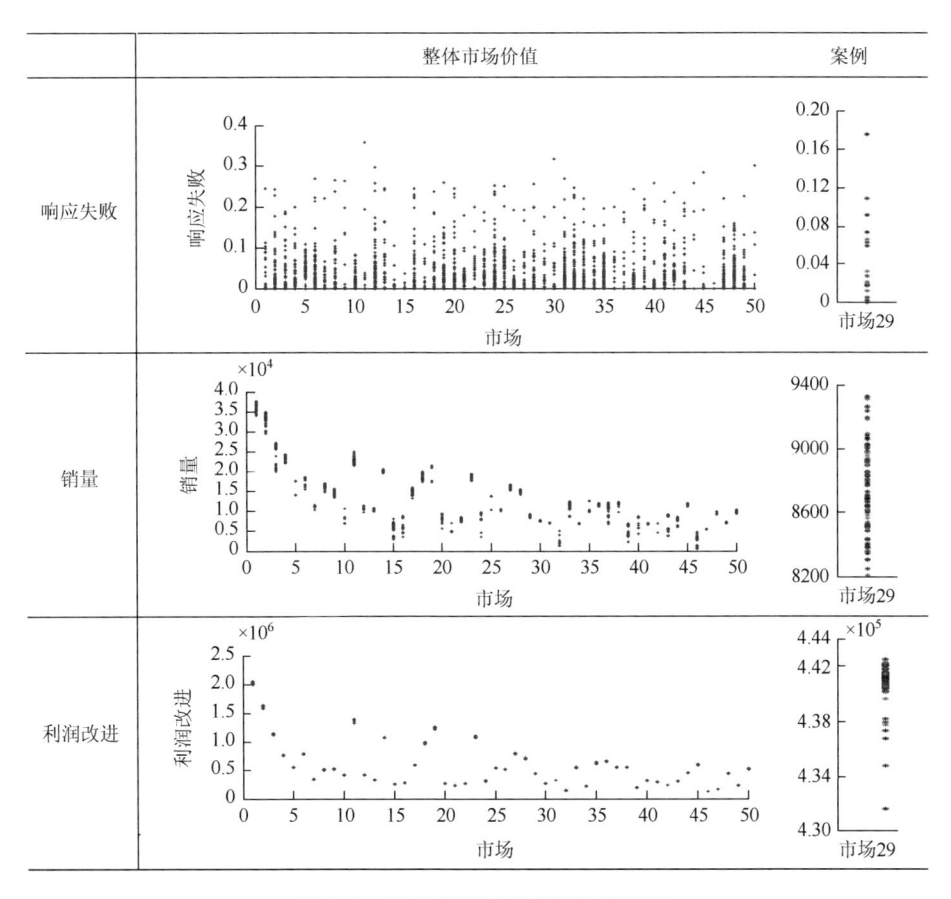

图 6-11 每个市场非支配解的具体值

决策。图 6-13 显示了面向 10 个最小城市进行促销的 21 个非支配解。如图 6-13 所示,由于 E 区域中的解平衡了利润、销量和响应失败的价值,因此,可以作为在线促销的候选方案。当然,如果零售商希望在这 10 个城市提高品牌知名度和市场份额,他们可以采用 F 区域的解决方案,因为 F 区域中的三个解决方案可以带来更多的销量。

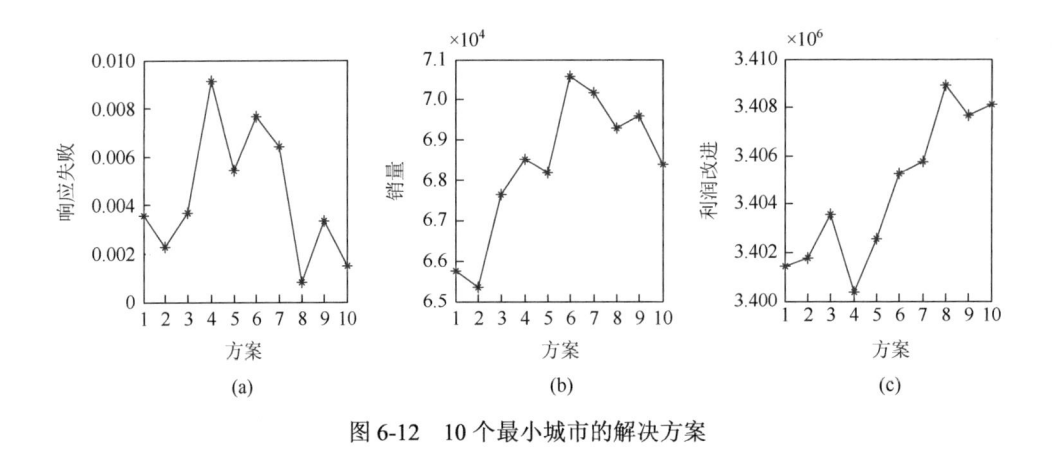

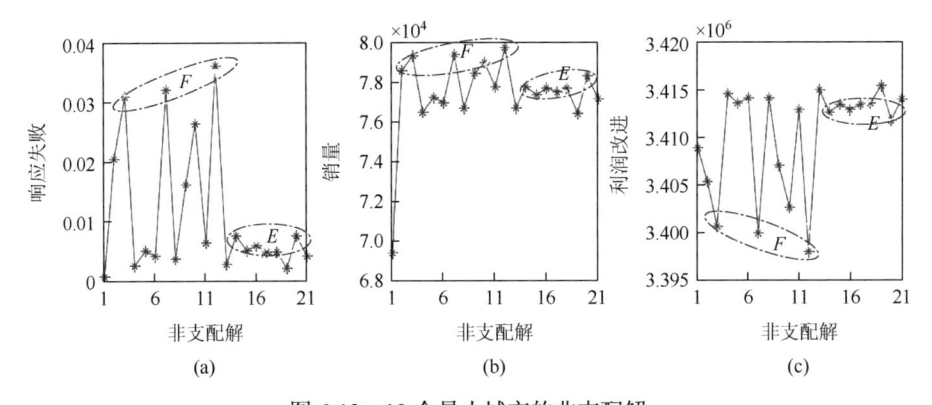

图 6-12　10 个最小城市的解决方案

图 6-13　10 个最小城市的非支配解

促销额度和零售商的处理能力是影响促销决策和零售商利润的两个关键参数。本节采用 3×3 的实验设计,对 5 种产品分别进行了 9 次实验以测试促销额度和零售商处理能力对促销模型稳健性的影响。以前面实验使用的促销配额和处理能力为基准,我们将其水平提升至当前水平的 1~3 倍。例如,表 6-5 中实验(3,3)假设促销配额和处理能力分别为基准水平的 3 倍。基于每个实验中得到的非支配解计算每个阶段的平均利润、价格折扣和促销市场数量。以产品 SP 为例,图 6-14 给出了优化目标的相关结果。

表 6-5 灵敏度分析参数设置

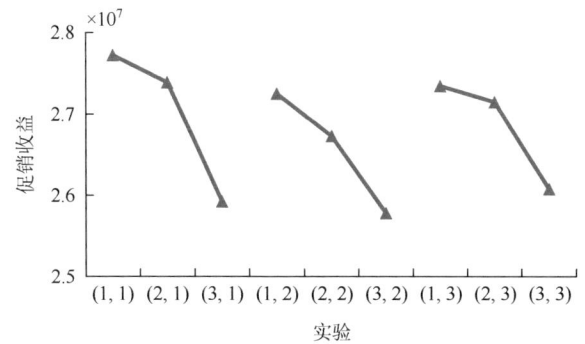

倍数	实验								
	(1, 1)	(2, 1)	(3, 1)	(1, 2)	(2, 2)	(3, 2)	(1, 3)	(2, 3)	(3, 3)
促销配额倍数	1	2	3	1	2	3	1	2	3
处理能力倍数	1	1	1	2	2	2	3	3	3

(a) 平均利润

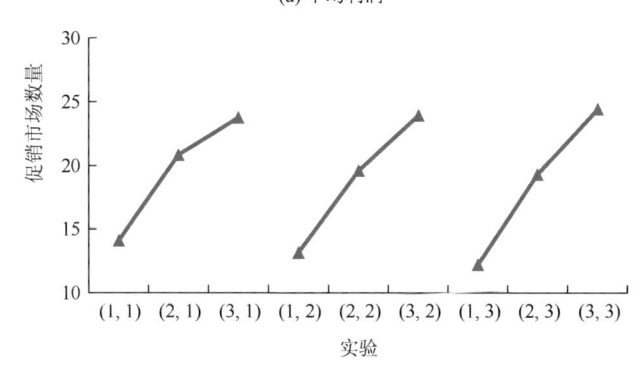

(b) 促销市场数量

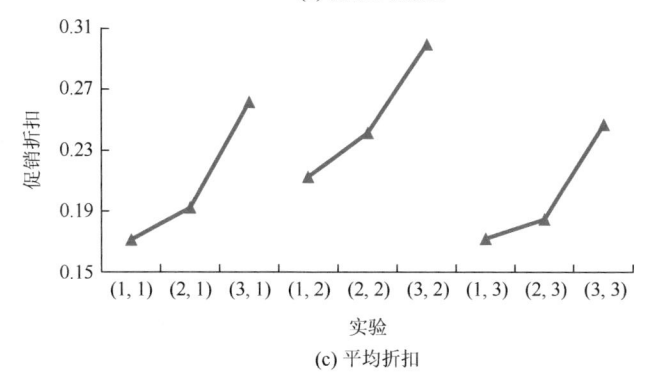

(c) 平均折扣

图 6-14 灵敏度分析

图 6-14 表明，当线上零售商具有不同的销售配额和处理能力时，所提出的模型总是可以选择适当的线上促销市场［图 6-14（b）］，并调整促销折扣［图 6-14（c）］，以实现利润最大化［图 6-14（a）］。图 6-14 表明，如果线上零售商有更多的促销配额［场景（3,1）、场景（3,2）和场景（3,3）］，他可以选择更多的市场［图 6-14（b）］，并提供更高的价格折扣［图 6-14（c）］来吸引更多的消费者。图 6-14 表明，所提模型在不确定情境下具有良好的鲁棒性。

6.5.2 产品价格与配送费用协同优化实验

为了验证本章所提产品价格与配送费用协同优化模型的有效性，从亚马逊畅销书榜单中收集前 100 名的图书数据进行数值分析，具体包括书名、目录价格、销售价格、配送重量和配送费率等信息。删除没有配送重量信息的图书后，剩余 99 本图书用于实验。基于这些数据，我们模拟了线上零售商的产品成本、配送成本和消费者保留价格。将消费者规模设置为 1000。

虽然线上零售商可以通过交易记录和市场调查来估计消费者的保留价格分布，但在本节研究中我们通过如下方法对消费者的基础保留价格进行模拟。首先，分别用均匀分布、正态分布和混合分布（均匀分布与正态分布相结合）三种分布模拟消费者的基础保留价格。在均匀分布中，假设消费者的基础保留价格服从分布 $U(u-b, u+b)$，其中 u 是产品销售价格，b 是偏离 u 的金额，即 $b = \beta \times u$，$\beta \in [0, 1]$。在正态分布下，假设基础保留价格服从 $N(u, \sigma^2)$ 分布，其中 $\sigma^2 = \beta \times u$。在混合分布中，从 99 种产品中随机抽取 50% 的产品，假设这些产品的消费者基础保留价格服从均匀分布，而另外 50% 的产品服从正态分布。模拟过程中，参数 β 设置为 0.3。

在模拟消费者的基础保留价格后，我们根据消费者的交货时限进行二次调整。在直觉上，如果消费者要选择更快的交货方式，他们会愿意支付更高的价格。例如，如果一个消费者需要选择一天送达的配送方式，其保留价格应该高于那些只需要普通配送方式的消费者。为了度量配送方式选择对消费者保留价格的影响，我们根据不同的配送方式，在消费者基础保留价格上增加一个变量，该变量为 0 和一天送达运费间的随机数。因此，当消费者选择不同的配送方式时，我们可以对其保留价格进行估计。

现有研究表明，一本书的出版成本大约是其标价的 45%~55%。假设线上零售商的图书成本是出版商成本和销售价格之间的随机数。基于已有的研究[80]，当消费者对产品 g_n 的保留价格遵循 $[r_l, r_u]$ 之间的分布 $f(x)$ 时，线上零售商的利润可以由下面公式进行计算：

$$\text{profit}_n = \left(M \times \int_{p_n}^{r_u} f(x) \mathrm{d}x \right) \otimes (p_n - c_n)$$

在本节中，函数 $f(x)$ 可以定义为均匀分布 $U(u-b, u+b)$、正态分布 $N(u, \sigma^2)$，或者这两种分布的混合。$\left(M\int_{p_n}^{r_u} f(x)\mathrm{d}x\right)$ 的值是消费者数量为 M、产品 g_n 以 p_n 的价格销售时的需求量。最优销售价格 p_n^* 为利润最大时（profit^*）的产品价格：

$$\text{profit}^* = \max_{p_n}\left(M \times \int_{p_n}^{r_u} f(x)\mathrm{d}x\right) \times (p_n - c_n)$$

配送距离、配送重量和交货时间是决定产品配送费用的三个主要因素。利用第三方运营商的运费表，我们可以对每种产品在不同配送方式下的成本进行估计。我们假设线上零售商提供三种配送方式选择：普通配送、两天送达和一天送达。为了反映大多数消费者在网上购物时通常会选择普通配送，只有少数消费者使用快速配送的事实，我们将要求普通配送、两天送达和一天送达三种方式的消费者比例分别设置为60%、30%和10%。

基于上述数据，本节实验首先分析了线上零售商采用 NMIP-S 策略优化产品销售价格和配送费用对利润和消费者数量的影响。实验将本章提出的产品价格与配送费用协同优化方法与目前实践中常用的免费配送（free shipping，FR）、免费普通配送（free ground shipping，FG）和固定费用配送（fixed-fee shipping，FX）三种策略进行对比。在 FR 策略中，线上零售商只提供一种选择，即普通配送，他们不向消费者收取运费。在 FG 策略中，线上零售商允许多种配送选择，但只有普通配送是免费的。在 FX 策略中，线上零售商提供多种配送选择，并向消费者收取相应费用。

表 6-6 表明，我们提出的方法在利润方面优于所有传统方法。与 FX 策略相比，NMIP-S 能够吸引更多的消费者，在每种保留价格分布下消费者数量的提升比例分别为 254.3%、108.0%和 166.9%。值得注意的是，由于没有免费配送，相对于 FR 策略和 FG 策略，NMIP-S 策略下消费者数量有所降低。但是，由于 NMIP-S 策略不会因免费配送而损失收益，因此，尽管该策略下消费者数量偏少，但是其利润却远高于 FR 策略和 FG 策略的利润。

表 6-6　NMIP-S 策略与传统方法的性能比较

消费者保留价格分布		均匀分布	正态分布	混合分布
销售价格	NMIP-S	13.56	13.75	13.41
	传统方法	14.47	14.37	13.97
	消费者节省	0.91	0.62	0.56
配送价格	NMIP-S	3.13	3.24	3.17
	FX 策略	4.73	4.81	4.70
	消费者节省	1.60	1.57	1.53

续表

消费者保留价格分布		均匀分布	正态分布	混合分布
新增消费者百分比	(NMIP–FR)/FR	−26.2%	−29.8%	−33.0%
	(NMIP–FG)/FG	−27.3%	−33.2%	−35.5%
	(NMIP–FX)/FX	254.3%	108.0%	166.9%
利润改进百分比	(NMIP–FR)/FR	82.7%	107.7%	131.9%
	(NMIP–FG)/FG	59.4%	59.7%	78.8%
	(NMIP–FX)/FX	66.3%	47.6%	43.4%

为了分析多产品配送优化模型效果，我们基于当消费者的保留价格遵循均匀分布、线上零售商的运费等于第三方运营商配送价格的假设，实验验证 NMIP-M 模型的性能。实验生成 1000 个购买记录，每个购买记录包含的产品数量服从三角分布 $T(2, 5, 8)$。假设线上零售商提供 {(50, 5), (75, 10), (100, 15)} 三种类型的优惠券。除了 FR、FG 和 FX 策略，假设零售商还可以采取基于产品数量的（Item 策略）和基于订单重量的（Pound 策略）两种方式计算订单配送费用。线上零售商在不同配送策略和不同订单规模下的利润如表 6-7 所示。

表 6-7　多产品订单的平均利润提升情况

每笔交易的产品数量	通过传统方法提高利润的百分比				
	(NMIP–FR)/FR	(NMIP–FG)/FG	(NMIP–FX)/FX	(NMIP–Item)/Item	(NMIP–Pound)/Pound
2	83.8%	36.9%	91.4%	59.8%	110.4%
3	201.1%	31.0%	44.9%	39.5%	113.5%
4	453.1%	36.5%	39.2%	71.1%	102.5%
5	847.6%	25.0%	26.9%	67.2%	103.7%
6	1319.8%	32.8%	33.7%	111.5%	168.8%
7	2858.1%	21.6%	21.7%	105.4%	143.4%
8	4205.3%	24.0%	23.7%	174.3%	249.0%

如表 6-7 所示，对于每种订单规模，NMIP-M 策略的盈利能力明显优于其他策略。由于消费者存在交货时间的要求，所以除非订单中所有产品的最短交货期都超过 5 天，否则消费者不会选择普通配送。因此，随着订单规模的增加，使用普通配送作为交付方式的消费者数量会明显减少。当只提供普通配送时，线上零售商很难吸引消费者在一笔交易中购买更多的产品。表 6-7 表明，NMIP-M 模型的利润远高于 FR 策略，尤其在订单量大于 5 个产品的情况下，利润提升尤为显著。这表明，FR 策略仅提供有限的配送方式，会对想要购买大量产品的消费者产

生显著的负面影响,导致线上零售商可能会失去这些潜在消费者,这也是大多数线上零售商提供多种配送方式的原因。

在 FG 策略中普通配送是免费的,而 FX 策略中消费者需要为其他的配送方式付费。当订单规模变大时,很少有消费者会选择普通配送,导致 FG 和 FX 两种策略性能相当。与这些策略相比,本章提出的 NMIP-M 策略可以带来利润的显著提升(图 6-15)。

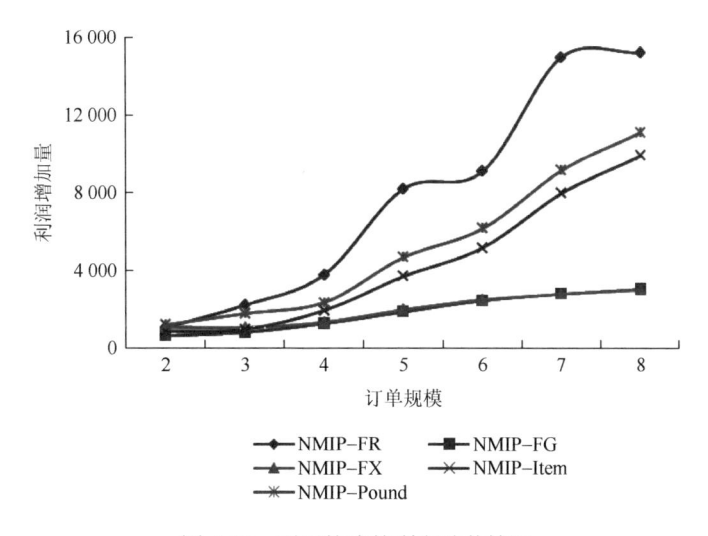

图 6-15 不同策略的利润改善情况

NMIP-M 模型中的两个功能使得线上零售商既能吸引消费者,也能产生较高的收益:一是消费者可以通过优惠券获得价格折扣;二是与传统方法相比,消费者支付的运费更少。如表 6-8 所示,消费者在购买不同数量的产品时,可以通过优惠券价格折扣的形式节省一定的费用。表 6-9 表明,在不同的配送方式下,所提模型与传统配送策略相比,总能为消费者带来运费节省。

表 6-8 消费者通过优惠券节省的金额

#产品	收到优惠券的概率				预期的优惠
	(0, 0)	(50, 5)	(75, 10)	(100, 15)	
2	100.0%	0	0	0	0.00
3	80.0%	20.0%	0	0	1.00
4	35.3%	58.8%	5.9%	0	3.38
5	0	61.5%	38.5%	0	5.96
6	0	35.7%	50.0%	14.3%	6.96
7	0	0	45.5%	54.5%	8.86
8	0	0	16.7%	83.3%	9.58

表 6-9　消费者通过配送费用节省的金额

订货量	普通配送 NMIP–Item	普通配送 NMIP–Pound	普通配送 NMIP–FX	两天送达 NMIP–Item	两天送达 NMIP–Pound	两天送达 NMIP–FX	一天送达 NMIP–Item	一天送达 NMIP–Pound	一天送达 NMIP–FX
2	3.18	3.60	2.47	2.11	2.82	3.20	1.02	2.44	4.22
3	3.54	4.24	2.22	3.23	4.41	3.36	3.28	5.66	4.87
4	3.91	4.36	1.89	4.49	5.26	3.43	5.92	7.49	5.11
5	4.52	5.18	1.94	5.25	6.37	3.46	7.96	10.24	5.19
6	5.63	6.24	2.40	6.93	7.97	4.24	10.89	13.00	5.86
7	5.83	6.39	2.52	7.49	8.45	3.95	12.98	14.94	5.85
8	4.85	5.60	2.93	8.91	10.20	4.89	14.98	17.60	5.69

图 6-16 展示了每种策略下不同订单规模的消费者总数。由于普通配送的交付速度无法满足许多消费者的需求，消费者数量随着 FR 订单规模的增加而减少。运费的快速增长也会使得消费者不愿以基于数量和重量的运费征收策略购买大量产品。在我们的策略中，在一次购物中购买更多产品可以降低订单中每件商品的平均配送成本。可观的运费折扣使得消费者更愿意在一次购物中购买更多的产品。本章提出的 NMIP-M 模型可以为大规模订单吸引更多消费者，所提策略在激励消费者购买方面具有显著优势。

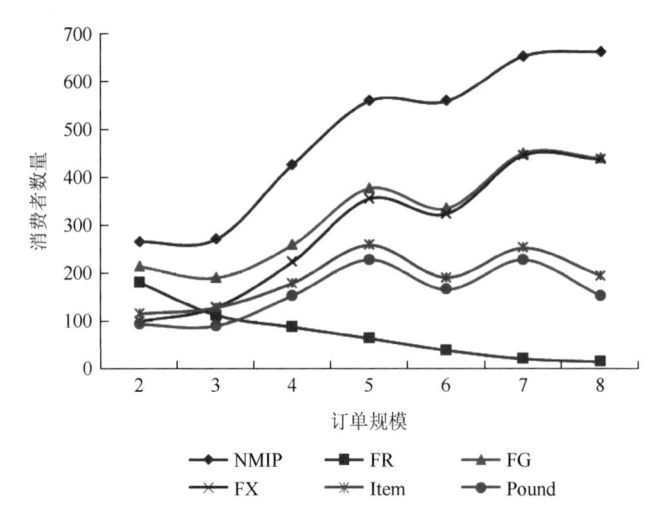

图 6-16　不同策略和订单规模的消费者总数

参 考 文 献

[1] Chen M, Chen Z L. Robust dynamic pricing with two substitutable products. Manufacturing & Service Operations Management, 2018, 20(2): 161-388.

[2] Cosguner K, Chan T Y, Seetharaman P B. Dynamic pricing in a distribution channel in the presence of switching costs. Management Science, 2018, 64(3): 1212-1229.

[3] Gallego G, Li M Z F, Liu Y. Dynamic nonlinear pricing of inventories over finite sales horizons. Operations Research, 2020, 68(3): 655-964, C2- C3.

[4] Jiang Y B, Guo H. Design of consumer review systems and product pricing. Information Systems Research, 2015, 26(4): 637-874.

[5] Misra K, Schwartz E M, Abernethy J. Dynamic online pricing with incomplete information using multiarmed bandit experiments. Marketing Science, 2019, 38(2): 226-252.

[6] Jagabathula S, Rusmevichientong P. A nonparametric joint assortment and price choice model. Management Science, 2017, 63(9): 2773-3145.

[7] Maglaras C, Yao J, Zeevi A. Optimal price and delay differentiation in large-scale queueing systems, Management Science, 2018, 64(5): 2427-2444.

[8] Jiang Y C, Liu Y, Shang J, et al. Optimizing online recurring promotions for dual-channel retailers: segmented markets with multiple objectives. European Journal of Operational Research, 2018, 267(2): 612-627.

[9] Jiang Y, Shang J, Kemerer C F, et al. Optimizing E-tailer profits and customer savings: pricing multistage customized online bundles. Marketing Science, 2011, 30(4): 737-752.

[10] Xue Z L, Wang Z Z, Ettl M. Pricing personalized bundles: a new approach and an empirical study. Manufacturing & Service Operations Management, 2016, 18(1): 51-68.

[11] Hu S S, Hu X, Ye Q. Optimal rebate strategies under dynamic pricing. Operations Research, 2017, 65(6): 1546-1561.

[12] Dubé J P, Fang Z, Fong N, et al. Competitive price targeting with smartphone coupons. Marketing Science, 2017, 36(6): 944-975.

[13] Greenstein-Messica A, Rokach L, Shabtai A. Personal-discount sensitivity prediction for mobile coupon conversion optimization. Journal of the Association for Information Science and Technology, 2017, 68(8): 1940-1952.

[14] Gabler C B, Myles Landers V, Reynolds K E. Purchase decision regret: negative consequences of the Steadily Increasing Discount Strategy. Journal of Business Research, 2017, 76: 201-208.

[15] Su M, Zheng X N, Sun L P. Coupon trading and its impacts on consumer purchase and firm profits. Journal of Retailing, 2014, 90(1): 40-61.

[16] Ravula P, Bhatnagar A, Ghose S. Antecedents and consequences of cross-effects: an empirical analysis of omni-coupons. International Journal of Research in Marketing, 2020, 37(2): 405-420.

[17] Wu W Q, Huang X, Wu C H, et al. Pricing strategy and performance investment decisions in competitive crowdfunding markets. Journal of Business Research, 2022, 140: 491-497.

[18] Ter Hofstede F, Steenkamp J B, Wedel M. International market segmentation based on consumer-product relations. Journal of Marketing Research, 1999, 36(1): 1-17.

[19] Lemmens A, Croux C, Stremersch S. Dynamics in the international market segmentation of new product growth. International Journal of Research in Marketing, 2012, 29(1): 81-92.

[20] Ho J Y C, Liang Y S, Weinberg C B, et al. An empirical study of uniform and differential pricing in the movie theatrical market. Journal of Marketing Research, 2018, 55(3): 414-431.

[21] Zhang D J, Dai H C, Dong L X, et al. The long-term and spillover effects of price promotions on retailing platforms: evidence from a large randomized experiment on alibaba. Management Science, 2020, 66(6): 2589-2609.

[22] Kim S, Fong D K H, Desarbo W S. Model-based segmentation featuring simultaneous segment-level variable selection. Journal of Marketing Research, 2012, 49(5): 725-736.

[23] Levina T, Levin Y, McGill J, et al. Dynamic pricing with online learning and strategic consumers: an application of the aggregating algorithm. Operations Research, 2009, 57(2): 327-341.

[24] Cohen M C, Kalas J J, Perakis G. Promotion optimization for multiple items in supermarkets. Management Science, 2021, 67(4): 2340-2364.

[25] Mojir N, Sudhir K. A model of multipass search: price search across stores and time. Management Science, 2021, 67(4): 2126-2150.

[26] Nie J J, Zhong L, Yan H, et al. Retailers' distribution channel strategies with cross-channel effect in a competitive market. International Journal of Production Economics, 2019, 213: 32-45.

[27] Abhishek V, Jerath K, Zhang Z J. Agency selling or reselling? Channel structures in electronic retailing. Management Science, 2016, 62(8): 2259-2280.

[28] Xue M, Hitt L M, Harker P T. Customer efficiency, channel usage, and firm performance in retail banking. Manufacturing & Service Operations Management, 2007, 9(4): 535-558.

[29] Yamamoto M, Kusukawa E. Optimal sales strategies for dual channel under cooperation and competition considering customer purchasing preference. Industrial Engineering & Management Systems, 2018, 17(4): 819-832.

[30] Wang L S, Chen J, Song H M. Manufacturer's channel strategy with retailer's store brand. International Journal of Production Research, 2021, 59(10): 3042-3061.

[31] Mutlu F, Çetinkaya S. Supplier-carrier-buyer channels: contractual pricing for a carrier serving a supplier-buyer partnership?. International Journal of Production Economics, 2020, 230:107876.

[32] Brynjolfsson E, Smith M D. Frictionless commerce? A comparison of Internet and conventional retailers. Management Science, 2000, 46(4):563-585.

[33] Fang Z, Ho Y C, Tan X, et al. Show me the money: the economic impact of membership-based free shipping programs on E-Tailers. Information Systems Research, 2021, 32(4): 1115-1127.

[34] Wu J, Zhao H C, Chen H A. Coupons or free shipping? Effects of price promotion strategies on online review ratings. Information Systems Research, 2021, 32(2): 633-652.

[35] Cheema A. Surcharges and seller reputation. Journal of Consumer Research, 2008, 35(1): 167-177.

[36] Burman B, Biswas A. Partitioned pricing: can we always divide and prosper?. Journal of Retailing, 2007, 83(4): 423-436.

[37] Escudero L F, Monge J F, Rodríguez-Chía A M. On pricing-based equilibrium for network expansion planning. A multi-period bilevel approach under uncertainty. European Journal of Operational Research, 2020, 287(1): 262-279.

[38] Bhattacharjee S, Ramesh R. A multi-period profit maximizing model for retail supply chain management: an integration of demand and supply-side mechanisms, European Journal of Operational Research, 2000, 122(3): 584-601.

[39] Shams-Shoaaee S S, Hassini E. Price optimization with reference price effects: a generalized Benders'

decomposition method and a myopic heuristic approach. European Journal of Operational Research, 2020, 280(2): 555-567.

[40] Liu Y, Qin F, Fry M J,et al. Multi-period modeling of two-way price commitment under price-dependent demand. European Journal of Operational Research, 2012, 221(3): 546-556.

[41] Anand K, Anupindi R, Bassok Y. Strategic inventories in vertical contracts. Management Science, 2008, 54(10): 1792-1804.

[42] Zhang T, Li P M, Wang N N. Multi-period price competition of blockchain-technology-supported and traditional platforms under network effect. International Journal of Production Research, 2023, 61(11): 3829-3843.

[43] Borgs C, Candogan O, Chayes J, et al. Optimal multiperiod pricing with service guarantees. Management Science, 2014, 60(7): 1792-1811.

[44] Perakis G, Zaretsky M. Multiperiod models with capacities in competitive supply chain. Production and Operations Management, 2008, 17(4): 439-454,.

[45] Lewis M. Incorporating strategic consumer behavior into customer valuation. Journal of Marketing, 2005, 69(4): 230-238.

[46] Su X M. Intertemporal pricing with strategic customer behavior. Management Science, 2007, 53(5): 726-741,.

[47] Petruzzi N C, Dada M. Pricing and the news vendor problem: a review with extensions. Operations Research, 1999, 47(2): 183-194.

[48] Yuan H, Krishna A. Pricing of mall services in the presence of sales leakage. Journal of Retailing, 2008, 84(1): 95-117.

[49] Balakrishnan P V, Jacob V S. Genetic algorithms for product design. Management Science, 1996, 42(8): 1105-1117.

[50] Debels D, Vanhoucke M. A decomposition-based genetic algorithm for the resource-constrained project-scheduling problem. Operations Research, 2007, 55(3): 457-469.

[51] Edelman B, Jaffe S, Kominers S D. To groupon or not to groupon: the profitability of deep discounts. Marketing Letters, 2014, 27: 39-53.

[52] Zhang Q F, Li H. MOEA/D: a multiobjective evolutionary algorithm based on decomposition. IEEE Transactions on Evolutionary Computation, 2007, 11(6): 712-731.

[53] Fliege J, Svaiter B F. Steepest descent methods for multicriteria optimization. Mathematical Methods of Operations Research, 2000, 51(3): 479-494.

[54] Burman B, Biswas A. Partitioned pricing: can we always divide and prosper?. Journal of Retailing, 2007, 83(4): 423-436.

[55] Lewis M. The influence of loyalty programs and short-term promotions on customer retention. Journal of Marketing Research, 2004, 41(3): 281-292.

[56] Chung J, Rao V R. A general choice model for bundles with multiple-category products: application to market segmentation and optimal pricing for bundles. Journal of Marketing Research, 2003, 40(2): 115-130.

[57] Gürler Ü, Öztop S, Şen A. Optimal bundle formation and pricing of two products with limited stock. International Journal of Production Economics, 2009, 118(2): 442-462.

[58] Kohli R, Mahajan V. A reservation-price model for pptimal pricing of multiattribute products in conjoint analysis. Journal of Marketing Research (JMR), 1991, 28(3): 347-354.

[59] Moon Y, Yao T, Park S. Price negotiation under uncertainty. International Journal of Production Economics, 2011, 134(2): 413-423.

[60] Jiang Y C, Shang J, Kemerer C F, et al. Optimizing E-tailer profits and customer savings: pricing multistage customized online bundles. Marketing Science, 2011, 30(4): 737-752.

[61] Wertenbroch K, Skiera B. Measuring consumer' willingness to pay at the point of purchase. Journal of Marketing Research, 2002, 39(2): 228-241.

[62] Jedidi K, Zhang Z J. Augmenting conjoint analysis to estimate consumer reservation price. Management Science, 2002, 48(10): 1350-1368.

[63] Chung J, Rao V R. A general choice model for bundles with multiple-category products: application to market segmentation and optimal pricing for bundles. Journal of Marketing Research, 2003, 40(2): 115-130.

[64] Breidert C, Hahsler M, Reutterer T. A review of methods for measuring willingness-to-pay. Innovative Marketing, 2006, 2(4): 8-32.

[65] Voelckner F. An empirical comparison of methods for measuring consumers' willingness to pay. Marketing Letters, 2006, 17(2): 137-149.

[66] Wang T, Venkatesh R, Chatterjee R. Reservation price as a range: an incentive-compatible measurement approach. Journal of Marketing Research, 2007, 44(2): 200-213.

[67] Miller K M, Hofstetter R, Krohmer H, et al. How should consumers' willingness to pay be measured? An empirical comparison of state-of-the-art approaches. Journal of Marketing Research, 2011, 48(1): 172-184.

[68] Nowak I. Relaxation and Decomposition Methods for Mixed Integer Nonlinear Programming. Basel: Birkhäuser Verlag, 2005.

[69] Sundar Balakrishnan P V, Jacob V S. Genetic algorithms for product design. Management Science, 1996, 42(8): 1105-1117.

[70] Du J, Xie L L, Schroeder S. Practice prize paper: pin optimal distribution of auction vehicles system: applying price forecasting, elasticity estimation, and genetic algorithms to used-vehicle distribution. Marketing Science, 2009, 28(4): 637-644.

[71] Shang J, Yildirim T P, Tadikamalla P, et al. Distribution network redesign for marketing competitiveness. Journal of Marketing, 2009, 73(2): 146-163.

[72] Holland J H. Genetic algorithms. Scientific American, 1992, 267(1): 66-73.

[73] Heilman C M, Nakamoto K, Rao A G. Pleasant surprises: consumer response to unexpected in-store coupons. Journal of Marketing Research, 2002, 39(2): 242-252.

[74] Wang T, Venkatesh R, Chatterjee R. Reservation price as a range: an incentive-compatible measurement approach. Journal of Marketing Research, 2007, 44(2): 200-213.

[75] Hanson W, Martin R K. Optimal bundle pricing. Management Science, 1990, 36(2): 155-174.

[76] Venkatesh R, Kamakura W. Optimal bundling and pricing under a monopoly: contrasting complements and substitutes from independently valued products. The Journal of Business, 2003, 76(2): 211-231.

[77] Yue X H, Liu J. Demand forecast sharing in a dual-channel supply chain. European Journal of Operational Research, 2006, 174(1): 646-667.

[78] Zhang M, Bell P C. The effect of market segmentation with demand leakage between market segments on a firm's price and inventory decisions. European Journal of Operational Research, 2007, 182(2): 738-754.

[79] Deb K, Pratap A, Agarwal S, et al. A fast and elitist multiobjective genetic algorithm: NSGA-II. IEEE Transactions on Evolutionary Computation, 2002, 6(2): 182-197.

[80] McCardle K F, Rajaram K, Tang C S. Bundling retail products: models and analysis. European Journal of Operational Research, 2007, 177(2): 1197-1217.

第 7 章 基于影响力最大化的社会化促销方法

微信、微博等社交媒体的广泛应用为企业促销提供了新的手段。与电视广告等点对面的促销方式不同，社会化促销是一种点对点的促销方式。强调在社交影响力和信息裂变式传播影响下个体的互动参与，是基于社交网络开展的个性化促销。由于用户知识领域往往存在明显差异，在社会化营销实践中，如何基于社交网络数据识别不同用户的影响领域，如何选择单个用户或用户集合以最大化信息传播范围是社会化促销的核心问题。

本章围绕社会化促销问题，研究用户个体、群组及其组合的影响领域与影响力的识别方法，构建基于影响力最大化的社会化促销模型。内容组织如下：7.1 节对社会化促销的国内外研究进行综述，介绍与研究相关的信息传播模型和影响力建模方法。7.2 节提出基于概率生成模型的用户个体影响领域与影响力识别方法。7.3 节提出基于非参数贝叶斯的用户群组影响领域与影响力识别方法。7.4 节综合用户个体、群组及其组合，提出影响力最大化的种子节点选择方法。7.5 节对所提社会化促销方法进行实验验证。

7.1 国内外研究综述

在线社交网络中影响力用户的态度会激励人们参与讨论，影响他人观点并改变其决策[1-3]。影响力用户识别是社会化营销研究的重要问题，相关研究主要利用基于图的方法和基于主题的方法构建相关模型。基于图的方法主要采用网络结构和设计排名算法来量化用户影响。例如，Leskovec 等[4]开发了一种具有成本效益的惰性前进策略，以最大化所选节点的社会化影响力。Wang 和 Blei[5]提出了一种基于社区的贪婪算法，用于在移动社交网络中寻找有影响力的节点。Liu 等[6]对社交网络背景下的影响力检测进行了一系列研究。他们提出了评估以信任为导向的社会影响力并检测最佳社会信任路径和影响力路径[7, 8]的方法。Kwak 等[9]基于关注者数量和转发数量构建了基于 PageRank（网页排名）算法的 Twitter（推特）用户影响力排序方法。

由于影响力用户的知识往往存在较大差异，可能产生影响的领域也各不相同。因此，如何识别用户的影响领域也是社交网络影响力检测的重要问题。Weng 等[10]扩展 PageRank 算法提出了 TwitterRank 算法，利用推文文本和关注者网络信息识别对主题敏感的影响力用户。图匹配和图学习方法是识别有影响力用户的流行策略[11, 12]。Liu 等[13]使用图论和 PageRank 方法来衡量图中每个节点的影响力。由于该方法过于依赖网络结构,并忽略文本内容对社交链接的影响,Tang 等[14]提出主题亲和传播(topical affinity propagation,TAP)方法来建模主题级别的社会影响。在面向领域的影响力检测问题中,主题模型及其扩展方法得到了广泛使用,Link-LDA[15]、FLDA[16]等模型以及变分贝叶斯(variational Bayesian,VB)推理等算法[17]受到了深入研究,为面向大规模社交网络的文本内容与链接结构的协同分析奠定了理论基础。

在影响力用户及其影响领域识别的基础上,选择多个种子节点并利用它们的综合影响力最大化营销信息的传播范围,是企业社会化营销实践的常用做法。独立级联(independent cascade,IC)模型[18, 19]和线性阈值(linear threshold,LT)模型[20]是社交网络环境下信息传播的基础模型,也是社会化营销影响力最大化模型的理论基础。

Goldenberg 等[21, 22]首次研究了独立级联模型。Kempe 等[23]给出了独立级联模型的形式化表示。假设有向图 G 中的每个单独节点都是活跃或非活跃的。节点可以从非活跃状态切换到活跃状态,但不能向另一个方向切换。当节点 v 在步骤 t 中第一次变为活跃时,它可以 $P_{v,w}$ 的概率激活每个当前不活跃的邻居 w。如果成功,w 将由不活跃状态变为活跃状态,并尝试在步骤 $t+1$ 中激活其不活跃的邻居。无论在步骤 t 中 v 激活 w 是否成功,它都无法在后续轮次中进一步尝试激活 w。该过程持续运行,直到无法进一步激活网络节点。

在独立级联模型中,如果节点 v 激活节点 w 失败,v 对 w 的影响将失效。与该假设不同,Watts[20]认为社交网络中的影响效应应该是累积的,当激活某一节点的邻居增加时,该节点被激活的概率也会增加。为此,Watts 提出线性阈值模型。给定一个图 G,网络中的每个节点可以是活跃的,也可以是不活跃的。一旦激活,节点将一直保持激活状态。每个节点 w 在区间[0,1]中均匀随机选择一个阈值 θ_w,表示 w 的邻居为了让其活跃而必须施加的加权影响。节点 w 根据权重 $b_{v,w}$ 受到每个相邻节点 v 的影响,因此 $\sum b_{v,w} \leq 1$。在步骤 t 中,所有在步骤 $t-1$ 中活跃的节点保持活跃状态,如果活跃邻居对 w 的总权值 $\sum b_{w,v} \geq \theta_w$,则节点 w 变成活跃状态。该过程持续运行,直到无法进一步激活网络节点。

基于独立级联模型和线性阈值模型等信息传播模型,研究者将社会化促销的影响力最大化问题建模为一个优化问题[24],即选择最少数量的影响力用户作为种子集合,通过社交网络信息传播,使其影响到的用户规模最大。Kempe 等[23]将该问题转换为离散优化问题,考虑到影响力最大化是 NP-hard(non-deterministic polynomial,非确定性多项式)问题,在独立级联模型和线性阈值模型下提出了贪婪算法对问题进行求解。基本思想如下：设 S 是通过单独选择元素而获得的大小为 K 的集合。每次计算任何节点 v 的边际增量为 $\sigma(S\cup\{v\})-\sigma(S)$，选择一个在函数值中提供最大边际增长的元素作为种子节点。不幸的是，计算 $\sigma(S)$ 是一项困难的任务，难以找到精确的算法，但是可以通过对影响级联模型进行蒙特卡罗模拟，直到获得影响覆盖率的准确估计。Kempe 等[23]证明了对于独立级联模型和线性阈值模型的任意实例，得到的影响函数 $\sigma(.)$ 是单调和子模的。因此，在线性阈值模型和独立级联模型中，贪婪算法能够有效地逼近任意接近 $\left(1-\dfrac{1}{e}\right)$ 的因子。

为了加快影响力最大化模型的求解速度，研究者提出了一系列贪婪算法的改进方法，如具有成本效益的惰性前向选择（cost effective lazy forward，CELF）算法、反向影响力采样（reverse influence sampling，RIS）算法以及 CELF++、NewGreedy 和 MixGreedy 等算法[18, 25, 26]。

贪婪算法的可扩展性问题使其往往难以支持大规模在线社交网络中的社会化营销活动。为此，影响力最大化求解的启发式算法得到了广泛研究。研究者根据网络拓扑结构等信息设计度中心性、K-Shell 和 PageRank 等一系列启发式算法，进行大规模社交网络中影响力用户的识别[27, 28]。Chen 等[25]对贪婪算法和启发式算法的效率进行了实验研究。研究表明，所设计的启发式算法在求解效率上比贪婪算法有着极大提升。为了对大规模社交网络进行建模，研究者提出了用于独立级联模型的 MIA（maximum influence arborescence，最大化影响树）算法[29]、用于线性阈值模型的 LDAG（local directed acyclic graph，基于局部有向无环图）算法[29]和 SimPath 算法[19]。为了识别影响力用户的最小集合，Morone 和 Makse[30]等将影响力最大化映射为随机网络的最优渗滤问题，并提出了一系列算法[31, 32]，提高了影响力最大化模型的扩展性。

7.2 用户个体影响力的识别方法

面向社交网络中的用户个体，本节提出了识别主题以及主题级用户影响力的稀疏链接主题模型（sparse link topic model，SLTM），同时给出了建模过程，分析了模型的复杂性。为求解模型，本节构建了基于坍塌式变分贝叶斯的参数推断方法。

7.2.1 问题定义

定义 7-1（全局网络） 全局网络定义为 $G=(M,W,E)$，其中 M 表示网络节点的集合，W 是与 M 相关联的一系列词汇，E 表示节点之间关系的链接关系集合。$w_m = \{w_{m1}, w_{m2}, w_{m3}, \cdots, w_{mL_m}\}$ 表示节点 m 的文本内容单词集合，$e_m = \{e_{m1}, e_{m2}, \cdots, e_{mj}, \cdots, e_{mN_m}\}$ 表示节点 m 的链接集合，e_{mj} 表示节点 m 引用的第 j 个节点。简单起见，我们使用 e_{mj} 表示从节点 m 到 j 的链接关系。

定义 7-2（主题分布） 根据网络节点对应的文本内容，定义一个主题 $k \in [1, K]$ 为 V 维多项式分布 ϕ_k。V 表示文本语料对应的词典单词数量。

定义 7-3（主题级影响节点分布） 每个主题对应一个 $|M|$ 维多项式分布 φ_k，φ_{ke} 衡量链接 e 对主题 k 的影响。

定义 7-4（主题选择器和关注主题） 主题选择器 $b_{m,k}$ 是一个二进制变量，表示主题是否与节点 m 相关。$b_{m,k}$ 是从 $\text{Bernoulli}(\pi_m)$ 中采样的，其中 π_m 是分布参数。$b_{m,k} = 1$ 表示节点 m 关注主题 k。SLTM 假设节点 m 的主题兴趣分布是稀疏的，即 $\sum_{k=1}^{K} b_{m,k} < K$。

定义 7-5（平滑先验和弱平滑先验） 平滑先验用于对主题选择器选择的主题进行平滑处理，用狄利克雷分布中的超参数 α_0 表示。弱平滑先验用于平滑网络节点未选择的主题，使用狄利克雷分布中的超参数 α_1 表示。由于 $\alpha_1 \ll \alpha_0$，可以很容易地实现主题分布的稀疏性表示。

主题选择器对应于"Spikes"，而平滑先验和弱平滑先验被称为"Slabs"。通过"Spike and Slab"先验，将主题比例的稀疏性和平滑度解耦。

本节提出的 SLTM 采用全局网络 $G = (M, W, E)$ 作为输入。SLTM 的主要输出包括：①一组主题词分布 $\{\phi_k\}_{k=1,2,\cdots,K}$；②一组主题链接分布 $\{\varphi_k\}_{k=1,2,\cdots,K}$；③网络节点的兴趣表示 $\{\theta_m\}_{m=1,2,\cdots,M}$。

本节使用的符号如表 7-1 所示。

表 7-1 本节涉及的数学符号及其对应解释描述

符号	含义
$\|M\|, K, V$	节点、主题、单词的数量
L_m	节点 m 的内容单词的数量
N_m	节点 m 的链接数量
w_{mi}, z_{mi}	单词及对应的主题
e_{mj}, f_{mj}	链接及链接的主题
β, β_1	ϕ_k、φ_k 的狄利克雷分布先验
$\varepsilon_0, \varepsilon_1$	π 的 Beta 先验

续表

符号	含义
α_0, α_1	平滑先验,弱平滑先验
$b_{m,k}$	主题选择器
θ_m	节点主题分布
ϕ_k	主题词分布
φ_k	主题链接分布
$\lvert \overline{A}_m \rvert$	分配给节点 m 的期望主题数
$\overline{n}_m^k$	节点 m 文本内容中分配给主题 k 的期望单词数
$\overline{c}_m^k$	节点 m 链接中分配给主题 k 的期望链接数
$\overline{n}_m$	节点 m 的文本内容的期望单词数
$\overline{c}_m$	节点 m 的期望链接数
$\overline{n}_k^v$	分配给主题 k 的单词 v 的期望数量
$\overline{n}_k^{(\cdot)}$	分配给主题 k 的期望单词数
$\overline{c}_k^e$	分配给主题 k 的链接 e 的期望数量
$\overline{c}_k^{(\cdot)}$	分配给主题 k 的期望链接数
$\mathrm{Beta}(\cdot,\cdot), \mathrm{Bernoulli}(\cdot)$	Beta 分布,伯努利分布
$\mathrm{Dirichlet}(\cdot), \mathrm{Multinomial}(\cdot)$	狄利克雷分布,多项式分布
$B(\cdot,\cdot), \Gamma(\cdot)$	Beta 函数,Gamma 函数

7.2.2 SLTM

本节解释 SLTM 如何从大规模社交网络中对主题级高影响力节点进行推断。SLTM 的概率图表示如图 7-1 所示。首先,节点选择其感兴趣的有限数量的主题。其次,每个主题都可以用一些相关的词进行表达,并且每个主题都对应一个影响者列表。最后,用户基于主题兴趣、与主题相关的词和影响者来创建文本内容和链接。

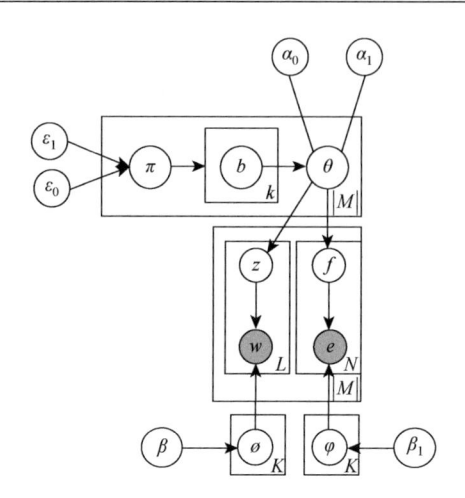

图 7-1 SLTM 的模型框架

SLTM 假设每个节点只关注少量主题,这与 Link-LDA[15]、FLDA[33]和 PTM(probabilistic topic model,处方主题模型)[34]的假设不同。在所提模型中,一个主题是由一组与某领域最相关的词进行描述,"Spike and Slab"先验用于控制主题的稀疏性。对于节点 m,首先从带有参数 ε_0 和 ε_1 的 Beta 先验中采样伯努利分布的参数 π_m。使用 π_m 生成一系列二元变量 $b_{m,k}$ 来选择节点关注的主题。每个节点的主题分布 θ_m 是从参数为 $\alpha_0 \vec{b}_m + \alpha_1 \vec{1}$ 的狄利克雷分布中采样的。如果 $b_{m,k}=1$,那么模型选择 θ_{mk} 对主题进行采样。否则,基于平滑先验 α_1($\alpha_1 \ll \alpha_0$)对主题进行采样,即假设节点 m 不关注该主题。然后,我们通过多项式分布 θ_m 对节点 m 对应的主题进行建模。

为了生成节点 m 对应的文本内容和链接,我们从先验为 β 的狄利克雷分布中生成主题词分布 $\{\phi_k\}_{k=1,2,\cdots,K}$。单词 w_{mi} 可以根据主题词分布和选择的主题 z_{mi} 从参数为 $\phi_{z_{mi}}$ 的多项式分布中生成。类似地,主题链接分布 $\{\varphi_k\}_{k=1,2,\cdots,K}$ 采样自先验为 β_1 的狄利克雷分布,在所选主题 f_{mj} 的基础上,我们可以从参数为 $\varphi_{f_{mj}}$ 的多项式分布中采样链接 e_{mj}。算法 7-1 给出了 SLTM 算法的生成过程。

算法 7-1　SLTM 算法的生成过程

---
1. 对于每个节点 $m \in \{1,2,\cdots,M\}$
   (a) 样本 $\pi_m \sim \text{Beta}(\varepsilon_0, \varepsilon_1)$
   (b) 对于每个主题 $k \in \{1,2,\cdots,K\}$:
      i. 样本主题选择器 $b_{m,k} \sim \text{Bernoulli}(\pi_m)$
   (c) 样本主题分布 $\theta_m \sim \text{Dirichlet}(\alpha_0 \vec{b}_m + \alpha_1 \vec{1})$
2. 对于每个主题 $k \in \{1,2,\cdots,K\}$:
   (a) 采样 $\phi_k \sim \text{Dirichlet}(\beta)$

（b）采样 $\varphi_k \sim \text{Dirichlet}(\beta_1)$
3. 对于每个节点 $m \in \{1,2,\cdots,M\}$
  （a）对于每个单词 $i \in \{1,2,\cdots,L_m\}$：
    i. 样本 $z_{mi} \sim \text{Multinomial}(\theta_m)$
    ii. 样本 $w_{mi} \sim \text{Multinmial}(\phi_{z_{mi}})$
  （b）对于每个链接 $j \in \{1,2,\cdots,N_m\}$
    i. 样本 $f_{mj} \sim \text{Multinomial}(\theta_m)$
    ii. 样本 $e_{mj} \sim \text{Multinomial}(\varphi_{f_{mj}})$

7.2.3 SLTM 推理

由于 SLTM 是复杂的贝叶斯模型，直接推导其后验分布十分困难。为此，本节需要找到一种近似后验推断的算法，这种近似算法既能够保证大规模社交网络的学习效率，也能够保证主题学习的准确性。本节构建 CVB 算法求解 SLTM 中的参数。

与 LDA[35]和监督 LDA[36]类似，模型 SLTM 的变分后验可以表示为

$$\hat{q}(z,\theta,\phi,\varphi,b) = \hat{q}(\theta,\phi,(\varphi|z),b)\hat{q}(z,f,b) \tag{7-1}$$

其中，$\hat{q}(z,f,b)$ 表示参数 z,f,b 的联合变分分布。基于平均场原理，$\hat{q}(z,f,b)$ 可以进一步分解为

$$\hat{q}(z,f,b) = \prod_{mi}\hat{q}(z_{mi}|\hat{\gamma}_{mi})\prod_{mj}\hat{q}(f_{mj}|\hat{\gamma}_{mj})\prod_{mk}\hat{q}(b_{m,k}|\hat{\upsilon}_{mk}) \tag{7-2}$$

其中，$\hat{q}(z_{mi}|\hat{\gamma}_{mi})$ 和 $\hat{q}(f_{mj}|\hat{\gamma}_{mj})$ 分别表示参数为 $\hat{\gamma}_{mi}$ 和 $\hat{\gamma}_{mj}$ 的多项式分布；$\hat{q}(b_{m,k}|\hat{\upsilon}_{mk})$ 表示参数为 $\hat{\upsilon}_{mk}$ 的伯努利分布；$\hat{\gamma}_{mi}$、$\hat{\gamma}_{mj}$ 和 $\hat{\upsilon}_{mk}$ 表示需要迭代更新的变分参数。

给定变分后验式（7-1），可以构造变分自由能：

$$\begin{aligned}&\hat{\mathcal{F}}\big(\hat{q}(\theta,\phi,\varphi|z,f,b)\hat{q}(z,f,b)\big)\\&= E_{\hat{q}(z,f,b)\hat{q}(\theta,\phi,\varphi|z,f,b)}\big[-\log p(w,e,z,f,b|\Theta)\big]-\mathcal{K}\big(\hat{q}(z,f,b)\hat{q}(\theta,\phi,\varphi|z,f,b)\big)\\&= E_{\hat{q}(z,b)}\Big[E_{\hat{q}(z,f,b)}\big[-\log p(w,e,z,f,b|\Theta)\big]-\mathcal{K}\big(\hat{q}(\theta,\phi,\varphi|z,f,b)\big)\Big]-\mathcal{K}\big(\hat{q}(z,f,b)\big)\end{aligned}$$
$$\tag{7-3}$$

其中，$\Theta = \{\varepsilon_0,\varepsilon_1,\alpha_0,\alpha_1,\beta,\beta_1\}$ 表示模型的超参数集合；$p(w,e,z,f,b|\Theta)$ 表示联合概率分布。为了推导 CVB 算法下的变分自由能，需要对式（7-3）进行处理，即利用共轭分布的性质将参数 θ、ϕ、φ 和 π 积分掉，进而得到变分自由能的简化形式，如式（7-4）所示。

$$\hat{\mathcal{F}}(\hat{q}(z,f,b)) \triangleq E_{\hat{q}(z,f,b)}[-\log p(w,e,z,f,b|\Theta)] - \mathcal{K}(\hat{q}(z,f,b)) \quad (7\text{-}4)$$

式（7-4）只保留了需要推理的三个潜在变量，即 z, f, b。式（7-4）中的联合概率分布 $p(w,e,z,f,b|\Theta)$ 可以利用贝叶斯准则和共轭分布的性质推导得到：

$$\begin{aligned}
p(w,e,z,f,b|\Theta) &= p(w|z,\beta)p(e|f,\beta_1)p(z,f|b)p(b|\varepsilon_0,\varepsilon_1) \\
&= \prod_{k=1}^{K}\frac{\Delta(\vec{n}_k+\beta)}{\Delta(\beta)}\prod_{k=1}^{K}\frac{\Delta(\vec{c}_k+\beta_1)}{\Delta(\beta_1)} \\
&\quad \times \prod_{m=1}^{M}\frac{\Delta(\vec{n}_m+\vec{c}_m+\alpha_0\vec{b}_m+\alpha_1)}{\Delta(\alpha_0\vec{b}_m+\alpha_1)}\frac{B(|A_m|+\varepsilon_0, K-|A_m|+\varepsilon_1)}{B(\varepsilon_0,\varepsilon_1)}
\end{aligned} \quad (7\text{-}5)$$

其中，$\vec{n}_k = \{n_k^{(v)}\}_{v=1}^{V}$；$\vec{c}_k = \{n_k^{(e)}\}_{e=1}^{P}$；$\vec{n}_m = \{n_m^k\}_{k=1}^{K}$；$\vec{c}_m = \{c_m^k\}_{k=1}^{K}$。$A_m = \{k: b_{m,k}=1, k \in \{1,2,\cdots,K\}\}$ 表示用户 m 关注的主题集合，$|A_m|$ 表示 A_m 的规模，Δ 为归一化函数。

联合式（7-5），通过最小化变分自由能［式（7-4）］，可以推理得到变分参数 $\hat{\gamma}_{mi}$、$\hat{\gamma}_{mj}$ 以及 $\hat{\upsilon}_{mk}$ 的迭代更新公式。为了降低计算的复杂度，本节使用高斯近似和零阶泰勒级数展开计算这三个变分参数。由于篇幅限制，省去详细的推理流程，只给出参数的推理结果。

1. 求解 b 的变分分布

变量 b 的变分分布可以通过式（7-6）进行计算。

$$\hat{\upsilon}_{mk} = \frac{\tilde{\upsilon}_{m,k}^1}{\tilde{\upsilon}_{m,k}^0 + \tilde{\upsilon}_{m,k}^1} \quad (7\text{-}6)$$

其中，$\tilde{\upsilon}_{m,k}^1$ 和 $\tilde{\upsilon}_{m,k}^0$ 可以分别通过式（7-7）和式（7-8）计算。

$$\begin{aligned}
\tilde{\upsilon}_{m,k}^1 &= \left(\varepsilon_0 + \left|\overline{A}_m^{-mk}\right|\right)\Gamma\left(\overline{n}_m^k + \overline{c}_m^k + \alpha_0 + \alpha_1\right) \\
&\quad \times B\left(\alpha_0 + \alpha_0\left|\overline{A}_m^{-mk}\right| + K\alpha_1, \overline{n}_m + \overline{c}_m + \alpha_0\left|\overline{A}_m^{-mk}\right| + K\alpha_1\right)
\end{aligned} \quad (7\text{-}7)$$

$$\begin{aligned}
\tilde{\upsilon}_{m,k}^0 &= \left(\varepsilon_1 + K - 1 - \left|\overline{A}_m^{-mk}\right|\right)\Gamma\left(\alpha_0 + \alpha_1\right) \\
&\quad \times B\left(\alpha_0\left|\overline{A}_m^{-mk}\right| + K\alpha_1, \overline{n}_m + \overline{c}_m + \alpha_0\left|\overline{A}_m^{-mk}\right| + \alpha_0 + K\alpha_1\right)
\end{aligned} \quad (7\text{-}8)$$

其中，$|\overline{A}_m| = \sum_{k'}\hat{\upsilon}_{mk'}$；$\overline{n}_m^k = \sum_{i'}\hat{\gamma}_{mi'k}$；$\overline{c}_m^k = \sum_{j'}\hat{\gamma}_{mj'k}$；$\overline{n}_m = \sum_{i'k'}\hat{\gamma}_{mi'k'}$；$\overline{c}_m = \sum_{j'k'}\hat{\gamma}_{mj'k'}$；$-mk$ 表示排除 $b_{m,k}$ 后的统计量。

2. 求解 z 和 f 的变分分布

变量 z 和 f 的变分分布可以分别通过式（7-9）和式（7-10）计算。

$$\hat{\gamma}_{mik} = \hat{q}(z_{mi} = k) \propto \frac{\overline{n}_{k,-(mi)}^{w_{mi}} + \beta}{\overline{n}_{k,-(mi)}^{(*)} + V\beta} \left(\overline{n}_{m,-(mi)}^{k} + \overline{c}_{m}^{k} + \hat{\upsilon}_{mk}\alpha_0 + \alpha_1 \right) \quad (7\text{-}9)$$

$$\hat{\gamma}_{mjk} = \hat{q}(z_{mj} = k) \propto \frac{\overline{c}_{k,-(mj)}^{e_{mj}} + \beta_1}{\overline{c}_{k,-(mj)}^{(*)} + |M|\beta_1} \left(\overline{c}_{m,-(mj)}^{k} + \overline{n}_{m}^{k} + \hat{\upsilon}_{mk}\alpha_0 + \alpha_1 \right) \quad (7\text{-}10)$$

其中，$\overline{n}_{k}^{w_{mi}} = \sum\limits_{m'i', w_{m'i'}=w_{mi}} \hat{\gamma}_{m'i'k}$；$\overline{n}_{k}^{(*)} = \sum\limits_{m'i'} \hat{\gamma}_{m'i'k}$；$\overline{c}_{k}^{(*)} = \sum\limits_{m'j'} \hat{\gamma}_{m'j'k}$；$\overline{c}_{k}^{e_{mj}} = \sum\limits_{m'j', e_{m'j'}=e_{mj}} \hat{\gamma}_{m'j'k}$；$-(mi)$ 和 $-(mj)$ 分别表示排除单词 w_{mi} 和链接 e_{mj} 后的统计量。

3. 估计参数 ϕ、φ 以及 θ

通过循环迭代参数 $\hat{\upsilon}_{mk}$、$\hat{\gamma}_{mik}$ 以及 $\hat{\gamma}_{mjk}$，直到达到循环次数上限，进而可以利用收敛后的参数，估计主题对应的词分布 ϕ、主题对应的影响力节点分布 φ，以及节点偏好分布 θ，详细公式如下：

$$\theta_{mk} = \frac{\overline{n}_{m}^{k} + \overline{c}_{m}^{k} + \hat{\upsilon}_{mk}\alpha_0 + \alpha_1}{\overline{n}_{m} + \overline{c}_{m} + |\overline{A}_{m}|\alpha_0 + K\alpha_1} \quad (7\text{-}11)$$

$$\phi_{kw} = \frac{\overline{n}_{k}^{w} + \beta}{\overline{n}_{k}^{(*)} + V\beta} \quad (7\text{-}12)$$

$$\varphi_{ke} = \frac{\overline{c}_{k}^{e} + \beta_1}{\overline{c}_{k}^{(*)} + |M|\beta_1} \quad (7\text{-}13)$$

算法 7-2 展示了完整的 CVB 求解 SLTM 的流程。

算法 7-2　CVB 算法步骤

输入：所有节点 M 的文本内容；所有节点 M 对应的链接；超参数 α_0、α_1、ε_0、ε_1、β 和 β_1；主题数量 K；迭代的次数 N_{iter}

输出：ϕ、φ 和 θ

1. 扫描所有节点的文本内容和链接关系
2. 随机初始化 $\hat{\upsilon}_{mk}$，$\hat{\gamma}_{mik}$，$\hat{\gamma}_{mjk}$，更新计数变量 $|\overline{A}_{m}|$，$\overline{n}_{k}^{v}$，$\overline{n}_{k}^{(*)}$，$\overline{n}_{m}^{k}$，$\overline{n}_{m}$，$\overline{c}_{k}^{e}$，$\overline{c}_{k}^{(*)}$，$\overline{c}_{m}^{k}$，$\overline{c}_{m}$
3. for 迭代次数 iter = 1 到 N_{iter}
　　for 每个节点 $m \in \{1, 2, \cdots, M\}$
　　　　for 每个主题 $k \in \{1, 2, \cdots, K\}$
　　　　　　更新 $\hat{\upsilon}_{mk}$，如式（7-6）所示
　　　　　　更新计数变量 $|\overline{A}_{m}|$
　　for 每个节点 $m \in \{1, 2, \cdots, M\}$
　　　　for 每个单词 $i \in \{1, 2, \cdots, L_m\}$

for 每个主题 $k \in \{1,2,\cdots,K\}$
 更新 $\hat{\gamma}_{mik}$，如式（7-9）所示
 更新计数变量 $\bar{n}_k^w, \bar{n}_k^{(*)}, \bar{n}_m^k, \bar{n}_m$
for 每个链接 $j \in \{1,2,\cdots,N_m\}$
 for 每个主题 $k \in \{1,2,\cdots,K\}$
  更新 $\hat{\gamma}_{mjk}$，如式（7-10）所示
  更新计数变量 $\bar{c}_k^e, \bar{c}_k^{(*)}, \bar{c}_m^k, \bar{c}_m$
分别使用式（7-11）、式（7-12）和式（7-13）估计参数 ϕ、φ 和 θ

本节构建的 CVB 算法采用高斯近似和零阶泰勒展开来估计模型参数。算法计算成本讨论如下。首先，讨论更新 $\hat{v}_{mk}$ 每次迭代的计算成本。给定固定节点 M 和主题 K，SLTM 以计算成本 $O(|M|K)$ 为每个节点分配主题。其次，考虑更新 $\hat{\gamma}_{mik}$ 每次迭代的计算成本。SLTM 只需要维护每个词的主题分配 $\hat{\gamma}_{mik}$，计算成本规模是 $O(WK)$，其中 $W = \sum_m L_m$ 是词的总数。同样，更新 $\hat{\gamma}_{mjk}$ 每次迭代的计算成本为 $O(EK)$，其中 $E = \sum_m N_m$ 是链接的总数。因此，模型的总计算成本为 $O(|M|K + WK + EK)$，与输入数据的规模和主题 K 的数目成线性关系。

7.3 用户群组影响力的识别方法

面向群体用户的影响力，本节基于社交网络用户的行为特征和内容特征，提出基于混合狄利克雷过程混合模型（hybrid Dirichlet process mixture model，h-DPMM）的用户角色划分方法，将一个角色对应一个用户群组，提出用户群组感兴趣主题和影响力的识别方法。

7.3.1 社交网络用户特征工程

本节使用包含交互信息的行为特征和基于主题分布的内容特征对社交网络用户进行刻画，构建社交网络用户的特征工程。在此基础上，构建用户角色识别方法。研究的整体框架如图 7-2 所示。

行为特征包括社会影响力、社交联系和社交活跃性三个方面。社会影响力基于用户每个信息的平均评论数、每个信息的平均点赞数以及用户的关注者数量等指标进行度量。社交联系基于平均评论数量、提及他人的次数、粉丝和关注者的比例等指标进行度量。社交活跃性基于用户等级、用户转帖率等指标进行度量。

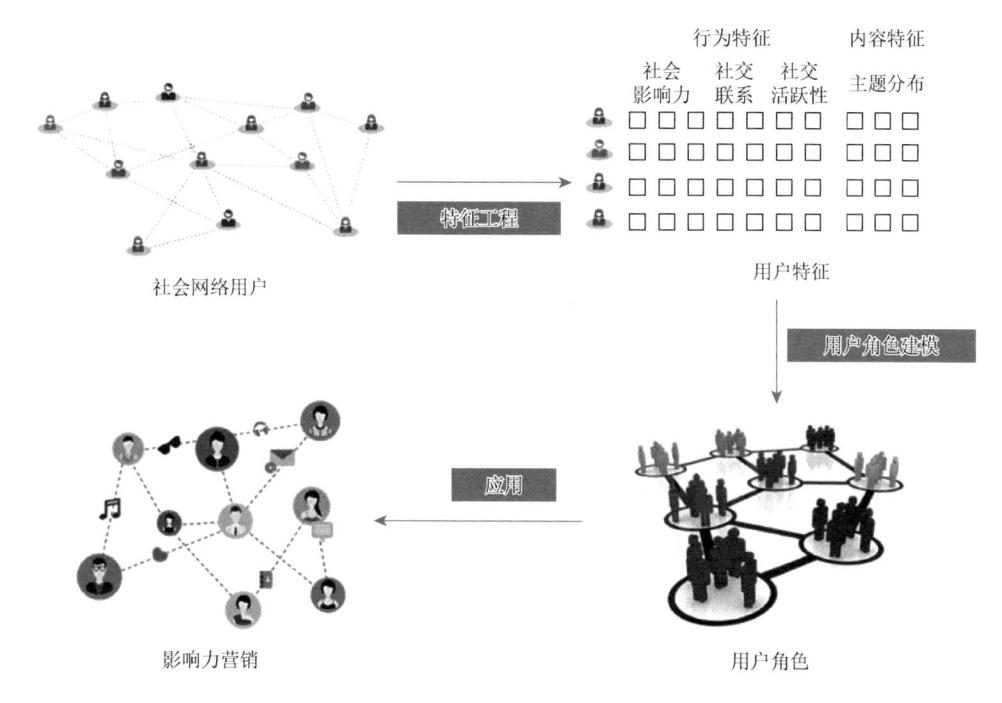

图 7-2 用户角色发现的框架

对用户生成内容进行分析是获取用户兴趣的重要手段。通过提取用户的内容偏好，可以检测具有类似行为规律但具有不同内容偏好的用户。主题建模是文本内容分析最有名的技术之一。其中，LDA 是推断文本主题分布最为经典的模型。LDA 假定每个文档都是关于主题的多项式分布，每个主题都是关于词的多项式分布。LDA 的优势在于分析过程中无须进行主题或关键字的标注，其缺点在于短文本主题建模的效果有待提升。由于微博等社交媒体内容往往以短文本的形式呈现，本节将一个用户发布的信息视为一个文档，提出一种交互式主题模型提取用户主题偏好，作为用户行为刻画的内容特征。

7.3.2 基于交互式主题模型的 h-DPMM

设用户内容特征由多元高斯分布表示，而主题偏好由多项式分布表示。已有角色分析模型将每个用户视为具有同质特征的单一数据点，这一假设会导致用户异质信息的丢失。本节提出一种改进的 DPMM，将每个用户视为具有异质信息的数据点进行主题建模。

DPMM 是一种非参数贝叶斯聚类方法，可以根据数据自动确定类别的数量。

随着马尔可夫链蒙特卡罗方法（Markov chain Monte Carlo，MCMC）的发展，使得 DPMM 的使用在计算上变得可行。

假设有一组数据 $y_1,\cdots,y_i,\cdots,y_n$ 是可交换的。它们独立于几组未知的分布，不同的数据点可能来自相同的分布。其中，y_i 是来自 $F(\theta_i)$ 的样本，θ_i 的先验分布为 G_0。由于 θ_i 表示不同类别的参数，因此一般来自一个离散的分布。当 θ_i 是连续型变量的时候，先验使用一般的分布无法产生离散的样本。因此，DPMM 使用集中参数为 α、基分布为 G_0 的狄利克雷过程作为 θ_i 的先验分布代替 G_0。使用狄利克雷过程作为先验可以产生几组与基分布相似的样本，因此，与上述要求一致。该模型的生成过程如下：

$$y_i|\theta_i \sim F(\theta_i) \quad (7\text{-}14)$$

$$\theta_i|G \sim G \quad (7\text{-}15)$$

$$G \sim \mathrm{DP}(G_0,\alpha) \quad (7\text{-}16)$$

狄利克雷过程混合模型是非参数贝叶斯统计的基石。马尔可夫链蒙特卡罗抽样方法的发展使非参数贝叶斯方法适用于各种实际的数据分析问题。然而，传统的 DPMM 不能应用于异构数据。因此，本节引入了一种新的 h-DPMM，对经典 DPMM 模型进行扩展。

由于 h-DPMM 需要将用户内容特征和主题偏好组合成统一的模型，因此，模型将每个用户视为两个不同分布的联合概率分布，即高斯分布和多项式分布。图 7-3 给出了 h-DPMM 的概率图模型。其中，α 是狄利克雷过程的集中参数，G_0 是基分布，G 则为由 DP(α,G_0) 产生的一组有限的划分。模型通过由 ρ_n 和 η_n 表示的联合分布来刻画用户，即用户主题偏好和内容特征分别用 θ_n 和 v_n 表示。

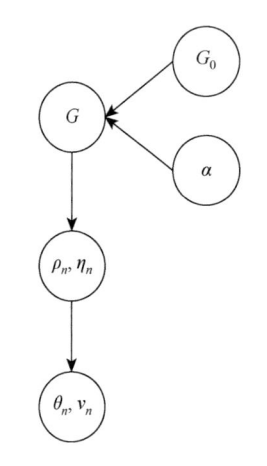

图 7-3　h-DPMM 的概率图模型

为了更加清晰地表示 h-DPMM，本节给出图 7-4 所示的 h-DPMM 的 stick-breaking（折棍子）构造过程。图 7-4 中节点表示随机变量或分布，其中阴影节点是训练过程观察的数据，圆角矩形框是固定的超参数。

假设用户 n 是可以用 r_n 表示的角色的采样结果。从图 7-4 可以看出，每个用户有两个特征向量，即主题分布 θ_n 和内容特征 v_n。这两个向量是从对应于用户所属角色的两个分布中抽取的。分布由 ρ_k 和 η_k 参数化。如上所述，ρ_k 表示由以 α_t 为参数的逆 Wishart（威沙特）分布产生的高斯分布。η_k 表示由狄利克雷分布产生的

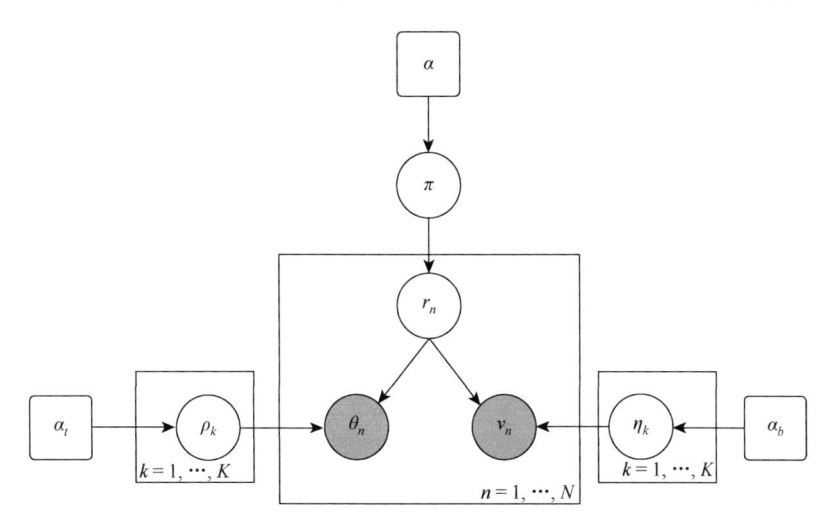

图 7-4 h-DPMM 的 stick-breaking 构造

多项式分布，其参数是 α_b。k 是用户 n 的角色索引。角色的数量是无限的，这意味着 K 是无穷大的。这里 π 是由超参数 α 参数化的角色分布。

h-DPMM 模型的生成过程如下：

$$\pi \sim \text{Dirichlet}(\alpha) \tag{7-17}$$

$$r_n \sim \text{Multinomial}(\pi) \tag{7-18}$$

$$\eta_k \sim \text{Inv-Wishart}(\alpha_b) \tag{7-19}$$

$$v_n \sim \text{Gaussian}(\eta_k) \tag{7-20}$$

$$\rho_k \sim \text{Dirichlet}(\alpha_t) \tag{7-21}$$

$$\theta_n \sim \text{Multinomial}(\rho_k) \tag{7-22}$$

其中，角色数量 K 趋向于 ∞。表 7-2 列出了 h-DPMM 模型使用的变量及其解释。

表 7-2 h-DPMM 的符号及其解释

符号	描述
α	角色分布的超参数
α_t	主题分布的超参数
α_b	行为分布的超参数
π	角色分布
n	第 n 个用户
N	用户总数
r_n	用户 n 所属的角色

续表

符号	描述
ρ_k	角色 k 的主题分布
θ_n	用户 n 的主题偏好
η_k	角色 k 的行为分布
v_n	用户 n 的行为特征

7.3.3 模型推断

为了推导上述角色发现模型，本节采用中国餐馆过程（Chinese restaurant process，CRP）[37]表示其生成过程并使用吉布斯采样算法推导结果。在本节的模型中，一个用户代表一个数据点，一个桌子代表一种角色。每个用户都由一个多项式分布和高斯分布的联合概率分布表示。h-DPMM 的生成过程如下：首先，先从狄利克雷分布中抽取关于角色的多项式分布。对于用户特征的生成，需要为这个用户先确定一个角色。其次，将从先前的分布中选择相应的内容特征分布和主题偏好分布。最后，从两个不同的分布生成用户特征。在本节中，用户角色的多项式分布用 π 表示。每个用户 n 从角色分布 π 中采样一个角色，然后根据被采样的角色特征生成与该用户相关的主题分布 θ_n 和行为分布 v_n。

用户角色的条件概率如下：

$$f(r_n | r_{-n}) = \frac{C_r}{N-1+\alpha} \sum_{r \in r_{-n}} \delta(r_n, r) + \frac{\alpha}{N-1+\alpha} \delta(r_n, \bar{r}) \quad (7\text{-}23)$$

其中，$\delta(r_n, r)$ 表示指示函数，若当前用户角色属于已存在的角色 r，$\delta(r_n, r) = 1$，否则，$\delta(r_n, r) = 0$。

在 h-DPMM 中，每个数据都用一个由高斯分布和多项式分布的相乘的联合概率分布表示：

$$\begin{aligned} f(\text{user} | \eta_k, \rho_k, r_n = k) &= \int f(v_n, \theta_n | \eta_k, \rho_k, r_n = k) p(\eta_k, \rho_k, r_n = k) \mathrm{d}\eta_k \mathrm{d}\rho_k \\ &= \int f(v_n | \eta_k) f(\theta_n | \rho_k) p(\eta_k | r_n = k) p(\rho_k | r_n = k) \mathrm{d}\eta_k \mathrm{d}\rho_k \end{aligned} \quad (7\text{-}24)$$

其中，η_k 和 ρ_k 表示两个分布的参数。

为了计算在其余变量已知情况下的当前数据点 n 的条件分布，我们有：

$$\begin{aligned} & p(r_n | \bar{r}_{-n}, \text{user}, \eta_k, \rho_k, r_n = k, \alpha) \\ & = \left[\sum_r \frac{N_r}{N-1+\alpha} f_{\text{existing}}(\text{user} | \eta_k, \rho_k, r_n = k) \delta(r_n, r) + \frac{\alpha}{N-1+\alpha} f_{\text{new}}(\text{user} | \alpha, \alpha_t, \alpha_b) \delta(r_n, \bar{r}) \right] \end{aligned}$$

$$(7\text{-}25)$$

其中，r 表示现有角色之一；$\bar{r}$ 表示新角色；N 表示所有样本中用户的总数；N_r 表示属于角色 r 的用户数量；$\bar{r}_n$ 表示除了当前用户以外其他用户的角色划分的结果。将似然和上述条件概率相乘即可得到最终的条件概率，如果角色是新角色，则必须对新桌子进行抽样。

本节使用的吉布斯采样过程概述如算法 7-3 所示。

算法 7-3　h-DPMM 的吉布斯抽样过程

输入：用户集合 X 的特征向量，超参数 α，α_t，α_b
输出：高斯分布的参数 ρ_k 和多项式分布的参数 η_k

为所有用户随机初始化一个角色
从 1 迭代到最大迭代次数：
　循环用户从 1 到 N：
　　从 $p(r_n|\bar{r}_n, \text{user}, \eta_k, \rho_k, r_n = k, \alpha)$ 抽取角色
　　如果角色索引存在：
　　　更新参数
　　　继续
　　或者：
　　　从 $p(\rho_k)$ 和 $p(\eta_k)$ 中抽取新的角色参数
　　　更新参数
　　　继续
计算参数 ρ_k 和 η_k

7.4　影响力种子集合的识别方法

为了选择最少数量的用户实现最大范围的影响，本节研究以影响力最大化为目标的种子节点识别方法。在社会化营销实践中，企业往往会对营销活动设定预算约束。为了与营销实践相一致，本节主要研究营销预算约束下的影响力最大化（budgeted influence maximization，BIM）问题。

7.4.1　问题定义

BIM 问题旨在为营销信息的传播寻找一组种子，以便在给定预算下让营销信息的传播范围尽可能大，即最大化种子节点的影响力。然而，简单地用信息传播范围来定义影响力是不合适的。例如，现有下面两种种子节点选择方案。

（1）方案 A：种子节点 v，其激活成本为 C，影响范围为 N，即通过该节点进行营销信息传播，可能影响到的节点数为 N。

（2）方案 B：种子节点集 $S = \{s_1, s_2, \cdots, s_N\}$，激活这些节点的成本也是 C，影响范围为 $N+1$。

从影响范围看，由于方案 B 的影响范围比方案 A 的大，故基于方案 B 开展社会化营销是更好的选择。然而，深入研究方案 B 我们会发现，在 $N+1$ 的影响范围中，除了种子节点外只有一个节点会受到营销信息的影响。而在方案 A 中，种子节点 v 可能影响到的其他节点的数量为 $N–1$。因此，我们建议在计算种子节点的影响力时，应排除种子节点，更多关注种子节点可能影响到的其他节点的情况。因此，我们对预算感知的影响力最大化问题定义如下。

设 G 是一个具有节点集 V 和有向边集 E 的社会网络，其中 $|V|=n$，$|E|=m$。V 中的节点代表社会化营销中的个体，E 中的边表示个体之间的关系。假设 G 中的每个有向边 (u,v) 与传播概率 $p_u(v) \in (0,1)$ 相关。设 S 为营销信息传播的种子结合，RanCas(S) 表示来自种子集 S 的影响级联的随机过程，该随机过程的输入为社会网络结构 G、预算 C 和激活每个节点 v 的成本 C_v，输出的是 S 所能覆盖的个体集合。假设种子集合 S 所能覆盖的个体数为 $\sigma(S) = E(\text{RanCas}(S))$，BIM 问题的目标是寻找一个种子集合 $S = \{s_1, s_2, \cdots, s_k\}$，使得 $\sigma(S) - k$ 尽可能大，且激活种子集合 S 的成本不超过营销预算，我们将其形式化如下：

$$S = \arg\max(\sigma(S) - k)$$

$$\text{s.t.} \quad \sum_{i=1}^{k} C_{si} \leqslant C \qquad (7\text{-}26)$$

如果 $\forall C_v = c$，c 是常数，则预算感知的影响最大化问题类似于无预算约束的影响最大化问题。由于独立级联模型和线性阈值模型的影响最大化问题是 NP-hard 问题，因此，基于相关模型的 BIM 问题也是 NP-hard 问题。

7.4.2 算法构建

为了解决 BIM 问题，我们提出了三种贪婪算法用来选择种子节点，它们分别是预算敏感的贪婪（budget-aware greedy，BG）算法、最大单位影响的贪婪（greedy with maximum unit influence，GMUI）算法和最大单位净收入的贪婪（greedy with maximum unit net income，GMUN）算法。

1. BG 算法

Kempe 的贪婪算法可以在 $(1-1/e)$ 的因子内识别出全局最佳种子集 S，但是受预算的约束，营销人员可能无法在有限预算内激活所有的种子节点。在这种情况下，一种可行的方法是从 S 中选择一个子集 S'，使其激活成本不超过预算 C。然而，利用该策略选择种子节点可能存在如下问题。假设 s_i 和 s_{i+1} 是影响力排序榜中的两个相邻节点，s_i 的影响力高于 s_{i+1}。从预算约束的角度，如果节点 s_i 不满足预算要求，但 s_{i+1} 满足，那么我们放弃 s_i 而选择 s_{i+1} 加入种子集合。但是，从影响力叠加的角度，如果只有当 s_i 是种子节点时，s_{i+1} 的加入才给出最大边际影响力增益。如果 s_i 不是种子节点，在当前状态下最大边际增益节点便不是 s_{i+1} 而是其他节点。在这种情况下，将 s_{i+1} 加入种子集合便不是最佳选择。为此，我们提出 BG 算法，该算法不是简单地从 S 中选择子集 S' 作为种子集，而是在每次迭代中，将满足预算要求的所有节点加入候选集中，并从候选集合中选择边际增益最大的节点加入种子节点集合。这一过程一直持续到没有更多的预算为止。

2. GMUI 算法

BIM 问题的目标是在给定的预算下获得最大的影响范围。换句话说，我们希望最大化单位成本的影响力覆盖率。在社会化营销实践中，虽然一些节点可以影响到网络中的大量用户，但是激活它们的成本太高，导致单位营销成本的影响范围太小。根据上述分析，我们提出一种新的贪婪算法——GMUI 算法。在每次迭代 i 中，如果激活节点 v_i 的成本小于剩余预算，并且 v_i 单位成本的边际增益在所有候选节点中是最高的，我们便选择 v_i 作为种子节点。

假设 C 是营销预算，S_i 是 i 步的种子集合，C_{S_i} 是激活 S_i 的成本。对于每个步骤 $t(t \geq 1)$，如果节点 v 满足上述条件，则 GMUI 算法判断激活节点 v 所需的成本是否小于剩余预算 $C - \sum_{i=1}^{t-1} C_{S_i}$，我们对独立级联模型进行蒙特卡罗模拟 R 次，以获得集 $\{S_{t-1} \bigcup \{v\}\}$，表示为 $\sigma(S_{t-1} \bigcup \{v\})$ 的影响覆盖率的准确估计。节点 v 的边际影响为 $\sigma(S_{t-1} \bigcup \{v\}) - \sigma(S_{t-1}) - 1$（减 1 是因为 v 本身是种子节点）。如果激活节点 v 的成本为 C_v，则每单位成本受节点 v 影响的预期用户数为

$$\sigma S_{t-1}(v) = \frac{\sigma(S_{t-1} \bigcup \{v\}) - \sigma(S_{t-1}) - 1}{C_v} \tag{7-27}$$

然后我们选择具有最大 $\sigma_{S_{t-1}}(v)$ 的节点作为步骤 t 中的种子节点。这个过程一直持续到没有预算。

定理 7-1 对于独立级联模型和线性阈值模型的任意实例，所得到的单位影响函数 $\sigma_s(\cdot)$ 是子模的。

证明 Kempe 等[23]已经证明，对于独立级联模型和线性阈值模型的任意实例，产生的影响函数 $\sigma(\cdot)$ 是子模的：将节点添加到集合 S 的边际增益至少与将相同节点添加到 S 的超集的边际增益相同。形式上，$\sigma(\cdot)$ 满足：

$$\sigma(S \cup \{v\}) - \sigma(S) \geqslant \sigma(T \cup \{v\}) - \sigma(T) \tag{7-28}$$

对于所有节点 v 和所有集合 $S \subseteq T$。

$$\frac{\sigma(S \cup \{v\}) - \sigma(S) - 1}{C_v} \geqslant \frac{\sigma(T \cup \{v\}) - \sigma(T) - 1}{C_v} \tag{7-29}$$

其中,

$$\sigma_S(v) \geqslant \sigma_T(v) \tag{7-30}$$

因此,单位影响函数 $\sigma_S(\cdot)$ 是子模的。

因为 $\sigma_S(\cdot)$ 是子模的,我们可以执行惰性评估[4]以加速计算。令 OPT 表示最优解中的节点集合,最优解的实际预算为 C_{OPT},且 $C_{\mathrm{OPT}} = C$。令 $w = |\mathrm{OPT}|$ 为 OPT 的大小,则 OPT 的影响为 $\sigma(\mathrm{OPT}) - w$。

定理7-2 GMUI 算法为 BIM 问题提供了一种近似计算:

$$(\sigma(S_k) - k) \geqslant \left(1 - \frac{1}{e}\right)(\sigma(\mathrm{OPT}) - w) - (k - 1) \tag{7-31}$$

为了证明定理 7-2,我们需要两个引理。

引理7-1 对于 $i = 1, 2, \cdots, k$,我们有

$$\sigma(S_i) - \sigma(S_{i-1}) - 1 \geqslant \frac{C_{s_i}}{C}((\sigma(\mathrm{OPT}) - w) - (\sigma(S_{i-1}) - (i-1))) - \frac{C_{s_i}}{C}(i-1) \tag{7-32}$$

引理 7-1 的证明:设 $\mathrm{OPT} / S_{i-1} = \{y_1, y_2, \cdots, y_m\}$,利用 $\sigma(\cdot)$ 的单调性,我们得到:

$$\sigma(\mathrm{OPT}) - \sigma(S_{i-1}) \leqslant \sigma(\mathrm{OPT} \cup S_{i-1}) - \sigma(S_{i-1}) \tag{7-33}$$

因此:

$$\begin{aligned}&(\sigma(\mathrm{OPT}) - w) - (\sigma(S_{i-1}) - (i-1)) \\ &\leqslant \sigma(\mathrm{OPT} \cup S_{i-1}) - \sigma(S_{i-1}) - w + (i-1) \\ &= (\sigma(\mathrm{OPT} \cup S_{i-1}) - (i-1+m)) - (\sigma(S_{i-1}) - (i-1)) + m - w + (i-1)\end{aligned} \tag{7-34}$$

设 $j = 1, 2, \cdots, m$:

$$z_j = \sigma(S_{i-1} \cup \{y_1, \cdots, y_j\}) - \sigma(S_{i-1} \cup \{y_1, \cdots, y_{j-1}\}) - 1 \tag{7-35}$$

$$(\sigma(\mathrm{OPT})-w)-(\sigma(S_{i-1})-(i-1))$$
$$\leqslant \sigma(S_{i-1}\cup\{y_1,\cdots,y_m\})-\sigma(S_{i-1}\cup\{y_1,\cdots,y_{m-1}\})-1$$
$$+\sigma(S_{i-1}\cup\{y_1,\cdots,y_{m-1}\})-\sigma(S_{i-1}\cup(y_1,\cdots,y_{m-2}))-1$$
$$+\cdots-\sigma(S_{i-1})-1+(m-w+(i-1)) \quad (7\text{-}36)$$
$$=z_m+z_{m-1}+\cdots+z_1+(m-w+(i-1))$$
$$=\sum_{j=1}^{m}z_j+(m-w+(i-1))$$

注意到 $\sum_{j=1}^{m}C_{y_j}\leqslant C$，我们得到

$$(\sigma(\mathrm{OPT})-w)-(\sigma(S_{i-1})-(i-1))$$
$$\leqslant \sum_{j=1}^{m}z_j+(m-w+(i-1))$$
$$<\sum_{j=1}^{m}\frac{C_{yj}}{C_{s_i}}(\sigma(S_i)-\sigma(S_{i-1})-1)+(m-w+(i-1)) \quad (7\text{-}37)$$
$$\leqslant \frac{C}{C_{s_i}}(\sigma(S_i)-\sigma(S_{i-1})-1)+(m-w+(i-1))$$

$$\sigma(S_i)-\sigma(S_{i-1})-1\geqslant \frac{C_{s_i}}{C}(\sigma(\mathrm{OPT})-\sigma(S_{i-1})-m)$$
$$\geqslant \frac{C_{s_i}}{C}(\sigma(\mathrm{OPT})-\sigma(S_{i-1})-w) \quad (7\text{-}38)$$
$$\geqslant \frac{C_{s_i}}{C}(\sigma(\mathrm{OPT})-w)-(\sigma(S_{i-1})-(i-1))-\frac{C_{s_i}}{C}(i-1)$$

引理 7-2 设 $i=1,2,\cdots,k$，有

$$\sigma(S_i)-i\geqslant \left(1-\prod_{k=1}^{i}\left(1-\frac{C_{s_k}}{C}\right)\right)(\sigma(\mathrm{OPT})-w)-(i-1) \quad (7\text{-}39)$$

引理 7-2 用数学归纳法证明如下。

设 $i=1$，从引理 7-1 可以得到：

$$\sigma(S_1)-1\geqslant \frac{C_{s_i}}{C}(\sigma(\mathrm{OPT})-w) \quad (7\text{-}40)$$

当 $i>1$ 时，如果在迭代 $i-1$ 中建立不等式，则认为：

$$\sigma(S_i)-i=\sigma(S_{i-1})-(i-1)+(\sigma(S_i)-\sigma(S_{i-1})-1)$$

$$\geqslant \sigma(S_{i-1})-(i-1)+\frac{C_{s_i}}{C}(\sigma(\text{OPT})-\sigma(S_{i-1})-w)-\frac{C_{s_i}}{C}(i-1)$$

$$=\left(1-\frac{C_{s_i}}{C}\right)(\sigma(S_{i-1})-(i-1))+\frac{C_{s_i}}{C}(\sigma(\text{OPT})-w)-\frac{C_{s_i}}{C}(i-1)$$

$$\geqslant \left(1-\frac{C_{s_i}}{C}\right)\left(\left(1-\prod_{k=1}^{i-1}\left(1-\frac{C_{s_k}}{C}\right)\right)(\sigma(\text{OPT})-w)-(i-2)\right)+\frac{C_{s_i}}{C}(\sigma(\text{OPT})-w)-\frac{C_{s_i}}{C}(i-1)$$

$$=\left(1-\frac{C_{s_i}}{C}-\prod_{k=1}^{i}\left(1-\frac{C_{s_k}}{C}\right)+\frac{C_{s_k}}{C}\right)(\sigma(\text{OPT})-w)-(i-2)+\frac{C_{s_i}}{C}(i-1)$$

$$=\left(1-\prod_{k=1}^{i}\left(1-\frac{C_{s_k}}{C}\right)\right)(\sigma(\text{OPT})-w)-(i-2)+\frac{C_{s_i}}{C}(i-2-i+1)$$

$$\geqslant \left(1-\prod_{k=1}^{i}\left(1-\frac{C_{s_k}}{C}\right)\right)(\sigma(\text{OPT})-w)-(i-1)$$

（7-41）

定理 7-2 证明：首先，我们观察到 $a_1,\cdots,a_n \in R^+$ 使得 $\sum a_i = A$，当 $a_1=\cdots=a_n=\dfrac{A}{n}$ 时函数 $\left(1-\prod\limits_{i=1}^{k}\left(1-\dfrac{a_i}{A}\right)\right)$ 最小。根据引理 7-2 得到：

$$(\sigma(S_k)-k)=\left(1-\prod_{i=1}^{k}\left(1-\frac{C_{s_i}}{C}\right)\right)(\sigma(\text{OPT})-w)-(k-1)$$

$$\geqslant \left(1-\left(1-\frac{1}{k}\right)^k\right)(\sigma(\text{OPT})-w)-(k-1) \quad (7\text{-}42)$$

$$\geqslant \left(1-\frac{1}{e}\right)(\sigma(\text{OPT})-w)-(k-1)$$

3. GMUN 算法

企业社会化营销的最终目标是获得更多的利润。假设种子节点激活的节点是对营销信息感兴趣的用户，信息传播范围越广，购买产品的人越多。基于这种正相关关系，我们假设通过激活一个共同用户而获得的平均利润为 p。当营销人员通过 GMUI 算法选择一个带有 k 个节点的种子集合 S 进行社会化营销时，净利润 pro 可以表示为

$$\begin{aligned}
\text{pro}(S_k) &= (\sigma(S)-k)p - C_s \\
&= (\sigma(S)-\sigma(S_{k-1})-1+\sigma(S_{k-1})-\sigma(S_{k-2})-1+\cdots+\sigma(S_1)-1)p - \sum_{i=1}^{k}C_{s_i} \\
&= \left(\frac{\sigma(S)-\sigma(S_{k-1})-1}{C_{s_k}}C_{s_k} + \frac{\sigma(S_{k-1})-\sigma(S_{k-2})-1}{C_{s_{k-1}}}C_{s_{k-1}} + \cdots + \frac{\sigma(S_1)-1}{C_{s_1}}C_{s_1}\right)p - \sum_{i=1}^{k}C_{s_i} \\
&= \sum_{i=1}^{k}(\sigma_{s_{i-1}}(s_i)C_{s_i}p - C_{s_i})
\end{aligned}$$

$$(7\text{-}43)$$

其中，S_i 表示 S 中前 i 个节点；s_i 表示第 i 个种子节点；$\sigma(S_i)$ 表示 S_i 的影响覆盖率。节点 s_i 的边际净收入表示为 $\Delta_{s_i} = \sigma_{S_{i-1}}(s_i)C_{s_i}p - C_{s_i}$。

如果 $i > j$，因为 $\sigma_S(\cdot)$ 是子模，我们给出以下公式：

$$\sigma_{S_{i-1}}(s_j) \geqslant \sigma_{S_{j-1}}(s_j) \tag{7-44}$$

由于 s_i 是第 i 次迭代中的种子节点，因此，我们得到：

$$\sigma_{S_{i-1}}(s_i) \geqslant \sigma_{S_{j-1}}(s_j) \tag{7-45}$$

即节点 s_k 的边际净收益 Δ_{s_k} 随着 k 的增加而减少，并存在 $\sigma_{S_{k-1}}(s_k)$ 过低导致企业社会化营销带来的收益无法弥补种子节点的激活成本的情况。例如，如果 $\sigma_{S_{k-1}}(s_k) = 0.2$，$C_{s_k} = 10$ 和 $p = 5$，节点 s_k 的边际净收入 $\Delta_{s_k} = 0.3 \times 10 \times 5 - 10 > 0$，因此，激活节点 s_k 无法为企业带来额外收益。因此，企业在选择种子节点的过程中，应该确保所选节点能够为企业带来一定程度的净收益。否则，种子节点选择过程便应该停止，哪怕仍有预算未被使用。

在种子节点选择过程中，除了计算每个种子节点 s_k 边际净收入/成本 $\Delta_{s_k}/\Delta C_{s_k}$，基于 GMUI 算法的 GMUN 算法执行与 GMUI 算法相同的操作。一旦 $\Delta_{s_k}/\Delta C_{s_k}$ 低于预期 α，则种子节点选择过程停止，将 S_{k-1} 作为种子节点集合。此时，每个种子节点 s_k 应满足以下不等式：

$$\frac{\Delta_{s_k}}{C_{s_k}} = \frac{(\sigma_{S_{k-1}}(s_k)p-1)C_{s_k}}{C_{s_k}} = \sigma_{S_{k-1}}(s_k)p - 1 \geqslant \alpha \tag{7-46}$$

基于上述约束，可以得到 $\sigma_{S_{k-1}}(s_k) > (\alpha+1)/p$。其中，$\alpha$ 由企业根据生产、运营和广告成本自主确定。

7.5 基于影响力最大化的社会化促销实验

7.5.1 用户个体影响力识别实验

本节采用科研网络数据来评估 SLTM 的性能。首先，本节执行一系列数据预处理步骤，从而将数据转换为模型的输入。具体来说，将每篇论文解析为单词，并删除无意义的单词，如特殊字符（如#、%和&）、URL（unified resource location，统一资源定位符）和停止词（如 a、here 和 which）。然后，将单词小写并执行词汇化。实验将所提出的 SLTM 与三种具有代表性的方法进行比较，这三种方法可用于主题级影响力节点的识别。相关方法的详细信息如下。

（1）LDA-PageRank。LDA-PageRank[10, 38]是一种经典的主题敏感排序算法，是 PageRank 算法的扩展方法。在文本内容的基础上，该算法首先应用 LDA 生成一组主题。然后通过结合上下文的主题和链接结构，计算主题敏感的 PageRank 分数来衡量每个用户在不同主题上的影响力。实验将 LDA 算法的两个超参数分别设置为 $\alpha = 50/K$ 和 $\beta = 0.01$；将 PageRank 方法中的传播概率设置为 $\gamma = 0.85$。

（2）Link-LDA。Link-LDA[33]是对由摘要和参考文献组成的文档进行建模的混合成员模型。在 Link-LDA 算法中，文献摘要中的单词以及引文的主题分布从平滑的主题分布中采样。实验将 Link-LDA 算法的超参数分别设置为 $\alpha = 50/K$ 和 $\beta = \beta_1 = 0.01$。

（3）PTM。PTM[34]是在 Link-LDA 算法基础上扩展的一种概率图模型，该模型同样用于建模文本内容和链接关系。与 Link-LDA 算法不同的是，PTM 算法为每个链接分配了一种潜在角色。实验将 PTM 算法的超参数分别设置为 $\alpha = 50/K$，$\beta = \beta_1 = 0.01$ 和 $\eta = 0.01$。

SLTM 的超参数设置为 $\beta = \beta_1 = 0.01$、$\alpha_0 = 50/K$、$\alpha_1 = 10^{-12}$ 和 $\varepsilon_0 = \varepsilon_1 = 1.0$。基于本章提出的模型参数学习方法，我们可以识别研究者关注的主题，同时检测主题层级的影响力节点。

1. 主题识别和链接预测

本节利用连贯性分值（coherence score）指标对 SLTM 的主题和主题级影响力节点识别的质量进行评估。在自然语言处理中，连贯性分值是一种自动评价聚类（主题发现）效果的常用指标，利用该指标得到的评估结果已被证明与人类判断高度相关。连贯性分值衡量了一个簇（主题）中最可能出现的单词在同一个文档中同时出现的程度，其核心假设是聚类的效果越好，则同一个簇中的词对（word-pair）应以很高的概率出现在语料库的多个文档中。本节使用式（7-47）计算每个主题的连贯性分值：

$$C_k = \sum_{t=2}^{T} \sum_{l=1}^{t-1} \log \frac{D(v_t^{(k)}, v_l^{(k)}) + \varepsilon}{D(v_l^{(k)})} \tag{7-47}$$

其中，T 表示主题 k 中需要评估的单词数目；$v_t^{(k)}$ 表示主题 k 中排序在第 t 个位置上的单词；$D(v_l^{(k)})$ 表示包含单词 $v_l^{(k)}$ 的文本数；$D(v_t^{(k)}, v_l^{(k)})$ 表示单词 $v_t^{(k)}$ 和 $v_l^{(k)}$ 同时出现的文本数量；ε 表示一个用来避免对数为零的常数。本节分析了 SLTM 的平均一致性评分（即 $\frac{1}{K}\sum_{k=1}^{K}C_k$），并与基准方法进行对比以评估不同方法所识别的主题质量。平均一致性得分越大，说明识别的主题质量越好。

表 7-3 给出了代表性单词数 T 在 5~20 时一致性分数的对比结果。如表 7-3 所示，SLTM 的性能显著优于 LDA-PageRank、Link-LDA 和 PTM，PTM 取得了第二好的结果。代表性单词数 T 为 5、10、15 和 20 时，PTM 到 SLTM 的改进分别为 21.9%、8.3%、10.7% 和 8.3%。当 T=5 时，从 Link-LDA 和 LDA-PageRank 到 SLTM 的改进分别为 33.8% 和 36.0%。表 7-3 结果表明，SLTM 应用稀疏性先验进行主题增强具有良好的效果。

表 7-3　连贯性分值比较

单词数目	数据集（$K=100$）			
	LDA-PageRank	Link-LDA	PTM	SLTM
$T=5$	−39.62	−38.27	−32.47	−25.35
$T=10$	−189.38	−181.54	−168.38	−154.42
$T=15$	−423.82	−405.58	−389.82	−347.96
$T=20$	−809.12	−796.33	−723.25	−663.51

如果一个模型能够精准地检测主题及主题级的影响力节点，那么该模型也能够精准地预测每个节点可能会与其他节点形成的链接关系。为进一步评估模型的性能，本节将训练后的模型用于预测节点的链接关系。给定一篇文档，通过模型在训练阶段推断的参数 ϕ 和 φ，本节使用如下公式预测文档可能链接的节点：

$$p(e|w_m) = \frac{1}{L_m}\sum_{i=1}^{L_m} p(e|w_{mi}) \qquad (7\text{-}48)$$

其中，$p(e|w_{mi})$ 表示给定一个单词 w_{mi} 链接 e 存在的概率。根据贝叶斯规则，该条件概率可以推导出如下：

$$\begin{aligned}p(e|w_{mi}) &= \sum_{k=1}^{K} p(e|k) p(k|w_{mi}) = \sum_{k=1}^{K} \varphi_{ke} \frac{p(w_{mi}|k)}{\sum_{k'} p(w_{mi}|k')} \\ &= \sum_{k=1}^{K} \varphi_{ke} \frac{\phi_{kw_{mi}}}{\sum_{k'} \phi_{k'w_{mi}}}\end{aligned} \qquad (7\text{-}49)$$

根据式（7-49）计算出的概率可以对可能链接的节点进行预测。$p(e|w_m)$概率高意味着节点m很可能产生链接e。实验通过式（7-49）得到排序前n的条件概率，并生成从m到对应节点的链接。

实验将95%的数据集用于训练模型，而将5%的数据用于测试模型性能，并使用准确率Precision@N和召回率Recall@N指标评估链接预测的性能。图7-5给出了所提出的模型和基准方法对Precision@N值的性能。从图7-5中我们可以看出，PTM的表现略好于Link-LDA，但它们都明显优于LDA-PageRank。与这些方法相比，所提SLTM在不同的主题数目上都能精准地实现链接预测。例如，当K取值100，N取值为5、10和20时，从PTM到SLTM的改进分别为9.8%、16.4%和38.5%。

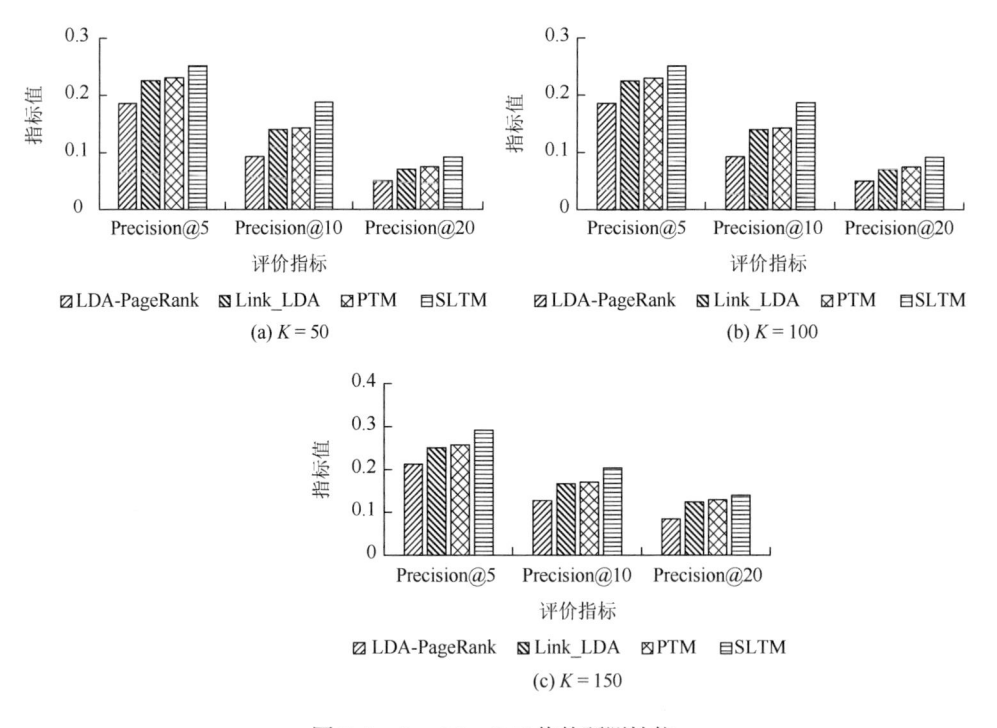

图7-5 Precision@N值的预测性能

图7-6展示了当主题和链接的数量发生变化时召回率的变化。结果表明，所提SLTM的召回率始终优于基准方法。例如，与PTM方法相比，SLTM的Recall@5指标在K取值为50、100和150时分别提高了约9%、13%和19%。SLTM预测性能的提高主要是因为模型引入了稀疏性先验。相比之下，由于Link-LDA和PTM不能控制主题混合的稀疏性，故无法准确地建模节点兴趣。

图 7-6 Recall@N 值的预测性能

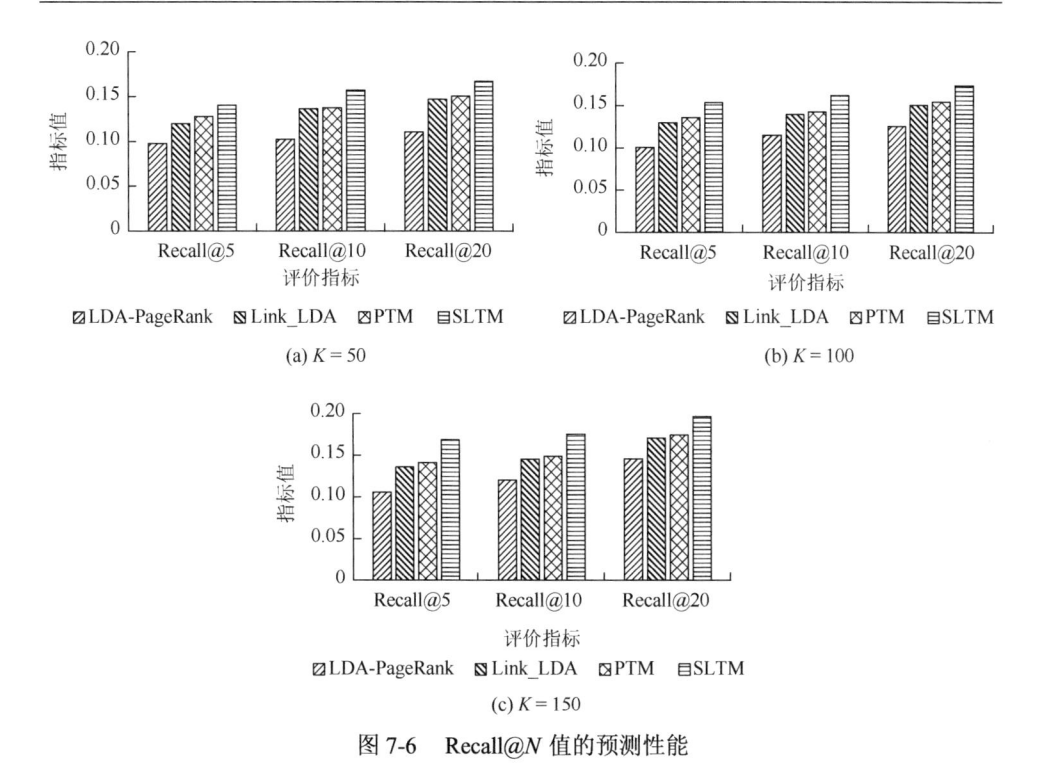

2. 主题级影响力节点检测和节点兴趣分布分析

本节已有实验表明，SLTM 能够在网络数据上准确识别话题，并预测节点之间的链接关系。这些结果为检测主题级的影响力用户提供了有用知识。本节通过展示每个主题影响力用户的检测结果来定性分析 SLTM 的性能。同样地，实验通过分析节点的主题分布情况，以更好地理解节点主题的稀疏性表示。

1）影响力节点分析

基于模型学习到的参数 ϕ_k 和 φ_k，我们可以得到主题对应的单词分布以及主题对应的影响力节点分布。表 7-4 提供了当 K 被设置为 100 时的 5 个主题示例。对于每个主题，我们选择前 10 个关键词，并列出每个主题对应的高影响力用户（研究人员）。如表 7-4 所示，主题 15 与主题建模和文本处理密切相关。最具影响力的两位学者分别是 David M. Blei 和 Thomas Hofmann，这两位学者分别提出了文本处理领域两种非常著名的模型，即概率主题模型 LDA 和概率潜在语义分析。在该主题上，David M. Blei 的影响力高于 Thomas Hofmann。主题 17 用于描述关联规则和模式挖掘的研究。Jiawei Han 是这个话题上最有影响力的科学家。主题 98 有关信息检索，该话题高影响力学者包括 Christopher D. Manning 和 Rakesh Agrawal。我们还发现，Rakesh Agrawal 在主题 17 和主题 98 方面都是有影响力的学者。主题 55 是关于逻辑和知识表示的，该主题上的高影响力学者包括 Patrick Blackburn 和 Ronald Fagin。主题 80 对应数据库的理论和技术，最具影响力的学者是 Serge Abiteboul。值得注意的是，Serge Abiteboul 在主题 55 上也具有很高的影响力。Serge Abiteboul 的著作 *Foundations of Databases* 被认为是逻辑和数据库研究人员的经典著作。表 7-4 的结果表明，SLTM 能够很好地提取文档主题，并识别每个主题对应的高影响力节点。

表 7-4 使用的数据集上的主题示例

主题索引	主题词	影响力学者
15	document, topic, text, information, content, extract, article, summary, latent, generate	David M. Blei, Thomas Hofmann, Sergey Brin, Mark Steyvers, Fabrizio Sebastiani
17	pattern, rule, mining, attribute, association, frequent, extract, knowledge, sequential, itemset	Jiawei Han, Jian Pei, Rakesh Agrawal, Ramakrishnan Srikant, J. Ross Quinlan
55	rule, logic, reasoning, logical, knowledge, formula, fragment, inference, representation, consistency	Patrick Blackburn, Ronald Fagin, Chitta Baral, Serge Abiteboul, Nicola Leone
80	datum, database, data, schema, source, record, relational, xml, technique, store	Serge Abiteboul, Ahmed Elmagarmid, Erhard Rahm, Maurizio Lenzerini, E. F. Codd
98	search, query, retrieval, engine, ranking, information, relevance, term, rank, relevant	Christopher D. Manning, Rakesh Agrawal, Jay M.Ponte, Victor Lavrenko, Ricardo Baeza-Yates

2）节点兴趣分析

图 7-7 以两篇文献为例，展示了节点的兴趣分布情况。文献 1 与软件开发相关，文献 2 与大学教育相关。如图 7-7 所示，文献 1 主要关注主题 89，该主题的关键词包括"软件""项目""开发""工程""开发人员"等。同样，文献 2 最关注的是主题 9，该主题的关键词包括"学生""学习""教育""大学""老师"等。从图 7-7 中，我们还可以发现，除了主题 89 之外，文献 1 还关注主题 34，即协作设计，包含的关键词有"协作""工作""设计""技术""团队""小组"等。文献 2 还关注主题 34、主题 38 和主题 86。图 7-7 表明，所提模型可以有效约束每个节点的主题数量。

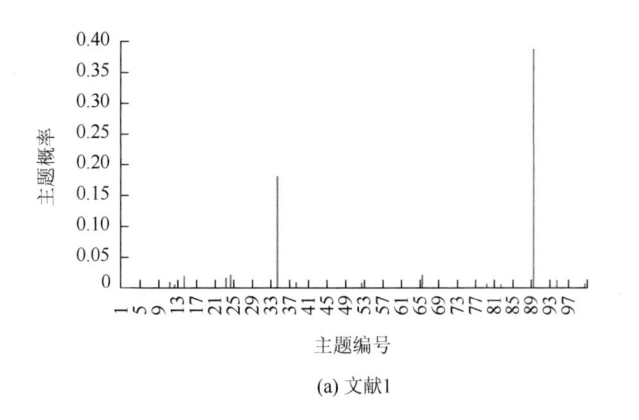

(a) 文献1

(b) 文献2

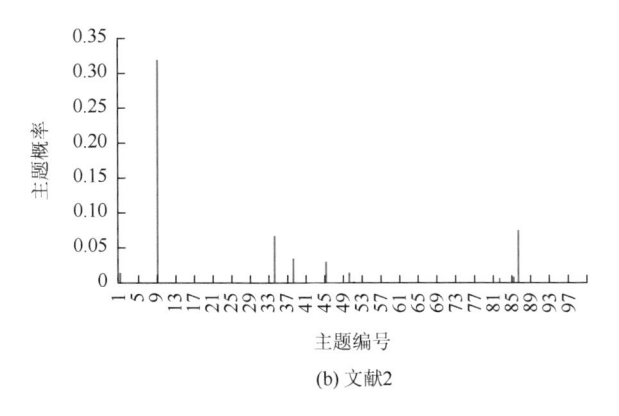

图 7-7 文献的兴趣分布（K=100）

7.5.2 用户群组影响力识别实验

1. 实验数据集

本节使用微博数据对基于 h-DPMM 的群组影响力识别效果进行验证。实验采用自主开发的网络数据采集程序从微博平台收集实验数据。通过随机选择平台上活跃的种子用户，并采集这些用户的关注列表和粉丝列表，最终获得 12 553 名用户和 35 200 179 条消息。实验数据的描述性统计如表 7-5 所示。由于模型使用到的特征值的范围太大，本节使用 Z-score[39]对用户特征值进行了归一化处理。

表 7-5 微博数据集的统计结果

统计内容	统计结果
用户总数	12 553
消息总数	35 200 179
平均一个用户的粉丝数	29 517
平均一个用户的关注数	522.3
平均一个用户发布的信息数	2 804

2. 主题分布

本节使用交互式 LDA 模型对用户文档进行主题建模，共获得 25 个主题。基于获得的主题分布，提取用户关注的主题作为其内容特征。表 7-6 列出了用户讨论最广泛的 10 个主题。由表 7-6 可以看出，用户在微博上讨论的主题较为广泛。用户最常讨论的主题是个人感受（0.1986）、生活（0.1250）和世界新闻（0.1108）。此外，抽奖（0.0462）也是用户经常讨论的另一个常见话题，其原因是抽奖通常是微博平台上的企业最常使用的营销工具。通过识别这些主题，企业营销人员可以更加深刻地理解用户行为。

表 7-6　主题模型建模的结果

主题索引	主题名称	主题下概率较高的单词	主题概率
6	个人感受	转发 明天 生日 物品 成员 回家 今晚 高兴	0.1986
3	生活	生活 女人 爱 男人 事情 生命 东西 努力 获得	0.1250
7	世界新闻	转帖 国家 新闻 社会 政府 人民 美国 分享 日本	0.1108
0	代购	黑色 专柜 折扣 连衣裙 牛皮 外套 原装	0.1036
2	星座	分享 转帖 微风 一月 二月 金牛座 天蝎座	0.0820
9	美妆	肉 效果 产品 链接 本质 适当 清洁	0.0664
1	科技新闻	公司 市场 企业 产品 投资 信息 美国	0.0605
8	抽奖	转载 分享 奖金 下载 幸运 期待 免费 下载 好 粉丝	0.0462
14	健康养生	妈妈 健康 食品 父母 方法 皮肤 营养 身体 水果 运动 维生素	0.0433
12	写真摄影	博客 作品 设计 学校 同学 摄影 造型 时尚	0.0313

3. 角色分析

在用户行为特征和内容特征的基础上，本节利用提出的 h-DPMM 模型识别用户角色。首先，模型为每个用户分配一个唯一的角色索引。模型在初始化时共包含 12 533 个角色，随着模型不断迭代，角色数量急剧下降。其次，所提模型共识别出 47 个角色。为了克服角色噪声的影响，实验删除包含用户数少于 100 的角色。部分角色及其包含的用户数量如图 7-8 所示。由图 7-8 可以看出，角色 10 包含的用户数最多，为 3265 个用户，其行为特征显示在图 7-9~图 7-11 中。表 7-7 列出了不同角色的主题偏好。

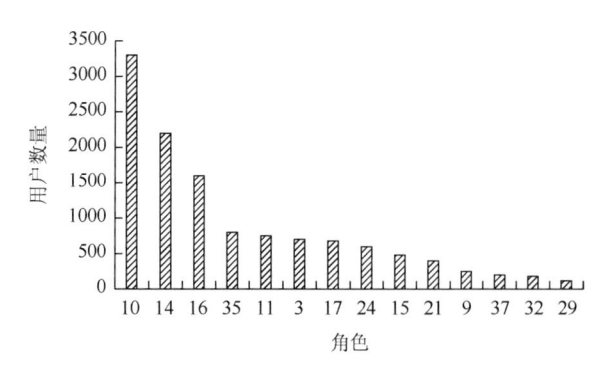

图 7-8　不同角色下的用户数量

第 7 章　基于影响力最大化的社会化促销方法

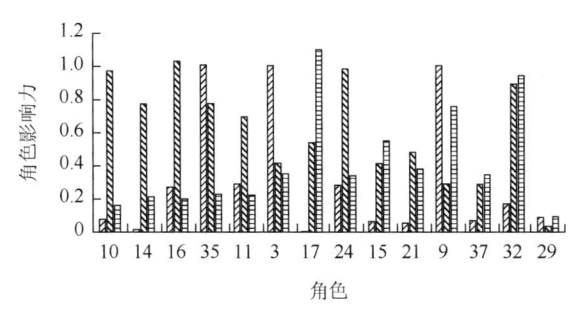

图 7-9　角色的影响力特征

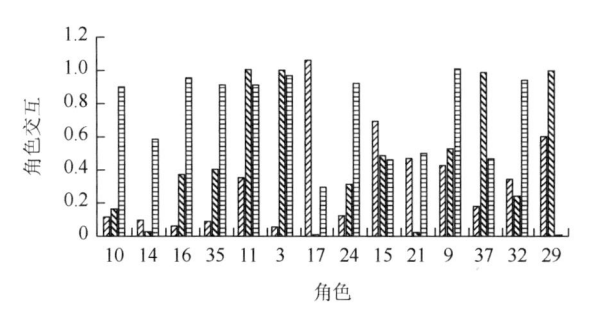

图 7-10　角色的交互特征

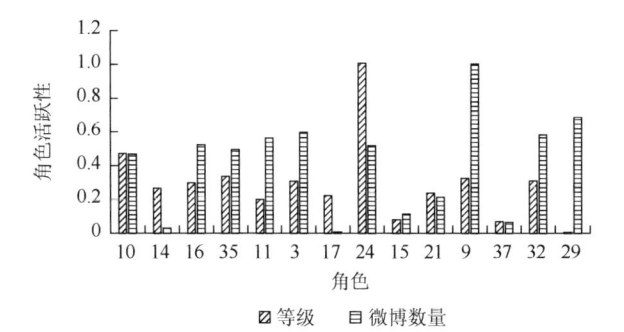

图 7-11　角色的活跃性特征

表 7-7　角色的主题偏好

角色索引	世界新闻	购物	星座	美妆	技术新闻	抽奖	健康
10	0.093 432	0.003 798	0.123 886	0.005 404	0.022 811 1	0.080 480	0.020 655
14	0.074 695	0.004 979	0.007 281	0.006 891	0.026 978 4	0.194 508	0.032 782
16	0.098 697	0.027 359	0.005 724	0.016 930	0.028 160 4	0.077 700	0.021 589

续表

角色索引	世界新闻	购物	星座	美妆	技术新闻	抽奖	健康
35	0.090 432	0.141 617	0.005 202	0.046 331	0.050 581 5	0.042 393	0.034 347
11	0.096 560	0.088 869	0.142 756	0.049 104	0.037 321 7	0.098 940	0.032 419
3	0.054 395	0.335 112	0.004 728	0.065 869	0.039 270 1	0.030 551	0.031 467
17	0.074 080	0.028 107	0.018 933	0.015 557	0.050 669 4	0.347 014	0.020 280
24	0.106 466	0.006 911	0.006 289	0.009 037	0.034 388 1	0.097 261	0.018 713
15	0.080 196	0.026 903	0.018 918	0.023 851	0.048 738 9	0.235 792	0.059 680
21	0.107 692	0.020 278	0.019 498	0.009 514	0.062 353 9	0.137 808	0.046 643
9	0.027 050	0.319 016	0.008 407	0.110 891	0.043 563 3	0.025 672	0.041 347
37	0.062 038	0.026 858	0.016 620	0.038 664	0.073 019 6	0.091 344	0.112 061
32	0.093 539	0.030 645	0.020 350	0.009 290	0.043 057 6	0.143 015	0.017 718
29	0.016 721	0.110 907	0.026 909	0.026 576	0.015 461 7	0.146 552	0.190 551

基于实验结果，企业可以从不同视角对相关角色进行分析。在社会化营销中，影响力和信息传播是角色分析的两个重要视角。一般来说，有影响力的用户是有利于社会化营销的关键角色。在线社交网络中，影响力可以通过信息被转发和评论等的数据加以体现。此外，信息的生产和消费也是预测用户社会化营销参与的重要特征。

因此，h-DPMM 模型发现的角色可以被定义为有影响力的领导者、信息消费者、信息传播者、信息生产者和潜伏者等。有影响力的领导者可以在信息讨论或信息传播等方面通过某种特定方式影响他人。信息消费者、传播者和生产者是基于社交媒体中的信息传播而定义的角色，是社交媒体中角色的基本分类。下面基于图 7-9~图 7-11 中显示的特征来阐述不同角色的特点。

如图 7-9 所示，角色 10、16 和 24 是三个对信息传播具有相似影响的角色。这些角色可以称为社交媒体中的有影响力的领导者。同时，这些角色的影响力也体现在他们传播原创文章的能力上。他们的帖子总是收到大量的转发。由于他们的帖子的平均评论数量相对较小，因此，他们的传播能力很强，但往往无法引起用户的讨论欲望。此外，这三类角色的互动行为也非常相似。他们都倾向于经常提及别人，却很少转发消息，只有少量的追随者。影响力和互动特征表明，这三类角色均是喜欢发布原始消息的影响力用户。与此同时，这三类用户角色之间也存在差异。例如，角色 24 比其他角色更为活跃，他们的主题偏好不尽相同。虽然他们都喜欢发布与世界新闻相关的信息，但角色 10 也有可能发布与星座相关的消息，而角色 16 则更喜欢发布关于抽奖的消息。

与上述有影响力的领导者不同，角色 14 是典型的信息消费者。他们发布的信息很少，不经常提到其他人。这意味着他们既不产生信息，也不与他人互动。与此同时，他们关注他人的数量也非常少，这意味着他们只关注一些特定的用户。但是，图 7-11 显示他们仍处于活跃状态，这类角色经常使用平台，他们不产生或传播信息，只是浏览其他人发布的消息。从表 7-7 可以看出，他们更喜欢抽奖的信息。因此，这种角色的活跃的动机可能仅是获得抽奖的奖励。

角色 35、3 和 9 是另外三类有影响力的领导者。但是，与角色 10、16 和 24 相比他们又显著不同。角色 35 发布的消息收到大量类似角色 10、16 和 24 中用户的转帖。角色 9 的消息很少有转帖但有大量评论。角色 3 有很多追随者，尽管他们的信息不经常被转帖和评论，这意味着该角色尽管比较沉默，但却具有很大的影响力。除了影响力之外，这三类角色的互动行为也有很大不同。角色 35 和 3 发布大量信息，经常提及他人，更喜欢制作原始信息。角色 3 大量关注其他用户，说明微博平台是该角色获取信息的主要渠道。角色 9 除了发布大量信息、经常提及他人外，他们还转发了大量信息。这说明角色 9 使用微博平台传播信息并与朋友进行频繁互动。最后，这三类角色均发布了与购物相关的信息。角色 9 尤其喜欢发布购物类信息。

在线社交网络中的另一个重要行为是信息传播。实验识别的角色 11、15 和 21 均是信息传播者。这些角色缺少追随者，他们大量转发他人发布的消息并且经常提及他人，其信息也经常被他人转帖。由实验结果我们发现，角色 11 关注星座主题，角色 15 和 21 更喜欢抽奖主题。

角色 17 是使用微博平台与他人互动的人，该角色与其他角色显著不同。如果我们不使用主题偏好作为用户的内容特征，我们可能会将他们归为普通用户。这类用户很少发布信息，也很少转发信息。与他们相关的少量信息中大部分都是转发的内容，但是这些消息有很多的转发和评论，该类用户关注抽奖主题。因此，我们可以判断这些用户是那些将平台视为利益工具的角色，他们不贡献有价值的内容。

角色 37 是不活跃的用户，与角色 29 类似。在以前的工作中，这两类角色被称为潜伏者。角色 37 很少发布消息，也不经常转帖，他们的信息也很少被转发和评论。角色 37 关注健康主题，角色 29 关注健康和抽奖主题。

角色 32 是在信息传播和讨论方面非常有影响力的用户。因此，他们也可以被称为有影响力的领导者。虽然他们的追随者人数不多，但他们发布的信息有大量的传播和讨论，这说明他们可能是意见领袖。

上述角色识别结果进一步证明了微博的多样性，即用户使用微博的动机各不相同。在微博上，多数用户喜欢通过转发消息而非参与评论来促进信息的传播。这种现象使得微博成为产品推广和宣传的理想平台。与此同时，实验表明，转发大量信息并追随他人的用户并不一定能够获得很大的影响力（如角色 24），制作大量原创内容可以帮助用户更好地提升影响力（如角色 9）。这些分析可以为企业社会化营销提供有益启示。

4. 基于角色识别的社会化营销

通过 h-DPMM 模型,我们可以获得具有不同兴趣偏好和不同影响力的角色。基于不同角色的用户,企业可以设计影响优先(influence priority,IP)和偏好优先(preference priority,PP)等不同类型的社会化营销策略。

策略 7-1(IP 策略) 首先,根据追随者人数等某种影响力指标选择具有高影响力的角色。然后,从这些高影响力角色中选择主题偏好与营销主题相似的角色开展社会化营销。

策略 7-2(PP 策略) 首先,选择主题偏好与营销主题最接近的角色。然后,选择其中最有影响力的角色开展社会化营销。

以表 7-8 采用 IP 的营销策略为例。假设角色 3、9 和 35 是算法找到的三个影响力最大的角色,如果社会化营销的主题是美妆和服饰,企业可以选择角色 3 和 9 中的用户进行社会化推广。如果社会化营销的主题具有国际化特征,企业可以选择角色 35 中的用户进行社会化推广。如果社会化营销的主题与游戏相关,角色 9 和 35 中的用户都是不错的选择。

表 7-8 使用 IP 策略进行营销的结果

角色索引	粉丝	美妆	服饰	世界新闻	游戏
9	2.117 547	0.110 900	0.319 016	0.027 1	0.003 677
3	2.117 542	0.065 869	0.335 112	0.054 4	0.001 103
35	2.117 532	0.046 331	0.141 617	0.090 4	0.002 443

以表 7-9 采用 PP 的营销策略为例。如果企业计划对美妆主题的产品开展社会化营销,虽然角色 3、9、11 均对该主题具有较高兴趣,但是角色 11 的影响力有限。因此,在营销预算有限的情况下,以角色 11 为种子节点进行营销信息推广并不是一个好的决策。同样地,从表 7-9 可以看出,角色 24 对世界新闻的兴趣略低于角色 21。但是,由于该角色具有更高的影响力,因此,从影响力最大化的角度,该角色是更为合适的种子选择。

表 7-9 使用 PP 策略进行营销的结果

美妆			世界新闻		
角色索引	主题概率	粉丝	角色索引	主题概率	粉丝
9	0.110 900	2.117 547	16	0.107 692	0.042 013
3	0.065 869	2.117 542	21	0.106 466	−0.573 005
11	0.049 104	0.108 229	24	0.098 697	0.081 534

7.5.3 影响力种子集合识别实验

本节实验使用 NetHEPT 和 ego-Facebook 数据进行验证。学术协作网络 NetHEPT 提取自 arXiv 网站，包含 15 233 个节点和 31 398 条边。网络中的节点代表学术论文的作者，如果两位作者合作发表过论文，则他们之间具有连边。第二个网络是 ego-Facebook，它是从 Facebook 上爬行的社交网络，包含 4039 个节点和 88 234 条边。实验使用独立级联模型作为基础信息传播模型。根据之前的工作，对有向边(u,v)，我们将影响概率设置为 $p_u(v)=1/d_{in}(v)$，$d_{in}(v)$ 为节点 v 的入度。

假设激活节点 v 的成本与该节点的入度成正比，$C_v=\beta\times \text{indegree}(v)$。不失一般性，实验假设 $\beta=1$。考虑到网络规模的差异，将 NetHEPT 的预算设置为 4000，将 ego-Facebook 的预算设置为 2000。基于上述设置，在两个网络上利用独立级联模型下运行 BG、GMUI 和 GMUN 算法。

假设通过激活一个公共用户而获得的平均利润 $p=5$，设 α 分别为 1.5、1、0.5 和 0。$(\alpha+1)/p$ 的下界分别为 0.4（GMUN1）、0.3（GMUN2）、0.2（GMUN3）和 0.15（GMUN4）。实验选择如下算法作为对比算法。

（1）Random：从网络中随机选择相关顶点作为种子节点，直到预算用完。

（2）Degree：选择度数最大的顶点，直到预算用完。

（3）PageRank：选择 PageRank 值最高的顶点，直到预算用完。

（4）K-Shell：选择 K-Shell 最高的顶点，直到预算用完。

（5）CI($l=5$)：迭代选择 CI_5 最高的顶点，直到分量为零，然后按顺序选择满足预算要求的顶点，直到预算用完。

为了获得各算法的影响范围，对于每个种子集合，本节实验在社交网络上模拟独立级联模型 10 000 次，并计算影响覆盖范围的平均值。各实验的种子节点数（节点数）、种子节点影响（影响）、激活成本（成本）、净收入和净收入/成本的实验结果见表 7-10 和表 7-11。

表 7-10　ego-Facebook 网络实验结果

算法	覆盖范围	节点编号	影响范围	成本	净收入	净收入/成本
BG	417.333	4	413.333	2000	66.665	0.0333
GMUI	583.649	65	518.649	2000	593.245	0.2966
GMUN1	13.103	5	8.103	14	26.515	1.8939
GMUN2	46.696	16	30.696	65	88.482	1.3613
GMUN3	148.009	35	113.009	277	288.045	1.0399
GMUN4	470.896	60	410.896	1432	622.480	0.4347
Random	378.693	48	330.693	2000	−346.535	−0.1733

续表

算法	覆盖范围	节点编号	影响范围	成本	净收入	净收入/成本
Degree	395.632	3	392.632	2000	−36.840	−0.0184
PageRank	504.838	4	500.838	2000	504.190	0.2521
K-Shell	193.948	6	187.947	2000	−1060.265	−0.5301
CI	503.926	4	499.956	2000	499.630	0.2498

表 7-11 NetHEPT 网络实验结果

算法	覆盖范围	节点编号	影响范围	成本	净收入	净收入/成本
BG	1861.18	149	1712.18	4000	4560.90	1.1402
GMUI	3714.31	1103	2611.31	4000	9056.55	2.2641
GMUN1	2390.71	811	1579.71	2032	5866.55	2.8871
GMUN2	3401.94	1025	276.94	3580	8304.7	2.3197
GMUN3	3678.2	1090	2588.20	4000	8941.00	2.2352
GMUN4	3742.39	1116	2626.39	4000	9131.95	2.2830
Random	2236.70	614	1622.70	4000	4113.50	1.0284
Degree	1116.31	105	1011.31	4000	1056.55	0.2641
PageRank	1472.03	114	1358.03	4000	2790.15	0.6975
K-Shell	719.06	136	583.06	4000	−1084.72	−0.2712
CI	1976.86	229	1747.86	4000	4739.30	1.1848

图 7-12 和图 7-13 给出了不同算法所得到的种子集合大小及其影响范围。柱状图上部显示的是种子节点数量，下部显示的是种子节点的影响，两部分的总和是社会化营销总的覆盖范围。由图 7-12 和图 7-13 可以看出，GMUI 算法所获得的种子节点影响力明显高于 BG 算法。随着下界 $(\alpha+1)/p$ 的降低，GMUN1、GMUN2、GMUN3 和 GMUN4 的影响不断增加。

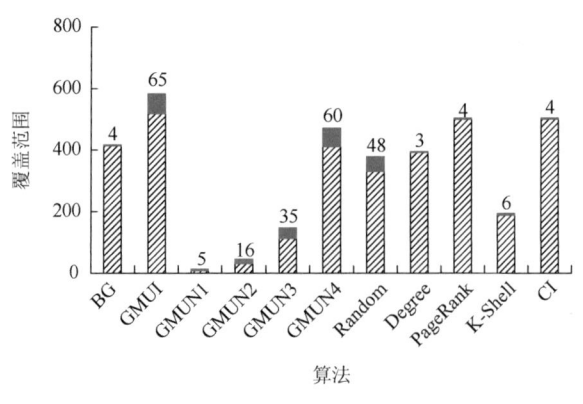

图 7-12 ego-Facebook 网络的影响力实验

第 7 章 基于影响力最大化的社会化促销方法

图 7-13 NetHEPT 网络的影响力实验

图 7-14 和图 7-15 显示了当激活一个用户的平均利润为 5 时，各种算法净收入与成本之间的关系。从图中可以看出，与其他算法相比，GMUI 的净收入最高。在两个网络上，GMUI 算法的净收入分别为 593.245（ego-Facebook）和 9056.55（NetHEPT），比净利润第二的算法分别高 18%（ego-Facebook）和 91%（NetHEPT）。在 GMUN 系列算法中，净收入随着下限的减少而逐渐增加。关于净收入/成本，从图中可以看出，GMUI、PageRank、CI 和 BG 等算法在 ego-Facebook 网络上的比值分别为 29.66%、25.21%、24.98%和 3.33%。在 NetHEPT 网络上，GMUI、CI 和 BG 的比值分别为 226.41%、118.48%和 114.02%。对于 GMUN 系列算法，净收入/成本随着 $(\alpha+1)/p$ 下限的减小而减小，所有结果均优于其他算法。因此，GMUN 在净收入/成本方面的表现明显优于其他算法。

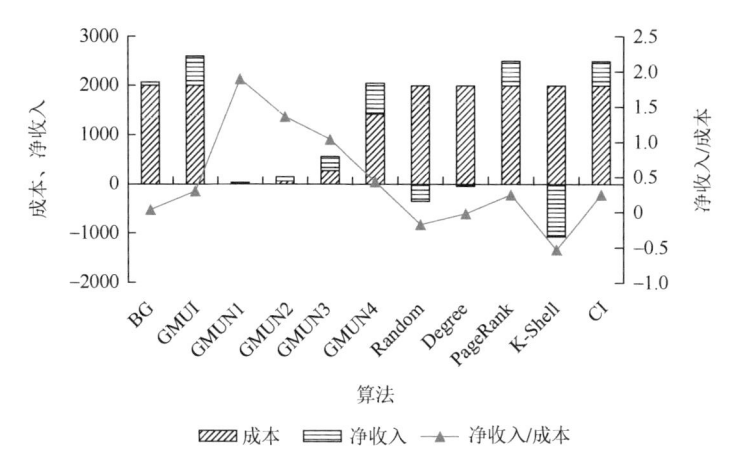

图 7-14 ego-Facebook 网络的净收入/成本

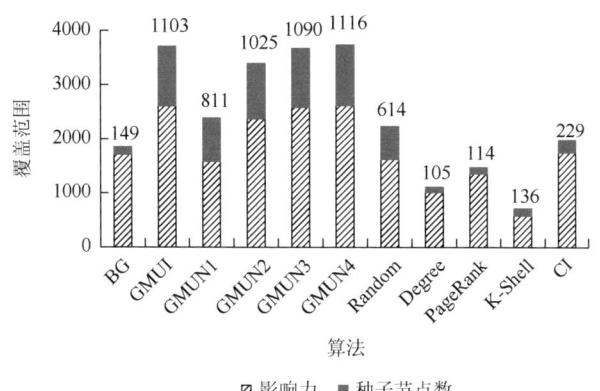

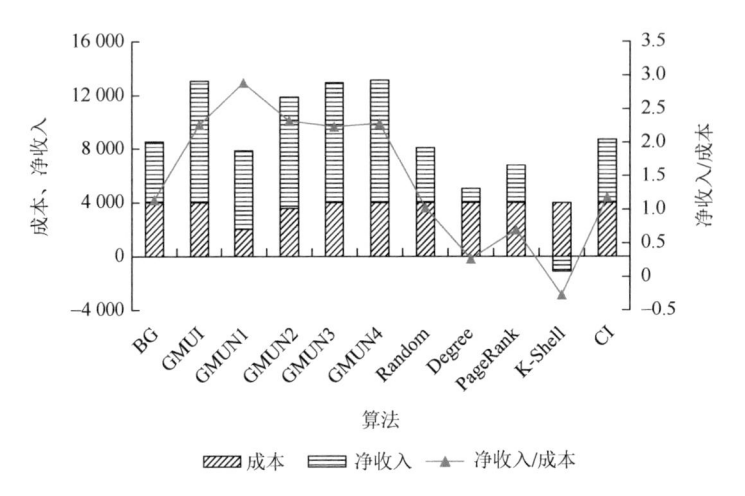

图 7-15　NetHEPT 网络的净收入/成本

参 考 文 献

[1] Angluin D, Laird P. Learning from noisy examples. Machine Learning, 1988, 2(4): 343-370.

[2] Muchnik L, Aral S, Taylor S J. Social influence bias: a randomized experiment. Science, 2013, 341(6146): 647-651.

[3] Sun T, Chen W, Liu Z M, et al. Participation maximization based on social influence in online discussion forums. Proceedings of the International AAAI Conference on Web and Social Media, 2021, 5(1): 361-368.

[4] Leskovec J, Krause A, Guestrin C, et al. Cost-effective outbreak detection in networks. San Jose: The 13th ACM SIGKDD International Conference on Knowledge Discovery and Data Mining, 2007.

[5] Wang C, Blei D M. Decoupling sparsity and smoothness in the discrete hierarchical Dirichlet process. Vancouver: The 22nd International Conference on Advances in Neural Information Processing Systems, 2009.

[6] Liu G F, Zhu F, Zheng K, et al. TOSI: a trust-oriented social influence evaluation method in contextual social networks. Neurocomputing, 2016, 210: 130-140.

[7] Liu G F, Wang Y, Orgun M A. Optimal social trust path selection in complex social networks. Atlanta: The twenty-fourth AAAI conference on artificial intelligence, 2010.

[8] Liu G F, Wang Y, Orgun M A, et al. Finding the optimal social trust path for the selection of trustworthy service providers in complex social networks . IEEE Transactions on Services Computing, 2013, 6(2): 152-167.

[9] Kwak H, Lee C, Park H, et al. What is twitter, a social network or a news media?. Raleigh: The 19th International Conference on World Wide Web, 2010.

[10] Weng J S, Lim E P, Jiang J, et al. TwitterRank: finding topic-sensitive influential twitterers. New York: The Third ACM International Conference on Web Search and Data Mining, 2010.

[11] Liu G F, Zheng K, Wang Y, et al. Multi-constrained graph pattern matching in large-scale contextual social graphs. Seoul: The 2015 IEEE 31st International Conference on Data Engineering, 2015.

[12] Liu G F, Liu Y, Zheng K, et al. MCS-GPM: multi-constrained simulation based graph pattern matching in contextual social graphs. IEEE Transactions on Knowledge and Data Engineering, 2018, 30(6): 1050-1064.

[13] Liu Q, Xiang B, Yuan N J, et al. An influence propagation view of PageRank. ACM Transactions on Knowledge Discovery from Data, 2017, 11(3): 1-30.

[14] Tang J, Sun J M, Wang C, et al. Social influence analysis in large-scale networks. Paris: The 15th ACM SIGKDD International Conference on Knowledge Discovery and Data Mining, 2009.

[15] Erosheva E, Fienberg S, Lafferty J. Mixed-membership models of scientific publications. Proceedings of the National Academy of Sciences of the United States of America, 2004, 101(suppl_1): 5220-5227.

[16] Bi B, Tian Y Y, Sismanis Y, et al. Scalable topic-specific influence analysis on microblogs. New York: The 7th ACM International Conference on Web Search and Data Mining, 2014.

[17] Blei D M, Kucukelbir A, McAuliffe J D. Variational inference: a review for statisticians. Journal of the American Statistical Association, 2017, 112(518): 859-877.

[18] Goyal A, Lu W, Lakshmanan L V S. CELF++: optimizing the greedy algorithm for influence maximization in social networks. Hyderabad: The 20th International Conference Companion on World Wide Web, 2011.

[19] Goyal A, Lu W, Lakshmanan L V S. SIMPATH: an efficient algorithm for influence maximization under the linear threshold model. Vancouver: The 2011 IEEE 11th International Conference on Data Mining, 2011.

[20] Watts D J. A simple model of global cascades on random networks. Proceedings of the National Academy of Sciences of the United States of America, 2002, 99(9): 5766-5771.

[21] Goldenberg J, Libai B, Muller E. Using complex systems analysis to advance marketing theory development: modeling heterogeneity effects on new product growth through stochastic cellular automata. Academy of Marketing Science Review, 2001, 9(3): 1-18.

[22] Goldenberg J, Libai B, Muller E. Talk of the network: a complex systems look at the underlying process of word-of-mouth. Marketing Letters, 2001, 12(3): 211-223.

[23] Kempe D, Kleinberg J, Tardos É. Maximizing the spread of influence through a social network. Washington: The Ninth ACM SIGKDD International Conference on Knowledge Discovery and Data Mining, 2003.

[24] Domingos P, Richardson M. Mining the network value of customers. San Francisco: The Seventh ACM SIGKDD International Conference on Knowledge Discovery and Data Mining, 2001.

[25] Chen W, Wang Y J, Yang S Y. Efficient influence maximization in social networks. Paris: The 15th ACM SIGKDD International Conference on Knowledge Discovery and Data Mining, 2009.

[26] Borgs C, Brautbar M, Chaye J, et al. Maximizing social influence in nearly optimal time. Portland: The Twenty-Fifth Annual ACM-SIAM Symposium on Discrete Algorithms, 2014.

[27] Pei S, Makse H A. Spreading dynamics in complex networks. Journal of Statistical Mechanics: Theory and Experiment, 2013, 2013(12): P12002.

[28] Lü L Y, Chen D B, Ren X L, et al. Vital nodes identification in complex networks. Physics Reports, 2016, 650: 1-63.

[29] Chen W, Yuan Y F, Zhang L. Scalable influence maximization in social networks under the linear threshold model. Sydney: The 2010 IEEE International Conference on Data Mining, 2010.

[30] Morone F, Makse H A. Influence maximization in complex networks through optimal percolation. Nature, 2015, 524(7563): 65-68.

[31] Morone F, Min B, Bo L, et al. Collective influence algorithm to find influencers via optimal percolation in massively large social media. Scientific Reports, 2016, 6: 30062.

[32] Pei S, Teng X, Shaman J, et al. Efficient collective influence maximization in cascading processes with first-order transitions. Scientific Reports, 2017, 7: 45240.

[33] Bi B, Tian Y Y, Sismanis Y, et al. Scalable topic-specific influence analysis on microblogs. New York: The 7th ACM International Conference on Web Search and Data Mining, 2014.

[34] Yao L, Zhang Y, Wei B G, et al. A topic modeling approach for traditional Chinese medicine prescriptions. IEEE Transactions on Knowledge and Data Engineering, 2018, 30(6): 1007-1021.

[35] Teh Y, Newman D, Welling M. A collapsed variational Bayesian inference algorithm for latent Dirichlet allocation//Schölkopf B, Platt J. Neural Information Processing Systems 19: Proceedings of the 2006 Conference. Cambridge: MIT Press, 2007: 1353-1360.

[36] Lakshminarayanan B, Raich R. Inference in supervised latent Dirichlet allocation. Beijing: The IEEE International Workshop on Machine Learning for Signal Processing, 2011: 1-6.

[37] Gershman S J, Blei D M. A tutorial on Bayesian nonparametric models. Journal of Mathematical Psychology, 2012, 56(1): 1-12.

[38] Zhou G Y, Zhao J, He T T, et al. An empirical study of topic-sensitive probabilistic model for expert finding in question answer communities. Knowledge-Based Systems, 2014, 66: 136-145.

[39] Altman E I. Predicting Financial Distress of Companies: Revisiting the Z-Score and ZETA® models//Bell A R. Handbook of Research Methods and Applications in Empirical Finance. London: Edward Elgar Publishing, 2013: 428-456.

第8章 个性化营销的对抗攻击与鲁棒优化方法

随着大数据与人工智能技术的发展，电子商务平台广泛利用推荐、定价、促销等各类个性化营销算法为消费者提供服务，提高了平台交易效率，改善了消费者体验，也出现了针对推荐系统的对抗攻击、个性化定价中的大数据杀熟等诸多安全性问题。分析个性化营销安全性问题产生的机理，设计安全问题的应对策略和方法是目前个性化营销研究的前沿方向，也是确保算法应用向上向善、促进电子商务健康发展的重要内容。

本章在分析个性化推荐和个性化定价安全问题的基础上，重点围绕个性化推荐系统的对抗攻击与鲁棒优化开展研究。内容组织如下：8.1 节从推荐系统攻击检测与鲁棒优化、算法定价的公平问题与管控策略等方面对个性化营销安全性问题研究进行综述。8.2 节针对个性化产品推荐给出推荐系统对抗攻击的建模方法，构建基于物品重要性最大化的对抗攻击方法。8.3 节构建社交网络环境下基于社区划分的推荐攻击优化策略。8.4 节构建个性化推荐系统的鲁棒优化方法。8.5 节对本章所提模型进行实验验证。

8.1 国内外研究综述

8.1.1 推荐系统的攻击检测与鲁棒优化

在实际应用过程中，个性化推荐系统始终面临着安全性的考验。恶意用户通过攻击推荐系统，实现提高（降低）自有产品（竞争产品）在推荐列表中的排名，影响消费者对推荐系统的信任，甚至瘫痪推荐系统等目标。现有研究通过模拟各种攻击策略，找出协同过滤、矩阵分解等模型的弱点。攻击检测方法的研究思路则是考虑攻击数据特征和恶意用户行为特征设计检测方法，对潜在的攻击行为进行识别。

在个性化推荐系统的攻击模式方面，根据攻击发生的时间可以将攻击模式划分为投毒攻击与规避攻击[1]。投毒攻击在推荐系统所依赖的机器学习算法训练完成前通过数据投毒实现，使得推荐系统产生有偏的推荐结果[2]。与投毒攻击不同，规避攻击不对训练数据产生进行扰动，而是针对已经训练好的模型，通过对目标商品的属性进行调整，使得商品能够按照恶意用户的目的得到推荐[3]。现有规避攻击的研究主要针对图像分类或主题挖掘任务展开。根据攻击者所掌握的知识，可以将攻击模式划分为白盒攻击和黑盒攻击。白盒攻击模式下，恶意用户可以访问推荐系统的所有信息，包括模型的详细参数（如深度神经网络的梯度）、训练数据等，并利用这些信息设计攻击方法。黑盒攻击模式下，恶意用户无法获取推荐系统的详细信息，仅能根据特定输入获取对应预测结果。目前基于白盒和黑盒策略的多媒体攻击研究主要聚焦于文本和图像分类领域[4, 5]。

由于可以充分利用用户间、物品间以及用户与物品间的高阶结构信息（如用户购买决策会受到其好友的影响），基于图神经网络的推荐系统是目前主流的推荐方法[6]。图神经网络推荐系统所利用的高阶结构信息也为对抗攻击提供了可乘之机。攻击者通过引入虚假用户和虚假交互（如购买、评价等），改变用户与物品间的高阶结构信息，实现将目标物品广泛推荐或将竞争商品恶意打压等目的。目前关于图神经网络推荐系统的探讨较少。与图神经网络推荐系统研究相近的是图神经网络的攻击研究，这些研究主要分析特征干扰、边干扰和结构干扰对分类精度的影响。特征干扰是目前攻击图神经网络的主要手段。现有研究假设被攻击的图为属性图，即图中每个节点都有代表其自身信息的特征向量，通过对部分节点的特征向量进行一定范围的扰动达到对抗攻击的目的[7]。边干扰是在给定扰动范围内通过添加删除图中的边，降低图神经网络的分类精度。SGA（simplified gradient-based attack，基于简化梯度的攻击）[8]和GF-Attack（graph filter attack，基于图过滤的攻击）[9]是边干扰攻击的典型方法。结构干扰主要通过添加或删除图中节点来降低模型的分类精度，通常与边干扰或特征干扰方法协同应用[10, 11]。

在多媒体攻击情境下，为了提高安全性，一方面，推荐系统需要进行攻击检测，对潜在的攻击进行识别和预防；另一方面，需要系统地提高推荐系统自身的鲁棒性，使得推荐系统在存在攻击的情况下仍能输出合理的结果。

在个性化推荐系统的攻击检测方面，现有研究通常针对基于评分的协同过滤推荐系统，利用恶意用户与正常用户在评分模式上的差异，以描述统计为基础通过特征指标检测恶意用户[12-14]。关于多媒体攻击检测的研究相对较少，与多媒体攻击检测相关的研究主要包括虚假评论检测等方向的研究。现有的虚假评论检测主要包括有监督和无监督两类方法。Jindal 等[15]最先研究了虚假评论的检测，利用重复检测和分类技术将重复评论作为正向样本，用于训练逻辑回归模型完成虚假评论检测。在后续研究中，研究者基于恶意用户与正常用户的行为差异，利用不同类型的训练数据，提出了虚假评论检测的系列方法[16-18]。

为了提高系统的安全性，设计防攻击的鲁棒性推荐模型一直是个性化推荐系统研究的重要内容。针对基于最近邻的协同过滤、矩阵分解等经典推荐方法，研究者提出了多种鲁棒优化方法。例如，构建基于有限影响限制的推荐算法，利用用户的诚实度最大限度地扩大具有高诚实度用户的影响，使得推荐系统充分利用来自诚实、信息丰富的评分者的信息以降低攻击者的影响[19]；构建基于非线性特征和 Cauchy（柯西）加权 M-估计量的鲁棒推荐算法，对用户和项目特征矩阵进行鲁棒参数估计[20]；或者在目标模型的训练中引入噪声层，以增加推荐系统对敌对扰动的抵抗力[21]。针对融合多媒体信息的推荐系统鲁棒优化问题，现有研究思路主要是基于对抗学习框架，通过在训练数据中引入对抗图像攻击，提高模型的鲁棒性[22]。

8.1.2 算法定价的公平问题与管控策略

算法定价是目前电子商务定价实践的常用策略。算法定价的实践起源于动态定价的概念。在动态定价策略下，企业基于对市场需求和竞争情报的收集，动态调整商品价格以获取最高收益[23, 24]。大数据环境下，企业越来越容易收集更高维度、更细粒度的消费者信息。借助计算能力和机器学习方法的快速发展，算法定价由动态定价向个性化定价拓展[25-27]。现有研究表明，算法定价可以更加精准地定位产品需求，有助于增加社会整体福利[28, 29]。由于算法定价能够以极低的成本实时优化产品价格，提高企业收益，算法定价在企业实践中得到了广泛应用。

目前算法定价已经扩展到各个行业，被认为是一种高度先进的商业方法，也是利润增长等业务成功的关键驱动因素[30, 31]。在航空业，机票价格的动态优化是算法定价最为广泛和最为成功的应用[32]。在服装、信息产品等非标准化产品的销售中，个性化定价也已成为一种常见的商业做法[33]。随着谷歌、微软和亚马逊等科技公司提供现成的算法定价解决方案，即使是小型公司，算法定价的应用也不存在任何障碍[34]。一项关于亚马逊商场采用算法定价的研究中，发现超过 500 家卖家采用了算法定价方法[35]。算法定价模式也正在向线下场景转移和传播。随着机器学习和机器视觉研究的快速发展，线下商场将成为算法定价更大的应用领域。亚马逊的 Amazon Go 无人超市可以追踪顾客的动作和面部表情，并在店里提供个性化的商品和价格。英国和瑞士的零售商也采取了类似的措施，通过跟踪店内轨迹，可以提供类似于线上的个性化定价水平。

算法定价提高了电子商务平台的交易效率，也出现了平台利用其在数据资源和算法技术上的优势，对不同群体或个体进行差别定价，实行"价格歧视"，最大化掠夺消费者剩余的问题。现有研究表明，即使没有平台或卖家主观意愿的影响，算法定价也可能通过基于数据的自主学习，产生对消费者不公平的结果[36]。因此，不公平算法定价具有极高隐蔽性和极大危害性。为了分析算法偏差产生的原因，研究者将算法偏差分为数据偏差和模型偏差，其中，数据偏差包括静态的历史偏差和动态的交互偏差；模型偏差分为属性偏差、探索偏差、因果偏差和归纳偏差[37]，给出了机器学习中偏差的五大来源，即历史偏差、表征偏差、测量偏差、聚集偏差以及评估偏差[38]，并提出了算法偏差测量的计算方法和可视化方法，设计了评估抽样不确定性的统计工具[39]。

由于对企业和消费者具有潜在的负面影响，如何对不公平算法定价进行管控成为近年来理论研究的焦点[40,41]。研究者从数据、算法等方面提出了算法不公平性的规避策略。目前关于不公平算法定价管控的研究多从法律视角探讨管控的可行性和相关策略等问题。在数据规避策略方面，训练数据中的敏感属性是算法结果不公平的重要原因之一[42]，研究者提出了删除数据敏感属性的系列策略来降低不公平性的产生[43-45]。在算法规避策略方面，通过对样本数据进行重新加权来纠正算法中潜在的不公平缺陷是目前的常用策略[46]。研究者提出了消除不公平性的正则化方法[47]、构建新的个性化营销目标函数解决不公平问题[48]，以及通过对抗学习策略辨别并消除数据中的敏感属性[49]等公平算法设计策略。在不公平算法定价的评估检测方面，现有检测方法通常通过输入数据和输出结果进行事后检测[50]。例如，Hannak 等[51]通过利用 300 名真实消费者账户在 11 个电子商务网站进行检测，发现其中 9 个网站存在价格歧视的现象。从事前数据检测的视角，Feldman 等[52]设计了一种检测样本数据中敏感属性的方法，并在转换训练数据之前，暂时忽略敏感变量属性。Lu 等[53]提出了名为 SPA 的智能价格审计系统，能够检测每次购买的价格是否公平。Hardt 等[54]通过检测不同组之间的均衡概率等措施最小化预期的分类器损失。

为了对不公平算法定价进行管控，Fügener 等[55]从宏观层面分析了人工智能对人类可能造成的风险，张维等[40]强调了对混合智能行为管控的挑战与意义，Eshete[56]则更细化地探讨了机器学习算法在公平、安全和隐私方面的风险。目前关于不公平算法定价管控的探讨主要聚焦于政策监管等方面。研究表明，企业向监管部门公布匿名数据可以起到一定的价格监管作用，从而防止不公平定价的出现[57]。Schwalbe[58]从法律监管的角度探讨了当算法定价出现不公平时的责任、审计和监测算法问题。从实施策略监管角度出发，Gerlick 和 Liozu[59]建议从法律管控的角度对定价策略进行约束。Borgesius 和 Poort[60]探讨了欧洲数据保护法是否适用于个性化定价，并分析了数据保护法适用于处理个人数据的情况，证明了数据保护法将在减轻个性化定价的不利影响方面发挥重要作用。从企业行为角度出发，Zenger[61]探讨了反对歧视性定价的法律法规实际上可能会诱使企业收取排他性的低于成本的价格。Fu 等[62]则强调在制定法律管控政策时，要考虑利益相关者战略行为的重要性。

8.1.3 个性化营销算法安全政策

正是因为个性化推荐算法和个性化定价算法存在诸多安全性问题，个性化营销算法不合理应用导致的问题也深刻影响着正常的传播秩序、市场秩序和社会秩序，给维护意识形态安全、社会公平公正和网民合法权益带来挑战。个性化营销算法的负面效应引发了消费者对公平性的不满，也受到了国家监管部门的重视。

2017年7月发布的《新一代人工智能发展规划》将打造"人工智能基础数据与安全检测平台"作为我国人工智能发展的重点任务，强调要"建设面向人工智能的公共数据资源库、标准测试数据集、云服务平台，建立人工智能算法与平台安全性测试模型及评估模型，研发人工智能算法与平台安全性测评工具集"。

2019年6月国家新一代人工智能治理专业委员会发布《新一代人工智能治理原则——发展负责任的人工智能》，提出了人工智能治理的框架和行动指南，强调"人工智能发展应尊重和保护个人隐私，充分保障个人的知情权和选择权。在个人信息的收集、存储、处理、使用等各环节应设置边界，建立规范。完善个人数据授权撤销机制，反对任何窃取、篡改、泄露和其他非法收集利用个人信息的行为"。

《信息安全技术 机器学习算法安全评估规范》要求智能算法安全需要满足保密性、完整性、可用性、可控性、鲁棒性和隐私性等基本安全属性，并对算法安全给出了明确的评估标准。

2022年3月正式实施的《互联网信息服务推荐算法管理规定》明确要求"具有舆论属性或者社会动员能力的算法推荐服务提供者应当按照国家有关规定开展安全评估"。该规定要求"算法推荐服务提供者应当坚持主流价值导向""不得利用算法推荐服务从事危害国家安全和社会公共利益、扰乱经济秩序和社会秩序、侵犯他人合法权益等法律、行政法规禁止的活动""应当落实算法安全主体责任，建立健全算法机制机理审核、科技伦理审查、用户注册、信息发布审核、数据安全和个人信息保护、反电信网络诈骗、安全评估监测、安全事件应急处置等管理制度和技术措施""不得设置诱导用户沉迷、过度消费等违反法律法规或者违背伦理道德的算法模型"。

国家和社会的高度关注表明，在构建个性化营销方法提高电子商务交易效率的同时，围绕个性化营销的安全性问题开展研究，有助于丰富个性化营销的理论方法体系，具有重要的理论意义；有助于维护国家网络空间信息安全，助力平台经济高质量发展，具有重要的实践意义。

8.2 基于物品重要性最大化的对抗攻击方法

本节针对图神经网络推荐系统的对抗攻击问题，提出基于物品重要性最大化的对抗攻击方法。基于结构干扰方法，将图神经网络推荐系统的攻击问题建模为引入虚假用户与虚假交互的优化问题。由于网络训练的联动性和购买商品的离散性，该优化问题难以直接求解。将优化问题转换为度量节点重要性并连接重要物品节点的问题,通过最大化虚假用户交互物品的重要性取值,从而对该优化问题进行间接求解,并给出了转换的合理性证明。

8.2.1 符号说明与对抗攻击流程描述

本节所用的主要符号如表 8-1 所示。

表8-1 符号定义

符号	符号定义
U	用户集
I	物品集
U^{Fal}	虚假用户集
A'	添加虚假用户后的用户-物品交互异质图
A^*	执行攻击形成的用户-物品交互异质图
$h_{U_i}^*$	推荐系统受到攻击后,用户 i 的最终隐特征表示
$h_{I_j}^*$	推荐系统受到攻击后,物品 j 的最终隐特征表示
S	最终重要性物品集
h_{U_i}	推荐系统受到攻击前,用户 i 的最终隐特征表示
h_{I_j}	推荐系统受到攻击前,物品 j 的最终隐特征表示
$f(\ )$	图神经网络推荐模型

将图神经网络推荐系统所使用的数据结构表示为 $G=(U,I,Q)$,其中,$U=\{U_1,U_2,\cdots,U_M\}$ 表示由 M 个用户节点组成的用户集,U_i 表示第 i 个用户,$I=\{I_1,I_2,\cdots,I_N\}$ 表示由 N 个物品节点组成的物品集,I_j 表示第 j 个物品(为简洁说明,下文将用 i 指代 U_i,用 j 指代 I_j)。交互矩阵 $Q=\begin{Bmatrix} O & A \\ A^{\text{T}} & O \end{Bmatrix}$,$O$ 代表零矩阵,A 代表用户物品交互矩阵,$A\in\{0,1\}^{M\times N}$,A^{T} 为矩阵 A 的转置,其中,A_{ij} 表示用户节点 i 和物品节点 j 之间的关系,$A_{ij}=1$ 表示两者存在连接,$A_{ij}=0$ 表示两者不存在连接。考虑到攻击者一般没有权限对已有用户进行干扰,本节通过注入虚假用户的方式实现对抗攻击的目的。具体攻击流程包括三步。首先,对原始用户-物品异质图 A 注入来自虚假用户集 U^{Fal} 的虚假用户。为了掩盖虚假用户的身份,使其与已有研究一致[63,64],攻击初始阶段虚假用户首先随机与固定数量的物品进行交互,形成用户-物品异质图 A'。其次,从图 A' 中选出物品集合 S,让虚假用户

与 S 中的物品进行 $\Delta()$ 连接操作（如购买、评论等），形成新的用户-物品异质图 A^*。最后，将图 A^* 作为图神经网络推荐系统 $f()$ 的输入，生成推荐结果。系统对用户偏好的预测采用用户与物品的隐特征的内积进行计算。攻击的目标是让攻击前后推荐系统对用户偏好的预测具有最大化差异，即 $\max \sum_{i=1}^{M} \sum_{j=1}^{N} |h_i h_j - h_i^* h_j^*|$，其中，$h_i$ 和 h_j 表示攻击前用户 i 和物品 j 的隐特征表示，h_i^* 和 h_j^* 表示攻击后用户 i 和物品 j 的隐特征表示。攻击流程总结如图 8-1 所示。

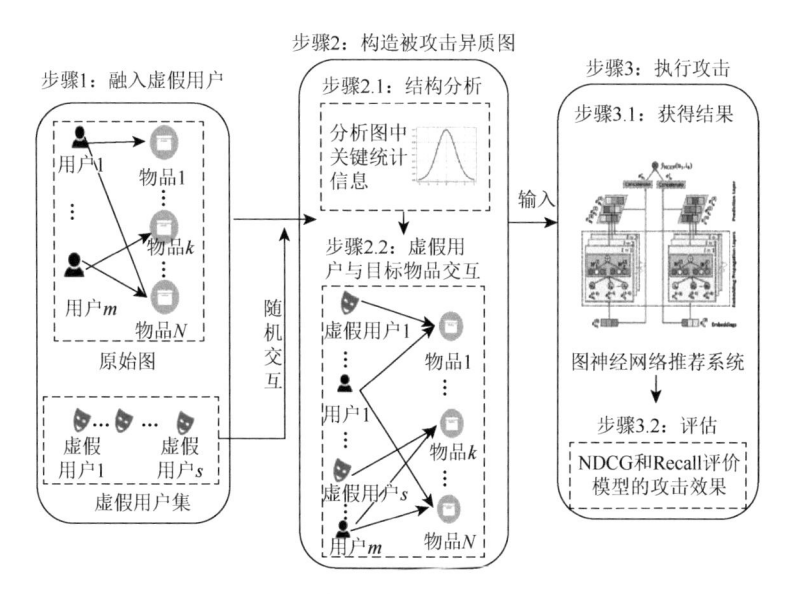

图 8-1 图神经网络推荐系统攻击流程

在所提对抗攻击流程中，步骤 2 中的物品集合 S 是影响攻击效果的关键因素。如果集合 S 中的物品具有较高的重要性，则对抗攻击效果较好；反之则相反。因此本节提出了基于物品节点重要性最大化的对抗攻击策略，通过寻找用户-物品异质图中重要性排名靠前的物品构成物品集合 S。具体过程如下。

8.2.2 图神经网络推荐系统对抗攻击的优化问题

由于对抗攻击需要在较小扰动范围内实现对推荐系统的破坏，本节将对抗攻击情境表示为如下优化问题。

$$\max \text{LA}(h_U, h_I, h_U^*, h_I^*)$$
$$= \max_{h_i^*, h_j^*} \sum_{i=1}^{M} \sum_{j=1}^{N} |h_i h_j - h_i^* h_j^*| \tag{8-1}$$

$$\text{s.t.} \ |A_u^* - A_u'|_2 \leqslant b, \ \forall u \in U^{\text{Fal}} \tag{8-2}$$

$$(h_U, h_I) = f(A') \tag{8-3}$$

$$(h_U^*, h_I^*) = f(\Delta(A', U^{\text{Fal}}, S)) \tag{8-4}$$

其中，式（8-1）为目标函数，表示攻击前后推荐系统对用户偏好预测的变化最大，其优化变量 h_U^* 和 h_I^* 通过式（8-4）根据重要性物品集 S 进行确定；$\Delta(A', U^{\text{Fal}}, S)$ 表示在用户-物品交互异质图 A'，使 U^{Fal} 中的虚假用户和 S 中的物品进行连接操作。攻击前的用户和物品隐特征由式（8-3）获得。为应对攻击检测，式（8-2）表示每个虚假用户只能交互有限数量的物品。

上述优化问题无法直接进行求解，原因如下：①由于图神经网络推荐系统的训练过程是节点之间互相学习的联动过程，虚假用户互动物品的选择对其他节点产生的影响无法通过目标函数 LA 求解获得。②虚假用户互动的物品是离散变量，导致目标函数 LA 的梯度信息难以直接使用，因此，难以通过梯度下降等连续变量优化方法进行精确求解。

8.2.3 基于物品重要性最大化的对抗攻击

针对以上难题，本节提出一种近似求解方法来获得目标函数的最优解。Xu 等[65]对图神经网络和随机游走关系的研究表明，图神经网络中节点之间的影响取决于它们之间消息传递的概率，节点对外传输信息的概率越高表明其对图的影响越大，即该节点对图神经网络的重要性越高。在用户-物品交互异质图中，物品节点的影响也符合上述关系。基于上述思考，本节将式（8-1）所示优化问题的求解转换为度量图神经网络中物品的重要性并让虚假用户连接重要物品的问题。首先给出如下假设。

假设 8-1（隐特征分布及用户类别） 推荐系统的训练过程是学习用户和物品隐特征的空间分布的过程。该过程中兴趣相似的用户隐特征的空间距离更近，因此属于同一用户类别的可能性更高，因此用户隐特征的变化可以近似为用户类别分布的变化[66]。鉴于此，本节基于隐特征距离将用户分为 K 个类别。首先假设第 i 个用户的真实类别 y_i 为类别 k 的概率表示如式（8-5）所示：

$$\text{Pr}[y_i = k] = P_{ik} \tag{8-5}$$

其中，$0 < P_{ik} < 1$，$k = 1, \cdots, K$，且 $\sum_{k=1}^{K} P_{ik} = 1$。

记 P 为所有用户属于不同类别的概率，$P \in \mathbb{R}^{M \times K}$，$P$ 的第 i 行第 k 列元素表示为 P_{ik}，第 i 行向量表示为 P_i。用户类别的变化 $\text{LI}(P)$ 可以表示为

$$\mathrm{LI}(P) = \sum_{i=1}^{M} \max_{k \in \{1,\cdots,K\}} (P_{ik} - P_{iy_i})$$

假设 8-2（路径激活） 在图神经网络中，所有路径有相同的概率 ρ 传递信息，即均以相同的概率 ρ 激活。

假设 8-3（物品隐特征变化） 考虑到用户-物品异质图中，攻击者通常没有权限对其他用户的信息进行修改，因此，本节通过增加虚假用户与重要物品的交互实现攻击目的。此外，由于扰动的物品数量有限且与虚假用户进行交互的物品的一阶邻居均为用户节点，本节的攻击方法对图结构的影响较小，因此本节假设攻击前后物品隐特征的变化可以忽略不计，即 $h_j = h_j^*$，$\forall j \in I$。

借鉴 Xu 等[65]的研究，本节在引理 8-1 中给出图神经网络模型和随机游动之间的联系。

引理 8-1 给定一个 L 层的图神经网络模型，假设图中所有路径均以相同的概率 ρ 激活（假设 8-2），则对于任意物品 j，其初始隐特征 $h_j^{(0)}$ 的变动对用户 i 的期望影响（记为 $V_j(i)$）等于 L 次随机游走矩阵 A'_{zero} 在 (i,j) 位置概率的乘积，其中 A'_{zero} 为对添加虚假用户后的用户-物品交互异质图 A' 进行"零填充"后形成的方阵。$V_j(i)$ 的表示如式（8-6）所示：

$$V_j(i) = E\left[\frac{\partial P_i}{\partial h_j^{(0)}}\right]$$
$$= \rho \prod_{l=1}^{L} W_l [A'_{\text{zero}}]_{ij}^{L} \tag{8-6}$$

其中，W_l 表示在 l 层的模型参数。

基于上述假设和引理，给出式（8-1）所示目标函数近似求解的推理过程，如式（8-7）所示。

$$\mathrm{LA}(h_U, h_I, h_U^*, h_I^*) = \sum_{i=1}^{M}\sum_{j=1}^{N} h_j (h_i - h_i^*)$$
$$= \sum_{j=1}^{N} h_j \sum_{i=1}^{M} (h_i - h_i^*) \tag{8-7}$$
$$= \Omega \sum_{i=1}^{M} (h_i - h_i^*)$$

其中，Ω 为常数，表示所有物品隐特征的加和。由于用户隐特征的变化可以近似为用户类别分布的变化（假设 8-1），目标函数式（8-7）可以进一步转换为式（8-8）

$$\mathrm{LA}(h_U, h_I, h_U^*, h_I^*)$$
$$\approx \Omega(\mathrm{LI}(P) - \mathrm{LI}(P')) \tag{8-8}$$

$$A^* = \Delta(A', U^{\text{Fal}}, S) \tag{8-9}$$

$$P' = f_g(f(A^*)) \qquad (8\text{-}10)$$

其中，$f_g(\ )$ 表示用户类别预测函数。通过式（8-9）和式（8-10）可知，优化变量 P' 由最终重要性物品集 S 决定。根据 Ma 等[67]的研究，物品 j 的隐特征变动对目标函数的影响主要由受到攻击后物品 j 的隐特征 h'_j 对用户类别的变化的影响所决定，记 $\Delta_j(h'_j) = \nabla_{h_j} \mathrm{LI}(P)^\mathrm{T} \varepsilon$，$\varepsilon$ 表示变化程度。$\Delta_j(h'_j)$ 可分解为式（8-11）所示：

$$\Delta_j(h'_j) = \sum_{i=1}^{M}\left(\frac{\partial \mathrm{LI}_i(P_i)}{\partial P_i}\right)^\mathrm{T}\frac{\partial P_i}{\partial h_j}\varepsilon \qquad (8\text{-}11)$$

根据 Ma 等[67]的研究，$E\left[\dfrac{\partial \mathrm{LI}_i(P_i)}{\partial P_i}\right]$ 为常数，记 $E\left[\dfrac{\partial \mathrm{LI}_i(P_i)}{\partial P_i}\right] = \tau$，$i \in U$，$\tau \in \mathbb{R}^{1 \times K}$。同时，$\Delta_j(h'_j)$ 的期望如式（8-12）所示。

$$\begin{aligned}
E[\Delta_j(h'_j)] &= E\left[\sum_{i=1}^{M}\left(\frac{\partial \mathrm{LI}_i(P_i)}{\partial P_i}\right)^\mathrm{T}\frac{\partial P_i}{\partial h_j}\varepsilon\right] \\
&= E\left[\sum_{i=1}^{M}\left(\frac{\partial \mathrm{LI}_i(P_i)}{\partial P_i}\right)^\mathrm{T}\right]E\left[\frac{\partial P_i}{\partial h_j}\right]\varepsilon \\
&= \sum_{i=1}^{M}\tau^\mathrm{T}\left(\rho\prod_{l=1}^{L}W_l[A'_{\mathrm{zero}}]_{ij}^L\right)\varepsilon \\
&= \left(\rho\tau^\mathrm{T}\prod_{l=1}^{L}W_l\varepsilon\right)\sum_{i=1}^{M}([A'_{\mathrm{zero}}]_{ij}^L) \\
&= \beta\sum_{i=1}^{M}([A'_{\mathrm{zero}}]_{ij}^L)
\end{aligned} \qquad (8\text{-}12)$$

其中，β 表示常数，等于 $\rho\tau^\mathrm{T}\prod_{l=1}^{L}W_l\varepsilon$。

通过式（8-12）可知，物品 j 对目标函数的影响等于经过 L 次随机游走（与图神经网络层数一致）后，用户-物品交互矩阵 A'_{zero} 第 j 列的所有行的加和，因此可以通过该值来衡量物品 j 对目标函数的重要性。

根据上述推理，可以计算出每一个物品的重要性，并让虚假用户按照物品重要性排序依次与有限数量［式（8-2）］的重要物品进行交互，从而实现对图神经网络推荐的对抗攻击。

然而在实际应用中，不同物品的影响往往存在重叠，两个重要物品影响到的用户可能非常相似。如果让虚假用户同时选择这样的两件物品进行交互，可能无法显著提升攻击效果。因此,本节进一步提出降低所选物品影响力的重叠程度,提高攻击图神经网络推荐系统的效果。由于物品间影响力的重叠程度由购买它们的用户的重叠程度决定,因此,本节使用式(8-13)衡量物品 j 与候选重要性物品集 S'的一阶邻居的重叠程度:

$$\text{Overlap}(j, S') = \frac{|N(j) \cap N(S')|}{|N(j)|} \tag{8-13}$$

其中,S'表示候选重要性物品集,即在最终重要性物品集 S 形成之前,已经确定需要交互的物品 $S' \in S$;$|N(j) \cap N(S')|$表示与物品 j 交互和与候选重要性物品集 S'中物品交互的用户重叠数量;$|N(j)|$表示与物品 j 交互的用户数量。由于重叠程度越高,重要性越低,因此本节采用 $1 - \text{Overlap}(j, S')$ 作为影响系数。本节物品重要性计算公式如式(8-14)所示:

$$\text{imp}_j = (1 - \text{Overlap}(j, S')) \times \beta \sum_{i=1}^{M} (A'_{\text{zero}})^L_{ij} \tag{8-14}$$

8.3 基于社区划分的对抗攻击优化策略

在数据规模较小的情况下,基于物品重要性的攻击策略能够达到优异的效果。但在实际应用过程中,由于推荐系统通常基于海量数据得到推荐结果,面向大规模用户-物品异质图的攻击容易出现计算复杂、搜索空间大、搜索效率低等问题。为此,本节提出基于社区划分的对抗攻击优化策略,该策略将用户-物品异质图划分为多个社区,每个社区为具有相同兴趣的用户构成的用户-物品交互子图。根据社区大小确定虚假用户连接重要物品的数量,并在每个社区分别进行对抗攻击,从而提升面向大规模用户-物品异质图的推荐系统的攻击效果与攻击效率。

8.3.1 社区划分算法

基于 8.2 节得到的结论,可以得到初步攻击策略:步骤一,初始阶段候选重要性物品集 S'为空集,根据式(8-14)计算每一个物品的重要性值,然后选取值最高的物品加入 S';步骤二,在更新 S'之后,除已加入 S'的物品,对所有物品重新计算重要性值,并再次取值最高的物品加入 S';步骤三,不断重复步骤二,直至 S'中的物品数量达到预定数量(小于阈值 b),形成最终重要性物品集 S,然后使虚假用户与最终重要性物品集 S 中的物品进行交互,从而实现对推荐系统的对抗攻击。针对推荐系统分析海量数据中面临的计算复杂、搜索空间大、搜索效率低等问题,本节提出一种基于社区划分的攻击优化策略,将用户-物品异质图划分为多个社区,根据社区大小确定虚假用户连接重要物品的数量,并在每个社区分别进行对抗攻击,从而降低物品搜索空间,提高面向大规模用户-物品异质图的神经网络推荐系统的对抗攻击效果与效率。

社区是网络节点的子集,具有内部联系强、外部联系弱的特点[68, 69]。因此,利用社区划分方法将联系紧密的用户和物品划分在一个社区,在每个社区挑选物品进行对抗攻击不仅可以提高攻击效率,而且可以缓解物品影响重叠的问题,从而提高攻击效果。本节的社区划分算法旨在发现用户-物品异质图中最自然的社区聚集,不依赖于社区数量等额外参数。经典的标签传播算法(label propagation algorithm,LPA)[70]根据节点一阶邻居所属社区情况计算节点属于不同社区的概率,并取概率最大的社区作为自身节点社区,如式(8-15)和式(8-16)所示。

$$LP_j = \arg\max_c \sum_{i=1}^m A_{ij}\omega(c,i) \qquad (8\text{-}15)$$

$$LU_i = \arg\max_c \sum_{j=1}^n A_{ij}\omega(c,j) \qquad (8\text{-}16)$$

其中,$\omega(c,a)$ 表示判断节点 a 是否属于社区 c,是则为 1,否则为 0;LP_j 表示物品 j 更新后的社区;LU_i 表示用户 i 更新后的社区。

虽然 LPA 可以进行社区划分,但该算法无法解决图中节点概率最大的社区不唯一的问题。例如,节点 a 拥有四个邻居节点,其中有两个节点属于社区 C_A,另外两个节点属于社区 C_B,此时,节点 a 属于社区 C_A 和社区 C_B 的概率均为 1/2,LPA 无法有效划分节点 a 的社区。

为此,本节提出了 DegreeLPA 算法,DegreeLPA 在 LPA 的基础上,利用节点的一阶邻居数量来衡量节点之间的紧密程度,从而在式(8-15)或式(8-16)的值不唯一的情况下能够对节点的社区进行有效划分。例如,节点 a 是节点 b 的唯一一阶邻居,而节点 a 仅仅是节点 c 的若干邻居之一,那么相对于节点 c,节点 a 与节点 b 更加紧密,节点 a 和节点 b 被划分为一个社区的概率更大。因此,本节在式(8-17)和式(8-18)的基础上,针对每次加和除以物品或用户的邻居数量,来解决上述提到的问题,如式(8-17)和式(8-18)所示,其中 Degree( ) 表示物品或用户的一阶邻居数量,P_j^{new} 和 U_i^{new} 表示在考虑紧密程度的情况下物品 j 和用户 i 更新后的社区,具体流程见算法 8-1。

算法 8-1　DegreeLPA

输入:用户-物品交互矩阵 A
输出:社区划分结果 C
1:为每个用户设置唯一的社区编号,且每个编号数值不同

2：更新物品社区划分
2.1：通过式（8-15）为每一个物品确定社区，如果式（8-15）最优值不唯一，执行步骤2.2
2.2：通过计算式（8-17）的结果获得最优值，从而为每一个物品确定社区
3：更新用户社区划分
3.1：通过式（8-16）为每一个用户确定社区，如果式（8-16）最优值不唯一，执行步骤3.2
3.2：通过计算式（8-18）的结果获得最优值，从而为每一个用户确定社区

$$P_j^{\text{new}} = \arg\max_{c \in \text{LP}_j} \sum_{i=1}^{m} \frac{A_{ij}\omega(c,i)}{\text{Degree}(i)} \tag{8-17}$$

$$U_i^{\text{new}} = \arg\max_{c \in \text{LU}_i} \sum_{j=1}^{n} \frac{A_{ij}\omega(c,j)}{\text{Degree}(j)} \tag{8-18}$$

8.3.2 基于社区划分的物品选择优化策略

通过 DegreeLPA 方法，可以将用户-物品异质图划分为多个社区。由于不同社区规模各异，对不同规模社区开展攻击产生的影响也存在显著差异。因此，本节提出基于社区规模的虚假交互物品选择优化策略。

本节在排除小社区的情况下，按照社区规模分配虚假用户交互物品的数量，将不同社区所选物品进行组合，形成虚假用户连接的物品集合。具体规则如下。

规则一：排除规模较小的社区。考虑到规模较小的社区对推荐系统的影响较小，本节认为在有限攻击的情况下，对规模较小的社区进行攻击是一种亏损行为。因此，考虑社区规模的选择方式如式（8-19）所示：

$$C_{\text{new}} = \{c \mid \text{number}(c) > \psi, \ c \in C\} \tag{8-19}$$

其中，C_{new} 表示删除小社区后的候选攻击社区；$\text{number}(c)$ 表示社区 c 的节点数量；ψ 表示阈值。

规则二：基于社区规模分配连接物品数量。由于社区规模能够在一定程度上反映所含物品的多少以及对推荐系统影响的程度，本节将连接物品的数量依据社区规模按比例分配到不同社区，第 c 个社区中交互物品的数量 candidate_c 如式（8-20）所示：

$$\text{candidate}_c = \frac{b \times \text{number}(c)}{\text{number}(C_{\text{new}})}, \ c \in C_{\text{new}} \tag{8-20}$$

其中，b 表示虚假用户最多可交互的物品数量。

8.3.3 算法伪代码

本节给出所提对抗攻击算法 IMCP（importance maximization and community partition，重要性最大化和社区划分）的整体流程如算法 8-2 所示。首先，在原始用户-物品异质图 A 的基础上注入虚假用户，得到用户-物品异质图 A'；其次，利用社区划分算法 DegreeLPA 将 A' 划分为不同社区；再次，在各社区内根据式（8-14）计算物品重要性，并根据式（8-20）计算可连接物品的数量，在各社区内按照物品重要性大小选择特定数量的物品；最后，虚假用户与所选物品进行交互，形成最终用户-物品异质图 A^*，图 8-2 描述了最终用户-物品异质图 A^* 的生成过程。

算法 8-2　IMCP 对抗攻击方法伪代码

输入：异质图 A，虚假用户集 U^{Fal}，迭代次数 η
输出：最终用户-物品异质图 A^*

// 步骤 1. 注入一定数量虚假用户并随机连接固定数量物品，形成用户-物品异质图 A'
1：初始化 $S' \leftarrow \varnothing$，$S_{\text{ran}} \leftarrow \text{Random}(I)$，$A' \leftarrow \Delta(A, U^{\text{Fal}}, S_{\text{ran}})$
// 步骤 2：对用户-物品异质图 A' 进行社区划分
2：while (Iter $<\eta$) do
3：　　$C \leftarrow$ 算法1(A) //根据算法 8-1，更新用户和物品社区
4：　　Iter = Iter + 1
5：end while
// 步骤 3：根据式（8-19）对不符合要求的社区进行剔除，并根据式（8-20）确定每个社区可选取物品数量，参数具体定义见 8.3.2 节
6：$C_{\text{new}} = \{c \mid \text{number}(c) > \psi, c \in C\}$
7：$\text{candidate}_c = \dfrac{b \times \text{number}(c)}{\text{number}(C_{\text{new}})}$，$c \in C_{\text{new}}$
// 步骤 4：在每个社区计算物品重要性，并组成最终的重要性物品集
8：for $c = 1, 2, \cdots, |C|$ in C_{new}
9：　　$\text{import}_c = \text{dict}()$
10：　　for $j = 1, 2, \cdots, I_c$ in c　// I_c 表示社区 c 中的物品数量
11：　　　　$\text{imp}_j = (1 - \text{Overlap}(j, S')) \sum_{i=1}^{M} (A'_{\text{zero}})^L_{ij}$
12：　　　　$\text{import}_c[j] = \text{imp}_j$
13：　　end for
14：　　$S' \leftarrow S' \cup \text{Top}(\text{import}_c)$ //选取分数靠前物品
15：end for
16：$S = S'$
// 步骤 5：形成最终用户-物品异质图 A^*
17：$A^* \leftarrow \Delta(A', U^{\text{Fal}}, S)$
18：return A^*

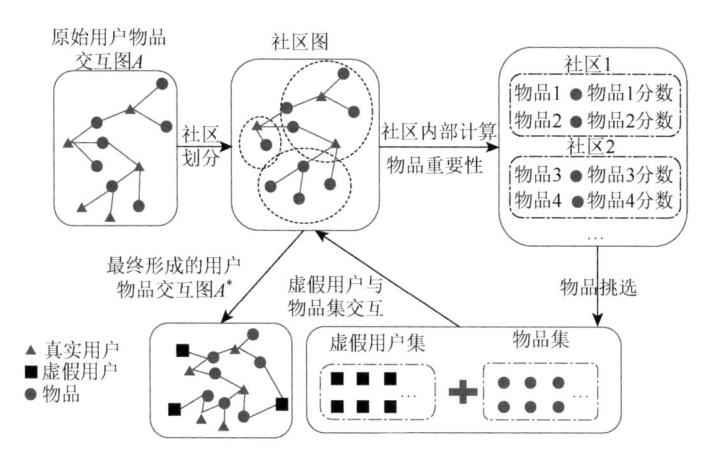

图 8-2　IMCP 攻击方法

8.4　基于特征鲁棒加强的对抗防御优化策略

图神经网络面对攻击时的脆弱性，使其无法在安全重视程度较高的领域进行部署，因此，如何设计更加鲁棒的图神经网络模型至关重要。传统的图神经网络模型通过平均加权的方式聚合周围邻居节点信息，但平均加权的方式极易受到极值点的影响，为不法分子提供可乘之机，使其可以通过对模型进行轻微的扰动修改，达到破坏模型精度的目的。本节采用中值聚合函数进行邻居信息聚合。由于中值聚合函数不易受极值点影响，还可以提高攻击者的攻击难度，因此，能够提高图神经网络的鲁棒性。为进一步提升模型的精度和鲁棒性，本节针对图结构特点构建了能够进一步提取图结构的全局信息对比学习框架作为辅助任务，从而降低局部扰动的影响，使得模型特征学习更加鲁棒。

8.4.1　特征信息聚合

为了抵抗结构性攻击，本节中引入中值聚合进行特征信息聚合。Ma 等[67]对采取中值聚合的鲁棒性和合理性进行了理论分析。图 8-3 是加权平均聚合、中值聚合的比较。从图 8-3 可以看出，所有的策略都可以从正确的数据中学习到正确的表示方式。但当存在扰动时，加权平均聚合的输出比中值聚合更容易受到影响。

假设 $[h_i]_{i=1}^{n}$ 是经过大小排序的数据序列，其中，n 为节点 v 的邻居数量。本节采用式（8-21）的策略对信息进行聚合。

$$a_v = \begin{cases} (h_{n/2} + h_{(n/2)+1})/2, & n \text{ 为偶数} \\ h_{(n+1)/2}, & n \text{ 为奇数} \end{cases} \quad (8\text{-}21)$$

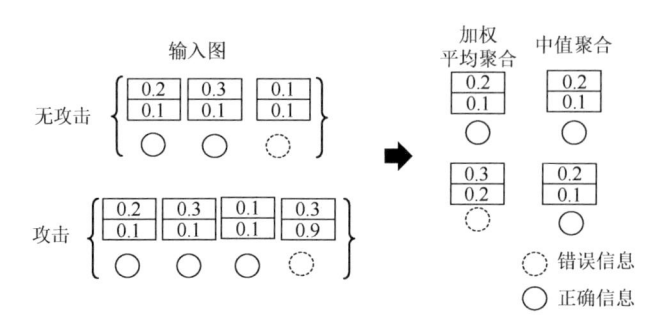

图 8-3 加权平均聚合和中值聚合对比

从上述方程可知,要想破坏模型聚合过程,至少需要扰动与节点 v 的邻居相同数量的节点,这极大地提升了模型的鲁棒性。

8.4.2 对比学习设计

本节所提出的对比学习框架遵循通用图对比学习范式,模型寻求最大化不同视图[68]之间表示的一致性。具体而言,首先通过对输入执行随机图增强来生成两个视图。然后通过构建对比学习目标,强制每个节点在两个不同视图中的特征彼此一致,并可以与其他节点的嵌入区分开,具体流程如图 8-4 所示。

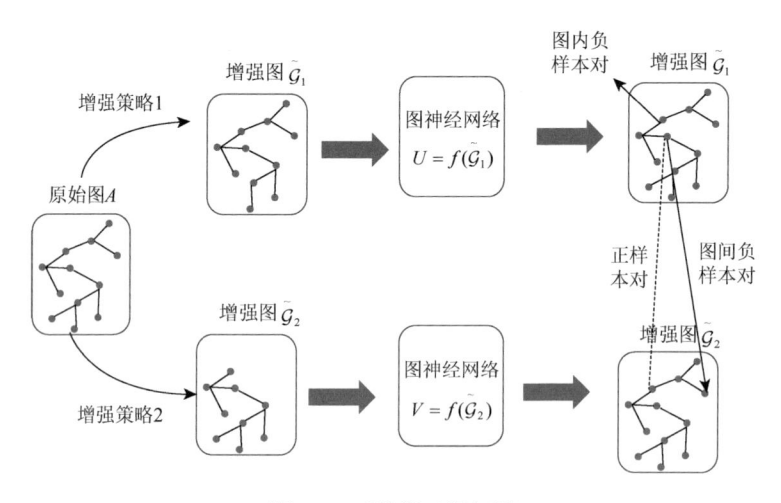

图 8-4 对比学习框架图

首先,在模型每次迭代过程,随机采用两个图增强方式,$t \sim \mathcal{T}$ 和 $t' \sim \mathcal{T}$,其中 $\mathcal{T}$ 是所有可能的增强函数的集合。利用上述生成的图增强方式生成两个视图,分别为 $\tilde{\mathcal{G}}_1 = t(\tilde{\mathcal{G}})$ 和 $\tilde{\mathcal{G}}_2 = t'(\tilde{\mathcal{G}})$。

其次,我们通过构建对比目标,即鉴别器,将来自两个不同视图中的同一节点的特征与其他节点的特征进行区分。对于任何节点,其在一个视图 $\tilde{\mathcal{G}}_1$ 中生成的特征为 v_i 并被视为锚点,其在另一个视图 $\tilde{\mathcal{G}}_2$ 生成对应点的特征 u_i 被视为正样本,两个视图中的其他节点特征视为负样本。

该模块的目标函数如下,其中 (u_i,v_i) 被视为正样本对。

$$\ell(u_i,v_i) = \frac{e^{\theta(u_i,v_i)/\tau}}{e^{\theta(u_i,v_i)/\tau} + \sum_{k \neq i} e^{\theta(u_i,v_k)/\tau} + \sum_{k \neq i} e^{\theta(u_i,u_k)/\tau}} \quad (8\text{-}22)$$

其中,$e^{\theta(u_i,v_i)/\tau}$ 表示正样本对损失;$\sum_{k \neq i} e^{\theta(u_i,v_k)/\tau}$ 表示图内负样本对损失;$\sum_{k \neq i} e^{\theta(u_i,u_k)/\tau}$ 表示图间负样本对损失;τ 表示温度参数。$\theta(u,v) = s(g(u),g(v))$,其中 $s(\cdot,\cdot)$ 表示余弦相似度;$g(\cdot)$ 表示一个非线性投影,以增强模型的表达能力,其采用两层感知器模型实现。

给定一个正样本对,负样本来自两个视图,分别为图内节点和图间节点,且分别对应式(8-22)中分母中的第二项和第三项。由于两个图遵循对称性质,故另一个视图的损失同样被定义为 $\ell(u_i,v_i)$。

8.4.3 鲁棒优化算法

下面给出所提对抗防御算法 DBGCN(defense-boosted graph convolutional network,防御增强图卷积网络)的整体流程。首先,在每一轮迭代过程,从增强函数的集合随机抽取两种增强方法,生成 $\tilde{\mathcal{G}}_1$ 和 $\tilde{\mathcal{G}}_2$;其次,将其输入至相同的神经网络获得节点特征;再次,根据式(8-22)最大化两个图之间的共有信息,并将上述操作作为模型训练的辅助任务;最后,在主任务中模型通过式(8-21)所示的中值聚合函数进行特征聚合,模型的总目标函数如下式所示,其中 λ 为超参数:

$$\text{loss} = \text{loss}_{\text{main}} + \lambda \times \text{loss}_{\text{contra}} \quad (8\text{-}23)$$

$$\text{loss}_{\text{main}} = -\sum_{l \in \mathcal{Y}_L} \sum_{f=1}^{F} Y_{lf} \ln Z_{lf} \quad (8\text{-}24)$$

$$\text{loss}_{\text{contra}} = \frac{1}{2N} \sum_{i=1}^{N} \left[\ell(u_i,v_i) + \ell(v_i,u_i) \right] \quad (8\text{-}25)$$

8.5 实验结果及分析

8.5.1 实验数据集和评价指标

本节使用 Gowalla[71]、Amazon-Electronic[72]和 Yelp2018[71]三个公开数据集来

验证所提方法 IMCP 的有效性。Gowalla 数据集记录了世界各地用户的地理位置标记。Amazon-Electronic 是亚马逊评论的一部分，被广泛用于推荐方法研究。Yelp2018 数据集取自 2018 年 Yelp 挑战赛，其中，餐厅、酒吧等被视为用户交互物品。表 8-2 总结了三个数据集的基本信息。对于每个数据集，本节随机选择每个用户 80% 的历史交互记录作为训练集，剩余 20% 作为测试集。从测试集中随机选择 10% 的交互作为验证集来调整超参数。对于观察到的用户物品交互，本节将其视为正样本，对没有历史交互的物品采取负采样策略构成负样本。本节通过对比攻击前后推荐系统评价指标 Recall[73]和 NDCG[74]的变化评估攻击效果。其中，TP 表示长度为 E 的推荐列表中预测正确的正样本，FN 表示其中预测错误的负样本，Z_E 表示标准化参数，r_e 表示推荐排序为 e 的物品的相关性值。

表 8-2　数据统计信息

数据集	用户数量	物品数量	交互数量	密度
Gowalla	29 858	40 981	1 027 370	0.000 84
Yelp2018	8 549	49 306	380 275	0.000 90
Amazon-Electronic	8 065	55 564	268 523	0.000 60

8.5.2　实验设计和目的

根据利用邻居信息的范围，现有图神经网络推荐系统可以分为基于直接邻居信息的一阶图神经网络推荐系统［代表性算法如图卷积矩阵填充（graph convolutional matrix completion，GCMC）算法[75]］和融合间接邻居信息的多阶图神经网络推荐系统［代表性算法如神经图协同过滤（neural graph collaborative filtering，NGCF）算法[76]］。GCMC 是第一个基于用户-物品异质图预测用户偏好的图神经网络推荐模型，相比于协同过滤等传统方法，推荐精度有了显著提升。Wang 等[76]认为用户的购买行为可能受直接邻居和间接邻居的共同影响，因此提出了 NGCF 推荐模型。该模型通过考虑二阶邻居并结合残差网络，进一步提高了推荐精度。本节将 GCMC 和 NGCF 作为攻击对象，并选取如下四种方法作为 IMCP 算法的对比方法。

（1）不攻击：不对推荐系统进行攻击。

（2）流行攻击[77]：虚假用户与购买数量最高的前 b 个物品进行交互。

（3）随机攻击[77]：虚假用户随机交互固定数量的物品。

（4）Viking（有监督攻击）[78]：计算用户-物品异质图的特征值和特征向量来寻找特征值最大的前 b 个物品，并让虚假用户与这些物品产生交互。

参数设置：为了保证公正性，不同攻击方法基于相同推荐系统、相同数据集和相同参数设置。用户和物品隐特征向量长度均固定为 64。批大小（batchsize）均为 1024。注入虚假用户数量均为 100，每个虚假用户初始随机交互 10 件物品，推荐列表长度为 20。

本节实验主要回答如下四个方面的问题：①IMCP 能否成功攻击图神经网络推荐系统？与对比方法相比，攻击效果如何？攻击效果对虚假用户数量的灵敏度如何？②社区划分策略能否提高攻击效果？③在已有防御策略的情况下，IMCP 对图神经网络推荐系统具有怎样的攻击效果？④如果针对图神经网络推荐系统的攻击过于明显，致使用户物品交互网络的结构发生显著改变，那么攻击极易被平台检测到。因此，在保证对抗攻击有效性的前提下，IMCP 算法是否显著改变了用户-物品异质图的结构？

8.5.3 实验结果

1. 攻击效果与敏感性分析（问题①）

由表 8-3 可以看出，IMCP 在 GCMC 和 NGCF 两个推荐系统和所有指标上均取得了最优的攻击效果。IMCP 使 NGCF 推荐系统在 Gowalla、Amazon-Electronic 和 Yelp2018 上的 Recall@20 指标的精度下降到 13.184%、2.863%和 4.075%。同时，在 IMCP 攻击下，GCMC 推荐系统在 Gowalla、Amazon-Electronic 和 Yelp2018 三个数据集的 NDCG@20 的推荐精度仅有 9.342%、2.025%和 5.555%。相比于不攻击策略，IMCP 在 NGCF 推荐系统上分别使三个数据集的 NDCG@20 值下降了 21.92%、23.59%和 10.15%，在 GCMC 推荐系统上则使 Recall@20 值分别下降 15.63%、45.30%和 24.96%。与对比方法相比，IMCP 算法具有最优的攻击效果。同时表 8-3 表明，随机攻击和 Viking 方法并未显著降低推荐系统的精度，可能的原因是图神经网络推荐方法通常具有一定的抗随机噪声能力，导致随机攻击失效；用户物品交互信息过于稀疏，导致基于特征值和特征向量的 Viking 方法难以奏效。

表 8-3 攻击结果

数据集	推荐系统	指标	不攻击	随机攻击	流行攻击	Viking	IMCP	下降率
Gowalla	NGCF	Recall@20	0.157 60	0.156 30	0.145 31	0.156 57	0.131 84	16.35%
		NDCG@20	0.227 56	0.226 28	0.201 09	0.227 29	0.177 67	21.92%
	GCMC	Recall@20	0.085 94	0.086 66	0.080 05	0.085 19	0.072 51	15.63%
		NDCG@20	0.109 40	0.110 48	0.101 47	0.108 91	0.093 42	14.61%
Amazon-Electronic	NGCF	Recall@20	0.037 39	0.030 24	0.029 16	0.031 98	0.028 63	23.43%
		NDCG@20	0.080 38	0.068 78	0.063 05	0.070 18	0.061 42	23.59%

续表

数据集	推荐系统	指标	不攻击	随机攻击	流行攻击	Viking	IMCP	下降率
Amazon-Electronic	GCMC	Recall@20	0.016 93	0.015 83	0.013 47	0.016 62	0.009 26	45.30%
		NDCG@20	0.034 37	0.032 58	0.028 54	0.032 41	0.020 25	41.08%
Yelp2018	NGCF	Recall@20	0.044 67	0.043 48	0.042 83	0.044 31	0.040 75	8.76%
		NDCG@20	0.100 15	0.098 34	0.093 92	0.098 06	0.089 98	10.15%
	GCMC	Recall@20	0.034 61	0.032 09	0.030 21	0.034 14	0.025 97	24.96%
		NDCG@20	0.072 32	0.066 51	0.065 74	0.069 86	0.055 55	23.19%

注：表格中的下降率数值通过选取攻击效果的数值与不攻击策略进行对比获得

为了测试IMCP对虚假用户数量的敏感性，本节基于Yelp2018数据集在NGCF上进行实验，分别测试了虚假用户数量为50、70和90时IMCP的攻击结果，如图8-5所示。可以看到，在不同虚假用户数量的情况下，IMCP均具有最好的攻击效果，即其效果具有较高稳定性。

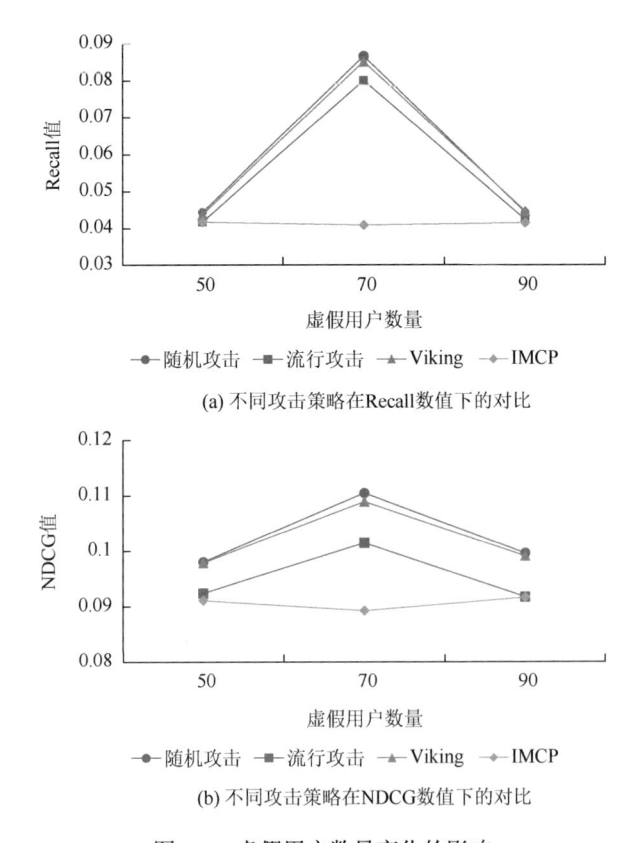

(a) 不同攻击策略在Recall数值下的对比

(b) 不同攻击策略在NDCG数值下的对比

图 8-5　虚假用户数量变化的影响

2. 消融实验（问题②）

为验证社区划分对 IMCP 攻击效果的影响，本节在保证其他模块不变的情况下，删除社区划分操作，基于原始用户-物品异质图直接选择物品开展对抗攻击，结果如表 8-4 所示。

表 8-4 GCMC 是否考虑社区攻击对比

数据集	方法	不考虑社区	考虑社区	下降率
Gowalla	Recall@20	0.075 51	0.072 51	3.97%
	NDCG@20	0.096 54	0.093 42	3.23%
Yelp2018	Recall@20	0.030 82	0.025 97	15.74%
	NDCG@20	0.064 85	0.055 55	14.34%
Amazon-Electronic	Recall@20	0.012 68	0.009 26	26.97%
	NDCG@20	0.028 13	0.020 25	28.01%

通过表 8-4 可知，融合社区划分可以显著提升 IMCP 的攻击效果，针对 GCMC 方法在 Amazon-Electronic 数据集 NDCG 指标上攻击效果提升 28.01%，在 Yelp2018 数据集 NDCG 指标上攻击效果提升 14.34%。针对 Gowalla 数据集的提升效果最小，可能的原因是 Gowalla 数据集为位置标记数据集，具有不同用户的位置标记具有较强的重复性，所以采取社区划分的方法可能难以提高 IMCP 的攻击效果。

图 8-6 对比了 DegreeLPA 和 LPA 在社区收敛速度以及用户或物品最优社区不唯一的数量。图 8-6 表明，DegreeLPA 可以有效缓解图中节点概率最大的社区不唯一的问题，且其收敛速度优于 LPA。

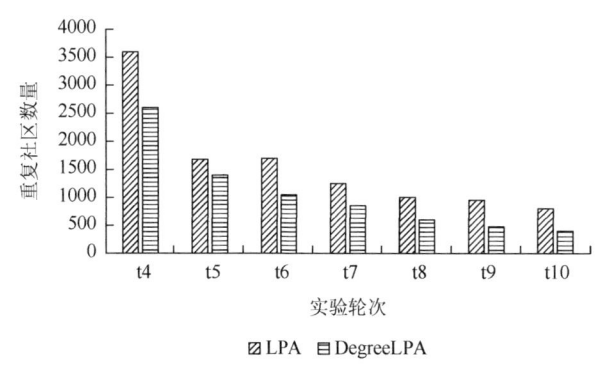

(a) 每轮最优社区数量重复对比

(b) 每轮迭代社区数量对比

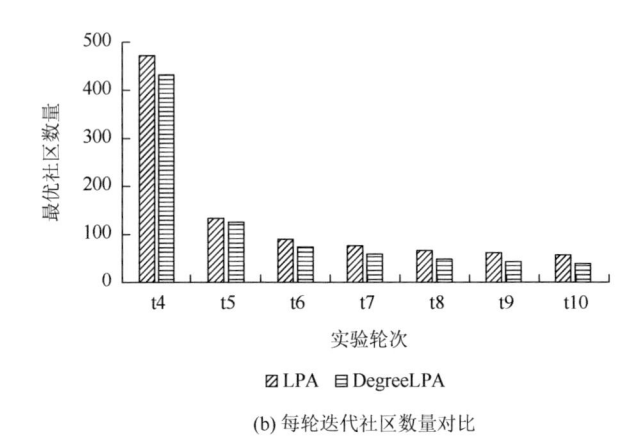

图 8-6 DegreeLPA 与 LPA 对比

3. 防御策略下的攻击实验（问题③）

Dropedge 是常用增强推荐系统对抗鲁棒性的方法。本节在 NGCF 推荐系统的基础上添加 Dropedge[79]防御策略，进一步测试所提方法的有效性。实验结果如表 8-5 所示。可以发现，IMCP 依然能够有效降低 NGCF 的推荐精度。其可能原因是 Dropedge 是一种无差别的防御方法，在防御过程中并未根据节点易被攻击的程度开展针对性防御；而 IMCP 算法基于图中节点重要性，设计有针对性的攻击方法，从而在 Dropedge 防御的情况下，依然能够实现对图神经网络推荐系统的对抗攻击。

表 8-5 NGCF 针对防御策略 Dropedge 攻击效果

数据集	指标	不攻击策略	IMCP	下降率
Gowalla	Recall@20	0.156 21	0.143 78	7.96%
	NDCG@20	0.225 12	0.196 16	12.86%
Amazon-Electronic	Recall@20	0.036 88	0.029 44	20.17%
	NDCG@20	0.081 07	0.063 06	22.22%
Yelp2018	Recall@20	0.043 35	0.040 82	5.84%
	NDCG@20	0.097 22	0.090 45	6.96%

4. 攻击前后图信息对比（问题④）

为了回答问题④，本节对攻击前后用户-物品异质图的关键特征进行了统计。这些特征包括基尼系数（Gini-coefficient）、分布熵（distribution entropy）、幂律系数（power law index）、最大度数（max degree）、平均度数（average degree）和稀疏性（sparsity），指标详细描述和计算公式参照文献[80]。表 8-6 表明，攻击前后，用户-物品异质图的分布熵、幂律系数和最大度数等指标未发生变化。平均度数的变化幅度最大，在三个数据集上的幅度分别为 1%、0.04%和 0.2%。因此，IMCP 算法在引入虚假互动时，对用户-物品异质图的关键特征改变极小，可以较隐蔽地实现对图神经网络推荐系统的对抗攻击。

表 8-6 攻击前后图信息变化对比

统计信息	环境	Gowalla	Amazon-Electronic	Yelp2018	统计信息	环境	Gowalla	Amazon-Electronic	Yelp2018
基尼系数	攻击前	0.473	0.268	0.472	最大度数	攻击前	811	294	3 706
	攻击后	0.475	0.269	0.476		攻击后	811	294	3 706
分布熵	攻击前	0.723	0.723	0.676	稀疏性	攻击前	0.000 84	0.000 60	0.000 90
	攻击后	0.732	0.732	0.686		攻击后	0.000 84	0.000 64	0.000 95
幂律系数	攻击前	1	1.000 3	1.000 1	平均度数	攻击前	27.13	25.24	34.19
	攻击后	1	1.000 3	1.000 1		攻击后	27.41	25.23	34.26

8.5.4 对抗防御实验结果

为了有效评估提出的对抗防御方法的鲁棒性，本节采用了与其他对抗防御研究[7, 79]一致的数据集，主要包括 Cora、Citeseer 和 Polblogs，数据具体参数如表 8-7 所示。在对比方法方面，选取 GCN 和 RGCN（recurrent graph convolutional network，循环图卷积网络）作为对比方法。GCN 模型通过加权均值来聚合邻居信息，实现节点特征的更新；RGCN 将节点表示建模为高斯分布，并采用基于方差的注意机制作为聚合函数。

表 8-7 数据统计信息

数据集	节点数量	类别数量	交互数量	特征维度
Cora	2 485	7	10 138	1 433
Citeseer	2 110	6	7 336	3 703
Polblogs	1 222	2	33 428	1 490

实验使用 Metattack[80]作为攻击方法，该方法是一种非目标的结构攻击方法，主要利用元学习将图作为优化目标产生用于攻击的图数据。数据集被随机分为训练集（10%）、验证集（10%）和测试集（80%）。对于每个实验，我们报告了 5 次运行的平均结果。对于所有模型，网络层数设置为 2，隐藏单元的数

量为 64。我们采用 Adam 算法，设置初始学习率为 0.01 来优化所有模型。训练迭代次数为 200 次，在验证集上提前停止，默认攻击强度为 5%，即对图中 5%的边进行修改。

由表 8-8 可以看出，在无攻击环境下，DBGCN 在 Cora 和 Citeseer 上都取得了最优的精度，在 Polblogs 数据集上的精度稍逊于 RGCN。但在攻击情境下，DBGCN 在三个数据集上均取得了最优的结果，且 RGCN 在 Polblogs 上受到攻击后精度大幅度下降。DBGCN 受攻击后在 Cora、Citeseer 和 Polblogs 三个数据集上的精度分别为 0.7963、0.7376 和 0.7816。相比于不攻击时的精度，下降率分别为 6.49%、1.03%和 17.09%。

表 8-8 防御效果对比

数据集	攻击情境	GCN	RGCN	DBGCN	下降率
Cora	攻击	0.7284	0.7611	0.7963	6.49%
	无攻击	0.8365	0.8400	0.8516	
Citeseer	攻击	0.6653	0.7133	0.7376	1.03%
	无攻击	0.7263	0.7198	0.7453	
Polblogs	攻击	0.7638	0.7178	0.7816	17.09%
	无攻击	0.9448	0.9530	0.9427	

注：表格中的下降率数值通过计算 DBGCN 攻击前后精度变化比例获得

实验同时对不同攻击强度下模型精度的变化进行了敏感度分析，具体结果如图 8-7 所示。从图 8-7 中可以看出，随着攻击强度不断增加，所有模型的精度均有所下降。但是，DBGCN 的下降幅度最慢，表明在面对攻击者的恶意干扰时，DBGCN 模型具有更强的鲁棒性。

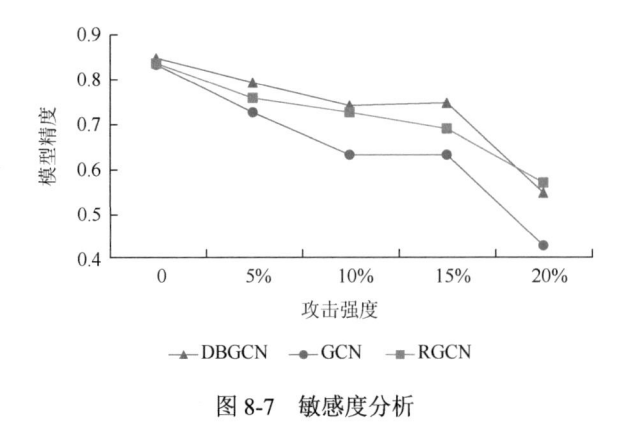

图 8-7 敏感度分析

参 考 文 献

[1] Xu H, Ma Y, Liu H C, et al. Adversarial attacks and defenses in images, graphs and text: a review. International Journal of Automation and Computing, 2020, 17(2): 151-178.

[2] Vorobeychik Y, Kantarcioglu M. Adversarial machine learning. Synthesis Lectures on Artificial Intelligence and Machine Learning, 2018, 12(3): 1-169.

[3] Biggio B, Corona I, Maiorca D, et al. Evasion attacks against machine learning at test time. Berlin: European Conference on Machine Learning and Knowledge Discovery in Databases, 2013.

[4] Ebrahimi J, Rao A Y, Lowd D, et al. HotFlip: white-box adversarial examples for text classification. Melbourne: The 56th Annual Meeting of the Association for Computational Linguistics, 2018.

[5] Su J W, Vargas D V, Sakurai K. One pixel attack for fooling deep neural networks. IEEE Transactions on Evolutionary Computation, 2019, 23(5): 828-841.

[6] 徐冰冰, 岑科廷, 黄俊杰, 等. 图卷积神经网络综述. 计算机学报, 2020, 43(5): 755-780.

[7] Zügner D, Akbarnejad A, Günnemann S.Adversarial attacks on neural networks for graph data. London: The 24th ACM SIGKDD International Conference on Knowledge Discovery and Data Mining, 2018.

[8] Li J, Xie T, Liang C, et al. Adversarial attack on large scale graph. IEEE Transactions on Knowledge and Data Engineering, 2023, 35(1): 82-95.

[9] Chang H, Rong Y, Xu T Y, et al. A restricted black-box adversarial framework towards attacking graph embedding models. Proceedings of the AAAI Conference on Artificial Intelligence, 2020, 34(4): 3389-3396.

[10] Sun Y W, Wang S H, Tang X F, et al. Non-target-specific node injection attacks on graph neural networks: a hierarchical reinforcement learning approach. https://www.semanticscholar.org/paper/Non-target-specific-Node-Injection-Attacks-on-Graph-Sun-Wang/f6ba746a91d5285897623223f15e41b63c9ee7b2[2023-11-27].

[11] Wang J H, Luo M N, Suya F, et al. Scalable attack on graph data by injecting vicious nodes. Data Mining and Knowledge Discovery, 2020, 34(5): 1363-1389.

[12] 伍之昂, 王有权, 曹杰. 推荐系统托攻击模型与检测技术. 科学通报, 2014, 59(7): 551-560.

[13] Cao J, Wu Z A, Mao B, et al. Shilling attack detection utilizing semi-supervised learning method for collaborative recommender system. World Wide Web, 2013, 16(5): 729-748.

[14] Zhang F Z, Qu Y Q, Xu Y S, et al. Graph embedding-based approach for detecting group shilling attacks in collaborative recommender systems. Knowledge-Based Systems, 2020, 199: 105984.

[15] Jindal N, Liu B. Review spam detection. Banff: The 16th International Conference on World Wide Web, 2007.

[16] Liu Y C, Pang B. A unified framework for detecting author spamicity by modeling review deviation. Expert Systems with Applications, 2018, 112: 148-155.

[17] 张文, 王强, 步超骐, 等. 基于 Co-training 协同训练的在线虚假评论识别研究. 系统工程理论与实践, 2020, 40(10): 2669-2683.

[18] Metzen J H, Genewein T, Fischer V, et al. On detecting adversarial perturbations. https://arxiv.org/abs/1702.04267.pdf[2017-02-14].

[19] Resnick P, Sami R. The influence limiter: provably manipulation-resistant recommender systems. Minneapolis: The 2007 ACM Conference on Recommender Systems, 2007.

[20] 张付志, 孙双侠, 伊华伟. 基于非线性特征和 Cauchy 加权 M-估计量的鲁棒推荐算法. 计算机学报, 2017, 40(6): 1453-1469.

[21] Du Y L, Fang M, Yi J F, et al. Enhancing the robustness of neural collaborative filtering systems under malicious attacks. IEEE Transactions on Multimedia, 2019, 21(3): 555-565.

[22] Tang J H, Du X Y, He X N, et al. Adversarial training towards robust multimedia recommender system. IEEE Transactions on Knowledge and Data Engineering, 2020, 32(5): 855-867.

[23] 刘海英, 毕文杰. 考虑消费者参照效应与策略行为的多产品动态定价. 中国管理科学, 2022, 30(1): 136-142, 289.

[24] Liu Y Z, Qian Y, Jiang Y C, et al. Using favorite data to analyze asymmetric competition: machine learning models. European Journal of Operational Research, 2020, 287(2): 600-615.

[25] Amaldoss W, He C. The charm of behavior-based pricing: when consumers' taste is diverse and the consideration set is limited. Journal of Marketing Research, 2019, 56(5): 767-790.

[26] Jiang Y C, Liu Y Z, Wang H, et al. Online pricing with bundling and coupon discounts. International Journal of Production Research, 2018, 56(5/6): 1773-1788.

[27] Jiang Y, Shang J, Liu Y, et al. Redesigning promotion strategy for e-commerce competitiveness through pricing and recommendation. International Journal of Production Economics, 2015, 167: 257-270.

[28] Chen N Y, Gallego G. Welfare znalysis of dynamic pricing. Management Science, 2018, 65(1): 139-151.

[29] Miklós-Thal J, Tucker C. Collusion by algorithm: does better demand prediction facilitate coordination between sellers?. Management Science, 2019, 65(4): 1552-1561.

[30] Cosguner K, Chan T Y, Seethu Seetharaman P B. Dynamic pricing in a distribution channel in the presence of switching costs. Management Science, 2016, 64(3): 1212-1229.

[31] Fisher M, Gallino S, Li J. Competition-based dynamic pricing in online retailing: a methodology validated with field experiments. Management Science, 2017, 64(6): 2496-2514.

[32] 陈梦曦, 田澎, 李相勇. 考虑旅客选择行为的多舱位等级动态定价研究. 中国管理科学, 2023, (11): 312-320.

[33] Zhang D J, Dai H C, Dong L X, et al. The long-term and spillover effects of price promotions on retailing platforms: evidence from a large randomized experiment on alibaba. Management Science, 2020, 66(6): 2589-2609.

[34] Calvano E, Calzolari G, Denicolò V, et al. Algorithmic pricing what implications for competition policy?. Review of Industrial Organization, 2019, 55(1): 155-171.

[35] Chen Q G, Jasin S, Duenyas I. Real-time dynamic pricing with minimal and flexible price adjustment. Management Science, 2016, 62(8): 2437-2455.

[36] Obermeyer Z, Powers B, Vogeli C, et al. Dissecting racial bias in an algorithm used to manage the health of populations. Science, 2019, 366(6464): 447-453.

[37] 刘文炎, 沈楚云, 王祥丰, 等. 可信机器学习的公平性综述. 软件学报, 2021, 32(5): 1404-1426.

[38] Suresh H, Guttag J V. A framework for understanding unintended consequences of machine learning. https://arxiv.org/abs/1901.10002.pdf[2020-02-18].

[39] Kallus N, Mao X J, Zhou A. Assessing algorithmic fairness with unobserved protected class using data combination. Management Science, 2021, 68(3): 1959-1981.

[40] 张维, 曾大军, 李一军, 等. 混合智能管理系统理论与方法研究. 管理科学学报, 2021, 24(8): 10-17.

[41] Berente N, Gu B, Recker J, et al. Managing artificial intelligence. MIS Quarterly, 2021, 45(3): 1433-1450.

[42] Ahsen M E, Ayvaci M U S, Raghunathan S. When algorithmic predictions use human-generated data: a bias-aware classification algorithm for breast cancer diagnosis. Information Systems Research, 2019, 30(1): 97-116.

[43] Fu R S, Huang Y, Singh P V. Crowds, lending, machine, and bias. Information Systems Research, 2021, 32(1):

[44] Hajian S, Domingo-Ferrer J. A methodology for direct and indirect discrimination prevention in data mining. IEEE Transactions on Knowledge and Data Engineering, 2013, 25(7): 1445-1459.

[45] Salimi B, Rodriguez L, Howe B, et al. Interventional fairness: causal database repair for algorithmic fairness. Amsterdam: The 2019 International Conference on Management of Data, 2019.

[46] Jiang H, Nachum O. Identifying and correcting label bias in machine learning. https://arxiv.org/abs/1901.04966.pdf[2019-01-15].

[47] Kamishima T, Akaho S, Asoh H, et al. Fairness-aware classifier with prejudice remover regularizer. Berlin: European Conference on Machine Learning and Knowledge Discovery in Databases, 2012.

[48] Samorani M, Harris S L, Blount L G, et al. Overbooked and overlooked: machine learning and racial bias in medical appointment scheduling. Manufacturing & Service Operations Management, 2021, 24(6): 2825-2842.

[49] Zhang B H, Lemoine B, Mitchell M. Mitigating unwanted biases with adversarial learning. New Orleans: The 2018 AAAI/ACM Conference on AI, Ethics, and Society, 2018.

[50] Fu R S, Huang Y, Singh P V. Artificial intelligence and algorithmic bias: source, detection, mitigation, and implications. INFORMS TutORials in Operations Research, 2020: 39-63.

[51] Hannak A, Soeller G, Lazer D, et al. Measuring price discrimination and steering on e-commerce web sites. Vancouver: The 2014 Conference on Internet Measurement Conference, 2014.

[52] Feldman M, Friedler S A, Moeller J, et al. Certifying and removing disparate impact. Sydney: The 21th ACM SIGKDD International Conference on Knowledge Discovery and Data Mining, 2015.

[53] Lu Y S, Qi Y, Qi S Y, et al. Say no to price discrimination: decentralized and automated incentives for price auditing in ride-hailing services. IEEE Transactions on Mobile Computing, 2022, 21(2): 663-680.

[54] Hardt M, Price E, Srebro N. Equality of opportunity in supervised learning. Barcelona: The 30th International Conference on Neural Information Processing Systems, 2016.

[55] Fügener A, Grahl J, Gupta A, et al. Will humans-in-the-loop become borgs? Merits and pitfalls of working with AI. Management Information Systems Quarterly, 2021, 45(3): 1527-1556.

[56] Eshete B. Making machine learning trustworthy. Science, 2021, 373(6556): 743-744.

[57] Pandey A, Caliskan A. Disparate impact of artificial intelligence bias in ridehailing economy's price discrimination algorithms. The 2021 AAAI/ACM Conference on AI, Ethics, and Society, 2021.

[58] Schwalbe U. Algorithms, machine learning, and collusion. Journal of Competition Law & Economics, 2018, 14(4): 568-607.

[59] Gerlick J A, Liozu S M. Ethical and legal considerations of artificial intelligence and algorithmic decision-making in personalized pricing. Journal of Revenue and Pricing Management, 2020, 19(2): 85-98.

[60] Borgesius F Z, Poort J. Online price discrimination and EU data privacy law. Journal of Consumer Policy, 2017, 40(3): 347-366.

[61] Zenger H. The marginal price effects of antitrust rules against price discrimination. Economics Letters, 2012, 117(3): 921-923.

[62] Fu R S, Aseri M, Singh P V, et al. "Un" fair machine learning algorithms. Management Science, 2021, 68(6): 4173-4195.

[63] Williams C A, Mobasher B, Burke R. Defending recommender systems: detection of profile injection attacks. Service Oriented Computing and Applications, 2007, 1(3): 157-170.

[64] 徐宗本, 冯芷艳, 郭迅华, 等. 大数据驱动的管理与决策前沿课题. 管理世界, 2014, (11): 158-163.

[65] Xu K, Li C T, Tian Y L, et al. Representation learning on graphs with jumping knowledge networks. https://arxiv.org/abs/1806.03536.pdf[2018-06-09].

[66] Gabel S, Timoshenko A. Product choice with large assortments: a scalable deep-learning model. Management Science, 2021, 68(3): 1808-1827.

[67] Ma J Q, Ding S R, Mei Q Z. Towards more practical adversarial attacks on graph neural networks. https://arxiv.org/abs/2006.05057.pdf[2020-06-09].

[68] 王静红, 梁丽娜, 李昊康, 等. 基于注意力网络特征的社区发现算法. 山东大学学报(理学版), 2021, 56(9): 1-12, 20.

[69] 李永立, 罗鹏, 张书瑞. 基于决策分析的社交网络链路预测方法. 管理科学学报, 2017, 20(1): 64-74.

[70] Raghavan U N, Albert R, Kumara S. Near linear time algorithm to detect community structures in large-scale networks. Physical review E, 2007, 76(3): 036106.

[71] 孟祥武, 梁弼, 杜雨露, 等. 基于位置的移动推荐系统效用评价研究. 计算机学报, 2019, 42(12): 27.

[72] 李琳, 刘锦行, 孟祥福, 等. 融合评分矩阵与评论文本的商品推荐模型. 计算机学报, 2018, 41(7): 15.

[73] He J N, Fang X, Liu H Y, et al. Mobile app recommendation: an involvement-enhanced approach. MIS Ouarterly, 2019, 43(3): 827-850.

[74] 黄震华, 张佳雯, 田春岐, 等. 基于排序学习的推荐算法研究综述. 软件学报, 2016, 27(3): 691-713.

[75] van den Berg R, Kipf T N, Welling M. Graph convolutional matrix completion. https://arxiv.org/abs/1706.02263.pdf[2017-06-07].

[76] Wang X, He X N, Wang M, et al. Neural graph collaborative filtering. Paris: The 42nd International ACM SIGIR Conference on Research and Development in Information Retrieval, 2019.

[77] 李文亮, 高旻, 李华, 等. 一种基于流行度分类特征的托攻击检测算法. 自动化学报, 2015, 41(9): 1563-1576.

[78] Gupta V, Chakraborty T. Viking: adversarial attack on network embeddings via supervised network poisoning//Karlapalem K, Cheng H, Ramakrishnan N, et al. Pacific-Asia Conference on Knowledge Discovery and Data Mining. Berlin: Springer, 2021: 103-115.

[79] Rong Y, Huang W B, Xu T Y, et al. DropEdge: towards deep graph convolutional networks on node classification. https://arxiv.org/abs/1907.10903.pdf[2019-06-25].

[80] Bojchevski A, Shchur O, Zügner D, et al. NetGAN: generating graphs via random walks. https://arxiv.org/abs/1803.00816.pdf[2018-03-02].

第9章 研究总结与展望

本书围绕数据驱动的个性化营销理论与方法开展研究，提出了面向消费者个体的推荐方法、面向消费者群体的推荐方法、融合社交互动信息的社会化推荐方法以及考虑个性化需求演化的动态推荐方法；构建了多渠道多策略协同的个性化促销方法和基于影响力最大化的社会化促销方法，对企业渠道策略、价格策略和促销策略进行了优化；构建了个性化营销的攻击检测方法与鲁棒优化方法，为提高个性化营销的安全性提供理论依据。

本章9.1节对本书内容进行总结，9.2节对个性化营销研究趋势进行展望。

9.1 研 究 总 结

在分析个性化营销的正负效应和数据驱动的营销变革，给出个性化营销研究框架的基础上，本书从如下三个方面对数据驱动的个性化营销理论与方法开展了系统研究。

（1）个性化推荐方法。为了开展有效的产品推荐，本书提出了基于图嵌入模型的隐式反馈推荐方法、融合非结构化文本的个性化推荐方法和融合产品图像美学特征的个性化推荐方法；构建了基于双向张量分解的群推荐方法、基于群偏好和用户偏好协同演化的群推荐方法，以及考虑群内和群间协同的动态群推荐方法。在考虑社交关系信息的基础上，提出了基于社会化关系多元性的推荐方法和基于社会化关系强度的推荐方法；在考虑个性化需求的动态演化基础上，提出了基于演员-评论家框架的动态推荐方法和融合知识图谱的深度强化学习动态推荐方法。本书研究成果丰富了个性化产品策略的理论方法体系，为企业的个性化推荐实践提供了理论依据。

（2）个性化促销方法。在个性化推荐的基础上，本书研究了多渠道多策略协同的个性化促销方法，帮助企业分析多渠道促销的必要条件，构建了多渠道单阶段和多渠道多阶段的个性化促销优化模型，提出了产品价格和运费价格的协同优化模型。面向社会化促销环境，本书提出了基于非参数贝叶斯的用户群组影响领域与影响力识别方法，综合用户个体、群组及其组合，提出了影响力最大化的种子节点选择方法。研究成果丰富了个性化渠道策略、价格策略和促销策略的理论方法体系，为企业开展多渠道个性化营销提供了理论依据。

（3）个性化营销安全。本书围绕推荐系统对抗攻击、个性化定价大数据杀熟等安全性问题进行了初步探索。从推荐系统攻击检测与鲁棒优化、算法定价的公平问题与管控策略等方面对个性化营销安全性问题进行了深入分析。在此基础上，提出了推荐系统对抗攻击的建模方法，构建了基于物品重要性最大化的对抗攻击方法，提出了社交网络环境下基于社区划分的推荐攻击优化策略，构建了个性化推荐系统的鲁棒优化方法。本书研究成果对借助对抗攻击分析推荐系统脆弱性、构建安全鲁棒的推荐系统具有理论与实践意义。

9.2 研究展望

信息技术的快速发展和应用场景的不断开拓，为个性化营销理论与方法的创新带来了巨大机遇。数据驱动的个性化营销理论与方法研究可以从如下方面进行创新。

（1）数据维度。消费者在浏览、搜索、购买、评论和社交过程中产生的文本、图像、音频和视频等多模态数据中蕴含着丰富的个性化需求信息[1,2]，如何综合利用这些信息对消费者偏好进行更加细粒度的刻画，进而设计更为有效的营销策略是个性化营销研究的重要方向[3]。在这一过程中，主要研究方向是更加强调不同模态数据之间更深层次的协同，而非简单的数据融合。例如，文本中描述的产品细粒度属性与图像中展示的产品局部特征应该如何协同以提高个性化需求预测的准确性？此外，考虑大数据多源、海量、价值稀疏等特征以及消费者全生命周期跨阶段行为的相互作用的个性化营销理论与方法值得深入研究。

（2）算法维度。深度学习近年来在个性化营销研究中得到了广泛应用。在已有成果的基础上，研究者开始利用对比学习、深度强化学习、扩散模型等最新技术进行产品推荐、动态定价和调度优化[4-6]。基于深度学习的营销建模是目前个性化营销研究的热点内容，值得持续探索。由于深度学习具有黑盒特性，可解释性差是基于深度学习的个性化营销模型的重要弱点。因此，在基于深度学习进行营销建模过程中，目前趋势是更加注重模型的可解释性，而非模型预测的准确性[7]。深度学习算法在广泛应用的同时，也出现了算法安全和算法公平等问题[8,9]。如何对营销算法的安全性和不公平性进行刻画，分析营销算法面对攻击时的脆弱所在，揭示不公平算法定价的机制机理，构建算法推荐的鲁棒优化方法和算法定价不公平性的规避策略值得深入探索。

（3）场景维度。信息技术的发展进一步拓展了个性化营销应用的场景。线上线下融合是电子商务发展的重要趋势[10,11]。在线上线下深度融合的营销场景下，如何综合利用多渠道触点构建有效的个性化营销策略有待持续探索。借助智能服务机器人，企业可以通过多轮人机对话的方式获取消费者的个性化需求，制定营销策略，并通过表情、语调、行为等数据对不同营销策略的效果进行实时评估[12]。通过以元宇宙为代表的沉浸式交互购物环境，企业可以通过互动性、参与度和沉浸感更强的方式开展产品研发和个性化营销活动[13]。以元宇宙为代表的沉浸式交互购物环境下，企业产品研发和消费者行为会发生怎样的变化，个性化营销策略应该做出怎样的调整，都是值得研究的有趣问题。

参 考 文 献

[1] Xiao S H, Chen Y J, Tang C S. Customer review provision policies with heterogeneous cluster preferences. Management Science, 2022, 68(7): 5025-5048.

[2] Feldman J, Zhang D J, Liu X F, et al. Customer choice models vs. machine learning: finding optimal product displays on alibaba. Operations Research, 2022, 70(1): 309-328.

[3] Yang K, Lau R Y K, Abbasi A. Getting personal: a deep learning artifact for text-based measurement of personality. Information Systems Research, 2023, 34(1): 194-222.

[4] Wu L, Sun P J, Fu Y J, et al. A neural influence diffusion model for social recommendation. Paris: The 42nd International ACM SIGIR Conference on Research and Development in Information Retrieval, 2019.

[5] Liu X. Dynamic coupon targeting using batch deep reinforcement learning: an application to livestream shopping. Marketing Science, 2023, 42(4): 637-658.

[6] Oroojlooyjadid A, Nazari M, Snyder L V, et al. A deep Q-network for the beer game: deep reinforcement learning for inventory optimization. Manufacturing & Service Operations Management, 2022, 24(1): 285-304.

[7] Hong J, Hoban P R. Writing more compelling creative appeals: a deep learning-based approach. Marketing Science, 2022, 41(5): 941-965.

[8] Kallus N, Mao X J, Zhou A. Assessing algorithmic fairness with unobserved protected class using data combination. Management Science, 2022, 68(3): 1959-1981.

[9] Bai B, Dai H C, Zhang D J, et al. The impacts of algorithmic work assignment on fairness perceptions and productivity: evidence from field experiments. Manufacturing & Service Operations Management, 2022, 24(6): 3060-3078.

[10] Bu J Z, Simchi-Levi D, Xu Y Z. Online pricing with offline data: phase transition and inverse square law. Management Science, 2022, 68(12): 8568-8588.

[11] Chen J, Liang Y, Shen H, et al. Offline-channel planning in smart omnichannel retailing. Manufacturing & Service Operations Management, 2022, 24(5): 2444-2462.

[12] Luo X M, Tong S L, Fang Z, et al. Frontiers: machines vs. humans: the impact of artificial intelligence chatbot disclosure on customer purchases. Marketing Science, 2019, 38(6): 937-947.

[13] Wuttke D A, Upadhyay A, Siemsen E, et al. Seeing the bigger picture? Ramping up production with the use of augmented reality. Manufacturing & Service Operations Management, 2022, 24(4): 2349-2366.